SPoKK (Hrsg.)

Kursbuch JugendKultur

Stile, Szenen und Identitäten vor der
Jahrtausendwende

Bollmann Verlag

Verlagsanschrift: G 7, 24   D-68159 Mannheim
E-Mail: 101674.3630@compuserve.com
http://www.bollmann.de
Umschlag- und Layoutgestaltung: Lisa Neuhalfen, Berlin
Satz: Bollmann Verlag
Belichtung, Druck und Bindung: Druckerei Wagner, Nördlingen
Gedruckt auf Papier aus 100% chlorfrei gebleichten Faserstoffen
Printed in Germany
ISBN 3-927901-86-5

Verzeichnis der erläuterten Stichworte

If you can educate,
fine do it.
If you can't educate,
then at least entertain.
If you can't entertain,
then get the fuck out of the business.

Lee Hollis

SPoKK

Fast Forward

1991 prägte Douglas Coupland mit seinem Roman *Generation X –
Geschichten für eine immer schneller werdende Kultur* einen Begriff, der
begierig zur Beschreibung der beschleunigten Veränderungen im Verhältnis von Jugend und Kultur verwendet wurde. Obgleich viele der
Beobachtungen zutreffend waren und noch sind, wurden sie in der
bundesdeutschen Diskussion aus dem US-amerikanischen Kontext
gerissen und zu einem universellen Deutungsmaßstab erhoben, vor
dem diverse jugendkulturelle Praktiken als lethargischer Rückzug ins
Private interpretiert werden konnten. Übrig blieb schließlich nur die
Unfähigkeit, sich unvoreingenommen mit aktuellen Entwicklungen
auseinanderzusetzen, die mit dem mathematischen Zeichen für eine
Unbekannte auf die Jugendlichen projiziert wurde.

Während Massenmedien und Marketingexperten versuchen, die Hete-
rogenität der jugendkulturellen Szenen durch immer neue Etikettierungen in den Griff zu bekommen, haben die meisten Erwachsenen
vor der Vielfalt der Phänomene kapituliert und bezweifeln deren Bedeutung grundsätzlich. Im Gegensatz dazu läßt sich jedoch zeigen, daß
die Jugendkultur ihre Relevanz gerade durch den beständigen Wandel
erhält, der Jugendlichen die Abweichung von etablierten Identitätsent-
würfen ermöglicht. Viele Vertreter aus Forschung und Feuilleton nehmen diese kulturelle Praxis jedoch nur zur Kenntnis, wenn sie sich als
Protest und Provokation artikuliert. Ansonsten steht die ästhetische
Abgrenzung über Medien wie Mode und Musik unter dem Verdacht
kulturindustrieller Vereinnahmung, und so bleibt ihr die zum Gütesiegel avancierte Kennzeichnung »Jugendkultur« häufig verwehrt.

Die Rede von der Jugendkultur ist also voraussetzungsvoll und mit Vorbehalten verbunden. So ist es bereits schwierig geworden, die potentiellen Protagonisten aufgrund ihres Alters zu bestimmen, denn die
Jugendphase hat sich ausgedehnt und umfaßt nicht mehr nur Teenager, sondern auch Twentysomethings, die noch ohne festen Beruf und
familiäre Bindung sind.

Deshalb sollte ein *Kursbuch JugendKultur* auch nicht sagen, wohin die Reise geht und langfristige Trends prognostizieren. Es sollte sich vielmehr darauf beschränken, Auskunft über Tendenzen zu geben und kann Angebote machen, diese zu verstehen. In diesem Sinne stehen Darstellung und Deutung jugendkultureller Stile und Szenen im Mittelpunkt des Interesses.

Um bei aller Unübersichtlichkeit nicht den Überblick zu verlieren, bedarf es einer Lokalisierung und Periodisierung der Phänomene. Die Einteilung in verschiedene »Schulen« dient dazu, Stilvariationen zusammenzufassen und zentrale Orientierungspunkte zu profilieren.

Zum Verständnis der Phänomene ist eine Einführung in Begriffe und Konzepte notwendig. Dieses Instrumentarium dient auch dazu, nicht fraglos das verbreitete Vorurteil zu übernehmen, demzufolge Jugendliche als weitgehend wehrlose Opfer von Individualisierung und Kommerzialisierung der Manipulation durch Marketing und Medien erliegen. **ELEMENTARY SCHOOL**

Die Jugendkultur der Gegenwart ist ein Markt der Möglichkeiten, auf dem eine Vielzahl unterschiedlicher Stilangebote konkurrieren. Einige der im *Kursbuch JugendKultur* vorgestellten Erscheinungen mögen findigen Trendscouts als Ladenhüter vorkommen. Trotzdem bleiben Phänomene wie Punk oder Fußball-Fantum für viele Jugendliche weiterhin attraktive Vergemeinschaftungsformen. Nicht zuletzt bilden diese Subkulturen den historischen Hintergrund, vor dem vermutete Veränderungen erst deutlich werden. **OLD SCHOOL**

Viele der stilistischen Innovationen entstammen einem urbanen Umfeld und werden über die Kanäle der populären Kultur nahezu weltweit kommuniziert. Daher versammelt das *Kursbuch JugendKultur* nicht nur Beiträge aus und über Deutschland, sondern versucht Verbindungen herzustellen. Durch die Auswahl internationaler Autoren kommen darüberhinaus unterschiedliche Perspektiven zum Tragen, denn die Zugänge zum Thema »Jugendkultur« sind ebenso vielfältig wie die Phänomene selbst. **URBAN SCHOOL**

So werden die Analysen an einigen Stellen von anschaulichen Beschreibungen literarischer Herkunft kommentiert, die etwas von der Faszination der jeweiligen kulturellen Praxis vermitteln. **ARTBREAK**

Während einige Szenen sich offensiv im öffentlichen Raum präsentieren, bleiben andere in gesellschaftlichen Nischen verborgen. Auch die Aktivitäten von Mädchen und jungen Frauen werden erst seit kurzem als eigenständige Erscheinungen anerkannt. Die Verschiebung dieses **GIRL SCHOOL**

Verhältnisses wird besonders in aktuellen Entwicklungen wie Techno deutlich.

Darüber hinaus hat die Technoszene stilbildende Innovationen in Musik, Mode und Design hervorgebracht, an denen zahlreiche Jugendliche partizipieren.

NEW SCHOOL

Insbesondere die Nutzung von elektronischen Medien gibt jedoch immer wieder Anlaß zu kulturkritischen Spekulationen. So gelten beispielsweise das Spielen am Computer und das Surfen im Internet als Indizien für passiven Konsum und den Verlust sozialer Kompetenz. Demgegenüber lassen sich auch in diesen jugendkulturellen Aktivitäten kreative und subversive Aneignungsformen erkennen.

NEXT SCHOOL

Dieses Problem der Anerkennung ist jedoch mit der Position der Akteure im Kontext des Generationenkonflikts verbunden. So beschreibt Douglas Coupland die *Clique Maintenance* als das »Bedürfnis einer Generation, die nachfolgende als minderwertig zu betrachten und so ihr eigenes kollektives Ego zu stärken.« Trifft diese Beobachtung zu, dann bedarf es in der Jugendforschung nicht nur eines Perspektiven-, sondern auch eines Generationswechsels.

X-SCHOOL

Weil er uns in dieser Haltung bestärkt und zudem in vielen Projekten an der Universität Gießen unterstützt hat, geht besonderer Dank an Claus Leggewie.

ELEMENTARY SCHOOL

»Für Jugendliche der Gegenwart ist Postmodernismus nicht bloß eine avancierte Ästhetik oder ein akademisches Thema. Es ist die Form und Struktur ihres alltäglichen Lebens.«   Douglas Kellner

»Anstelle von Überzeugung, Kampf, Herausforderung und Weltveränderung, geht es nun um Selbstdarstellung mittels exentrischer Ausdrucksweisen und Bricolagetechniken sowie um Verunsicherung durch Regelverletzungen, beispielsweise beim Gestus des Unbeteiligtseins.«
Ralf Vollbrecht

Ein kleiner Planet der Gleichzeitigkeit

Dick Hebdiges Buch *Subculture: The Meaning of Style* (1979) stellte einen Meilenstein in der Durchleuchtung jugendlicher Subkulturen dar – und es ist wohl kein Zufall, daß er erst knapp dreißig war, als er das Buch schrieb. (Es folgten 1987 *Cut'n'Mix*, 1988 dann *Hiding in the Light: On Images and Things*.) Dick Hebdige lebt seit vier Jahren in Kalifornien, wo er am *Institute of the Arts* unterrichtet. Mit ihm sprach der italienische Publizist Stefano Pistolini.

Welchen Einfluß hatte die amerikanische Kultur auf die englischen Jugendlichen?

Vor dreißig oder vierzig Jahren hatte die amerikanische *popular culture* einen enormen Einfluß auf Großbritannien. Sie bot unserer Jugend eine völlig neue Vorstellungswelt und eine ganze Reihe von Identifikationswegen mit neuen Sexsymbolen und neuen Musikstilen, die erstmals überwiegend auf der anderen Seite des Ozeans aufkamen. Diese Aspekte der amerikanischen Kultur faszinierten die englischen Jugendlichen, vor allen Dingen diejenigen der *working class*, denn darin wurde das demokratische Element gepflegt, eine Haltung, die nunmehr einen Ansatz bot, den strengen Klassenkodex aufzubrechen, an dem sich die nationale Kultur bis dahin orientierte. Dies hatte zur Folge, daß in einer traditionellerweise geschlossenen Kulturlandschaft ein günstiger Augenblick zur Öffnung gegeben schien. Daraufhin begann die Musik, als Einflußfaktor entschieden zu dominieren: Es war die Zeit, in der der Rock'n'Roll aufkam, der die Aufmerksamkeit der britischen Jugendlichen völlig vereinnahmte, um dann vom Soul und den neuen Formen schwarzer Musik abgelöst zu werden. Es war der Beginn einer wahrhaft weltweiten Vorherrschaft der amerikanischen *pop culture*, die sich, ausgehend von der Musik, auch auf die Mode und jede Art von Konsumgewohnheit ausweitete; begünstigt wurde dies durch die englische Sprache, zweifelsohne die Sprache des zwanzigsten Jahrhunderts.

Der Höhepunkt wurde dann in den 60ern erreicht...

Ja, und zwar mit dem Aufkommen der Gegenkultur. Es war der Moment, als Amerika den Rock'n'Roll mit jenem einzigartigen Reiz des Verbotenen verband, der den Gebärden des zivilen Ungehorsams innewohnte, und dadurch eine wirklich innovative Größe auch in politischer Hinsicht darstellte. Man denke nur an die Protestbewegungen und an jenen außergewöhnlichen Ideenpool, den man unter dem Begriff der »sozialen Utopie« zusammenfassen kann.

Besitzt das Konzept der Stämme – also von Gruppen, die in Sitten und Gebräuchen übereinstimmen – auch für die neuen Generationen noch Gültigkeit? Und falls ja, sind dabei die ethnischen oder sozialen Faktoren bestimmend?

Die Subkultur ist ein spontanes Versuchslabor, ein komplexer Raum, in dessen Rahmen sich neue soziale Identitäten widerspiegeln oder in bestimmten Fällen erst entstehen. Wenn die sozialen Identitäten stärker zergliedert werden, geschieht dasselbe mit den Subkulturen. Zu unterscheiden ist dabei nicht nur nach Klassen, sondern auch nach Rasse, Geschlecht, sexueller Ausrichtung und Abstammung. Ich glaube, daß die Jugendkultur ein Ort ist, an dem Konflikte in der buntesten Vielfalt ausgetragen werden, und ich denke, daß man den Begriff des Stamms noch anwenden kann, weil die Menschen weiterhin an Orten leben, in denen die Ressourcen begrenzt sind, und daher Konflikte und eine gewisse Gang-Mentalität notwendig sind, um sich tatsächlich beziehungsweise symbolisch einen Lebensraum zu erobern. Andererseits erfährt die Verbreitung von Ideen, Formen und Symbolen eine allgemeine Veränderung durch die elektronische Kommunikation. Die Unmittelbarkeit macht alles viel komplexer, denn früher verfügte die Jugendkultur über zeitliche Sicherheitszonen, die es ihr erlaubten, sich zu etablieren, während sie darauf wartete, von den Medien wahrgenommen zu werden. Heutzutage dagegen fließt die Information dank des Internet unmittelbar – und tatsächlich in Echtzeit. Das heißt alles in allem, daß die Jugendstämme als Hauptbindungselement weiter fortbestehen werden, aber sie sind auch gezwungen, sich mit den neuen Techniken des kulturellen Austausches auseinanderzusetzen.

Für welche Subkulturen interessiert sich die jüngste europäische Generation am meisten?

Die Musik steht immer noch an erster Stelle, gefolgt von der Mode. Dann kommt das Fernsehen, das für die Kids den Mittler, den Schlüssel darstellt, über den sie in Erfahrung bringen können, was sich in den anderen westlichen Metropolen abspielt. Aber das wirklich originelle Phänomen, das in der zweiten Hälfte der Achtziger Jahre aufkam, ist die **Club Culture**, aus der sich dann die große internationale Szene der Raves entwickelte ...

Club Culture meint jugendkulturelle Szenen, die in Tanz-Clubs sowie in deren Ablegern der 80er – den Raves – einen funktionierenden sozialen Mittelpunkt gefunden haben. Club Cultures sind eng mit einem spezifischen Ort verbunden, in dem sowohl ständig neue Sounds und Stile entstehen, als auch regelmäßig Höhepunkte und Exzesse der Jugendkultur gefeiert werden.
Sarah Thornton, Autorin von »Club Cultures«

... und die eine neue Art darstellte, sich zusammenzuschließen und zu sozialisieren, billig und offen für alle Angehörigen einer gewissen Altersklasse ...

Genau, sie kostet wenig und vereint Mode, Tempo und Bewegung. Diesbezüglich ziehe ich es sogar vor, statt von »Stämmen« von »Würmern« zu sprechen, ein Bild, das viel mit der Vorstellung von ständiger Mobilität zu tun hat. Die Raves scheinen spontan organisiert, doch tatsächlich stützen sie sich auf eine sorgfältig gepflegte netzartige Informationsstruktur, eine schon halb im Untergrund agierende Organisation. Ihr Hauptkommunikationsmittel ist das Handy, denn es ist den Behörden nicht möglich, dieses zu orten, wenn sie versuchen, den Veranstaltungsort des gerade vorbereiteten Raves auszumachen. Es ist eine Art Spiel, das mit Geschwindigkeit zu tun hat und mit dem Auftauchen beziehungsweise Verschwinden von großen Menschenmassen, die sich treffen und sofort danach wieder auseinandergehen. Das könnte auch andersherum gedeutet werden und zu der Hypothese führen, daß die Rave Culture eben genau deswegen entstanden ist, um der Überwachung, der Kontrolle durch die Medien und der Polizei zu entgehen ...

Die repressive Unnachgiebigkeit der Justice Bill aus dem Jahre 1994 könnte in genau solchen Befürchtungen ihren Ursprung haben ...

Sicherlich. Es ist kein Zufall, daß man ab einem gewissen Zeitpunkt den Eindruck hatte, das Ganze sei zu einer Obsession der Regierung geworden ... nichts weniger als das öffentliche Versammlungsrecht zu kriminalisieren! Übrigens war das, was 1984 während des Bergarbeiterstreiks geschah, im wesentlichen nichts anderes: Die Polizei versuchte ganz unverhohlen, die Demonstrationen zu unterbinden.

Es überrascht jedoch ein wenig, daß es keine wirkliche Protestreaktion gegeben hat, keine fundierte politische Debatte, als das Gesetz noch zur Abstimmung vorlag ...

Justice Bill: besser bekannt als **Criminal Justice Act**, ein Anfang November 1994 in Kraft getretenes Gesetz, das auch als »Anti-Rave-Gesetz« bezeichnet wird, da es der britischen Polizei erlaubt, selbst private Tanzveranstaltungen jederzeit aufzulösen.

Nur ein kleines Fähnlein der Labour Party hat so etwas wie Opposition versucht, sehr schwach und überwiegend rein formell. Doch das Problem ist, daß sich, im Gegensatz zur Sache mit den Bergleuten, gegen die Raves schon eine Koalition rückständiger Kleinbürger gebildet hatte, und daß es in der öffentlichen Meinung keine gesellschaftliche Gruppe gab, die bereit gewesen wäre, sich für die Verteidigung dieser Versammlungsfreiheit stark zu machen. Dabei zuzuschauen, wie ein Rave von der Polizei aufgemischt wird, ist fast so, als ob man dabei zusieht, wie die Staatsgrenzen gegen eine Horde wilder Fremde verteidigt werden. Die Tausenden von Jugendlichen, die zu einem Event dieser Art kommen, werden von der schweigenden Mehrheit als eben solche Fremden, um nicht zu sagen Barbaren, angesehen. Heute birgt dieses Zusammenkommen aus reinem Spaß an der Freud mehr denn je einen utopischen Kern in sich, der vom britischen Sozialgefüge abgelehnt und für subversiv und unzivilisiert gehalten wird. Das Paradoxe dabei ist, daß eben die Erfahrung der Sozialisierung mit dem Stempel der Antisozialität gebrandmarkt wird!

Und dabei hat es in Amerika mit Woodstock '94 den bis dahin größten Rave der Geschichte gegeben, als eine halbe Million Menschen drei Nächte hintereinander zu der Musik aus megagalaktischen Sound Systems durchgetanzt haben ...

Ja, aber das geschah, während es in den Vereinigten Staaten zu einer massiven Wiederaufbereitung der 60er und 70er Jahre durch die jüngste Generation kam, ein Phänomen, das vor allem Musik und Mode betraf. Eine so außergewöhnliche Versammlung wie Woodstock '94 muß mit diesem Fakt in Relation gesetzt werden. Auch wenn jedes Revival dem Original meist nur innerhalb bestimmter Grenzen und auch nur oberflächlich gleicht. Untergründig spielen ganz andere Motivationen eine Rolle, die in diesem ganz speziellen Fall darin bestanden, selbst eine Erfahrung zu machen, die man bis dahin nur rein theoretisch und formell, nur aus der mündlichen Überlieferung kannte. Übrigens ist die Beziehung der jüngsten Generation zum Idealismus der 60er und 70er Jahre durchaus ambivalent. Das kann ich zum Beispiel in der Schule in Kalifornien feststellen, an der ich unterrichte: Viele der Schüler sind Kinder geschiedener oder getrennt lebender Eltern, die in den 60ern die Erfahrung der Gegenkultur selbst erlebt haben. Diese Jugendlichen sind zum einen angezogen vom großen utopischen Erbe jener Zeit, deren Hauptforderungen sie für sich vereinnahmen wollen. Aber zur gleichen Zeit zeigen sie sich skeptisch, wenn nicht ganz und gar zynisch gegenüber dem, was aus einigen dieser großen kollektiven Träume geworden ist, vor allem bei dem, was sie persönlich betrifft. Als da wären die romantische Liebe, die Monogamie, die Sexualität als Form der freien Entfaltung: Alles Erzählformeln, die für sie im Leeren verklingen, die sich erschöpft haben. Unterdessen interessieren sie sich für völlig neue Formen, für die homosexuelle Kultur oder für Sado-maso-Praktiken. Ich interpretiere dies als Versuch, eine neue Sexual-ethik zu entwickeln, eines der großen Ziele, die die Generation der heute Vierzigjährigen verfehlt hat. Es sind Experimentierfelder, ähnlich wie die Transformationsversuche, die am eigenen Körper durchgeführt werden, wie Tattoos und Piercing. Das mag nach Stammesriten aussehen, bizarr und pervers, aber tatsächlich entsteht so etwas – wie so viele Signale jeder Jugendkultur –, um sich von den Eltern abzusetzen oder um sie zu schockieren.

Welche Bedeutung hat jener Faktor, den die Medien so gern unter dem Begriff Slackness abhandeln, jenen apathischen und mürrischen Charakterzug, der an vielen Zweigen dieses Stammes blühen soll?

Ich denke, daß an diesem Charakterzug tatsächlich etwas dran ist und daß er auch verbreitet ist. Aber allgemein bin auch ich der Meinung, daß Definitionen wie Generation X oder Slacker als Elemente einer Terminologie zu betrachten sind, die im Rahmen einer gelungenen Marketingstrategie verwendet werden. Und jedesmal, wenn ich Gelegenheit dazu bekomme, erinnere ich daran, daß »Generation X« ein Begriff ist, der zum erstenmal 1964 von den Mods verwendet worden ist. Es gibt auch ein Buch zu diesem Thema, das vor dreißig Jahren von Hamblett und Daverson geschrieben wurde, und das eben diesen Titel trägt: *Generation X*. Und außerdem ist im Grunde jede Generation eine Generation X insofern, als sie mit der Vorstellung spielt, die Zukunft als Bedrohung oder Provokation zu sehen, und indem sie sich den Eltern gegenüber so benimmt, daß ihre Generation immer die ist, die man am wenigsten verstehen kann und der alle feindselig gegenüberstehen.

Abermals haben hierbei die Vereinigten Staaten besonders großen Einfluß, denn von dort kamen die ersten Anzeichen, daß sich der Lebensstandard und damit die Lebensqualität von einer Generation zur nächsten nicht mehr weiterentwickeln werden. Für die jungen Amerikaner ist dies auch ihre Art gewesen, die Erwartungen ihrer Eltern zu Grabe zu tragen. Ich glaube, daß es für die weißen Amerikaner ein wirklicher Schock war, als sie feststellen mußten, daß die Dinge für ihre Kinder nicht automatisch besser laufen würden. Es war eine Riesenenttäuschung. Und ein Knüller, auf den sich sofort die Medien gestürzt haben, die fast vollständig in der Hand der **Baby-Boomer** sind, die ihrerseits nur allzu bereit sind, ihre Sehnsucht nach den 60ern wieder aufleben zu lassen …

Als **Baby-Boomer** werden in den USA die zwischen 1945 und 1960 geborenen Amerikaner bezeichnet, die Ende der 70er und Anfang der 80er Jahre als *yuppies* (young urban professionals) die obersten Etagen der Unternehmen und Institutionen besetzten, und heute als arriviert gelten. Prominentester Vertreter dieser Generation ist Bill Clinton.

Wo ist der Knackpunkt? Wann kam der ökonomische Wachstumsprozeß von Generation zu Generation zum Stillstand?

Ich denke, daß heute nicht einmal der beste Wirtschaftswissenschaftler diese Frage mit letzter Sicherheit beantworten kann, auch wenn es außer Diskussion steht, daß der Stop wirtschaftlicher Natur ist, zumindest in Amerika, das jetzt entdecken muß, daß es nur eine unter vielen mächtigen Nationen ist und nicht *die* Nation schlechthin. Der entscheidende Umschwung folgte nach dem Ende des Kalten Krieges. Wenn auch das amerikanische Kapital weiterhin weltweit dominiert, so ist es doch ganz offensichtlich, daß der Wohlstand auf lokaler Ebene zu schwinden droht, was Unsicherheit und erste Anzeichen von Armut aufkommen läßt. Diese Entdeckung hat den Grad der Zuneigung der Amerikaner für ihr Land empfindlich abgekühlt: Heute ist der Lebensstandard der Mehrheit der Bürger in Gefahr, und die Zahl derer steigt ständig, die diese Tatsache als eine persönliche Bedrohung empfinden. Außerdem wird jeder, der sich darüber so seine Gedanken macht, feststellen müssen, daß die Kosten für die eigene Arbeitskraft zu hoch sind, beispielsweise im Vergleich zu jenen der Mexikaner. Aus all dem kann sich ein starker Verlust an Selbstwertgefühl ergeben …

… und viele vertrauen daraufhin den Versprechungen eines neuen Individualismus, für den sich die republikanische Rechte stark macht.

Andere dagegen, vor allem junge Leute, beginnen, den Mythos der 60er Jahre zu kultivieren. Dessen spezifisches Gewicht steigt unverhältnismäßig, wie das der Erinnerung an den glücklichsten Augenblick…

Meiner Meinung nach ist es mehr als alles andere die Erinnerung an eine Revolution, eine Revolution, die vor allen Dingen das Konsumverhalten betraf, und die eben genau deswegen unwiederholbar ist: Wie könnte man wohl die Wirkung wiederholen, die das Aufkommen der Klimaanlagen auf die amerikanische Gesellschaft hatte? Da breitete sich plötzlich diese Riesenfülle an Möglichkeiten aus, es herrschte das Gefühl vor, ernsthaft Dinge und Szenarien in einem Maße verändern zu können, wie es bislang nur aus der Science-Fiction bekannt war. Die Sehnsucht nach diesem Moment ist wie die Sehnsucht nach einer bombastischen theatralischen Performance…

Sprechen wir jetzt doch über Ihre Einschätzung der nächsten Zukunft. Sind Computer und die dazugehörige Technologie die große Jugendsubkultur von morgen?

Sicher liegt darin ein enormes Spektrum an Möglichkeiten, und es gibt ein Heer von Jugendlichen, die durch ihr ständiges Daddeln und Herumbasteln zu experimentellen Pionieren werden könnten. [*Vgl. dazu auch den Beitrag von Douglas Kellner in diesem Band, S. 310 bis S. 316*] Möglicherweise sind es Studenten, die aufs College kommen, ohne überhaupt richtig lesen und schreiben zu können, die dafür aber die Sprache der Medien aufs Beste beherrschen und untereinander in einem Maße vernetzt sind, das selbst ihre Professoren vor Neid erblassen läßt. Übrigens glaube ich, daß sich die Alphabetisierung verändert, auch wenn die Auswirkungen dieses Prozesses noch im Dunkeln liegen. Der Schlüsselfaktor ist allerdings das Gefühl für Geschwindigkeit, über die alle verfügen können, und die dementsprechenden Zugriffsmöglichkeiten auf die Kommunikation. Wenn es bis gestern noch wirkliche Zentren gab, in denen alles etwas *früher* geschah als anderswo, regiert heutzutage das Prinzip der Gleichzeitigkeit. Alles kann überall geschehen. Und mehr oder weniger zur selben Zeit.

Kommt es dadurch zu einer weiteren Stadtflucht zu Gunsten einer Ausbreitung der riesigen Peripherien?

Nicht unbedingt. Die Städte bleiben wahrscheinlich die lebhaftesten und vitalsten Orte, aber sie sind nicht mehr die Orte, in denen die Dinge *ihren Anfang* nehmen.

Sie haben die Pop-Musik immer als Indikator für die Stimmung in der Jugend betrachtet. Denken Sie, daß sie ihre revolutionäre Kraft verloren hat?

Was den Rock betrifft, so kann man wahrscheinlich tatsächlich sagen, daß sich seine Funktion als Träger von Wünschen, Hoffnungen und Erwartungen erschöpft hat. In diesem Sinn ist der Rock auf dem absteigenden Ast, während die Parabel der Techno-Musik ansteigt, deren Hauptkennzeichen, so sie denn über eines verfügt, darin besteht, jede Verbindung zur amerikanischen Musiktradition zu verleugnen – jenes Konzept von der Musik der Seele, das dann im Rock aufging. [*Vgl. dazu auch den Beitrag von Christof Meueler in diesem Band, S. 243 bis S. 250*] Doch noch viel wichtiger ist dies: Heute kann man in jeder italienischen Provinz ohne große Schwierigkeiten an dieselbe Musik herankommen, die in den Weltstädten gespielt wird, was einstmals deren exklusives Vorrecht war. Das ist also wahre *world music*!

Du kannst alles zur selben Zeit haben, während Geschwindigkeit und Gleichzeitigkeit das Aussehen der Dinge verändern.

Ralf Vollbrecht

Von Subkulturen zu Lebensstilen
Jugendkulturen im Wandel

- -

Ralf Vollbrecht, Dozent am Zentrum für Kindheits- und Jugendforschung der Universität Bielefeld, plädiert in seinem Aufsatz dafür, Sub- und Jugendkulturen nicht allein als Ergebnis klassenspezifischer Sozialisationen zu verstehen. Stattdessen verfügen Jugendliche heute über ein Angebot unterschiedlichster Freizeitszenen, an denen teilzunehmen keine Frage allein der Herkunft ist.

Der britische Jugendforscher Dick Hebdige sah die Bedeutung der Stile und Moden der Subkultur vor allem in der kulturellen »Herausforderung an die Hegemonie«.[1] [*Vgl. dazu auch das Gespräch mit Dick Hebdige in diesem Band, S. 14 bis S. 21*] Hebdige betonte damit die Widerständigkeit der Subkulturen gegenüber dem (bürgerlichen) Establishment. Dieser Widerstand stützt sich nicht auf die Mittel der Erwachsenengesellschaft – Diskussion und Diskurs –, sondern wird vor allem »indirekt ausgedrückt: im Stil«. So konnte auch die Beat-Bewegung der 60er Jahre als eine »sprachlose Opposition«[2] beschrieben werden, die symbolisch gegen gesellschaftliche Konventionen verstieß, ohne über ein klares Ziel ihres Protestes zu verfügen.

Im Unterschied zu bloßen Moden bilden subkulturelle Stile nach Hebdige eine *Homologie*, also ein durchgängig geordnetes System, das für die Forscher des CCCS (*Center for Contemporary Cultural Studies*) deutliche Bezüge zur Klassengesellschaft aufweist. Bis in die 60er und 70er Jahre sind jugendliche Gesellungsformen mit einem klassen-, schicht- oder milieuspezifisch gefärbten Begriff jugendlicher Subkultur beschrieben worden, der ein hierarchisches Verhältnis zwischen der jeweiligen Jugendkultur und der dominanten Erwachsenenkultur unterstellt. Im Begriff der Subkultur ist immer auch die Abweichung von einer enggeführten Normalität dieser Erwachsenenkultur mitgedacht – am deutlichsten in der 68er-Bewegung und der Hippie-Subkultur, die sich ausdrücklich als Gegenkulturen verstanden.

Die Feindschaft des »bügerlichen Establishments«, die vor allem die Rockmusik auf sich zog (Sendeverbote im Rundfunk, öffentliche Zerstörungen von Schallplatten), hat gezeigt, wie sehr die Definitionsherrschaft über Situationen und die Kontrolle des durch die Erwachsenen repräsentierten Lebenssystems über jugendkulturelle Ausdrucksmedien in Frage gestellt werden kann. Deutlich wird dies, wenn man sich zeitgenössische Kommentare noch einmal vor Augen hält. So urteilte etwa Hans Malchow im *Sonntagsblatt* vom 3. Juli 1966 unter dem Titel »Schauer im Rücken und Schrei im Mund«, daß die Beatbegeisterung eine schon von den Menschenaffen her bekannte und auch auf einstigen Reichsparteitagen und heutigen Massenkundgebungen geläufige »soziale Hordenreaktion« sei, eine Massenpsychose aus Hysterie: »Bindung und Konvention werden abgeworfen, die Selbstdarstellung ohne die Verpflichtung zur Beschränkung auf Regeln wird ermöglicht«.[3]

Frühe jugendkulturelle Gruppierungen blieben mehrheitlich auf ihr Herkunftsmilieu bezogen, das auch in gewisser Weise vorwegnahm, welche Gruppierung für einen Jugendlichen attraktiv und zugänglich war. Heutige Jugendkulturen sind von ihren sozialen Herkunftsmilieus weitgehend abgekoppelt, da diese ihre Bindungskraft größtenteils eingebüßt haben. An die Stelle milieubezogener jugendlicher Subkulturen sind heute sogenannte *Freizeitszenen* als wähl- und abwählbare Formationen getreten. Als Freizeit-Stile überbetonen jugendkulturelle Stilformationen jedoch häufig die *expressive* und *interaktive* Verhaltensdimension. Symbolische Ausbrüche auf der Ausdrucksebene (etwa durch jugendmodisches Styling) bleiben aber begrenzt und überwinden beispielsweise nicht kleinbürgerliche Enge und soziale Armut. Zudem betreffen Individualisierungsprozesse ja zunächst die übergreifenden Sinnsysteme, ohne die einzelnen partikularen Handlungs- und Deutungsmuster zu zerstören. Diese lösen sich vielmehr aus den traditionalen Zusammenhängen, verselbständigen sich und gehen beliebigere Kombinationen ein. Milieuprägungen fasern daher von den Rändern her aus, während sie in Kernbereichen resistenter sind.[4]

Das Subkulturkonzept des CCCS wird also einerseits fragwürdig durch die Auflösung der Milieubindungen. Andererseits gehen moderne Gesellschaften einher mit einer fragmentierten Kultur, die sich aus Teilkulturen mit spürbarem Einfluß auf die Lebensstilisierung zusammensetzt. Im ausschließlichen Bezug auf Klassen- oder Schichtzugehörigkeit werden jedoch die *expressiven, ästhetisierenden* und *subjektiv-konstruktiven* Anteile eines Lebensentwurfs – die stiltypischen Distinktionsinteressen – nicht miterfaßt. Ich plädiere daher dafür, den Subkulturbegriff von der Klassenlage zu lösen und Jugendkulturen im theoretischen Rahmen eines Lebensstilkonzepts zu fassen.[5]

Lebensstile lassen sich als expressive Muster auffassen, die sicht- und meßbarer Ausdruck der gewählten Lebensführung sind und »von materiellen und kulturellen Ressourcen und den Werthaltungen abhängen. Die Ressourcen umschreiben die Lebenschancen, die jeweiligen Options- und Wahlmöglichkeiten, die Werthaltungen definieren die vorherrschenden Lebensziele, prägen die Mentalitäten und kommen in einem spezifischen Habitus zum Ausdruck«.[6]

Die Darstellungsmuster, Arrangements und Inszenierungen müssen immer wieder neu im Handeln umgesetzt werden. Sie sind an diese Realisierung im Handeln gebunden und binden es ihrerseits an vorgegebene, tradierte Muster. Sie unterwerfen das Handeln ihrem »Eigensinn«. Und da unser Wissen um Herkunft, Ordnungsleistungen und ursprünglichen Handlungssinn der von uns im Handeln aufgegriffenen Darstellungsformen nicht besonders stark ausgeprägt ist, zwingt sich den Handelnden in den Darstellungs- und zugehörigen Deutungsmustern ebenso oft auch ein fremder Wille auf.[7] Die Wahl eines Lebensstils ist unter dem herrschenden Individualisierungsdruck also einerseits notwendig, andererseits aber auch nicht völlig frei. Insgesamt bleibt es umstritten, inwieweit sich Lebensstile von der sozialen Lage ihrer Träger abgekoppelt haben.

Hitzler plädiert dafür, nur dann von Lebensstilen zu reden, wenn der Handelnde sich selbst als Stilisierender erlebt. Typischerweise gilt dann, »daß der je zuhandene Lebensstil (temporär) vom Akteur aus einem pluralen ›Angebot‹ vorhandener (lebens-)sinnstiftender Selbst-Stilisierungs-Alternativen (mehr oder minder) ›frei‹ selegiert ist, und daß er erst als selegierter wiederum zur (teilzeitlich wirksamen) ›Selektionsinstanz‹ für die Filterung sozialer Sinnangebote (...) werden kann und in der Regel wohl auch wird«.[8]

Insbesondere die Darstellungsrepertoires und Darstellungsstile werden so zu Insignien von Lebensstilen. Diese Lebensstile bieten ästhetische Optionen für thematisch übergreifende Überhöhungen des Lebensvollzugs überhaupt.[9] Sie signalisieren daher nicht nur oberflächliche Konsum- und Freizeitgewohnheiten, sondern darüber hinaus die Zugehörigkeit zu kollektiven Lebens- und Werthaltungen. Vom einzelnen Akteur werden Lebensstile »oft sozusagen ›en bloc‹ aus dem kulturellen ›Angebot‹ übernommen oder auch als ›Paket‹ von ihm (mehr oder minder originell) selber zusammengeschnürt«.[10] Eine wesentliche Rolle kommt dabei den Medien zu, die die jeweils aktuellen Lebenssinn- und Lebensstilangebote vermitteln.

Die vier wesentlichen Dimensionen, in denen Lebensstile sich ausdrücken, sind Müller zufolge zunächst einmal das expressive Verhalten, das sich in Freizeitaktivitäten und Konsummustern manifestiert.
Die zweite Dimension ist das interaktive Verhalten, das in Formen der
Geselligkeit direkt, in der Mediennutzung indirekt zum Ausdruck
kommt. Über diese Interaktionsmuster lassen sich Verkehrskreise symbolisch abgrenzen, um auf diese Weise Nähe und Distanz zu regeln.
Drittens ist die Dimension evaluativen Verhaltens zu nennen, die Wertorientierungen und Einstellungen erfaßt. Die vierte Dimension zielt ab
auf den kognitiven Aspekt, der die Selbstidentifikation, die Zugehörigkeit und die Wahrnehmung der sozialen Welt überhaupt steuert.[11]

Folgen wir dem bislang skizzierten Lebensstilansatz, so wird im Hinblick auf Jugendkulturen deutlich, daß diese in ihren Stilisierungen
und Lebensstilexperimenten nicht nur die Zugehörigkeit eines Jugendlichen zu einer Gruppe oder Gemeinschaft kennzeichnen und manifestieren, »sondern auch zu einem bestimmten Habitus und einer
Lebensform, denen sich diese Gruppen oder Gemeinschaften verpflichtet fühlen. Ein Stil ist Teil eines umfassenden Systems von Zeichen,
Symbolen und Verweisungen für soziale Orientierung: Er ist Ausdruck,
Instrument und Ergebnis sozialer Orientierung. Dementsprechend
zeigt der Stil eines Individuums nicht nur an, wer ›wer‹ oder ›was‹ ist,
sondern auch wer ›wer‹ für wen in welcher Situation ist«.[12]
Stil zu haben beinhaltet die Fähigkeit, bewußt für andere ebenso wie
für das eigene Selbstbild eine einheitliche Interpretation seiner Person
anzubieten und zu inszenieren. Dabei ist es keineswegs notwendig,
über einen expliziten, diskursiv mitteilbaren Begriff oder gar eine Be-
gründung für den dargebotenen Stil zu verfügen. Notwendig ist lediglich, diejenigen signifikanten Selektionen zu kennen und im Handeln
einzusetzen, durch die ein bestimmter Stil hervorgebracht und in
Szene gesetzt wird. Auffällig ist in heutigen Jugendkulturen die ästhetische Komponente, eine ästhetisierende Überhöhung des Alltäglichen.
Baacke beschreibt dies als Abkehr der Jugendlichen vom »Modell des
soziologischen Diskurses« der kritischen Jugendbewegungen (68er
Studentenbewegung), der sich durch spezifisches »Appell-Verhalten«
auszeichnete, und als stärkere Hinwendung zum »Modell des ethnologischen Diskurses« mit einer Bedeutungsverlagerung zum »Ausdrucks-
verhalten«.[13] Anstelle von Überzeugung, Kampf, Herausforderung und
Weltveränderung, geht es nun um Selbstdarstellung mittels exzentri-
scher Ausdrucksweisen und Bricolagetechniken [*Vgl. dazu auch den Bei-*

trag von Christof Meueler in diesem Band, S. 32 bis S. 39] sowie um Verunsicherung durch Regelverletzungen, beispielsweise beim Gestus des Unbeteiligtseins. Baacke postuliert eine weitere Verschiebung gegen Ende der 80er Jahre zu einem »postmodernen Diskurs«, der mit einer Ich-Zentrierung ebenso einhergeht wie mit der Einstellung von »leben und leben lassen«. Dieses z.B. in der Technokultur anzutreffende Modell ist dadurch gekennzeichnet, daß Verbindlichkeiten abgelehnt werden, alle Ausdrucksmittel erlaubt sind, und auch der Kommerz seine Faszinationskraft entfalten darf. »Natürlich gibt es weiter Werte und Grundhaltungen, aber sie sind da zum Ausprobieren, und es gibt keinen Konsens mehr«, auf den man sich berufen könnte.[14]

Vor allem aufgrund ihrer auffälligen Ausdrucks-Codes erfreuen sich jugendkulturelle Stile der besonderen Aufmerksamkeit der Medien. Die Medien betreiben dabei nicht nur die Kommerzialisierung der Jugendkulturen – sie ermöglichen auch ihre partielle Durchsetzung durch die mit der Kommerzialisierung verbundenen Verbreitung. Medien verkürzen gewissermaßen die Halbwertszeit von Jugendkulturen. Im Quartanfieber[15] von Skandalon, Entschärfung, Verallgemeinerung und Entwertung treiben sie die Entwicklung und Aufhebung jugendkultureller Stile voran und streichen nebenbei parasitär ihren Gewinn aus einer medienspezifischen Ökonomie der Aufmerksamkeit ein.[16]

Blicken wir zurück: In den 50er Jahren wird Pop- und Rockmusik zum Ausdrucksmedium der neu entstehenden Jugendkulturen (Teenager, Halbstarke). Jugendliche schaffen damit erstmals eigene soziale Milieus in Abgrenzung von der Welt der Erwachsenen. Diese subkulturellen Milieus sind gekennzeichnet durch die (unterschiedliche) Verwendung der Symbolmedien Musik, Mode und Ausdrucksgestus. Sie existieren aber insofern auch ganz real, als die Jugendlichen »nach Sozialräumen suchen und sich auch Sozialräume schaffen, in denen sie, wenn auch nur partiell, existieren.«[17] Jugendliche Peer-Gruppen emanzipieren sich damit »allmählich zu einer Subkultur, die sich bewußt von den Interaktions- und Kommunikationsmodi der von den Erwachsenen besetzten gesellschaftlichen Subsysteme unterscheidet; die die soziale Kontrolle immer mehr auf die Jugendlichen selbst zu verlagern sucht; die als gemeinsamen Bezugspunkt die Abgrenzung von traditionellen Normen und Verhaltensweisen ansieht und die subkulturellen Gepflogenheiten und Standards zu einem bevorzugten Identifikationspotential werden läßt – mit dem Anspruch, daß dies alles nicht eine vorübergehende Kinderei darstelle, sondern eine ernstzunehmende Alternative auf Dauer«.[18]

Im Zuge der gesellschaftlichen Individualisierungs- und Pluralisierungsprozesse haben sich die Jugendkulturen – vor allem seit Ende der 70er Jahre – immens ausdifferenziert. Gleichzeitig kommt es zu einer Globalisierung durch die inzwischen weltweite Verbreitung und Vermarktung der erfolgreichen Produkte der Rock- und Pop-Szene. Letztlich führt dies zu einer Verallgemeinerung im Sinne einer zunehmenden Unschärfe der Trennlinie zwischen eigenständigen Jugendkulturen und »Gesamtkultur«, da letztere zunehmend jugendkulturelle Elemente assimiliert und der jugendliche Gestus in andere Lebensaltersstufen übernommen wird.

Spätestens seit den 80er Jahren ist es nicht mehr möglich, Jugendkulturen generell als Gegenkulturen aufzufassen. Sicherlich haben auch viele »spätere« Jugendkulturen – etwa in der Ökologiebewegung – Alternativen in der gesellschaftlichen Entwicklung aufgezeigt, und ebenso lassen sich noch immer bestimmte Jugendkulturen als Ausdruck eines Protests gegen gesellschaftliche Zustände deuten. Auf die in den letzten Jahren inflationäre Entstehung immer neuer Freizeitstile sowie auf die zahlreichen Revivals (etwa Teds oder Skinheads) von Jugendkulturen aus den 50er bis 70er Jahren trifft dies aber immer weniger zu.

Ein proletarischer Hintergrund ist beispielsweise keineswegs mehr notwendig, um Skinhead zu werden. Besondere soziale Lebenslagen können zwar die Disposition für oder gegen bestimmte Jugendkulturen verstärken – Vorhersagen des biographischen Verlaufs von Szene-Zugehörigkeiten sind dennoch wenig verläßlich. Es zeigt sich vielmehr, daß heute – z. B. in der anscheinend völlig milieuunspezifischen Technoszene – der Anschluß an Jugendkulturen eher situativ erfolgt – und zwar »als kurzfristig wirkender Stimulus eines reizvoll erscheinenden Arrangements, aufgrund der Orientierung an Freunden, die das Experiment des ›Andersseins‹ schon eingegangen sind«.[19] Erleichtert wird dies dadurch, daß fast alle in Deutschland anzutreffenden Jugendkulturen Importware (Globalisierung durch Medien) und schon deshalb wählbare Muster sind, die eher nach ästhetischen als nach sozialen Gesichtspunkten assimiliert werden.

Die Zuordnung zu einem jugendkulturellen Lebensstil ist dennoch nicht völlig beliebig. Die Bedeutung eines Stils ist einerseits gebunden an den subjektiv intendierten Verwendungssinn im biographischen

Kontext (wie kann ich zeigen, wer ich bin oder wer ich sein will?), andererseits aber auch an eine strukturale Ebene, auf der die Bedeutung eines Zeichens sich erst aus dem Kontext anderer Zeichen ergibt. Die von Außenstehenden nicht immer leicht zu entschlüsselnden Chiffren eines Lebensstils können also nicht beliebig plaziert werden, denn Jugendliche bewegen sich schon immer in einer Zeichenwelt von Bedeutungen, und durch soziale Verbreitung werden Stilelemente in ihrer Bedeutung entwertet.

Im Vergleich zu früheren Jugendgenerationen ist auffällig, wie sehr jugendliche Szenen heute medial vermittelt sind. Insbesondere entlang spezifischer Musikrichtungen verlaufen heute vielfach die Grenzen verschiedener Jugendszenen. Dies muß nicht im Sinne einer Kultur- oder Bewußtseinsindustriethese (Adorno bzw. Enzensberger) als völlige Fremdbestimmung gedeutet werden. Ganz im Einklang mit Annahmen des Lebensstilansatzes hat etwa Willis gezeigt, daß gerade Jugendliche einen spezifischen »Eigensinn« entwickeln, der es ihnen ermöglicht, sich die Ausdrucksmittel der Trivialkultur originell und ausdrucksstark anzueignen, teilweise weiterzuentwickeln und so »Möglichkeiten von oppositionell unabhängigen und alternativen Symbolisierungen des Selbst« zu erzeugen.[20] Die Kulturindustrie bietet also gerade durch ihre Allgegenwärtigkeit und Unentrinnbarkeit vielen Jugendlichen eine Chance, Alltagskultur aktiv mitzugestalten bzw. als Ausdrucksmittel zu benutzen.

Die meisten Jugendlichen orientieren sich heute an den modischen Vorgaben und Sinndeutungen der Jugendkulturen und konsumieren ihre Angebote im Freizeitbereich vor allem im Hinblick auf Ausdrucks- und Erlebnisfunktionen. Sie bleiben allerdings an den Rändern der Jugendkulturen – nur kleine Minderheiten gehören dem jeweiligen Zentrum einer Jugendkultur an und verorten sich explizit dort. Stilisierungsneigungen und Stilisierungschancen sind unterschiedlich ausgeprägt, und einen bestimmten Lebensstil zu wählen, ihn als Lebenswelt und als Bekenntnis aufzufassen, ist für Jugendliche heute nur eine unter mehreren wählbaren Optionen. [*Vgl. dazu auch den Beitrag von Eike Hebecker in diesem Band, S. 89 bis S. 97*] In Jugendkulturen ist daher – je nach Bindungsintensität – zwischen Zentrum und Peripherie zu unterscheiden. Die Übergänge sind fließend, und wer und was zum Mainstream gehört, wird von den Szenen selbst immer neu definiert.[21] Nicht jedes angeeignete jugendkulturelle Emblem, nicht jede Vorliebe für eine bestimmte Musikrichtung sind also Zeichen dafür, daß ein Jugendlicher sein Selbstbild in einem – selbst immerwährenden Wandlungsprozessen unterliegenden – Stil zentriert.

Bei den Grenzgängern zeigt sich, daß Lebensstile individuell begrenzbar und kombinierbar sind, was sich z.B. in einer jugendkulturellen Stilisierung in der Freizeit, nicht aber im Berufsleben ausdrücken kann. Die Differenz von unterschiedlichen Handlungsanforderungen und Wertepriorititäten in verschiedenen Teilsystemen der Gesellschaft – einerseits die leistungsorientierte Schule und Berufswelt, andererseits der auf Hedonismus und Konsum abhebende Freizeitsektor – übernehmen diese Jugendlichen in ihr Selbstkonzept und betätigen sich als Part-time-Stylisten mit Sinn für Notwendigkeiten. Für Techno als typischer Freizeitkultur ist dies Verhalten sogar stilbildend: Zwischen den Raves an den Wochenenden steht ein auffällig unauffälliges soziales »Funktionieren«.

Selbstbild und Gruppenidentität der Jugendlichen werden in den Szenen durch Abgrenzungen nach außen erzeugt und aufrechterhalten. Die Bildung von Jugendkulturen wie allgemein von Lebensstilformationen ist begleitet von Grenzziehungen. Sie ist auf persönliche Identitätsstützung und soziale Zugehörigkeit, also auf innere Kohärenz einerseits und auf soziale Distanz und Distinktion, also auf Abgrenzung andererseits abgestellt. Jugendkulturen neigen daher nicht selten zu einer ethnozentrischen Gruppenhaltung, die die jeweils anderen kulturellen Ausdrucksformen – zuweilen auch aggressiv – ausschließt, um den Zusammenhalt der eigenen Gruppe zu stärken. Gruppenbezogenheit kann also – wie wir es anfangs der 90er Jahre besonders problematisch in der rechten Skinheadszene erlebt haben – zu ethnozentrischem Abwehrverhalten gegenüber allen Nichtdazugehörigen und Fremden führen. Die Pluralität der Jugendszenen ist eben nicht ohne weiteres gleichzusetzen mit kultureller Bereicherung und Toleranz. Der Faszination, die das kreative Potential von Jugendkulturen evoziert, stehen durchaus auch ambivalente und problematische Charakteristika jugendlicher Lebensstile gegenüber.

Anmerkungen

1 Hebdige, D.: **Subculture. Die Bedeutung von Stil**, in: Diedrichsen, D./ Hebdige, D./ Marx, O.D. (Hg.): **Schocker. Stile und Moden der Subkultur**, Reinbek 1983, S. 22

2 Vgl. Baacke, D.: **Beat – die sprachlose Opposition**, München 1970

3 Vgl. Baacke, D.: **Jugend und Subkultur**, München 1972

4 Vgl. Vollbrecht, R.: **Rock und Pop – Versuche der Wiederverzauberung von Welt. Individualisierungstendenzen im Medienkonsum und ihre Konsequenzen für Sinnstiftung und Identitätsbildung im Jugendalter**, in: Radde, M./ Sander, U./ Vollbrecht, R. (Hg.): **Jugendzeit – Medienzeit. Daten, Tendenzen, Analysen für eine jugendorientierte Medienerziehung**, Weinheim/München 1988, S. 82

5 Vgl. Vollbrecht, R.: **Die Bedeutung von Stil. Jugendkulturen und Jugendszenen im Licht der neueren Lebensstildiskussion**, in: Ferchhoff, W./ Sander, U./ Vollbrecht, R. (Hg.): **Jugendkulturen – Faszination und Ambivalenz. Einblicke in jugendliche Lebenswelten**, Weinheim/München 1995, S. 23 ff.

6 Müller, H.-P.: **Sozialstruktur und Lebensstile. Zur Neuorientierung der Sozialstrukturforschung**, in: Hradil, S. (Hg.): **Zwischen Bewußtsein und Sein. Die Vermittlung »objektiver« Lebensbedingungen und »subjektiver« Lebensweisen**, Opladen 1992, S. 62

7 Soeffner, H.-G.: **Die Auslegung des Alltags**, Frankfurt 1992

8 Hitzler, R.: **Sinnbasteln. Zur subjektiven Aneignung von Lebensstilen**, in: Mörth, I./ Fröhlich, G. (Hg.): **Das symbolische Kapital der Lebensstile. Zur Kultursoziologie der Moderne nach Pierre Bordieu**, Frankfurt am Main 1994, S. 79

9 Das heißt keineswegs, daß sie in jedem Kontext auch realisiert werden müßten. Den »Normalfall« stellen gerade »spielerische«, in ihrer existentiellen Relevanz und biographischen Reichweite begrenzte Lebensstil-Orientierungen dar. Vgl. Hitzler (1994), S. 81

10 Ebd., S. 79

11 Vgl. Müller (1992), a.a.O., S. 63

12 Soeffner, H.-G.: **Stil und Stilisierung. Punk oder die Überhöhung des Alltags**, in: Gumbrecht, H.U./ Pfeiffer, K.L. (Hg.): **Stil. Geschichte und Funktionen eines kulturwissenschaftlichen Diskurselements**, Frankfurt 1986, S. 318

13 Vgl. Baacke, D.: **Initiativen in der Jugend- und Kulturarbeit: Stilpluralismus statt Aufklärung?**, in: Das Paritätische Jugendwerk (Hg.): 10-Jahres-Feier des Paritätischen Jugendwerkes NRW – Die Reden, Wuppertal 1993, S. 6 ff.

14 Ebd., S. 8

15 Ursprünglich eine Bezeichnung für das viertägige Wechselfieber der Malaria

16 Vgl. Vollbrecht, R.: **Jugendkulturelle Szenen und ihre Medien**, in: Vowe, G./ Friedrichsen, M. (Hg.): **Gewaltige Medien. Theorien, Fakten und Analysen zu Gewaltdarstellungen in den Medien**, Berlin 1995, S. 169–185

17 Baacke, D.: **Jugendkulturen und Popmusik**, in: Baacke, D./ Heitmeyer, W. (Hg.): **Neue Widersprüche. Jugendliche in den achtziger Jahren**, Weinheim/ München 1985, S. 158

18 Baacke (1972), a.a.O., S. 168

19 Baacke, D.: **Ortlos – sinnlos. Verschiebungen in jugendkulturellen Milieus**,
    in: Baacke, D./ Thier, M./ Grüninger, C./ Lindemann, F.: **Rock von Rechts –
    Medienpädagogische Handreichung 3** (GMK - Schriften zur Medienpädago-
    gik 14), Bielefeld 1994, S. 23 f
20 Willis, P.: **Jugend-Stile. Zur Ästhetik der gemeinsamen Kultur**, Hamburg 1991
21 Vgl. Baacke (1985), a.a.O., S. 158

Christof Meueler

Pop und Bricolage

Einmal Underground und zurück: kleine Bewegungslehre der Popmusik

Christof Meueler ist Diplom-Soziologe und DJ. Als Journalist widmet er sich Themen der populären Kultur und der Politik. In seiner *kleinen Bewegungslehre der Popmusik* dreht sich alles um das Hauptprinzip der heutigen Produktion und Rezeption von Pop: Bricolage, eine Technik, die ebenso billig wie einfach zu haben ist.

Allgemein hat Popmusik einen schlechten Ruf. Paradoxerweise gilt sie als trivial, da sie entweder mit den wichtigen Dingen des Lebens (Arbeit, Geld & Zinsen) nichts zu tun habe, oder aber weil sie als reine Geldmacherei-Veranstaltung ausschließlich damit zu tun habe.

Immer aber wird Popmusik Oberflächlichkeit vorgeworfen. Das meint: Lächerlichkeit, Übertreibung, Nutzlosigkeit, Schein statt Sein. Tatsächlich ist Oberflächlichkeit das Formprinzip der Popmusik. Zumindest in musikwissenschaftlichen Maßstäben gemessen. Im Gegensatz zum seriösen Stück E-Musik, zählt bei der Popmusik ausschließlich der Sound – Klang und Interpretation stehen im Vordergrund, während Melodie, Harmonik, Rhythmik hintenanstehen müssen. Im Sound wird die Form zum Inhalt von Popmusik. Verpackung ist ihr wichtiger als das Verpackte. Der Sound wird künstlich hergestellt, das heißt elektronisch erzeugt, um die suggestiven Reize von Musik zu steigern. Auf speziellen Musikveranstaltungen (Konzert, Disco, **Rave**) produziert der technisch vermittelte Sound Unmittelbarkeit, so daß aus den biologischen Körpern der Hörer/Musiker/**DJs** und dem akustischen Klangkörper der erzeugten Musik ein atmosphärischer »dritter Körper«[1] als Ergebnis von ekstatisch gefühlter Musik entstehen kann.

Ein **Rave** ist eine Techno-Party an einem Ort, an dem normalerweise keine Musikveranstaltungen stattfinden. Sie werden überwiegend in legal gemieteten, teilweise aber auch illegal besetzten Hallen, Kellern und Rohbauten oder unter freiem Himmel, etwa im Wald, auf Wiesen und an Kiesgruben veranstaltet. Deshalb spielt auch die spezifische Gestaltung des jeweiligen Raums durch Beleuchtung und Dekoration häufig eine Rolle. Im Mittelpunkt eines Raves, der über ein ganzes Wochenende gehen kann, steht die Präsentation eines musikalischen Programms durch verschiedene **DJs** (Diskjockeys). Sie wählen nicht nur Tonträger zum Tanzen aus, sondern manipulieren das musikalische Material mit technischen Hilfsmitteln nach ihren klangästhetischen Vorstellungen.

Der dritte Körper meint einen Zustand des In-Musik-Verschwindens, in dem die Basiskategorien unserer Zivilisation – die von Zeit und Raum – geschwächt bis aufgelöst werden. Popmusik wird so erlebbar und macht vorrangig aus den eigentlich passiven Hörern Aktivisten ihrer Wahrnehmung. Sie bekommen ein Gefühl des Involviertseins in direkte Aktion. »Bewegung ergreift das noch Unbewegte, und dieses, sich preisgebend, intensiviert die Bewegung: das ist gleichsam die hermeneutische Zirkelstruktur des Beat«.[2] Die Anwesenden müssen sich im grandiosen musikalischen Entweder-Oder entscheiden: Abfahren oder in der Ecke stehen. Die spontane hedonistische Entgrenzung ist strategisch planbar: Sie kann durch die Rahmenbedingungen der Musikveranstaltung wie die Verwendung von Lichteffekten und Trockeneis ebenso gesteigert werden wie durch den individuellen Gebrauch von Drogen. Ist die Musik zu Ende, zerfällt der dritte Körper in seine Einzelteile und man geht als normales Individualatom nach Hause. Dort wartet dann nur noch die Lieblingsplatte zusammen mit ihrem besten Freund, dem Lautstärkeregler.

Anders als die Anderen: Stil

Der Sound macht die Menschen nicht gleich, sondern verschieden. Bevorzugte Popmusik gilt beispielsweise als »geil«, aber genauso wie im Sex kann dieses Totalitätsadjektiv vielfältig konnotiert sein. Popmusik produziert unentwegt Unterschiede, denn in Abstufungen ermöglicht sie ihren Rezipienten Überlegungen zur Selbstdefinition. In reinster Form wirkt Popmusik als Plattform der Identitätsbildung bei Jugendkulturen. Teenager wissen mehr: seit dem Beginn der Wohlstands- und Bildungsexpansion in den fünfziger Jahren haben sie genug Taschengeld und genug Zeit, dieses auch auszugeben. Eben weil Jugendliche noch nicht erwachsen sind, können sie sich mehr erlauben. Sie können Rollenverhalten, Moralmodelle und Handlungserwartungen eher testen als ihre fertig sozialisierten und damit mehr oder weniger konformen Eltern, Lehrer und Chefs. Laut Talcott Parsons ist das Bestreben aller Jugendkulturen, »sich gut zu amüsieren«.[3] Im Gegensatz zur Erwachsenenwelt ist dieses Bestreben weniger eingeschränkt, weil die Art und Weise, wie dies möglich ist, erst noch herausgefunden werden muß. Aus diesem Grund gehen Jugendliche anders als Erwachsene mit den Produkten der Kulturindustrie um. Während die Erwachsenen sich der durch die Kulturindustrie in die TV-Gummizelle Wohnzimmer verlängerten strukturellen Entfremdung aus dem Arbeitsleben – von Horkheimer und Adorno gefaßt als »Reproduktion des Immergleichen«[4] – meist passiv überlassen, arbeiten erklärte jugendliche Langweilfeinde diesem Mechanismus entgegen, indem sie dieselben Produkte mit neuen Bedeutungen versehen. Die Kulturindustrie wird für die Jugendlichen zum Tor zur Welt. Die Form ihrer Waren macht die Kulturindustrie deren spezifischen Inhalt gegenüber gleichgültig, weshalb darin eigentlich alles zu haben ist. So konnte die offiziell als sittenwidrig etikettierte Rock'n'Roll-Musik ebenso Europa erreichen, wie ihre Hollywoodfilm-Pendants *Rebel without a cause*, *The Wild One* oder *Blackboard Jungle*. Diese massenmediale Grundversorgung initiierte eine Spezialrezeption von Produkten der Kulturindustrie unter Gruppen altershomogener Jugendlicher, die anfingen, sich über ihren Konsum abzusprechen – also Jugendkulturen zu bilden. Seit dem Aufkommen der **Teddy-Boys** in England, der Halbstarken in Westdeutschland oder der **Blouson Noirs** in Frankreich als meßbare Reaktionsweisen auf Rock'n'Roll hat die Bildung von Jugendkulturen nicht mehr aufgehört.

- -

Als **Teddy-Boys**, oder kurz **Teds**, bezeichnete man in den 50er Jahren Arbeiterjugendliche in England, die sich untypisch »schick« im Edwardian-Style kleideten. Dieser Modestil rekurrierte auf König Edward, der es mit der puritanischen Moral nicht so genau nahm und als schwarzes Schaf der Familie verschrien war. Modische Stilelemente waren lange, taillierte Jacken mit Weste, enge Hosen, Schuhe mit Bändern, weißes Hemd mit weißem Kragen und Windsor-Knoten-Krawatte. Durch die Kombination dieses exquisiten »Style« mit proletarischen Frisuren (pomadenglänzende Haare, sogenannter »Entenarsch«) führten die Arbeiterjugendlichen den hegemonialen Anspruch der Mittelklasse auf die haute couture ad absurdum.
Die **Blouson Noirs** sind die französische Variante der deutschen Halbstarken und waren an ihren schwarzen Lederjacken zu erkennen.

Jugendkulturen zeichnen sich durch eigene Kodifizierungen von Sprache, Kleidung, Gestik und vor allem Musik aus. Sie schaffen sich durch die ästhetische »Überhöhung des Alltags«[5] eigene Symbolsysteme, die sich als Stil bezeichnen lassen und aus der einzelnen Jugendkultur eine geschlossene Miniaturgesellschaft machen. Ein Stil funktioniert wie ein Text, er muß gelesen und verstanden werden. Alle, die das nicht können, müssen leider draußen bleiben. Diese Anderen sind immerhin die restliche Erdbevölkerung. Über kurz oder lang aber werden sie davon erfahren: dann, wenn aufgrund von Vermarktung die Erfinder eines Stils nichts mehr von ihm wissen wollen.

Und sie bewegt sich doch: Bricolage

Die Schöpfung von jugendkulturellen Stilen stellt eine Schaffung von »imaginären Verhältnissen«[6] dar, mittels derer die erhältlichen Konsumgüter neu geordnet werden. Erst durch diesen Vorgang werden die vom Fleischwolf der Kulturindustrie ausgespuckten und strukturell immer gleichen, weil vollkommen beliebigen Produkte mit Differenz aufgeladen und zu Distinktionsgütern der Jugendkultur. Jugendliche Stilschöpfung läßt sich mit dem von Claude Lévi-Strauss entwickelten ethnologischen Konzept der Bricolage beschreiben. Für Lévi-Strauss stellt **Bricolage** »eine Art intellektueller Bastelei«[7] dar, die von Kulturen ohne Schriftsprache angewandt wird, um ihre Welt kohärent zu denken.

Bricolage: Nichtsichtbare magische Systeme wie Aberglaube, Hexerei oder Mythos gestatten es den Angehörigen dieser Kulturen das konkret in der Natur Vorfindbare in systematisch gedachte Zusammenhänge zu bringen, die sich endlos erweitern lassen, »da ihre Grundelemente in einer Vielzahl improvisierter Kombinationen verwendet werden können, die ihnen neue Bedeutungen eingeben« (Dick Hebdige). Das Denken hat hierbei handwerklichen Charakter: das Vorgefundene wird nach dem Prinzip »das kann man immer noch brauchen« (Lévi-Strauss) aufgehoben und eventuell neu kombiniert. Der Zweck der Mittel steht nicht von vornherein fest. Er ergibt sich daraus, daß der Bastler sie in einen neuen Zusammenhang stellt. (Vgl. dazu auch S. 249)

Im Unterschied zur Bricolage sogenannter nichtzivilisierter Kulturen verfügen Jugendkulturen nicht über natürliche, sondern über käufliche Objekte. Sie müssen lediglich erreichbar, das heißt (durch Taschengeld) finanzierbar sein. Die Begrenztheit der Mittel ist Voraussetzung ihrer Transformation.

Going Underground ...

Ähnlich wie die Jugendkulturen selbst bedient sich innovative Popmusik in dekonstruktiver Weise der Bricolage-Technik, um überhaupt existieren zu können. Aus dem riesigen Bestand der Popmusik werden Teile isoliert, bearbeitet und zusammengesetzt, damit neue Soundformen alte ablösen können. Seit ihrer Entstehung im Rock'n'Roll durchläuft die Popmusik einen Prozeß der stetigen Transformation. War der Rock'n'Roll – vor dem Hintergrund der künstlerischen Stagnation weißer U-Musik in den USA – eine Adaption der Musik gettoisierter schwarzer Metropolenbewohner (Rhythm & Blues) durch weiße Landeier des Country & Western, so hat Popmusik bis heute eine kaum überschaubare stilistische Polyvalenz als Ergebnis produktionsästhetischer Aneignungen, Umdefinitionen und Akkulturationsprozesse hervorgebracht.

Popmusik und Jugendkulturen bedingen einander, denn jede Jugendkultur »hat eine eigene Art von Popmusik«.[8] Die Rezeption eines popmusikalischen Stils durch eine Jugendkultur bleibt allerdings grundsätzlich geheimnisvoll. Sie ist eine wertrationale Schließung im Sinne Max Webers: for members only. Für Weber ist Schließung unter anderem motiviert durch »Hochhaltung der Qualität und (eventuell) dadurch des Prestiges und der daran haftenden Chancen der Ehre und (eventuell) des Gewinnes«.[9] Spezifisch kodifizierter und kultivierter popmusikalischer Stil wirkt dadurch (aus)schließend, daß er als »musikalische Praxis«[10] relativ gesehen neu ist und sich damit anders anhört als der Großteil der Popmusik. So konstatiert Diedrich Diederichsen: »Eine relevante neue Popmusik erkennt man immer daran, daß ihr nachgesagt wird, da höre sich doch jedes Stück gleich an«.[11]

Unmengen popmusikalischer Stile sind archäologisch vorfindbar und harren der Bricolage durch die Jugendkulturen, die sie in ihren ursprünglichen Intentionen und Bedeutungen aktuell verändern und so zu ihrer Musik machen können. Politische, ethnische und geographische Grenzen werden dadurch überwindbar: Hippies hörten Folk, Skins Ska und Skater Punk. Bricolage ist somit das Prinzip von Produktion wie Rezeption von Popmusik. Beide Bricolage-Formen haben den gleichen Feind: die Kulturindustrie. Sie macht aus dem subversiv gedachten Neuen das ekelhafte Alte, indem sie die exklusiven Objekte der jugendkulturellen Stile aufspürt, vereinnahmt, massenmedial aufpumpt und damit ihr Scherflein zur Reproduktion des Immergleichen beiträgt. Die Kulturindustrie macht es möglich, daß die geschätzten 2 bis 10 Prozent einer Generation, die sich einer Jugendkultur zurechnen lassen,[12] auf die gesamte Generation ausstrahlen und in unterschiedlicher Intensität Nachahmer finden können. Die Stile werden dabei zu Moden und damit zu integrierten Formen der kapitalistischen Ökonomie. Als Mode verliert ein Stil seine Geschichte. Man muß ihn nicht mehr basteln, sondern kann ihn kaufen und durch beliebig andere Stile ablösen – frei nach dem Motto: »erstmal sehen, was Quelle hat«. Die Bewegung, die die Stile hierbei durchlaufen, läßt sich als eine vom Underground zum Mainstream bezeichnen. Das Verhältnis zwischen diesen beiden Polen ist prekär. Beide bedürfen der Gegenseite: Der Mainstream braucht den Underground als Laboratorium kommender Moden; der Underground benötigt den Mainstream, um vor ihm zu flüchten und weiterhin anders zu sein. Mit Adorno lassen sich die Bemühungen des Underground dahingehend beschreiben, daß »die Gestalt aller künstlerischen Utopie heute ist: Dinge machen, von denen wir nicht wissen, was sie sind«.[13]

Der Underground definiert sich über eine Anti-Kommerz-Ideologie und schafft sich ein Bastel- und Bossel-Netzwerk, ökonomisch getragen von »Spielarten des Handwerkskapitalismus«[14], etwa kleinen Platten-firmen, -vertrieben und -läden, Aufnahmestudios und Bekleidungs-boutiquen, die langfristig betrachtet von den Konzernen der Kulturin-dustrie entweder inkorporiert oder niederkonkurriert werden.

Trotzdem wurden die entscheidenden Innovationen der Popmusik alle-samt im Underground generiert, getragen von spezifischen musikali-schen Bricolage-Techniken und unterstützt durch Jugendkulturen. Innerhalb der musikalischen Bricolage ist vor allem das kreative Benut-zen technologischer Möglichkeiten »gegen die Gebrauchsanweisung«[15] beachtenswert. So werden im Rap Plattenspieler zum **Scratchen** und Mischen statt zum bloßen Abspielen verwendet; im Dub-Reggae wer-den die Tonspuren eines Tonstudios nicht zur Addition, sondern zum selektiven Filtern von Klängen benutzt oder es werden produktions-technische Standards unterlaufen, indem die Musiker im Death Metal oder im Noise Pop verzerrte Gitarren ausschließlich zur Erzeugung eines rauschenden Grundlärms verwenden.

> Wird eine Schallplatte bei aufliegender Tonabnehmernadel von Hand zurück-gedreht, so entsteht ein kratzendes Geräusch. Der rhythmische Einsatz dieses Effektes, bei dem die Scheibe schnell vor- und zurückbewegt wird, wird als **Scratchen** bezeichnet.

Das kurze Vergnügen

Versteckt und doch entdeckt: Der Underground kann der Integration niemals entkommen, er kann nur bestenfalls mit der Produktion von anderer, das heißt: dissidenter Musik »temporäre autonome Zonen«[16] schaffen, indem er der Kulturindustrie wie in der Geschichte vom

Hasen und dem Igel immer einen Schritt voraus ist. Die Emphase, mit der jeder neue Schritt als revolutionär bejubelt wird, macht dissidente Musik mit dissidenter, das heißt: linker Politik vergleichbar. Ihr gemeinsamer Nenner lautet: die bessere Welt beginnt erst morgen. Wir können auch anders – das auf Dauer gestellte Mehr an Befriedigung und Zufriedenheit ist grundsätzlich utopisch. Die Bedrohungen sind dieselben. Sie heißen Angst und Alltag und finden sich hier wie dort. Der Kulturindustrie auf der einen entspricht der bürgerliche Parlamentarismus auf der anderen Seite. Im englischen Wort *party* treffen dissidente Musik (im Sinne von Feier) und dissidente Politik (im Sinne von Partei) zusammen, denn beide definieren sich abstrakt über *all tomorrow's parties*. Die nächste, alles richtig machende, maximaldemokratische oder superunterhaltsame Partei/Party wird endlich Erfüllung bedeuten, denn dann wird das Leben endgültig mehr Ernst oder Spaß bringen – oder sie wird nicht sein. Im Unterschied zu dissidenter Politik verfügt dissidente Musik immer schon kurzzeitig über die Produktionsmittel, denn Bricolage ist als Technik ebenso billig wie allgemein zu haben – so daß sich ihrer jeder bemächtigen kann, der sich für sie interessiert: Zeichen uminterpretieren ohne irre zu werden.

Anmerkungen

1 Agentur Bilwet: **This white line is a friend of mine**, in: dies.: **Der DatenDandy**, Mannheim 1994, S.37–43.
2 Baacke, D: **Beat – die sprachlose Opposition**, München 1968, S. 71
3 Parsons, T.: **Alter und Geschlecht in der Sozialstruktur der Vereinigten Staaten**«, in: ders.: **Beiträge zur soziologischen Theorie**, Neuwied 1964, S. 68
4 Horkheimer, M./Adorno, Th. W.: **Dialektik der Aufklärung**, Frankfurt/Main 1988, S. 142
5 Soeffner H.G.: **Stil und Stilisierung**, in: Gumbrecht, H.U./Pfeifer, K.L. (Hg.): **Stil - Geschichten und Funktionen eines kulturwissenschaftlichen Diskurselements**, Frankfurt am Main 1986, S.317
6 Hebdige, D.: **Subculture – Die Bedeutung von Stil**, in: Diederichsen, D./Hebdige, D./Marx, O.D.: **Schocker – Stile und Moden der Subkultur**, Reinbek 1983, S. 74
7 Lévi-Strauss, C.: **Das wilde Denken**, Frankfurt/Main 1968, S. 29
8 Willis, P.E.: **Symbol und Realität - Zur gesellschaftlichen Bedeutung der Popmusik**, in: Ästhetik und Kommunikation, Nr. 31, März 1978, S. 48
9 eber, M.: **Wirtschaft und Gesellschaft**, 5. Aufl., Tübingen 1985, S. 24
10 Blaukopf, K.: **Musik im Wandel der Gesellschaft**, München 1982, S. 21
11 Diederichsen, D.: **Wer fürchtet sich vor dem Cop Killer?**, in: Spiegel Special, Nr. 2/1994, S. 27

12 Baacke, D.: **Jugend und Jugendkulturen**, 2. Aufl., Weinheim 1993, S. 119

13 Adorno, Th.W.: **Vers une musique informelle**, in: ders.: **Gesammelte Schriften 16**, Frankfurt/Main 1978, S. 540

14 Clarke, J.: Stil, in: ders. et al.: **Jugendkultur und Widerstand**, Frankfurt/Main 1981, S.151.

15 Diederichsen, D, a.a.O., S. 24

16 Bey, H.: **T.A.Z. – Die Temporär Autonome Zone**, Berlin 1994

Rainer Winter

Medien und Fans

Zur Konstitution von Fan-Kulturen

Rainer Winter ist Mitarbeiter am Institut für Soziologie der RWTH Aachen, Lehrbe-
auftragter an der Hochschule für Film und Fernsehen »Konrad Wolf« und Autor u.a. von
Der produktive Zuschauer. In seinem Beitrag untersucht er die Beziehung zwischen
Medien und Fans sowie ihre eigenen medialen Produktionen zu den Objekten ihrer
Leidenschaft.

Jugendliche Fankulturen sind in der Postmoderne, in der die Jugendzeit
zur Medienzeit geworden ist, durch Medien vermittelt. Dies bedeutet
nicht, daß sie kausal von diesen hervorgebracht würden, denn Medien
existieren nicht an sich, sondern immer nur für sich, d. h. in konkreten
alltäglichen sozialen Zusammenhängen.[1] Eine Fernsehserie beispielsweise bleibt das gleiche von der Kulturindustrie erzeugte mediale Produkt, ob es nun in den USA, in Deutschland, in Nordafrika oder in Israel
ausgestrahlt wird. Es wird aber erst in den Welten der jeweiligen
Zuschauer zu einem Text mit jeweils spezifischen Bedeutungen.[2]
Medien funktionieren also in gesellschaftlichen und kulturellen Kontexten, in denen sie zur sozialen Zirkulation von Bedeutungen beitragen.[3]

Hinter dem Konsum verbirgt sich in der Regel, wie Michel de Certeau
gezeigt hat, eine *Produktion*, denn die Kulturkonsumenten fabrizieren
mit den Bildern und Tönen der Medien eigene Bedeutungen und lust-
volle Erlebnisse.[4] Sie gestalten ihren Tagesablauf sowie ihre Freizeit mit
ihnen. Ebenso werden ihre Phantasien, Gefühle, Wünsche und auch
ihre persönlichen Beziehungen in der Interaktion mit den Medien verändert. Da mediale Texte (etwa Kinofilme, Videoclips oder Computer-
spiele) polysem (vieldeutig) angelegt sind, eröffnen sie eine Vielzahl
von Interpretations- und Gebrauchsmöglichkeiten. Wenn sich ähnliche Umgangsweisen herauskristallisieren, dann können spezialisierte
Sozialwelten wie die der Medienfans entstehen. Insbesondere Jugendliche – man denke z.B. an die bunte Fülle von medienzentrierten
Jugendkulturen, die nach dem Zweiten Weltkrieg entstanden ist – entfalten eine erstaunliche Phantasie und Kreativität im Umgang mit
Medien.

Das negative Bild vom jugendlichen Fan

Trotzdem wird von manchen Kulturkritikern primär die Gefahr von Medien für die psychosoziale Entwicklung und Identitätsbildung von Jugendlichen herausgestellt. Vor allem Fans werden sowohl von Journalisten als auch von Wissenschaftlern hauptsächlich unter negativen Vorzeichen betrachtet. Den Ersteren gelten sie als obsessive, lobotomisierte Fanatiker, die sich enthusiastisch und exzessiv ihrem jeweiligen Kultobjekt widmen; den Letzteren als gefährdete Opfer der Kultur- und Freizeitindustrie, die phantasielos, vereinsamt und desorientiert seien. Devianz und Pathologie betimmen nach dieser Auffassung das Verhalten von Fans, für dessen Exemplifizierung bevorzugt Teenager herangezogen werden, die leidenschaftlich und unkritisch einen aktuellen Popstar verehren. »Beatlemania, teenieboppers und groupies« sind Etikettierungen, die eindeutig negative Konnotationen beinhalten.[5] Fantum wird nicht ernst genommen und auch nicht als aktiver Prozeß der Identitätsbildung und der jugendlichen Gemeinschaftserfahrung begriffen.

Im wesentlichen ist diese Ausgrenzung und Stigmatisierung darauf zurückzuführen, daß sich die Personen, die als Fans bezeichnet werden, mit Produkten der Populärkultur auseinandersetzen. Wenn sich jemand mit den Werken von Shakespeare, Goethe oder Beethoven beschäftigt, ist seine Tätigkeit bereits durch ihren Gegenstand nobilitiert. Man wird ihm Intellektualität und Vernunft zuschreiben. Ein Madonna-Wannabe oder ein Batman-Fan werden dagegen in der Regel als emotional unreif und kindisch betrachtet. [*Vgl. dazu auch den Beitrag von John Fiske in diesem Band, S. 54 bis S. 69*]

Nach traditioneller Auffassung sind Fans also die Anderen, über die man lächelt, um die man sich Sorgen macht und mit denen man doch nichts zu tun haben will. Erst in jüngerer Zeit wird das Fantum innerhalb der Wissenschaft ernsthaft untersucht und als komplexes soziales Phänomen entdeckt.

Fans als aktive Konsumenten

Es sind vor allem ethnographische Untersuchungen im Feld der **Cultural Studies,** die zeigen, daß die traditionelle Auffassung vom Fantum auf Vorurteilen und Befürchtungen aufbaut und deshalb korrigiert werden muß.[6]

Die vornehmlich im angelsächsischen Akademiebetrieb etablierten **Cultural Studies** sind weniger als eine in sich abgeschlossene Disziplin, vielmehr als ein in verschiedenen Disziplinen und über deren Grenzen hinaus praktizierter Forschungsstil zu begreifen. Mit der Kritik an elitären Konzeptionen sowie der Neu-Bestimmung von Kultur als etwas Alltäglichem und Gewöhnlichem ging die Vorstellung von Kultur als einer integralen Komponente gesellschaftlichen Handelns einher. Die Fokussierung auf die Erforschung »hochkultureller« Hervorbringungen konnte durch diese Definition von den *Cultural Studies* aufgegeben werden. Arbeiterkulturen, Migrantenkulturen und Jugendkulturen rückten immer mehr in den Vordergrund des Interesses.

Obwohl die Fans sich mit Produkten der Kulturindustrie auseinandersetzen, sind sie keineswegs »kulturlos«, wie es in der Kulturkritik von Coleridge bis Adorno für die Anhänger der Massenkultur immer wieder behauptet wurde. Im Gegenteil: ihre Aneignungspraktiken zeugen von einem ausgeprägten Urteilsvermögen, von Phantasie und kultureller Kompetenz.

Zunächst müssen die Fans aus der Fülle des Angebots des postmodernen Sinnmarktes die Kulturwaren auswählen, auf die sie sich spezialisieren wollen und können. Wer Gewalt und Blut in Filmen nicht ertragen kann, wird sich eher Seifenopern oder Beziehungsshows zuwenden als Krimis oder Horrorfilmen. Gemeinsam ist diesen Such- und Auswahlprozessen, daß die Fans die Relevanz der Produkte für ihre persönliche und soziale Lebenssituation herausfinden müssen.

Dies unterscheidet die populäre Erlebnisweise von jener kulturellen Sensibilität, die für den Umgang mit Werken der Hochkultur typisch und durch Distanz zum Kunstwerk geprägt ist. Nicht der Bezug zum eigenen Leben, sondern die werkimmanente Qualität und Ästhetik dominieren in der Beurteilung von Hochkultur. So wird geprüft, ob die einzelnen Elemente eines Kunstwerks zusammenpassen, diesem eine Einheit verleihen und sich ein tieferer Sinn entdecken läßt. Die Rezeption ist, vor allem was moderne Kunst betrifft, mühsam und anstrengend, da neben Selbstdisziplin auch Konzentration und Wissen verlangt werden. Die Interpretationen von Experten, etwa Kunst- oder Literaturkritikern, stehen in der Hierarchie der Lesarten an der Spitze.

Dagegen ist die populäre Sensibilität der Fans nicht auf die Abgeschlossenheit und Einheit eines Textes ausgerichtet: »Der Leser bzw. die Leserin eines ästhetischen Textes versucht, ihn gemäß seiner Bedingungen zu lesen und sich seinen ästhetischen Regeln zu unterwerfen. Er/Sie verehrt den Text. Dagegen hegt der Rezipient bzw. die Rezipientin von

Populärkultur keine Verehrung für den Text, sondern betrachtet ihn als eine Ressource, die er beliebig nutzen kann.«[7]

Deshalb lassen sich die Aneignungspraktiken der Fans, verglichen mit denen, die für Werke der Hochkultur typisch sind, als *undiszipliniert* begreifen. Im Sinne de Certeaus wildern sie in den Sinnwelten der medialen Texte, *deuten* diese um und *stehlen* die für sie relevanten Elemente, weil sie auf spaß- und lustbetonten Gebrauch aus sind und nach Anschlußmöglichkeiten für eigene Aktivitäten suchen. Die Medien liefern das Rohmaterial für ihre eigenen kulturellen Produktionen und für ihre sozialen Interaktionen mit Gleichgesinnten. Hierzu lernen die Fans mit den Medien umzugehen, erwerben die notwendigen Kompetenzen und das erforderliche Wissen, um sie in ihre Welten übersetzen zu können. Fans der *Lindenstraße* schätzen beispielsweise das offene Ende einer Folge, jene von *Akte X* die geheimnisvollen Handlungen, weil sie die Phantasie und Neugier anregen. Populäre Texte animieren zu verschiedenen Fragen, Deutungen, Recherchen und eigenen Weiterentwicklungen in Form von Fantexten. Fantum beschränkt sich demnach nicht auf den Medienkonsum, sondern zielt auf die Schaffung aktiver und teilnahmeorientierter Fankulturen.

Für die populäre Sensibilität ist außerdem typisch, daß jeder Fan in der Beurteilung von medialen Texten ein Experte ist, da er gewöhnlich ein großes textuelles Wissen besitzt. Daher gibt es keine Hierarchie von Lesarten wie in der Hochkultur. Desweiteren zeichnet sich die Sensibilität von Fans durch eine starke affektive Komponente aus. Sie besetzen ihre Objekte mit intensiven Energien, Gefühlen und leidenschaftlichem Begehren. »Die Beziehung des Fans zu kulturellen Texten vollzieht sich im Bereich des Affekts bzw. der Stimmung. Der Affekt ist eng verbunden mit dem, was wir oft als Lebensgefühl beschreiben. Er verleiht unseren Erfahrungen ›Farbe‹, ›Gestalt‹ und ›Struktur‹.«[8]

Diese gefühlsmäßige Involviertheit betrifft auch die Beziehungen zu anderen Fans und den Aktivitäten innerhalb der Fangemeinschaft. Vor allem jugendliche Fans grenzen sich streng von Nicht-Fans oder Anhängern anderer medialer Texte ab.

Weiterhin weisen die Ergebnisse neuerer Studien daraufhin, daß Jugendliche aktiver und kompetenter mit medialen Produkten umgehen als viele Erwachsene.[9] Da sie mit den neuen Medien (Video, Computer etc.) groß geworden sind, fällt es ihnen leichter, diese gemäß ihrer eigenen Interessen zu gebrauchen.

Dabei operieren die jugendlichen Fans angesichts der Dominanz der

Kulturindustrie auf der Basis kultureller Marginalität und, was ihre Stellung in der Gesellschaft als Nicht-Erwachsene betrifft, in einer Position sozialer Subordination.[10] Zudem zählen die von ihnen bevorzugten Kulturgüter (Popmusik, Schwarzenegger-Filme, Stars etc.) in der Regel nicht zur gesellschaftlich legitimen Kunst,[11] die mit dem dominanten Wertesystem der Erwachsenenkultur identifiziert wird und von deren Geschmacks- und Bewertungsstandards sie sich gerade abgrenzen möchten. Deshalb verdichten sie ihre Aktivitäten oft zu Stilen der Selbst- und Gruppenpräsentation, die Instrument der Distinktion von der Erwachsenenkultur sind. So schockierten z. B. die Anhänger der Punkmusik mit ihrem visuellen **Cut-Up-Stil**, der alltäglich und medial erfahrene Widersprüche spektakulär in Szene setzte und das imaginäre und symbolische Band mit der Elternkultur auf aufsehenerregende Art zerschnitt.[12]

Die Punks verknüpften mittels ihrer **Cut-Up-Technik** traditionelle Codes und stellten deren Zeichensysteme in der Manier von William Burroughs nebeneinander. Sicherheitsnadeln wurden aus dem häuslichen Kontext herausgelöst und durch Wangen, Ohren und Lippen gestochen. Billige und nicht selten kitschige Textilien wurden als Kleidungsstücke getragen und kommentierten ironisch die dominanten Modevorstellungen. Das Make-up wurde überdick aufgetragen, die Haare künstlich gefärbt. Cut-Up erwies sich so gleichzeitig als Form der Aneignung und des Widerstands, da die verwendeten Objekte eine neue opponierende Bedeutung gewannen. Diese Bedeutung war den Objekten und Symbolen nicht inhärent, sondern entstand durch die Logik ihres sozialen Gebrauchs.

Auch andere Medienfans schaffen sich durch die Aneignung medialer Produkte, die sie wie *textuelle Wilderer* auf der Suche nach Beute durchforsten, eine eigene kulturelle Welt.[13] Ein aktuelles Beispiel hierfür sind die **Cyberpunks**.

Begonnen hat die **Cyberpunk**-Bewegung vor ungefähr zehn Jahren als ein Subgenre des Science-Fiction-Romans. Zu den wichtigsten Autoren zählen Bruce Sterling, Rudi Rucker, Lewis Shiner und William Gibson. Vor allem in *Neuromancer* von William Gibson, von dem auch der Begriff **Cyberspace** stammt, finden sich die Vorbilder für den postmodernen Mode- und Lebensstil der Cyberpunks, die am Ende des 20. Jahrhunderts eine eigene Medienfankultur darstellen. Mit den gewöhnlichen Computerfreaks teilen die Cyberpunks die intensive Beschäftigung mit dem Computer, das Leben in den elektronischen Netzen, das als realer erlebt wird als die übrige Welt, sowie eine enthusiastische Auseinandersetzung mit der Technokultur. Das Wort Punk signalisiert aber auch eine oppositionelle Abgrenzung von den aktuellen dominanten

Lebensstilen. So ist der Cyberpunkstil eine auffällige, wild aussehende Mode, die an die Schockästhetik der Punks anknüpft. Industrieabfall wird recycelt, mit der schwarzen Kluft von Rockern und verspiegelten Sonnenbrillen abgerundet und mit neuen technologischen *Gadgets* wie Attrappen von Laserpistolen, Videokameras oder *Pagers* aufgepeppt. Das Erscheinungsbild wird veredelt durch Bezüge zum Vampir- und apokalyptischen Katastrophenfilm, die auch durch die Schminke und die Frisur ausgedrückt werden. Nicht nur im Cyber-Country Kalifornien, auch an anderen Orten des globalen Dorfes und vor allem in den elektronischen Netzen kann man Cyberpunks antreffen.

Nicht nur diese, alle Fans sind in gewisser Weise *Nomaden*, die ständig in Bewegung sind, fremde Texte, die sie nicht selbst produziert haben, erkunden, sich neues Material aneignen, um auf diese Weise im Sinne Deleuzes Fluchtlinien aus der »Kontrollgesellschaft der Postmoderne« aufzutun.[14]

Praktiken jugendlicher Fans

Die Praktiken jugendlicher Fans basieren auf emotionalem Engagement und setzen eine Vertrautheit mit medialen Texten voraus. Im Gegensatz zu Erwachsenen entwickeln sie eine große Begeisterung für ihre Lieblingsclips oder -serien, die sie ständig hören und sehen. Die Praktik der wiederholten Rezeption wird unterstützt durch technische Möglichkeiten. So erlaubt z.B. der Videorecorder den Fans durch Zurückspulen und Zeitlupe eine Kontrolle über die Handlung des medialen Textes und seine Effekte. Die so gewonnene Distanz erweitert mit jedem Sehen das Wissen und die Kompetenz der Fans, da sie neue Zusammenhänge entdecken können.

Eines ihrer größten Vergnügen besteht darin, die medialen Produkte zueinander in Beziehung zu setzen, sie intertextuell zu lesen und assoziativ Verbindungen zwischen ihnen herzustellen. So ergeben sich beispielsweise für Horrorfans Bedeutung und Wert eines aktuellen Films nicht hauptsächlich – wie häufig angenommen – durch dessen neue Spezialeffekte, sondern durch die Bezüge, die die Fans zu anderen Filmen des Genres herstellen können.[15] Das selbständige Einordnen und ästhetische Bewerten medialer Texte vor dem Hintergrund eigener Medienbiographien ist ein zentrales Merkmal der postmodernen Populärkultur.[16]

Das Wissen wiederum ist eine wichtige Ressource innerhalb der Kommunikation in der Fangemeinschaft. In der Regel reden alle Fans gern über ihre medialen Texte, klatschen über die Personen und Ereignisse ihrer Szene und tauschen Insiderinformationen über Stars und Produktionsbedingungen aus. Während viele erwachsene Fans ein Interesse für unterschiedliche mediale Texte aufweisen, zeichnen sich jugendliche Fans durch Spezialisierung, eine deutliche Markierung der Gruppenzugehörigkeit und durch eine Abgrenzung von der Erwachsenenwelt aus. Jede der jugendlichen Fangemeinschaften ist eine auf bestimmte mediale Texte spezialisierte, interpretative Gemeinschaft, in der divergierende Interpretationen und Bewertungen zirkulieren und diskutiert werden. Im Kontext dieser Fangemeinschaft werden Medien auch auf andere Weise als in der Erwachsenenkultur angeeignet.

Jugendliche Videocliquen beispielsweise, die sich auf Action- und Horrorfilme spezialisiert haben, zeichnen sich durch karnevaleske Rezeptionspraktiken und die Zelebrierung von Gemeinschaft aus.[17] Ihr gemeinsamer Videokonsum – erwachsene Fans schauen lieber alleine – ist in expressive Verhaltensmuster eingebunden, gekoppelt an Witz, Spaßmachen und gegenseitiges Erschrecken. Sie veranstalten Videonächte, in denen sie exzessiv und leidenschaftlich ihren Wünschen nach Abenteuer und Action, Gruseln und Thrill nachgehen, die im Alltag nicht erfüllt werden können. Sie nutzen den Videorahmen zur Konstitution von Außeralltäglichkeit, die ihnen einen Freiraum gegenüber dem Erwachsenenleben schafft. Ein eindrucksvolles Beispiel für diese Transzendierung des Alltags ist das jährlich stattfindende Festival des phantastischen Films in Paris, bei dem der Kinosaal Ort eines karnevalesken Schauspiels wird. Die Zuschauer sind verkleidet, werfen Mehltüten, duellieren sich mit Wasserpistolen und begleiten die Vorführung der Filme sowie die Preisverleihung mit lautem Gejohle.

Ähnliche Rezeptionspraktiken finden sich auch bei den Fans von Kultfilmen und -serien sowie Filmsequels. Deren Faszination besteht darin, genau zu wissen, was an jeder Stelle des Films passiert. Dies führt dazu, daß Dialoge mitgesprochen, Zwischenrufe gemacht und die wichtigen Ereignisse der Filme in Kommentaren vorweggenommen werden. Das berühmteste Beispiel hierfür ist die *Rocky Horror Picture Show*, bei der viele Zuschauer wie die Schauspieler im Film gekleidet und geschminkt sind. Die totale Vorhersagbarkeit von Kultfilmen führt also nicht zur Langeweile oder Enttäuschung. Im Gegenteil, sie ist gerade die Voraussetzung für das Vergnügen der Fans, auf dessen Suche sie sind.

Die gemeinsame Rezeption ist im allgemeinen typisch für jugendliche Fans. Bei Fernsehserien wie *Die Lindenstraße*[18] oder *Twin Peaks* helfen die Fans, die die vorhergehenden Folgen gesehen haben, den Novizen die Ereignisse und die Beziehungen zwischen den Akteuren zu verstehen. Zudem gehören das Nacherzählen und die wiederholte Rezeption zu dem Bemühen, sich die Medienprodukte anzueignen. Gleichzeitig werden zwischen den Fans durch das gemeinsame Interesse und durch Diskussionen emotionale Allianzen geschaffen und verstärkt. So ist in Fangemeinschaften das mediale Produkt oft nur der Anlaß für Gespräche über persönliche Erfahrungen und Gefühle. Bei Fernsehserien wie z. B. *Star Trek* dienen hierzu vor allem die Figuren der Handlung. Ein Charakter wie Uhura kann sogar Dikussionen über erfolgreiches Verhalten von Frauen am Arbeitsplatz auslösen.[19]

Auch Seifenopern mit ihrem offenen Ende sowie sämtliche Stars sind ideal für den Erfahrungsaustausch und für Gespräche, die weit über die Ursprungstexte hinausführen können. Viele Fans artikulieren auch ein gesteigertes Selbstbewußtsein, das in ihrer Interaktion mit medialen Texten, insbesondere mit musikalischen, entstanden ist.

In der Analyse der Fankultur von Madonna zeigt John Fiske, daß sowohl weibliche als auch männliche Fans die Sexualität ihres Stars als eine Herausforderung oder sogar als Bedrohung für die herrschenden Rollendefinitionen von Weiblichkeit und Männlichkeit betrachten.[20] [*Vgl. dazu auch den Beitrag von John Fiske in diesem Band, S. 54 bis S. 69*] So loben sie beispielsweise Madonnas Mut, frei und offen über ihre Sexualität in allen Aspekten zu sprechen. Insgesamt weisen die Äußerungen der Fans darauf hin, daß die Sängerin ihnen durch ihr Verhalten ein Gefühl für die potentielle eigene Stärke in der Gestaltung ihrer sozialen Beziehungen und persönlichen Identität vermittelt. Auch die Fans von Heavy Metal-Musik[21] oder die weiblichen Fans der Bay City Rollers, für die rückblickend nicht die männlichen Stars, sondern ihre gemeinsamen spaßbetonten Erlebnisse als junge Frauen entscheidend waren,[22] steigern ihr Selbstbewußtsein durch die Rezeption von Musik.

Neben Gesprächen spielen in vielen Fangemeinschaften eigene Zeitschriften, die **Fanzines**, eine wichtige Rolle. Hier werden einerseits die Formen oraler Aneignung medialer Texte intensiviert und ausgeweitet, andererseits schaffen sie die Voraussetzung für eine weitreichende Kommunikation und Organisation der Fanwelten.

Fanzines werden von Fans für Fans gemacht. Sie werden gewöhnlich nicht kommerziell vertrieben und sind zum Selbstkostenpreis über einen Versand oder auf Fantreffen erhältlich. Sie enthalten Berichte, Kritiken und Kommentare – etwa über neue und alte Musikalben, über Filme sowie Fernsehserien, über Stars, Regisseure, geschnittene oder indizierte Streifen bzw. Songs. In

Fanzines finden sich auch von den Fans selbst formulierte Kritiken, Geschichten oder Comics. Zudem berichten sie über Clubtreffen, Ereignisse in der jeweiligen Szene und haben Rubriken für Leserbriefe sowie für Kleinanzeigen.

Die Funktion von Fanzines in der Gegenöffentlichkeit der Fans

Wer Zugang zu Fanzines hat, beweist eine tiefe Integration in die jeweilige Sozialwelt, da viele dieser Blätter schwer zugänglich sind und in erster Linie Insiderinformationen enthalten. So stießen wir bei der Untersuchung der Welt der Horrorfans auf fast 40 in- und ausländische Fanzines.[23] Auch bei den Fans von Fernsehserien sowie innerhalb der HipHop- und Punk-Bewegung, insbesondere außerhalb der Metropolen, spielen Fanzines eine wesentliche Rolle für die Herausbildung gemeinsamer Perspektiven.[24] Sie stellen ein Forum für die Gegenöffentlichkeit der Fans dar.

Ergänzt werden sie durch Diskussionen in den Computernetzen, in denen sich Interessengruppen zu den unterschiedlichsten Medienprodukten gebildet haben,[25] und durch kommerzielle Special-Interest-Zeitschriften. Diese medialen Kommunikationen tragen zur Festigung geteilter Auffassungen bei, indem sie die Produktion und Zirkulation von Sinn innerhalb der (inter)nationalen Fanwelten ermöglichen.

Innerhalb der Welt der Cyberpunks ist hierfür die Zeitschrift *Mondo 2000* ein gutes Beispiel. Liest man das in Kalifornien erscheinende Hausorgan der Cyberpunks, gewinnt man rasch einen Einblick in deren Weltsicht, zu der sowohl die Romane von Gibson und Co. als auch eine bestimmte Hacker-Ethik gehört. Ein Cyberpunk steht den neuen Kommunikations- und Informationstechnologien sehr positiv gegenüber, gleichzeitig hat er aber ein kritisch-politisches Bewußtsein in bezug auf deren gesellschaftliche Verwendung entwickelt. Er sieht sich riesigen Korporationen gegenüber, die immer mehr an die Stelle von Nationalstaaten treten. Das eigentliche Leben findet in den Computernetzen statt, in denen einerseits mit der Information als Ware um Macht und Profit gekämpft wird, andererseits ekstatische und mystisch-visionäre Zustände gesucht und erlebt werden können.

Kleine Gruppen oder Einzelne können durch ihre Fähigkeiten im Umgang mit Computern eine enorme Macht über Regierungen oder Firmen ausüben. Dies ist mit dem Imperativ verbunden, daß alle freien Zugang zur Information erhalten sollen, der Mißbrauch der Technologien durch die Mächtigen offengelegt und unterminiert werden soll. Gleichzeitig wehren sich die Cyberpunks gegen jede Form von Zensur in den elektronischen Netzen. Der Computer dient ihnen als cooles Werkzeug der Subversion, des ästhetischen Ausdrucks und der Selbstverwirklichung. Insbesondere Fanzines geben einen Einblick in die Produktivität der Fans.

Die Produktionen der Fans

In den Texten von Fans geht es meist nicht um die bloße Reproduktion des primären medialen Textes, sondern darum, ihn zu verändern, zu überarbeiten, zu ergänzen und weiterzuentwickeln. Gerade die Polysemie und Intertextualität medialer Produkte ist der Ausgangspunkt für die textuelle Produktivität der Fans.[26] So hat Henry Jenkins bei den Fans von Fernsehserien im angloamerikanischen Raum insgesamt zehn »Arten, eine Fernsehserie umzuschreiben« identifizieren können, etwa die Refokussierung (hier gilt die Hauptaufmerksamkeit Nebendarstellern, oft Frauen oder ethnischen Minderheiten, die nur begrenzt in der Serie zu sehen waren) oder die Transformation des moralischen Universums der Serie (die Bösewichte werden zu den Protagonisten in den Erzählungen der Fans).[27]

Ebenfalls beliebt ist die Produktion pornographischer Texte, die **Slash** genannt werden.[28]

Unter **Slashing** werden die Prozesse des Lesens, Kritisierens und Neuschreibens medialer Texte verstanden, die das Ziel haben, homoerotische Beziehungen zwischen männlichen Figuren zu kreieren und zu erkunden. Kirk und Spock sowie Starsky und Hutch sind beliebte Vorlagen dieser kreativen Fanpraxis, der mit Vorliebe Frauen nachgehen.

In ihren Texten versuchen Frauen, sexuelle Identitäten neu zu definieren, und, wie Jenkins schreibt, Alternativen zur »repressiven und hierarchischen männlichen Sexualität« zu entwickeln.[29]

Unsere Untersuchung der Welt der Horrorfans hat gezeigt, daß insbesondere jugendliche Fans einen erstaunlichen Enthusiasmus in der Produktion eigener Texte entfalten.[30] Dabei bewegen sie sich weiter weg von den Originalen, als dies die Fans von Fernsehserien tun. Die Filme sind meist nur Anlaß und Hintergrund für die Produktion eigener Texte. Die Analyse der Fanzines und anderer tertiärer Texte (z. B. Bücher, Videos etc.) läßt als Ergebnis eine Unterscheidung folgender Formen des Gebrauchs und der Umfunktionierung zu:

Interpretation und Fortsetzung: Die Fans interpretieren und bewerten Filme, indem sie Beziehungen zum Horrorgenre herstellen. Von der Ausgangskonstellation ausgehend, zeigen sie Möglichkeiten auf, welchen anderen Verlauf der Film hätte nehmen können oder welcher andere Schluß vorstellbar wäre. Sie denken auch über mögliche Fortsetzungen eines Films nach oder empfehlen gewissermaßen den Produzenten, sich die Fortsetzung besser zu sparen. Bei Filmen mit offenem Ende oder mit mysteriösen, nur angedeuteten oder unklaren Ereignissen liefern sie Interpretationshilfen oder spinnen die Fäden weiter, indem sie mögliche Fortsetzungen entwerfen. Auf diese Weise füllen sie die Lücken der medialen Texten auf.

Wissenschaftliche Analyse: In einem ersten Schritt häufen die Fans, die sich als Amateurwissenschaftler betätigen, Fakten zu den Filmen an (z. B. zu den Haupt- und Nebenrollen, dem Regisseur, dem Inhalt, den Spezialeffekten, zu Orten der Handlung etc.). In einem zweiten Schritt analysieren sie die Filme minutiös und klassifizieren die Ereignisse. Dabei wird ein Wissen produziert, das mit dem von Filmkritikern und -wissenschaftlern jederzeit konkurrieren kann. Die Kreativität in diesem Prozeß liegt in der Systematisierung des textuellen Materials und im Vergleich, in der Analyse und in der Konstruktion neuer Verbindungen im Netz der **Intertextualität**. Ferner ist die Analyse die Voraussetzung für das Schaffen von Rezensionen und eigenen Geschichten.

Im Rahmen der Theorie der **Intertextualität** interessieren Beziehungen zwischen Texten. Im modernen und postmodernen Umfeld liegt dabei ein entgrenzter, weitgefaßter Textbegriff zugrunde, der zumeist kritisches Potential enthält. »Texte« kommen hier in verschiedenen Medien vor, sie bezeichnen selbst Geschichte und Gesellschaft. Das Theorem geht zurück auf die bulgarische Literaturtheoretikerin Julia Kristeva. In unterschiedlichen Wissenschaftsbereichen lassen sich jeweils zwei grundsätzliche Auffassungen von »Text« unterscheiden. Einmal wird er verstanden als Bestandteil eines Universums aller Texte: jeder neuentstehende Text steht im Austausch mit dem Gesamtheit aller Texte. Dadurch ist eine größere Aktivität des Rezipienten erforderlich. Interpretationen verfolgen keinen Anspruch auf Abgeschlossenheit. In einem engeren und deskriptiven Sinne meint Intertextualität markierte Bezüge zwischen Texten, wie sie etwa in Zitaten, Übersetzungen oder Parodien zu erkennen sind. Bekannte Vorlagen werden dabei zu neuen Endprodukten kombiniert und modifiziert.

Die Kreation: Fans schreiben Geschichten, kreieren Filmhandlungen, zeichnen Comics und Grafiken, entwerfen Spezialeffekte und Masken, die denen von Profis vergleichbar sind und auch mit ihnen konkurrieren, sofern sie innerhalb des Kommunikationssystems der weltweiten Fanwelt zirkulieren.

Neben den Filmemachern gibt es Modellbauer, die Personen, Monster und Objekte aus Filmen als Vorlage verwenden. Eine Abteilung für sich stellen die Make-up-Fans dar. So werden in *Fangoria*, einer kommerziellen Fanzeitschrift, regelmäßig Einführungskurse in die Kunst des Horror-Make-ups angeboten und Wettbewerbe in dieser Disziplin veranstaltet.

Umfunktionierung: In den Filmproduktionen der Fans werden Elemente aus verschiedenen Filmen bzw. Filmgenres kombiniert und verändert. Beliebt sind auch Parodien auf Horrorstoffe in Form von Erzählungen und Comics, die in den Fanzines manchmal auch als Fortsetzungen erscheinen. Auch hier läßt sich in den Texten eine Refokussierung beobachten, und so werden aus Nebenfiguren Hauptfiguren, ausgesparte oder nur angedeutete Bereiche der Filme rücken in den Mittelpunkt.

Die verschiedenen Formen von Produktivität demonstrieren, daß die regelmäßige Aufnahme medialer Produkte nicht Ausdruck von Passivität sein muß, sondern notwendige Voraussetzung für den Erwerb von Wissen und die Entfaltung von Kompetenz ist, die zu Kreativität führt.

Diese produktiven Praktiken existieren nicht nur in der Welt der Fans von Fernsehserien und Horrorfilmen, denn zu jedem etablierten Fantum gehören spezifische Formen kultureller und ästhetischer Produktion. Darauf bauen sich die Fangemeinschaften auf, schaffen sie doch die Voraussetzungen für das gemeinsame Teilen von Bedeutungen und Sozialwelten, die Fans von Nicht-Fans sowie Jugendliche von Erwachsenen abgrenzen.

Schluß

Die Entwicklung jugendlicher Fanwelten zeigt, daß Medien eine bedeutende Rolle als Kristallisationspunkte kultureller Differenzierungen spielen. Die Zugehörigkeit zu einer Fanwelt ist Teil der jugendlichen Lebensbewältigung in der Postmoderne, denn in der Gemeinschaft der Fans können Jugendliche emotionale Allianzen eingehen, außeralltäglichen Beschäftigungen nachgehen, expressive Identitätsmuster gemeinschaftlich realisieren und sich mit ihrer Lebenssituation als Heranwachsende auseinandersetzen. Sie können sich für ihren Alltag stärken, indem sie Strategien erlernen, die ihnen eine gewisse Kontrolle über ihr Leben, ihre Gefühle und ihre persönliche Identität verleihen.

Die intensive Beschäftigung mit den in der Regel von vielen Erwachsenen abgelehnten oder als bloße Unterhaltung abgetanen Produkten der Kulturindustrie dient auch der Abgrenzung von deren Welt und ihren Rationalitäts- sowie ästhetischen Kriterien. Darüber hinaus bieten viele Fanwelten auch die Möglichkeit, ihnen als Erwachsener treu zu bleiben, da sie eigene kulturelle und ästhetische Traditionen entwickelt haben, und innerhalb der alternativen Gemeinschaften häufig die Grenzen zwischen Jugendlichen und Erwachsenen transzendiert werden.

Anmerkungen

1 Vgl. Winter, R. / Eckert, R.: **Mediengeschichte und kulturelle Differenzierung. Zur Entstehung und Funktion von Wahlnachbarschaften**, Opladen 1990, S. 13-16

2 Vgl. Liebes, T. / Katz, E.: **The Export of Meaning**, Cambridge 1990

3 Vgl. Fiske, J.: **Television Culture**, London/New York 1987

4 De Certeau, M.: **Die Kunst des Handelns**, Berlin 1988

5 Vgl. Lewis, L.A. (Hg.): **The Adoring Audience. Fan Culture and Popular Media**, London/New York 1992

6 Vgl. Eckert, R. / Vogelgesang, W. / Wetzstein, Th. A. / Winter, R.: **Grauen und Lust. Die Inszenierung der Affekte**, Pfaffenweiler 1991; dazu: Vogelgesang, W.: **Jugendliche Video-Cliquen. Action- und Horrorvideos als Kristallisationspunkte einer neuen Fankultur**, Opladen 1991; Winter, R.: **Zwischen Kreativität und Vergnügen. Der Gebrauch des postmodernen Horrorfilms**, in: Müller-Doohm, St. / Neumann-Braun, K. (Hg.): **Öffentlichkeit, Kultur, Massenkommunikation**, Oldenburg 1991, S. 213-229; Fiske, J.: **Die kulturelle Ökonomie des Fantums** (in diesem Band, S. 54–69); Grossberg, L.: **Is There a Fan in the House? The Affective Sensibility of Fandom**, in: Lewis, L.A. (Hg.), a.a.O., S. 50–65; Jenkins, H.: **Textual Poachers. Television Fans and Participatory Culture**, New York / London 1992; Winter, R.: **Der produktive Zuschauer. Medienaneignung als kultureller und ästhetischer Prozeß**, München 1995

7 Fiske, J: **Popular Discrimination**, in: Naremore, J. / Brantlinger, P. (Hg.): **Modernity and Mass Culture**, Bloomington 1991, S. 106

8 Vgl. Grossberg, a.a.O., S. 56 ff.

9 Vgl. Vogelgesang (1991), a.a.O.; dazu: Willis, P. et al: **Jugend-Stile. Zur Ästhetik der gemeinsamen Kultur**, Hamburg/Berlin 1991

10 Vgl. Fiske, **Ökonomie**, a.a.O., S. 54–69 in diesem Band

11 Bourdieu, P. (Hg.): **Eine illegitime Kunst. Die sozialen Gebrauchsweisen der Photographie**, Frankfurt a.M. 1981

12 Vgl. Hebdige, D.: **Subculture – Die Bedeutung von Stil**, in: Diederichsen, D. (Hg.): **Schocker. Stile und Moden der Subkultur**, Reinbek 1983, S. 7–120 (Original: 1979)

13 Vgl. Jenkins, a.a.O.; Winter (1995), a.a.O.

14 Deleuze, G.: **Postskriptum über die Kontrollgesellschaften**, in: Deleuze, G.: **Unterhandlungen 1972-1990**, Frankfurt a.M. 1993, S. 254–262

15 Vgl. Winter (1995), a.a.O., S. 196 ff.

16 Vgl. Fiske, J.: **Understanding Popular Culture**, Boston 1989; Winter, R.: **Filmsoziologie. Eine Einführung in das Verhältnis von Film, Kultur und Gesellschaft**, München 1992; Mikos, L.: **Fernsehen im Erleben der Zuschauer**, München 1994

17 Vgl. Vogelgesang, W. / Winter, R.: **Die neue Lust am Grauen – Zur Sozialwelt der erwachsenen und jugendlichen Horrorfans**, in: Psychosozial, 13/1990, S. 42–49; Vogelgesang (1991), a.a.O.; Willis, P. et al. (1991), a.a.O.

18 Vgl. Vogelgesang, W.: **Jugendliches Medien-Fantum: Die Anhänger der Lindenstraße im Reigen medienvermittelter Jugendwelten**, in: Jurga, M. (Hg.): **Lindenstraße. Produktion und Rezeption einer Erfolgsserie**, Opladen 1995, S. 175–192

19 Vgl. Jenkins (1992), a.a.,O., S. 83

20 Fiske, J.: **Reading the Popular**, Boston 1989b, S. 95–113

21 Vgl. Weinstein, D.: **Heavy Metal. A Cultural Sociology**, New York 1991

22 Vgl. Rimmer, D.: **Like Punk Never Happened: Culture Club and the New Pop**, London 1985

23 Vgl. Winter (1995), a.a.O., S. 153 ff.

24 Zu Fernsehserien vgl. Jenkins, a.a.O.; zu HipHop und Punk vgl. Lau, T.: **Die heiligen Narren**, Berlin 1992

25 Vgl. Wetzstein, Th. A. et al.: **Datenreisende – Die Kultur der Computernetze**, Opladen 1995, S. 171–198

26 Vgl. Fiske, **Ökonomie**, a.a.O., S. 54–69 in diesem Band

27 Jenkins, a.a.O., S. 162–177

28 Vgl. Penley, C.: **Brownian Motion: Women, Tactics, and Technology**, in: Penley, C. / Ross, A. (Hg.): **Technoculture**, Minneapolis 1991, S. 135–162; dazu: Klinger, J. / Schmiedke-Rindt, C.: **Fantome einer fremden Welt. Über subkulturellen Eigensinn**, in: Hartmann, H. / Haubl, R. (Hg.): **Freizeit in der Erlebnisgesellschaft** Opladen 1996, S. 147–166

29 Jenkins, a.a.O., S. 219

30 Vgl. Winter (1995), a.a.O., S. 207–211

John Fiske

Die kulturelle Ökonomie des Fantums

John Fiske, Professor am Department of Communication Arts der University of Wisconsin/Madison und Autor u.a. von *Media Matters*, erweitert in seinem Beitrag Pierre Bourdieus Deutung der Kultur als Ökonomie um die Dimension der Populärkultur, die ein unterschätztes Kapital unterprivilegierter Schichten darstellt. Fantum wird damit zu einem hochentwickelten Ort der sozialen Teilnahme und kreativen Produktion.

Fantum ist ein Phänomen, das sich in allen Populärkulturen industrialisierter Gesellschaften findet. Es greift aus dem Repertoire eines massenhaft produzierten und verbreiteten Unterhaltungsangebots bestimmte Künstler, Darstellungsformen oder Genres heraus und überführt diese in die Kultur einer eigens zu diesem Zweck konstituierten Kleingruppe. Die herausgegriffenen Bruchstücke werden so Teil einer unterhaltsamen und vergnüglichen, gleichzeitig bedeutungsgeladenen Populärkultur. Diese behält zwar Ähnlichkeit mit der Kultur des »normalen« Publikums, unterscheidet sich zugleich aber drastisch davon. Fantum ist für Kulturformen typisch, die im dominierenden Wertesystem nicht anerkannt sind, etwa Popmusik, Liebesromane, Comics oder Hollywoodstars. Sport bildet die Ausnahme – wahrscheinlich aufgrund seiner ausgeprägt maskulinen Ausstrahlung. Fantum übt seine Anziehungskraft vor allem auf Menschen in sozial unterprivilegierten Positionen aus, ganz besonders auf jene, die durch eine Kombination der Faktoren Geschlecht, Alter, Klasse oder ethnische Zugehörigkeit gesellschaftlich benachteiligt sind.

Alle Zuhörer oder Zuschauer der Populärkultur sind in unterschiedlichem Maß an semiotischen Produktionsprozessen beteiligt. Aus den vorgefundenen Produkten stellen sie Bedeutungen und Unterhaltungsformen her, die ihrer sozialen Situation entsprechen. [*Vgl. dazu auch den Beitrag von Rainer Winter in diesem Band, S. 40 bis S. 53*] Die semiotische Produktivität findet meist in Gestalt von Texten statt, die in der Fan-Gemeinde kursieren und über die sich die Fan-Gemeinde definiert. Fans schaffen eine Fan-Kultur mit ganz eigenen Produktions- und Distributionswegen, eine Art *kultureller Schattenökonomie*. Diese hat ihren Ort außerhalb der Kulturindustrie, teilt mit ihr jedoch eine Reihe von Merkmalen, die die gewöhnliche Populärkultur nicht aufweist.

Ich möchte an dieser Stelle Bourdieus Metapher der Kultur als einer Ökonomie, in der Menschen Kapital investieren und akkumulieren, aufgreifen und weiterentwickeln.[1] Bourdieu hat sehr genau analysiert, wie sich der wirtschaftliche Status innerhalb eines sozialen Raumes auf den Kulturgeschmack abbildet. Sein Entwurf ähnelt einer zweidimensionalen Landkarte der Gesellschaft, bei der die Vertikale (oder Nord-Süd-Achse) die verfügbare Kapitalmenge anzeigt. Hier wird noch nicht zwischen ökonomischem und kulturellem Kapital unterschieden. Die Horizontale (oder Ost-West-Achse) gibt die Kapitalsorte an. Diejenigen im Westen (bzw. auf der linken Seite) weisen einen höheren Anteil kulturellen denn ökonomischen Kapitals auf, etwa Akademiker und Künstler. Die im Osten hingegen (respektive auf der rechten Seite) besitzen mehr ökonomisches als kulturelles Kapital, beispielsweise Geschäftsleute und Industrielle. In der oberen Mitte der Karte befinden sich jene, die über beide Kapitalarten reichlich verfügen – Architekten, Doktoren, Rechtsanwälte und so weiter, eben die gebildeten Kapitalisten mit gutem Geschmack! Der Süden oder Boden des Diagramms wird vom »Proletariat«, wie Bourdieu es nennt, besetzt. Hier fehlt jegliche Art von Kapital.

Die Trennung der Kapitalarten wird durch die Unterscheidung zwischem geerbtem und erworbenem Kapital erschwert. Der Unterschied zwischen altem und neuem Geld ist für die »Nordbewohner« von allergrößter Bedeutung. In den Augen der Armen erscheint sie lächerlich. Der Unterschied zwischen erworbenem und geerbtem kulturellen Kapital wird umso wichtiger, je weiter nördlich wir uns im sozialen Raum bewegen. Erworbenes kulturelles Kapital wird im Rahmen des Bildungswesens angesammelt und besteht in der Kenntnis und kritischen Wertschätzung einer ganz bestimmten Reihe von Texten – »dem Kanon« in Literatur, Kunst, Musik und zunehmend auch im Film. Geerbtes kulturelles Kapital macht sich dagegen im allgemeinen Lebensstil und weniger in der Vorliebe für bestimmte Texte bemerkbar. Indikatoren sind Mode, Einrichtung, Benehmen, die Wahl eines Restaurants oder Clubs sowie Freizeit- und Urlaubsgestaltung.

Das Modell gibt zweifelsohne einiges her, besitzt aber zwei große Schwächen. Die erste liegt in seinem Beharren auf den Wirtschafts- und Klassenverhältnissen als den wichtigsten, wenn nicht einzigen Dimensionen gesellschaftlicher Benachteiligung. So müssen wir Geschlecht, ethnische Zugehörigkeit und Alter als Achsen sozialer Diskriminierung in Bourdieus Modell einfügen. So gelangen wir zu einer

Lesart, aus der deutlich hervorgeht, daß Klassenunterschiede auch auf den anderen Achsen sozialer Differenz symptomatisch für die Funktionsweisen von Kultur sind.

Bourdieu widmet der nicht anerkannten Kultur keine ebenso ausgefeilte Analyse wie der vorherrschenden. Das ist die zweite Schwäche, die für mein besonderes Interesse hier ausschlaggebend ist. Er unterteilt die dominante Kultur in eine Reihe sich gegenseitig ausschließender Kategorien, die für jeweils eine sozial unterscheidbare Gruppe innerhalb des Bürgertums typisch sind. Die proletarische Kultur und das Proletariat bleiben bei ihm eine undifferenzierte gleichförmige Masse. Das führt dazu, daß Bourdieu das kreative Potential der Populärkultur und ihre differenzierende Funktion innerhalb der verschiedenen Gruppierungen gesellschaftlich Untergeordneter unterschätzt. Er kommt nicht auf den Gedanken, daß Formen des populären kulturellen Kapitals außerhalb und oft entgegen dem offiziellen kulturellen Kapital geschaffen werden.

Dagegen finde ich Bourdieus Begriff des **Habitus** ausgesprochen nützlich.

Der Begriff enthält einerseits die Vorstellung von dem Wohnraum (Habitat) und seinen Bewohnern, andererseits den Vorgang des Bewohnens selbst sowie die Denkgewohnheiten, die damit einhergehen. Der Begriff bezeichnet unseren Ort innerhalb des gesellschaftlichen Raums, die Lebensweisen, die sich daraus ergeben, sowie das, was Bourdieu »Dispositionen« nennt. Damit meint er geistige und kulturelle Anlagen oder Neigungen zu bestimmten Formen des Geschmacks, Denkens oder Fühlens. Der Begriff **Habitus** verweigert sich der herkömmlichen Unterscheidung zwischen gesellschaftlicher und individueller Sphäre. Das Verhältnis von Herrschaft und Subjektivität erfährt damit eine Neuformulierung.

An Bourdieus Modell scheint mir ein weiterer Aspekt bemerkenswert: Die Idee einer sozialen Landkarte, die immer auch eine Vorstellung von Bewegung enthält. Klassen, gesellschaftliche Gruppierungen und Individuen bewegen sich mit der Zeit im sozialen Raum. Der Gewinn oder Verlust beider Kapitalarten verändert die eigene Position auf der Landkarte und damit auch den Habitus. Ich möchte Bourdieus Modell um die Formen des *populären kulturellen Kapitals* erweitern, das durch benachteiligte gesellschaftliche Gruppierungen geschaffen wird – spielt doch dieses in untergeordneten Kontexten eine ähnliche Rolle wie das offizielle kulturelle Kapital in den dominanten. Fans sind besonders aktive Produzenten und Nutznießer dieser Art von kulturellem Kapital.

Als organisierte Fangemeinden reproduzieren sie die formalen Einrichtungen der offiziellen Kultur. Man kann sie gewissermaßen als Schwarzarbeiter im Kulturbereich verstehen. Fantum ist eine Form der Kulturarbeit, die sich damit beschäftigt, die Lücken zu schließen, die die gesellschaftlich anerkannte Kultur offen läßt. Es eröffnet Wege, unerfüllte kulturelle Bedürfnisse zu befriedigen. Gesellschaftliches Ansehen und Selbstachtung, die gewöhnlich nur durch kulturelles Kapital erreichbar sind, können über Fantum erlangt werden. Ein objektiver Maßstab, wie er zur Bemessung finanziellen Kapitals zur Verfügung steht, fehlt allerdings für diesen Bereich elementarer Bedürfnisse. Ein Bedürfnis nach kulturellem Kapital entsteht dann, wenn man davon weniger besitzt als man möchte oder glaubt, gerechterweise davon besitzen zu sollen. Als Anhänger von Musik- oder Sportstars haben Fans Möglichkeiten, inoffizielles kulturelles Kapital anzusammeln, das innerhalb der Peer-group zur Grundlage sozialer Anerkennung wird. Obwohl Fantum vor allem für sozial oder kulturell Benachteiligte typisch ist, bleibt es keineswegs auf sie beschränkt. Viele junge Fans sind ausgezeichnete Schüler, die eifrig offizielles kulturelles Kapital anhäufen. Trotzdem haben sie den Wunsch, sich – zumindest auf der Altersachse – von den gesellschaftlichen Werten und dem Kulturgeschmack (oder Habitus) derjenigen abzugrenzen, die gegenwärtig das kulturelle und ökonomische Kapital besitzen und dessen Erwerb sie selbst anstreben. Gesellschaftliche Dinstinktionsbemühungen dieser Art, die stärker durch Altersunterschiede als durch die Faktoren Klasse oder Geschlecht bestimmt werden, finden häufig Ausdruck im Fantum. Fantum ist ein Ort, an dem inoffizielles oder populäres kulturelles Kapital, dessen innere Logik in der Abgrenzung gegen das offizielle dominante kulturelle Kapital besteht, erworben werden kann.

In der Regel kann das populäre kulturelle Kapital, anders als das offizielle, nicht in ökonomisches Kapital umgesetzt werden. Es gibt allerdings Ausnahmen. Der Erwerb dieser Art von Kapital fördert weder die eigene Karriere, noch werden die geleisteten Investitionen durch einen Aufstieg im Klassengefüge belohnt. Die Dividenden werden in Form von Spaß und Anerkennung innerhalb einer Gemeinschaft mit den gleichen Vorlieben durch Gleichgesinnte ausbezahlt. Die Wertschätzung durch sozial Bessergestellte bleibt aus. Fans sind gute Beispiele für »Autodidakten«, die sich im Selbststudium Wissen und Geschmack aneignen. [*Vgl. dazu auch den Beitrag von Rainer Winter in diesem Band, S. 40 bis S. 53*] Beides entschädigt für das von ihnen empfundene Mißverhältnis zwischen dem offiziellen kulturellen Kapital, das sie in Form von Bildung und Schulabschlüssen erwerben müssen, und dessen tatsächlicher sozio-ökonomischer Vergütung.

Im Fantum werden die kulturellen Vorgaben auf eigentümliche Weise miteinander vermengt. Einerseits trägt es zur Stärkung der Populärkultur bei, die sich außerhalb und oft entgegen der offiziellen Kultur entwickelt, andererseits greift es bestimmte Werte und Eigenschaften aus der offiziellen Kultur heraus und gestaltet diese neu.

Ich möchte die wichtigsten Eigenschaften des Fantums unter den drei Gesichtspunkten der *Abgrenzung und Unterscheidung, der Produktivität und Partizipation* sowie der *Kapitalakkumulation* erörtern. Es handelt sich dabei um allgemeine Kennzeichen von Fantum, die sich nicht auf einzelne Personen oder bestimmte Gruppen beziehen. Keine einzelne Fangemeinde wird alle drei Merkmale im gleichen Maße aufweisen. Vielmehr unterscheiden sich Fan-Gemeinschaften ganz beträchtlich in der jeweiligen Ausprägung dieser Eigenschaften.

Abgrenzung und Unterscheidung

Fans grenzen sich ab: sie ziehen scharfe Trennlinien zwischen dem, was in ihren Fanbereich gehört, und dem davon Ausgeschlossenen. Solche Unterscheidungen in der kulturellen Sphäre finden sich in Form sozialer Differenzierungen wieder. Die Grenzen zwischen Fangemeinde und dem Rest der Welt werden akribisch abgesteckt und überwacht. Beide Seiten investieren in die Aufrechterhaltung dieser Unterscheidung. Unbeteiligte Beobachter bemühen sich dagegen, das, was sie als typisch für Fans betrachten, von sich zu weisen: »Ich bin natürlich eigentlich gar kein Fan, aber…«. Auf der anderen Seite der Trennlinie stehen die Fans, die ganz klare Vorstellungen davon haben, welche Bedingungen erfüllt sein müssen, damit jemand den Graben überspringen und echter Fan werden darf. Auch bei ihnen herrscht Einigkeit darüber, daß diese Grenze zurecht besteht. Inhaltliche ebenso wie soziale Unterscheidungen sind wesentliche Bestandteile ein und derselben kulturellen Aktivität.

Die Abgrenzung der Fans hat einerseits Ähnlichkeit mit den gesellschaftlich relevanten Abgrenzungen im Rahmen der Populärkultur und andererseits mit den ästhetischen Unterscheidungskriterien der anerkannten Kultur.[2] Die untergeordnete Kultur muß zwangsläufig funktional sein. Sie muß zu etwas gut sein. Darin hat Bourdieu den entscheidenden Unterschied zwischen der Kultur des Untergeordneten und der dominanten Kultur gesehen. An anderer Stelle[3] habe ich gezeigt, daß die jungen weiblichen Madonna-Fans die Stärke, die sie über ihr Fantum gewinnen, zur besseren Kontrolle über die Bedeutungszusammenhänge der eigenen Sexualität nutzen. Sie bewegen sich sehr viel selbstbewußter auf der Straße. Abgrenzung innerhalb der Populärkultur verlangt von Fans, daß sie eine Auswahl an Texten oder Stars treffen, mittels derer sie sozialen Identitäten und Erfahrungen zweckgebunden und eigennützig Sinn verleihen. Teilweise gelingt es, die so gefundenen Sinnmuster in selbstbewußtes, kompetentes Sozialverhalten zu übersetzen. Oft aber verharren sie auf der Ebene einer kompensatorischen Wunschvorstellung, die gesellschaftliches Handeln schon im Vorfeld ausschließt.

Andere Formen der Abgrenzung durch Fans nähern sich den ästhetischen Differenzierungen der offiziellen Kultur. Kistes Studie über die Fans von Comics[4] zeigt, wie treffsicher zwischen verschiedenen Zeichnern und Erzählern unterschieden wird. Die Fähigkeit, Künstler zu erkennen und hierarchisch richtig einzuordnen, d. h. also einen Kanon zu bilden, in den einige aufgenommen, andere ausgeschlossen werden, ist von allergrößter Bedeutung.

Viele der Fans, die von Kiste beobachtet wurden, waren sich bewußt, daß die Objekte ihrer Leidenschaft nach den Maßstäben der offiziellen Kulturkriterien völlig wertlos sind. Sie gaben sich aber große Mühe, gegen diese Fehleinschätzungen anzugehen. Häufig wurden Kriterien aus der offiziellen Kultur, wie »Komplexität« oder »Subtilität« angeführt, um zu zeigen, daß die eigenen Lieblingstexte qualitativ mit denen des offiziellen Kanons mithalten können. Ständig wurden Romane, Stücke und Filme aus der anerkannten Kultur zum Vergleich herangezogen.

Obwohl uns nur verhältnismäßig wenige Untersuchungen über Fans zur Verfügung stehen, lassen sich doch Rückschlüsse auf die gesellschaftlichen Faktoren ziehen, die die Abgrenzungsmechanismen bestimmen. Bei den älteren männlichen Fans ist eine leichte, aber beständige Neigung zu offiziellen ästhetischen Unterscheidungskriterien feststellbar, die bei den jüngeren weiblichen Fans fehlt. Wenn sich in weiteren Studien, was ich vermute, diese Tendenz als Strukturprinzip erweist, dann mag der Grund in dem zwischen Männern und Frauen unterschiedlichen Verhältnis zu den Machtstrukturen liegen. Die durch Alter, Klasse oder Geschlecht Benachteiligten neigen eher dazu, einen für die proletarische Kultur typischen Habitus auszubilden, d.h. einen Habitus, der sich durch das Fehlen von Wirtschafts- und Kulturkapital auszeichnet: Je weniger ein Fan unter dem Gefüge von Herrschaft und Unterordnung leidet, umso wahrscheinlicher ist es, daß sein Habitus in gewisser Weise mit der offiziellen Kultur in Einklang steht. Er wird eher dazu bereit sein, offizielle Kriterien auf inoffizielle Texte anzuwenden. Es überrascht daher wenig, daß sich ältere männliche und gebildete Fans der offiziellen Kriterien bedienen, während jüngere weibliche und weniger gebildete Fans zu den populären Kriterien tendieren. Kulturelle Vorlieben und Praktiken entstehen im Bereich gesellschaftlicher und nicht individueller Abgrenzungsbemühungen. Geschmacksurteile über Texte und gesellschaftliche Aus- und Abgrenzungen sind Teil ein und desselben kulturellen Prozesses. Das gilt für den einzelnen Fan in seinem Verhältnis zu anderen Fans, wie auch für die Beziehung zwischen Fangemeinde und dem Publikum der Populärkultur.

Produktivität und Partizipation

Die Populärkultur wird von den Menschen selbst aus Produkten der Kulturindustrie hergestellt: sie sind als Ergebnisse eines Produktions- und nicht eines Rezeptionsprozesses zu verstehen. Fans sind ganz besonders produktiv. Ich möchte ihre Produktionen in drei Kategorien unterteilen: *semiotische Produktivität, enunziative Produktität* und *textuelle Produktivität*. Alle drei Arten von Produktivität spielen sich an der Schnittstelle zwischen industriell produzierten Kulturgütern (etwa Erzählungen, Musik oder Stars) und dem Alltagsleben der Fans ab.
Semiotische Produktivität findet ganz wesentlich im Inneren verborgen statt. Sobald die erzeugten Bedeutungen ausgesprochen werden und in Wechselwirkung mit anderen Bedeutungskontexten oder mit der oralen Kultur treten, erhalten sie eine öffentliche Form, die als enunziative Produktivität oder Ausdrucksproduktivität bezeichnet werden kann. Enunziation (Formulierung, Behauptung, Ausdruck) setzt die Anwendung eines semiotischen Systems voraus, das typischerweise, allerdings nicht immer, ein verbal sprachliches ist. Es ist für den Sprecher und sein gesellschaftliches Umfeld spezifisch. Mittels der Fansprache werden bestimmte Bedeutungen eines Fanobjekts innerhalb einer örtlich begrenzten Gemeinschaft erzeugt und verbreitet. Gerade die Sprache macht einen Großteil des Vergnügens am Fantum aus. Viele Fans geben an, bei der Objektwahl ihres Fantums mindestens ebenso durch die Sprachgemeinschaft, der sie angehören wollten, beeinflußt worden zu sein, wie durch das Objekt selbst und seine

Eigenschaften. Wenn Arbeitskollegen oder Schulkameraden ständig von einer bestimmten Fernsehsendung, Band, Mannschaft oder anderen Künstlern sprechen, werden viele zu Fans, um Zugang zu einer bestimmten sozialen Gruppe zu finden. Das heißt nicht, daß eine solche Haltung in Geschmacksfragen nicht authentisch wäre. Ich möchte vielmehr die engen Wechselbeziehungen zwischen textuellen und sozialen Präferenzen deutlich machen.

Sprache ist – so wichtig ihre Bedeutung auch sein mag – nicht das einzige zur Verfügung stehende Ausdrucksmittel. Der Frisuren- oder Make-up-Stil, die Wahl der Kleidung oder der Accessoires dienen ebenso der Konstruktion einer sozialen Identität. Sie betonen die Zugehörigkeit zu einer bestimmten Fangemeinde. Die Madonna-Fans, die auf MTV behaupteten, sie würden mit größerer Aufmerksamkeit wahrgenommen, sobald sie im Madonna-Outfit die Straße betreten, haben damit nicht nur die eigene Identität stärker gefestigt, als dies bei jungen Mädchen gewöhnlich üblich ist. Sie bringen diese neu gefundenen Bedeutungszusammenhänge auch gesellschaftlich in Umlauf. Ähnliches gilt für die britischen Fußballfans, meist sozial und finanziell randständige Männer, die durch das Tragen ihrer Vereinsfarben und den Zusammenhalt innerhalb der Fangemeinde ein stärkeres Selbstbewußtsein entwickeln. [*Vgl. dazu auch den Beitrag von Richard Utz und Michael Benke in diesem Band, S. 102 bis S. 115*] Dies mag teilweise in Gewalt umschlagen, bleibt aber gewöhnlich auf eine Form der Selbstsetzung im Bekennen zu einer bestimmten Gruppe beschränkt. Die Selbstsetzung gestaltet sich häufig offensiv gegenüber der Gesellschaft, ganz absichtlich werden die gesellschaftlich anerkannten Werte und Forderungen nach Disziplin in Frage gestellt. In dieser Hinsicht gleichen sich die weiblichen Madonna-Fans und die männlichen Fußballfans. Beide haben es auf die Mißbilligung der Erwachsenen abgesehen. Sie ist sogar integraler Bestandteil des Spaßes am Fansein. Enunziation kalkuliert Ablehnung mit ein, teilweise nicht explizit und möglicherweise nicht einmal bewußt. Sie provoziert sie.

Enunziation ereignet sich in den unmittelbaren sozialen Beziehungen – sie existiert nur im Moment des Sprechens. Das populäre kulturelle Kapital, das in diesen Sprechakten erzeugt wird, findet nur in eingeschränktem Rahmen Verbreitung. Es handelt sich um eine ortsgebundene Ökonomie. Aber innerhalb einer solchen lokal begrenzten Gemeinschaft oder Fangemeinde werden die Erträge aus den getätigten Investitionen direkt und zuverlässig ausbezahlt.

Es gibt eine weitere Kategorie der Fan-Produktivität, die den anerkannten künstlerischen Produktionen der offiziellen Kultur noch ähnlicher ist, nämlich die textuelle Produktivität. Fans stellen Texte her, die sie untereinander tauschen. Von der Herstellung befinden sich diese Texte auf einem ähnlich hohen Qualitätsniveau wie die Produkte der offiziellen Kultur. Der Unterschied besteht nicht in Fragen der Kompetenz, er ist ökonomischer Natur. Fans schreiben oder produzieren ihre Texte nicht für Geld. Im Gegenteil: in der Regel finanzieren sie selbst diese Form der Produktivität. Die zur Verfügung stehenden technischen Möglichkeiten sind aus finanziellen Gründen meist sehr begrenzt. So fehlt den Texten häufig die technische Glätte der professionell produzierten Texte. Auch was ihre Verbreitung angeht, gibt es einen Unterschied. Da Fan-Texte nicht hergestellt werden, um Profit zu machen, können sie auf den großen Markt der Massenwaren verzichten. Anders als die offizielle Kultur unternimmt die Fan-Kultur gar nicht erst den Versuch, ihre Produkte außerhalb der Fan-Gemeinde in Umlauf zu bringen. Es sind *verengte*, keine *verbreiteten* Texte.

Die Star Trek-Fans sind ein typisches Beispiel.[5] Sie verfassen ganze Romane, um die syntagmatischen Lücken in der Originalerzählung zu füllen. Diese Romane und Schriften werden über ein ausgedehntes Verteilernetz innerhalb der Fan-Gemeinde in Umlauf gebracht.

Fan-Produktivität beschränkt sich aber nicht auf die Herstellung neuer Texte: sie hat Einfluß auf die Beschaffenheit des Originals. In einem Prozeß der Beteiligung, verwandelt sich eine kommerzielle Erzählung oder Darbietung in Populärkultur. Fans wollen mitwirken. Die Fanhorden in ihren Vereinsfarben bei Sportveranstaltungen oder die Fans, die sich bei Rockkonzerten genauso kleiden wie die Band auf der Bühne, werden Bestandteil der Veranstaltung. Mannschaft oder Darsteller und Fan verschmelzen zu einer produktiven Gemeinschaft. Damit verringert sich der Abstand zwischen Künstler und Publikum. Der Text ist kein Kunstobjekt, er wird zum Ereignis. Bourdieus Beschreibung des untergeordneten Habitus im Gegensatz zum herrschenden steht damit in Einklang. Der untergeordnete oder proletarische Habitus weigert sich, Text und Künstler in Distanz zum Publikum und dessen alltäglichem Leben zu sehen. Die Verehrung, ja Bewunderung, die Fans dem Objekt ihrer Anhängerschaft entgegenbringen, verträgt sich überraschend gut mit dem eigentlich dazu in Widerspruch stehenden Gefühl, das Objekt zu »besitzen«. Es ist ihr populäres kulturelles Kapital.

Diese Form der Inbesitznahme wird von den Fanzeitschriften getragen und unterstützt. Dahinter steht die Vorstellung, daß Stars erst durch ihre Fans konstruiert werden, daß sie ihnen den Starruhm gewissermaßen verdanken. Die Hochachtung, die der bourgeoise Habitus Künstler und Text entgegenbringt, fehlt in der Regel beim Fantum: Fans von Soap Operas fühlen sich den Drehbuchautoren meist überlegen. Sie glauben, sie könnten bessere Geschichten erfinden und würden die Figuren auch besser kennen.[6]

Kommt ein industriell produzierter Text beim Fan an, wird er durch dessen Anteilnahme verändert und in einen größeren Zusammenhang eingefügt. Das ist der Moment, in dem Rezeption in Produktion umschlägt. Sportfans, die ihren Verein anfeuern, treiben ihn nicht nur zu höherer Leistung an, vielmehr beteiligen sie sich selbst an dieser Leistung. Selbstverständlich beanspruchen sie anschließend auch einen Anteil an eventuell gewonnenen Auszeichnungen.

Die offiziellen Barrieren, die Fans vom Spielfeld trennen – Polizei und Sicherheitspersonal, Zäune, Mauern und in extremen Fällen auch Gräben und Stacheldraht – sind nicht nur Belege für das starke Bedürfnis der Fans, sich zu beteiligen. Sie zeigen die Notwendigkeit, im Rahmen der herrschenden Kultur einen disziplinierenden Abstand zwischen Text und Leser aufrechtzuerhalten. Im akademischen Umfeld wird diese Funktion vom Kritiker übernommen, der die Textbedeutung und das Text-Leser-Verhältnis kontrolliert. Der Kritiker unterscheidet sich von den diziplinierenden Maßnahmen auf dem Sportfeld nur dadurch, daß er seine Funktion unter Zuhilfenahme intellektueller, nicht physischer Mittel ausübt.

Fans partizipieren gemeinschaftlich und öffentlich auch an herkömmlicheren Textsorten wie z. B. Filmen. Dadurch wird die weitverbreitete, aber privatere Anteilnahme – z. B. der Soap Opera-Fans, die ihr Leben mit ihren Lieblingscharakteren »teilen«, indem sie Handlungsabläufe im Gespräch oder in ihrer Phantasie schreiben und umschreiben – öffentlich sichtbar.

Fan-Texte müssen *herstellungsfreundlich*, d. h. offen sein. Sie müssen Leerstellen enthalten, Unschlüssigkeiten und Widersprüche aufweisen, die es Fans gestatten und sie dazu reizen, produktiv zu werden. Insofern handelt es sich um mangelhafte Texte. Sie werden ihrer kulturellen Funktion als unterhaltsame Bedeutungsträger erst gerecht, wenn sie durch ihre Fans bearbeitet und in Gang gebracht werden. Durch diese Form der aktiven Teilnahme schaffen Fans eigenes populäres kulturelles Kapital.

Kapitalakkumulation

Das kulturelle Kapital der Fans und das offizielle Kapital stehen in einem komplexen und oft widersprüchlichen Verhältnis zueinander: Bisweilen haben Fans den Wunsch, sich vom offiziellen kulturellen Kapital zu distanzieren, teilweise aber bemühen sie sich, daran anzuschließen. Wie das offizielle kulturelle Kapital besteht das der Fans in der genauen Kenntnis und Wertschätzung von Texten, Künstlern und Ereignissen. Die Objekte des Fantums sind aber per definitionem vom offiziellen kulturellen Kapital und dessen Umsetzbarkeit in ökonomisches Kapital mittels Ausbildung und Beruf ausgeschlossen.

Das Anhäufen von Wissen ist für die Akkumulation von kulturellem Kapital beim Fantum ebenso wie in der offiziellen Kultur unerläßlich. Selbstverständlich hat die Kulturindustrie dies erkannt und eine riesige Bandbreite von Materialien produziert, die darauf ausgerichtet sind, Fans mit Informationen über das Objekt ihres Fantums zu versorgen. Diese Informationen reichen von den Statistiken der Sportseiten in den Tageszeitungen bis hin zum Klatsch in Sachen Privatleben der Stars. Durch die von Fans selbst herausgegebenen und in Umlauf gebrachten Informationen werden die kommerziellen Informationen ergänzt, teilweise aber auch unterlaufen. In der Schwulenszene kursiert beispielsweise Wissen darüber, welche vermeintlich heterosexuellen Stars in Wirklichkeit homosexuell sind. Lange bevor die breite Öffentlichkeit davon erfuhr, wußte man in diesen Kreisen, daß Rock Hudson schwul und Marilyn Monroe bisexuell war. Ein solches Fan-Wissen trägt zur Unterscheidung innerhalb der Fan-Gemeinde bei. Jene, die ein bestimmtes Wissen haben, unterscheiden sich von jenen, die es nicht haben. Wie in der offiziellen Kultur ist das Ergebnis soziale Abgrenzung. Die Experten, die das größte Wissen besitzen, genießen Ansehen innerhalb der Gruppe und fungieren als Meinungsführer. Wissen ist, wie Geld, stets eine Quelle der Macht.

Fans setzen ihr kulturelles Wissen dazu ein, ihren Einfluß auf den industriellen Originaltext und ihren Anteil an dessen Beschaffenheit zu vergrößern. Die *Rocky Horror Picture Show*-Fans, die jede Zeile des Filmdialogs auswendig kennen, benutzen dieses Wissen, um sich an dem Text zu beteiligen, ja, um ihn neu zu schreiben. Dies geschieht auf völlig andere Weise, als beispielsweise ein Shakespearefreund seine ausgezeichnete Textkenntnis einsetzten würde. Der dominante Habitus erlaubt ihm nicht, sich an der Aufführung zu beteiligen. Seine Textkenntnis versetzt ihn aber in die Lage, verschiedene Aufführungen kritisch miteinander oder mit der eigenen Vorstellung von der »idealen« Aufführung zu vergleichen. Im Rahmen des dominanten Habitus dient Textkenntnis der kritischen Beurteilung und Differenzierung, im Rahmen des populären Habitus dient sie der Partizipation.

Im dominanten Habitus werden Informationen über den Künstler verwandt, um die Wertschätzung seines Werks zu steigern. Im populären Habitus wird derartiges Wissen eingesetzt, um die Fähigkeit der Fans zu stärken, die Produktionsprozesse zu durchschauen, die normalerweise durch den Text verdeckt werden und dem Nicht-Fan verborgen bleiben. Solche Formen von Wissen verringern den Abstand zwischen Text und Alltag bzw. zwischen Star und Fan. Der populäre Habitus funktionalisiert Wissen, indem er es zumindest potentiell zur Stärkung des Selbstbewußtsein der Fans benutzt.

Materiell äußert sich die Akkumulation von populärem wie offiziellem kulturellen Kapital in Objektsammlungen. Das können Kunstwerke, Bücher, Schallplatten, Memorabilia, Ephemera sein. Fans sind wie Kulturfreunde oft leidenschaftliche Sammler. Die Kultursammlung ist meist der Punkt, an dem kulturelles und ökonomisches Kapital aufeinandertreffen.

Die »Nordbewohner« in Bourdieus sozialem Raum – jene, die auf der Skala für ökonomisches und kulturelles Kapital ganz oben stehen, – neigen häufig dazu, keinen Unterschied zwischen dem ästhetischen und dem ökonomischen Wert einer Gemäldesammlung, von Erstausgaben oder Antikmöbeln zu machen. Die Funktion des Versicherungsgutachters wird mit der des Kritikers deckungsgleich. Die »Nord-West-Bewohner« jedoch, die über mehr kulturelles als ökonomisches Kapital verfügen, sammeln preiswerte Lithographien oder Kunstdrucke, keine Originalgemälde. Sie tätigen kulturelle, keine ökonomischen Investitionen – und so finden sich in ihren Bibliotheken eher »gewöhnliche« Bücher und keine Erstausgaben.

Das Sammeln spielt auch in der Fan-Kultur eine wichtige Rolle. Hier ist es inklusiv, nicht exklusiv: Fans legen keinen Wert auf den Erwerb weniger und teurerer Objekte, hier geht es darum, möglichst viele Dinge anzuhäufen. Die einzelnen Objekte sind meist billig, nach den Maßstäben der offiziellen Kultur wertlos und stammen aus der Massenproduktion. Ihre Besonderheit liegt in der Größe der Sammlung, nicht in der Einzigartigkeit oder Authentizität der Kulturobjekte. Natürlich gibt es Ausnahmen: Fans, die über großes ökonomisches Kapital verfügen, werden dies auch einsetzen, um einzigartige und authentische Objekte – etwa eine Gitarre, ein Sportteil mit Autogramm oder ein vom Star wirklich getragenes Kleidungsstück – zu sammeln. Hier findet sich eine nicht-ästhetische Parallele zum Kapitalisten in der offiziellen Kultur.

Aber auch gewöhnliche Fans ahmen die offizielle Kultur nach, wenn sie ihre Sammlungen billiger und massenhaft produzierter Fan-Objekte nicht nur mit Begriffen des kulturellen Kapitals, sondern auch in der Begrifflichkeit des ökonomischen Kapitals beschreiben. Die von Kiste beobachteten Comic-Fans brannten darauf, ihre Sammlungen nach ökonomischen Gesichtspunkten, ihrem Wert und ihrem Investitionspotential einzustufen: Wie hoch kann der Wert der Hefte steigen, oder wieviel mehr bringen sie im Vergleich zum tatsächlich gezahlten Preis ein? Besonders wertvolle Ausgaben sind beispielsweise Erstausgaben von Comics. Auch das ist eine Parallelentwicklung zur offiziellen Kulturökonomie; sie sind das populäre Äquivalent zu literarischen Erstausgaben. Rarität und Alter dieser Hefte werden zu Zeichen ihrer Authentizität, Originalität und Seltenheit. Sie besitzen einen hohen kulturellen Kapitalwert, der mühelos in ökonomisches Kapital überführt werden kann. Wenn Comic-Fans zusammenkommen, entsteht nicht ein rein kultureller Schauplatz, der den Rahmen für den Austausch von Wissen und den Aufbau einer Kulturgemeinschaft bildet.

Es entsteht auch ein Forum für den Kauf und Verkauf »sammelbarer Waren«, das nach den Bedingungen des Markts strukturiert ist.

Kapitalistische Gesellschaften basieren auf der Akkumulation und Investition von Kapital. Das gilt für die kulturellen ebenso wie für die finanziellen Ökonomien. Die Schattenökonomie der Fan-Kultur ähnelt in vielerlei Hinsicht den Mechanismen der offiziellen Kultur. Der Unterschied ist, daß sie dem Habitus des Untergeordneten angepaßt ist. Ein bestimmter Habitus beinhaltet nicht nur kulturelle Dimensionen wie Geschmack, Urteilskraft und eine gewisse Einstellung gegenüber Kulturobjekten oder Ereignissen, sondern auch eine soziale Ökonomie, die diese kulturellen Vorlieben spiegelt. Ein Habitus ist also eine bestimmte Geisteshaltung und eine »geographische« Position im sozialen Raum. Die Unterschiede zwischen Fansammlungen und Kunstsammlungen sind sozio-ökonomischer Natur. Fansammlungen bestehen meist aus billigen, massenhaft produzierten Objekten. Vollständigkeit und Größe der Sammlung werden höher bewertet als Qualität oder Exklusivität. Einige Fans, deren ökonomischer Status es ihnen erlaubt, zwischen authentischen und massenproduzierten Objekten, zwischen Original und Reproduktion zu unterscheiden, stehen dem offiziellen kulturellen Kapitalisten relativ nah. Ihre Sammlungen bieten sehr viel mehr Möglichkeiten der Umsetzung in ökonomisches Kapital.

Obwohl sich Fan-Kultur und offizielle Kultur, zumindest was die materielle Seite des kulturellen Kapitals und seine Umsetzbarkeit in ökonomisches Kapital angeht, ähneln, unterscheiden sie sich ganz beträchtlich in der Umsetzbarkeit des nicht-materiellen Kapitals. Das Wissen und die Urteilskraft, die das offizielle kulturelle Kapital bildet, wird im Erziehungswesen institutionalisiert. Sie können in Berufschancen und Machtzuwachs überführt werden. In Bourdieus Karte des sozialen Raums nimmt die Ausbildung eine Schlüsselstellung ein, denn sie verbindet die Kategorie Klasse auf der vertikalen Achse mit dem kulturellen und dem ökonomischen Kapital auf der horizontalen. Der Ausschluß des populären- oder des Fan-Kapitals aus dem Bildungswesen ist gleichbedeutend mit der Ausgrenzung aus dem Bereich der offiziellen Kultur und dem Ausschluß von der ökonomischen Verwertbarkeit. Darin besteht die Anziehungskraft des Fantums auf Menschen, die aus untergeordneten Verhältnissen stammen und sich ungerechterweise von den sozio-ökonomischen Verheißungen der offiziellen Kultur und den Chancen auf Statuszuwachs ausgeschlossen fühlen. Am Erziehungswesen läßt sich die enge Verwobenheit von Fantum und sozialer Ordnung ablesen.

Fans und die kommerzielle (populäre) Kultur

Fans schaffen ihre Kultur aus dem kommerziellen Warenangebot (Texte, Stars, Auftritte) der Kulturindustrie. Fantum hat einen doppelten Bezug zu dem, was oft fälschlicherweise Massenkultur genannt wird.

Es gibt eine ganz allgemeine Beziehung zwischen Fantum und Populärkultur, nämlich die zwischen Fan und »normalem« Publikum. Ich habe an anderer Stelle[7] behauptet, daß Fantum eine Art gesteigerte Form der Populärkultur in Industriegesellschaften ist, und daß der Fan ein *exzessiver Leser* ist, der sich vom »Normalen« nur im Grad seiner Beschäftigung und nicht durch die Art an sich unterscheidet. Die von Madonna-Fans angefertigten Videos könnten dann als Textwerdungen der inneren Phantasien von Menschen verstanden werden, denen die technische Ausrüstung, der Wunsch oder das Talent fehlen, ihre Phantasien in andere Texte umzuwandeln. Die immer wiederkehrenden Merkmale dieser Fan-Videos sind typisch für die semiotische, unsichtbare Produktivität, die für die Populärkultur im allgemeinen charakteristisch ist. Eine Textanalyse dieser Videos offenbart Kennzeichen, die mit den theoretischen Überlegungen und ethnographischen Untersuchungen über die Art und Weise, in der Menschen aus den Produkten der Massenkultur eigene Populärkulturen entwickeln, übereinstimmen. Die Videos weisen durchgängig alle relevanten Merkmale auf. Madonnas Worte, Musik, Bewegungen und Erscheinung werden zu Bedeutungsträgern, die in das alltägliche Leben und die Umgebung der Fans eingang finden. Es wurde gezeigt, wie sie der Stärkung des Selbstbewußtsein dienen. Madonna verleiht ihren Fans Macht über Jungs, Eltern, Lehrer und sogar Politiker. Fans beteiligen sich, indem sie sich in Madonna »verwandeln«, so daß der Abstand zwischen Darstellerin und Publikum verschwindet. Sie nehmen teil an der Konstruktion und Verbreitung der Bedeutungen des »Madonnaseins« im Rahmen einer eigenen Kultur.

Es besteht eine Beziehung zwischen Fankultur und den kommerziellen Interessen der Kulturindustrie. Fans sind für die Industrie ein zusätzlicher Absatzmarkt. Aber sie sind nicht nur Käufer, die Massenwaren oft in ungeheuren Mengen erwerben. Sie liefern der Industrie auch wertvolle und kostenlose Rückmeldungen über Marktentwicklung und Publikumsgeschmack. Kulturgüter erfüllen eine widersprüchliche Funktion. Sie dienen einerseits den ökonomischen Interessen der Industrie und andererseits den kulturellen Interessen der Fans. Es gibt eine ständige Auseinandersetzung zwischen Fans und der Industrie, wobei die Industrie bemüht ist, Geschmack und Vorlieben der Fans vollständig abzudecken. Die Fans versuchen ihrerseits, der Industrie bestimmte Produkte zu »entreißen«. Während die Industrie Fans zu »inkorporieren« sucht, wollen Fans der Industrie bestimmte Produkte »exkorporieren«.

Die offizielle Kultur will Texte oder Objekte als Kreationen besonderer Individuen oder Künstler verstanden wissen: Eine solche Hochachtung vor dem Künstler und damit auch vor dem Text versetzt den Leser notwendigerweise in ein untergeordnetes Verhältnis zum Text. Populärkultur jedoch ist sich sehr wohl darüber im Klaren, daß ihre Güter industriell produziert und keine einzigartigen Kunstobjekte sind. Sie bieten sich, anders als vollendete Kunstobjekte, der produktiven Umarbeitung, Umschreibung, Vervollständigung und Partizipation an. Es ist nicht verwunderlich, daß der dominante Habitus mit seinem Hang zur offiziellen Kultur, die Produktion und Rezeption der Populärkultur abwertet und mißversteht. Er erkennt nicht, daß viele der industriell produzierten Texte über produzierfreundliche Eigenschaften verfügen, die einer populären Produktivität Anreize bietet, die offizielle Kunstwerke nicht bieten können. Er nimmt nicht zur Kenntnis, daß sich eine solche populäre Produktivität sehr viel besser auf industrielle Texte anwenden läßt, da diese mit ihren Widersprüchen, Mängeln und ihrer Oberflächlichkeit offene, provokante und nicht schon vollkommene, zufriedenstellende Texte sind. Der industrielle Text ist kein Kunstobjekt, das erhalten werden muß. Seine Kurzlebigkeit wird gar nicht erst zum Thema. Im Gegenteil, seine Verfügbarkeit und sein ständiges Bemühen nach Neuem ist für Menschen anregend und ansprechend und gehört zu seinen wertvollsten Eigenschaften.

Es mag ironisch oder bedauernswert sein, daß die ökonomischen Zwänge der kapitalistischen Industrie die Kultur den Menschen nähergebracht hat als die hehren Motive der offiziellen Kultur. Aber eigentlich sollte uns das nicht überraschen. Offizielles kulturelles Kapital wird den Menschen ebenso wie ökonomisches systematisch verweigert. Sie unterscheiden sich durch ihre unerfüllten Bedürfnisse von jenen, die über Kapital verfügen. In einer kapitalistischen Gesellschaft muß Populärkultur zwangsläufig aus kapitalistischen Produkten hergestellt werden, denn ein anderes Arbeitsmaterial besitzen die Menschen nicht. Das Verhältnis von Populärkultur und Kulturindustrie ist komplex und faszinierend, bisweilen konfliktgeladen, manchmal verschwörerisch oder kooperativ. Die Menschen fallen nicht der Gnädigkeit der Industrie anheim, sie entscheiden sich für bestimmte Industriegüter, die sie in Populärkultur überführen. Sie lehnen aber sehr viel mehr ab, als sie annehmen. Fans gehören zu den urteilsstärksten und wählerischsten Gruppierungen. Das kulturelle Kapital, das sie hervorbringen, ist hochentwickelt und unübersehbar.

Anmerkungen

1 Vgl. Bourdieu, P.: **Die feinen Unterschiede**, Frankfurt am Main 1996
2 Vgl. Fiske, J.: **Understanding Popular Culture**, Boston 1989
3 Vgl. Fiske, J.: **Reading the Popular**, Boston 1989
4 Kiste, A.: **Comic Books: Practices of Reading and Strategies of Legitimation**, Unveröffentlichtes Manuskript, University of Wisconsin-Madison 1989
5 Vgl. Jenkins, H.: **Star Trek: Rerun, Reread, Rewritten: Fan Writing as Textual Poaching**, in: Critical Studies in Mass Communication 1989, 5 (2), S. 85–107; Penley, C.: **Feminism, Psychoanlysis and Popular Culture**, Vortragsmanuskript, University of Illinois, präsentiert im April 1990
6 Vgl. Fiske, J.: **Television Culture**, London / New York 1987
7 Vgl. Fiske, J.: **Understanding Popular Culture**, Boston 1989

Douglas Kellner

Jugend im Abenteuer Postmoderne

Douglas Kellner, Philosophie-Professor mit den Schwerpunkten Medienkultur
und Postmoderne Theorie an der Universität Austin/Texas, skizziert in seinem
Beitrag die amerikanische Generation der sogenannten *Post-Boomer*, die – so
der Autor – entgegen anderslautenden Gerüchten durchaus eine gemeinsame
Identität besitzt. In einer immer globaler werdenden Welt lassen sich seine
Überlegungen, so Kellner selbst, mühelos auf die europäischen Brüder und
Schwestern der Post-Boomer übertragen.

Jugendliche sind heute die wichtigsten Akteure im Abenteuer Postmoderne, denn sie werden die Zukunft aktiv erleben und die neue Welt
gestalten. Das Etikett »post« haftet unübersehbar auf den Identitäten
der Kinder der in den 40er Jahren geborenen *Baby-Boomer*: es sind *Post-
Boomer*, *Post-60er*, sie sind posthistorisch, postmodern. Und doch leben
sie in einer Gegenwart, die sich durch ein Gefühl der Verunsicherung
auszeichnet. Sie sehen einer düsteren, unberechenbaren Zukunft entgegen. Die Spielregeln verändern sich ständig. Jugendliche sind gezwungen, sich an eine permanent wandelnde, krisengeschüttelte Welt
anzupassen, die durch die Informations- und Computertechnologien
und eine komplexe, zugleich aber instabile globale Ökonomie geprägt
ist. Glaubt man den herrschenden Diskursen der Medien, der Politik
und der wissenschaftlichen Forschung, ist das Alltagsleben von Jugendlichen zunehmend unsicher, gewalttätig und gefährlich. Es ist
gekennzeichnet von der Auflösung der Familien, steigendem Kindesmißbrauch, häuslichen Auseinandersetzungen, Drogen und Alkoholmißbrauch, sexuell übertragbaren Krankheiten, mangelhafter Schulbildung, sprunghaft ansteigenden Kriminalitätsraten und massiven
staatlichen Kürzungen. Es ist wahr, daß die Jugend in vielerlei Hinsicht
gefährdet ist. Überleben stellt für Jugendliche heute eine Herausforderung dar. Sie sind, ob sie wollen oder nicht, Erben einer heruntergekom-
menen sozialen Welt und einer Natur, die mehr als je zuvor durch
die industriellen Kräfte ausgebeutet wird. Aber gleichzeitig haben
Jugendliche heute dank der neuen Technologien Zugang zu den fremden Reichen im Cyberspace, die ihnen, angefangen von einer neuen
Identität bis hin zu Abenteuern im Unternehmensbereich, die verschiedensten Möglichkeiten bieten. Für die vorhergehenden Genera-

tionen war dies noch schier unvorstellbar. Die Jugend der Gegenwart ist jene Generation der Weltgeschichte, die die bislang beste Ausbildung vorzuweisen hat. Es ist die technisch versierteste, vielfältigste und multikulturellste Generation überhaupt. Vor diesem Hintergrund erscheinen die Verallgemeinerungen über den besorgniserregenden Zustand der Jugend zumindest fragwürdig.

Ich möchte einige Konzepte für den Entwurf einer kritischen Jugendsoziologie entwickeln und einige entscheidende Merkmale der Situation umreißen, in der sich Jugendliche heute wiederfinden, um schließlich Hinweise zu geben, wie Jugendliche den aktuellen Herausforderungen begegnen können. Letztendlich will ich auch versuchen, Vorschläge zu machen, die vielleicht zu einem besseren Umgang mit der heutigen Generation Jugendlicher beitragen. Das Erfahrungsspektrum Jugendlicher ist heute ganz offensichtlich breit gefächert. Sie gehören verschiedenen Ethnien oder Klassen an, besitzen unterschiedliche sexuelle Präferenzen und kommen aus allen gesellschaftlichen Schichten. Es ist zweifelsohne höchst problematisch, verallgemeinernde Aussagen über Jugendliche zu machen. Und so möchte ich keineswegs die Unterschiede zwischen Jugendlichen übergehen – und dennoch will ich versuchen, die Momente herauszuarbeiten, die Jugendliche als Generation verbinden. Ich behaupte, daß die soziale Krisensituation der Gegenwart erhebliche Gefahren für Jugendliche birgt, daß diese aber auch Chancen der Befreiung enthält. Letztere können aber nur dann überhaupt wahrgenommen werden, wenn es Jugendlichen gelingt, neue Formen der Medienkompetenz auszubilden, die sie in die Lage versetzen, sich in einer immer rascher verändernden Umwelt zurechtzufinden und die eigene Zukunft, Kultur und soziale Welt aktiv mitzugestalten.

Jugendliche kommen heute in den Genuß einiger Vorzüge des Abenteuers Postmoderne, denn sie sind die erste Generation, die mit Cyberspace und Hyperrealität intensiv Bereiche kennenlernt, die von der neuen Medienkultur und den Computertechnologien gestaltet werden. Veränderungen in diesen Bereichen haben Auswirkungen auf fast alle Aspekte des Lebens. Jugendliche leben heute in einer Welt, in der Arbeit, Ausbildung und die Strukturen des Alltagslebens durch die neuen Technologien ganz wesentlich beeinflußt werden. Gleichzeitig aber beobachten wir, wie die früheren Beschränkungen und Kontrollmechanismen in sich zusammenbrechen. Es findet eine Umverteilung des Weltkapitals statt. Die allgemeine Stimmung zeichnet sich durch Verunsicherung, Vieldeutigkeiten und Pessimismus aus. Die Jugendlichen heute sind die erste Generation, die die Grundstimmung der postmodernen Theorien tatsächlich lebt.[1] Entropie, Chaos, Unbestimmtheit, Kontingenz, Simulation und Hyperrealität sind nicht nur Begriffe, denen Jugendliche in Seminaren begegnen. Es sind Kräfte, die die Struktur ihrer Erfahrungen bestimmen. Diese sind geprägt von Unternehmensschrumpfungen, schwindenden Berufsaussichten, ökonomischer Rezession, einem riesigen Informations- und Medienangebot, den Bedingungen einer durchcomputerisierten Gesellschaft im High-Tech-Zeitalter, Verbrechen, Gewalt, Identitätskrisen und einer unberechenbaren Zukunft. Für Jugendliche ist das Abenteuer Postmoderne ein wilder, gefährlicher Ausflug, eine rasend schnelle Achterbahnfahrt mit starkem Nervenkitzel und überraschenden Abstürzen ins Ungewisse.

Vom Aufschwung zur Krise

Die Zukunftsaussichten von Jugendlichen waren stets problematisch und hingen von Faktoren wie Klasse, Geschlecht, Ethnie, Nationalität und dem konkreten sozio-historischen Umfeld ab. »Jugend« ist ein gesellschaftliches Konstrukt, das in verschiedenen historischen Perioden unterschiedliche Konnotationen besaß. Es fällt aber auf, daß heute sehr viele verallgemeinernde und abwertende Begriffe zur Charakterisierung der gegenwärtigen Situation Jugendlicher herangezogen werden. Sie werden mit Bezeichnungen wie »Postponed Generation« (Verschobene Generation), »13th Generation«, »New Lost Generation« (Neue verlorene Generation), »Nowhere Generation« (Nirgendwo-Generation) oder am häufigsten »Generation X« belegt. Diese Begriffe beziehen sich hauptsächlich auf die achtzig Millionen Amerikaner, die zwischen 1960 und 1980 geboren wurden. Es ist die Generation, die auf die Boomer folgte, die noch im Überfluß der Nachkriegsgesellschaft aufwuchsen und Nutznießer eines bis dahin nicht gekannten Wirtschaftsaufschwungs waren. Zu den Post-Boomern zählt eine riesige Spannbreite junger Menschen, angefangen von den Freaks, die sich mit Videospielen, *Ninja Turtles* und den *Mighty Morphin Power Rangers* vergnügen, den Schlüsselkindern, die immer allein Zuhause sind, den schicken Einkaufsbummlern, die sich Cocktails schlürfend in den Konsumtempeln vergnügen, den lässigen Caféhaussitzern, Club Kidz und Computerfreaks, den Magersüchtigen und Freßsüchtigen, die sich den Idealen der Schönheits- und Modeindustrien blind ergeben bis zu den Bike Ponies, Valley Girls, Skinheads, den Skatern, Gangstern, Low-Ridern und HipHoppern.

Natürlich gibt es bei einer Alterspanne von fünfzehn bis Mitte dreißig entscheidende Unterschiede zwischen Frauen und Männern sowie zwischen den verschiedenen Ethnien. Eine Reihe wesentlicher Eigenschaften sind ihnen aber gemeinsam. In den Medien und den soziopolitischen Darstellungen wird ein abwertendes Bild der Jugend entworfen. Sie wird als zynisch, verwirrt, apolitisch oder gar konservativ, ungebildet, lesefaul, bildversessen und narzißtisch dargestellt. Typischerweise treten Jugendliche in der Medienlandschaft als jammernde Faulenzer und ewig Unzufriedene auf. Es entsteht der Eindruck, daß Jugendliche grundsätzlich unter Konzentrationsschwächen und Verhaltensstörungen leiden, die auf unmäßigen MTV-Konsum, ständigem Zappen mit der Fernbedienung, Internetsurfen, Video- und Computerspielen zurückzuführen sind. Wahrscheinlich hat die jetzige Generation junger Amerikaner den schlechtesten Ruf aller bisherigen Generationen. Sie werden als ausgeklinkte, abgestumpfte, leere oder als Generation egozentrischer Taugenichtse abgestempelt. Auf Seiten der Rechten hat Allan Bloom schon 1986 Jugendliche als ungebildete, unkultivierte, ausdrucksarme Analphabeten vernichtend kritisiert.[2] Laut Bloom genießen Jugendliche heute völlig unbekümmert die Errungenschaften der modernen Wissenschaft und Aufklärung, ergeben sich, aufgeputscht mit Musikvideos, Rock'n'Roll und anderen illegalen Wirkstoffen, einem dionysischen Wahn und leiten so den »Untergang des amerikanischen Geistes« und damit das Endspiel der Werte der Aufklärung ein. Klagen dieser Art bilden nur die Spitze des Eisbergs der Feindseligkeiten und Ressentiments der älteren Generation gegenüber der jüngeren. Der Generationenkonflikt scheint heute wieder ebenso unüberwindbar, wie in den 60er Jahren der Konflikt zwischen Jugendlichen und dem »Establishment«.

Ich behaupte, daß es sich bei den negativen Bezeichnungen und Einschätzungen um falsche Verallgemeinerungen handelt. Die jungen politischen Aktivisten und Freiwilligen, die hochintelligenten und begabten Studenten, die sich in Opposition zu den Werten der Medienkultur in die Tiefen des Internet vorwagen, und die technisch versierten Magier, die ihre eigene Computersoftware entwickeln, bleiben völlig ausgeblendet. Die Negativbeschreibungen zeigen ein tiefsitzendes Unverständnis der Tatsache, daß die vielleicht weniger begrüßenswerten Eigenschaften dieser Generation Ergebnis ihrer gegenwärtigen und vergangenen Lebensbedingungen sind. Die jüngere Generation ist unschuldiges Opfer der ökonomischen Rezession und globalen Kapitalneuordnung.

Obwohl keinerlei Einigkeit darüber besteht, welcher Begriff diese Generation am besten trifft, ist die von Douglas Coupland verwendete Bezeichnung »Generation X« weitgehend angenommen worden. Für mich verweist das »X« jedoch auf den Kreuzweg zwischen Moderne und Postmoderne, an dem die heutige Generation steht. Es verweist auf eine unbekannte und unbestimmte Zukunft, auf Identitäten im Fluß, die sich erst durch die Erfahrungen mit den neuen Technologien verfestigen. Das »X« bezeichnet eine von Ungewissheit und gesellschaftlichem Chaos geprägte Situation. Wenn unbedingt ein Begriff für diese Generation gefunden werden muß, dann ist das Schlagwort von der »Generation X« allerdings zu vage. Zumal er von denen, die er bezeichnen soll, größtenteils abgelehnt wird. Ich schlage den bereits genannten Begriff »Post-Boomer« vor. Das sind die Nachfolger der zwischen 1945 und 1960 geborenen Amerikaner. Die Identitäten Jugendlicher heute sind weitgehend als Reaktion auf die Elterngeneration der Boomer und deren Zeit entstanden. Die Post-Boomer sind die erste Generation, die nach dem Kalten Krieg in einer postindustriellen Gesellschaft mit postmoderner Kultur aufwuchsen. Sie durchleben die Spannungen und Konflikte einer Post-Gesellschaft.

Die Post-Boomer sind nicht nur die größte und facettenreichste aller amerikanischen Generationen, sondern auch, wie Geoffrey Holtz schreibt, »die erste Generation seit dem Bürgerkrieg, der im Erwachsenenalter der finanzielle Wohlstand ihrer Eltern nicht zur Verfügung stehen wird. Es ist die einzige Generation in diesem Jahrhundert, die (in den Augen der anderen) nicht den Fortschritt, sondern den Niedergang der Gesellschaft verkörpert«.[3] [Vgl. dazu auch das Gespräch mit Dick Hedbige in diesem Band, S. 14 bis S. 21] Was einmal als ein mit der Geburt erworbenes Vorrecht amerikanischer Kinder gesehen wurde, nämlich Erben einer besseren Zukunft zu sein, wurde nun zum Passierschein in ein Zeitalter des Verfalls. Es gibt eine Reihe von Statistiken, die das düstere Zukunftsgemälde, das viele Post-Boomer so zynisch und pessimistisch stimmt, bestätigen. Von der Wiege bis in die Seminarräume verläuft ihr Leben sehr viel komplizierter und sorgenbeladener als das vergangener Generationen. Die Statistiken für Kinderarmut, Scheidungen, Lebens- und Ausbildungskosten, Steuern, Gewalt, Inhaftierungsquoten, Kinderschwangerschaften, Geisteskrankheiten, Drogen und Selbstmordraten weisen hohe Zahlen auf, während Schulleistungen, Berufsaussichten, durchschnittliche Gehälter, Arbeitslosengeld und die Zahl der Hauseigentümer zurückgehen.

Als die Kinder der Boomer das Pubertätsalter erreichten, war der Optimismus dem Pessimismus, der Boom dem Bust und der Aufschwung der Krise gewichen – in diesem Strudel gingen die Post-Boomer unter. Für Holtz und andere Angehörige der Post-Boomer-Generation handelt es sich aber nicht um eine ausweglose Situation. Holtz zieht es vor, die Jugend der Gegenwart als »freie Generation« zu bezeichnen, denn »durch den Zusammenbruch der auf dem Geschlechterunterschied und Rassenstereotypen aufbauenden Traditionen, steht uns ein breiteres Spektrum an Lebensentwürfen und Berufswegen offen als der Generation, die uns vorausging«.[4] Aber Holtz sieht auch, daß diese Generation ebenso »frei« ist von gemeinsamen sozialen, kulturellen oder politischen Erfahrungen, die eine kollektive Identität stiften könnten. Die neue Generation lebt in einem besonders bedrückenden politischen Umfeld. Während die Generation der Boomer noch den Idealismus der Bürgerrechtsbewegungen, der Anti-Vietnam-Demonstrationen und der Gegenkultur kannten, sich mit verschiedenen Gruppen von Befreiungskämpfern solidarisch erklären und von einer gesellschaftlichen Revolution träumen konnten, erlebten ihre Kinder nur Watergate, die Geiselnahme von Teheran, die Iran-Contra-Affäre, CIA-Kriege in Zentralamerika, einen zynischen Konservatismus, trübseligen Materialismus und verunsicherten Narzißmus. Die Boomer konnten Neil Armstrong zuschauen, wie er eine Flagge auf dem Mond befestigte, die Post-Boomer wurden Zeugen der Challenger-Explosion. Boomer hatten Ärger mit ein paar Rowdies auf dem Schulhof, Post-Boomer müssen auf dem Schulweg an Metalldetektoren, Sicherheits- und Wachpersonal vorbei. Die Boomer hatten Woodstock und glaubten an die Utopie von der freien Liebe, für ihre Kinder blieb nur Woodstock II, eine seelenlose, von MTV inszenierte und gnadenlos vermarktete Kopie des Originals. Dazu gab es »Safer Sex«, unvermeidbar wegen Aids, dem Gespenst, das in einer Welt umgeht, in der Eros und Thanatos ein immer engeres Bündnis schließen.

Der krasseste Unterschied ist aber vielleicht, daß, während die Boomer in den Vereinigten Staaten in den Genuß bestens ausgestatteter staatlicher Dienste und Unterstützungsprogramme kamen, die Post-Boomer mit den Konsequenzen des 1996 reformierten Wohlfahrtsgesetzes leben müssen, das erhebliche Kürzungen für Frauen, Kinder und Auszubildende vorsieht. Natürlich gibt es auch Vorteile, die allen Angehörigen der heutigen jungen Generation zukommen. Das Generationengefühl variiert sowohl nach Klasse, Geschlecht, ethnischer oder regionaler Herkunft und ist individuellen Schwankungen unterworfen. Während der Rassismus weiterhin sein Unwesen treibt und sich die Kluft zwischen den Rassen vertieft, haben farbige Jugendliche heute trotzdem Möglichkeiten, die ihren Eltern noch verwehrt blieben. Obwohl Sexismus weiterhin an der Tagesordnung ist, haben jüngere Frauen heute feministisches Bewußtsein in ihr Alltagsleben integriert. Sie sind sehr viel unabhängiger als ihre Mütter und Großmütter. Und obwohl Schwule nach wie vor unter Anfeindungen zu leiden haben, wagen sich schwule Jugendliche heute in sehr viel größerer Zahl in die Öffentlichkeit. Sie erleben Solidarität und Unterstützung in einer Form, die den vorangegangenen Generationen versagt blieb. Heute gibt es, wie ich später noch ausführen werde, größeren Raum für jugendliche Subkulturen. Die Gelegenheiten zum Ausdruck der eigenen Persönlichkeit und der Anteilnahme stehen der heutigen Generation sehr viel zahlreicher zur Verfügung als ihren Eltern. [*Vgl. dazu auch den zweiten Beitrag von Douglas Kellner in diesem Band, S. 310 bis S. 316*]

Ich möchte gegen Holtz behaupten, daß die Post-Boomer sehr wohl eine gemeinsame Identität besitzen. Sie sind gleichzeitig Produkte und Konsumenten der Massenmedien und Informationstechnologien. Sie bewegen sich in einem gemeinsamen sozialen und politischen Umfeld. Dabei sind sie nicht die erste Fernsehgeneration, diese Ehre wurde ihren Boomer-Eltern zuteil. Aber ihre Medienerfahrung ist ausgedehnter und intensiver. Während die Boomer in eine Fernsehwelt mit einer begrenzten Zahl an schwarz-weiß-Programmen eingeführt wurden, waren die Post-Boomer mit der ganzen Fülle von über fünfzig farbigen Programmkanälen konfrontiert. Sie sehen Kabel- und Satellitenübertragungen und leben in einem Überfluß an Videobändern, Fernbedienungen und interaktiven Videospielen. Während der Fernsehkonsum der Boomer noch von besorgten Eltern strengstens überwacht und eingeschränkt wurde, setzte man die Post-Boomer zur Beruhigung vor die Fernsehgeräte. Da häufig beide Eltern berufstätig waren, gaben sich die Post-Boomer, zusätzlich mit Video- und Computerspielen versorgt, einer wahren Medienorgie hin.

Post-Boomer sehen sehr viel mehr fern als Boomer. Die Zeit vor dem Fernseher verkürzt die Zeit, die sie für die Schule aufbringen. Und das, was sie sehen, hat es so zuvor nicht gegeben. Die Post-Boomer wuchsen mit Fernsehshows voller Gewalt- und Sexdarstellungen auf, die in den 50er und frühen 60er Jahren noch völig undenkbar waren. *Melrose Place, Beverly Hills 90210* und *Baywatch* haben *Ozzie and Harriet, Dobie Gillis* und *Lassie* abgelöst. Die jüngeren sehen heute Shows wie *American Gladiator, The Mighty Morphin Power Rangers, Beavis and Butthead* und *Pinky and the Brain*, während sich die Boomer früher im gleichen Alter mit *The Howdy Doody Show, The Mickey Mouse Club* und *Mr. Ed* vergnügten. Die Post-Boomer sind die erste Generation, die mit Personal-Computern, CD-Roms, dem Internet und dem **World Wide Web** aufwächst. Sie geraten in unbekannte, neue Abenteuer im Cyberspace und eignen sich technologische Fähigkeiten an, die diese Generation zur technologisch versiertesten der Geschichte machen.

Das **World Wide Web** gilt als der grafische Teil des Internet und ist gleichzeitig die zur Zeit populärste Variante zur Datenbereitstellung und -abfrage. »Mit dem WWW hat das Netz ein Gesicht bekommen – oder zumindest eine umfangreiche Kollektion von farbenfrohen grafischen Benutzeroberflächen und Bilddateien.« (Thomas Mandel/Gerard van der Leun). Das WWW vereinfacht die Netznavigation und ermöglicht per Mausklick auch netz- und computertechnisch nicht versierten Nutzern das Auffinden von weltweit verstreut lagernden Datenbeständen. Der Begriff des »Surfens im Netz« beschreibt die Bewegung zwischen den Einzelangeboten des WWW, den sogenannten Web-Seiten.

Damit bieten sich ihnen bislang ungeahnte Möglichkeiten, eine eigene Kultur zu schaffen. Mit dem Beginn der 90er Jahre waren die Formen postmoderner Kultur zu zentralen Bestandteilen der Jugendkultur geworden. Der MTV-Stil hat die Medienkultur, die alles und jedes in sich aufnimmt, nachhaltig beeinflußt. Oppositionelle Kulturformen wie HipHop und Grunge wurden zu Werbeködern. Die postmoderne Medien- und Konsumkultur ist zugleich verlockend, fragmentiert und oberflächlich. Sie lädt ihr Publikum ein, am postmodernen Gesellschaftsspiel um Konsum, Stil und Identität teilzunehmen. Als Einsatz müssen die Spieler Aussehen und Ansehen mitbringen. Im Wahrnehmungsbereich Jugendlicher dominieren die postmodernen Kulturformen. Die Genregrenzen geraten durcheinander, ihr Verschwimmen wird, ebenso wie Pastiche, Sampling, Hyperironie und die anderen Merkmale postmoderner Kultur, zum Kennzeichen des zeitgenössischen Films und Fernsehens. Neue Formen elektronischer Musik wie Techno, Rave und Club-Musik stellen in Verbindung mit Designer- oder natürlichen Drogen und psychotropischen Drinks Kulturformen dar, die Jugendliche die Postmoderne intensiv erleben lassen. Für Jugendliche der Gegenwart ist Postmodernismus nicht bloß eine avancierte Ästhetik oder ein akademisches Thema. Es ist die Form und Struktur ihres alltäglichen Lebens.

Anmerkungen

1 Vgl. dazu Best, S./Kellner, D.: **Postmodern Theory: Critical Interrogations**, London/New York 1991; und Best, S./Kellner, D.: **The Postmodern Adventure**, New York 1997

2 Bloom, A.: **The Closing of the American Mind**, New York 1987

3 Holtz, G. T.: **Welcome to the Jungle: The Why Behind »Generation X«**, New York 1995, S. 7

4 Ebd., S. 3

OLD SCHOOL

»Punk zielt noch immer auf eine andere Gesellschaft und ist damit extrem future-orientiert; als Bewegung jedoch, die ihren ganzen Ehrgeiz aus der Erinnerung an glorreiche alte Zeiten zieht, trifft die Phrase dennoch zu: No Future.«
                                                                    Martin Büsser

»Im auf Wiederholung angelegten Grundrhythmus des Rock wird Sicherheit suggeriert, eine Entsprechung zum ›Verläßlichen‹ und ›Echten‹ des Heavy Metal: Die Welt hat ein gleichbleibendes Grundmuster, das gestern war, heute ist, morgen sein wird und auch danach überdauert.«
                                                                    Werner Helsper

Martin Büsser

Die verwaltete Jugend

Punk vs. Techno. Zur Konstruktion von Jugendbildern

Martin Büsser, Mitherausgeber der Zeitschrift *testcard – Beiträge zur Popge-schichte* und Autor von »*... if the kids are united ...*« – *von Punk zu Hardcore und zurück*, untersucht in seinem Beitrag die mediale Konstruktion von Jugendszenen. Das Bild von Punk und neuerdings auch von Techno, so Büsser, entsteht aus grober Schematisierung und als Projektion positiver wie negati-ver Wunschbilder.

Zwei jugendkulturelle Großereignisse bestimmten die deutsche Be-richterstattung und damit die Aufmerksamkeit der Öffentlichkeit im Sommer 1996 – die Love Parade in Berlin und die verhinderten Chaos-tage in Hannover. Das Berliner Großereignis – darin bestand der ent-scheidende Unterschied zwischen den beiden Veranstaltungen – wurde von etwa siebenhunderttausend Paradeteilnehmern bestimmt, in Han-nover dagegen feierten sechstausend Polizisten die Party unter ihres-gleichen. Auf den ersten Blick läßt sich schwer ein Zusammenhang zwi-schen der Love Parade sowie einer über sie konstruierten »Raving Society« und dem (zumindest geplanten) Treffen der Punks ausma-chen. Doch trotz der Feindseligkeit, mit der sich Punk und Techno scheinbar gegenüberstehen, gibt es eine Gemeinsamkeit, die offenkun-dig ist: Vor dem Hintergrund beider Veranstaltungen bestand seitens der Medien ein auffällig starkes Interesse, zwei Bilder von Jugend zu ver-mitteln, wie sie konträrer nicht sein konnten.

Ulrich Wickert, Gallionsfigur der Gutmenschen, durfte live aus Berlin von einem Ereignis berichten, das als »Leistungsschau der Wiederver-einigung« (*Der Spiegel*) gepriesen und zumindest für zwei Tage in Presse und TV als deutsches Woodstock selig gesprochen wurde. Nach den Chaostagen dagegen rauschte lediglich Unmut über die verprassten Steuergelder durch den Blätterwald und ging damit über die Stamm-tischrunden, ganz so, als hätten die Punks selbst die 6 000 Verhinderer ihrer Party eingeladen.

In beiden Fällen haben wir es erst einmal mit einer Gruppe von Jugend zu tun, die sich über eine bestimmte Musik, einen bestimmten Stil defi-niert und diese öffentlich zelebriert, um ihr So-Sein bzw. Anders-Sein lautstark zu verkünden. Hedonismus rules. Auf beiden Veranstaltungen. Alles andere ist reine Interpretationssache, die von Außenstehenden vorgenommen wird.

Weil alles ganz anders hätte kommen können, da auch die Love Parade nach britischem Vorbild im Zuge des *Criminal Justice Act* als gigantischer Drogenpool hätte kriminalisiert werden können, zeugt der Umgang mit beiden Veranstaltungen davon, daß hier innerhalb kürzester Zeit zwei Aufhänger vonnöten gewesen sind, um strikt und endgültig zwischen einer ausschließlich guten und einer ausschließlich schlechten Jugendbewegung trennen zu können.

Darüber kann auch Peter Eggerling, Polizeidirektor in Hannover, nicht hinwegtäuschen, wenn er beschwichtigt, daß »Punkfrisuren und Piercing« selbst innerhalb der Polizei Mode geworden seien, von der Polizei also die durch Punk erkämpften »Freiräume einer Gesellschaft« nicht angetastet werden sollen. Auch diese rührend tolerante Geste weist nur darauf hin, daß die Apparate von Macht und Meinungsbildung in den 90ern gelernt haben, den einzelnen Jugendkulturen über deren Köpfe hinweg zu erklären, welche Inhalte, Werte und Erkennungsmerkmale sie transportieren – oder gefälligst zu transportieren haben. Die Jugend muß sich hierzu weder selbst äußern (siehe Love Parade) noch überhaupt anwesend sein (siehe Chaostage).

Techno und Punk sind heute nicht länger als jeweils homogene Gemeinschaften zu fassen (und rückblickend stellt sich die Frage, ob sie es jemals waren), weder als »gut« oder »schlecht« im Jargon von Polizei und Jugendrichter noch als »affirmativ« oder »subversiv« im Hinblick auf ihre soziopolitische Ausrichtung. Gerade der Haß, den einige Punks der Techno-Bewegung entgegenbringen, fällt auf Punk selbst zurück, da Punk heute unter anderem auch all das beinhaltet, was er Techno vorwirft: Sprachlosigkeit, Ausverkauf, Anpassung, Vergnügungssucht, Zugedröhntsein. Die Chaostage lassen sich zu offenkundig als ein letzter verzweifelter Versuch lesen, den zu Mode und Massenbewegung gewordenen Popstil namens Punk an eine gewisse Radikalität rückbinden und wieder auf eine überschaubare Familie – den »harten Kern« – reduzieren zu wollen. Während an der Love Parade alle teilnehmen können, ganz gleich, wie stark sie je in Techno involviert waren, ganz gleich, ob sie sich zu den Autonomen zählen oder Republikaner wählen, kann Punk sich nur noch über Ausgrenzungen davon vergewissern, den einstigen Idealen treu geblieben zu sein. In dieser Hinsicht haben beide Bewegungen als Strategien einer jugendlichen Gegenkultur versagt (versagt zumindest, sofern man ihnen zugesteht, diese Strategien je von sich gefordert zu haben): Ihr Versagen wird hier an einem Zuviel an Inklusion deutlich, dort an einem Zuviel an Exklusion.

Punk und Techno haben strukturell ähnlich begonnen: Punk als subkulturelle Gegenbewegung der weißen proletarischen Jugend im Großbritannien Mitte der 70er Jahre; **House** als subkulturelle Gegenbewegung der deklassierten Homosexuellen und Schwarzen in den Ab- bzw. Umbruchstädten Chicago und Detroit Mitte der 80er Jahre.

Entstanden aus der Praxis des Plattenauflegens bei Parties, stellt **House** eine reduzierte Form rhythmusbetonter Disco-Musik dar, die Mitte der 80er Jahre zunächst in verschiedenen Metropolen der Vereinigten Staaten populär wurde. Stilbildend wirkte in diesem Zusammenhang der Chigagoer Club *Warehouse*, dem diese vorwiegend mit einem elektronischen Instrumentarium produzierte Musikrichtung ihren Namen verdankt.

Es fällt schwer, eine Chronik des Punk wiederzugeben, die erklären könnte, weshalb es in den Neunzigern noch einmal zur Renaissance des »Chaospunk« kommen konnte. Verknappt ließe sich sagen, daß Punk in Deutschland seine größte Popularität zwischen 1982 und 1984 hatte. Bereits damals gab es die Hannoveraner Chaostage. Punk war seinerzeit extrem politisiert, bildete einen Teil der Hausbesetzerszene und verstand sich gerne als radikale, spaßbetonte Übertrumpfung der Altlinken, die dem Punk zu intellektuell und diskutierwütig oder auch einfach nur zu gemäßigt erschienen. Schnell begann sich allerdings das Bild zu wenden: Zu viel Alkohol und zu viele leere Phrasen gegen »Bullen, Bonzen und Faschos« führten dazu, daß Punk als einheitliche Bewegung Mitte der 80er zusammenbrach und von denen abgelehnt wurde, die nach konkreten gesellschaftlichen Veränderungen suchten. Eine neue, aus Punk heraus entstandene Bewegung nannte sich **Hardcore**.

Nicht Chaos war das Ziel von **Hardcore**, sondern selbstverwaltete Strukturen sowie soziopolitische Aufklärungsarbeit etwa über vegane Ernährung, Sexismus und Diskrimimierung, die sich auch in der Hardcore-Musik niederschlugen.

Auf dem Weg in die 90er erging es Hardcore wie vielen anderen ursprünglich politisch motivierten Subkulturen: Die Musik hielt Einzug in die Musiksender Viva und MTV, kletterte sogar zeitweise in die Charts. Heute sind sowohl Punk wie Hardcore zu gut verkäuflichen Musikstilen geworden (man denke an populäre Bands wie Green Day, die Toten Hosen, die Ärzte oder Bad Religion), aus denen heraus die ursprünglich ablehnende Haltung gegenüber der Gesellschaft nicht mehr vernehmbar ist. So erklärt sich unter anderem die Wiederbelebung der Chaostage: Gegen den Ausverkauf (so der Szene-Jargon) eroberten sich Punks die Straße zurück, bemühten sich, die Bewegung wieder zum gesellschaftlichen Spektakel werden zu lassen, zum Störfaktor, der die Musik längst nicht mehr gewesen ist.

Was hat diese Entwicklung nun mit der von Techno gemeinsam? Eine Gemeinsamkeit besteht darin, daß beide Bewegungen gegen das bestehende Establish-

»Hausfrauen in Angst«: Punk-Magazin *ZAP*

ment vorwiegend kulturell reagierten und damit selbst wiederum vom Establishment vereinnahmt werden konnten – Techno in diesem Fall schneller als Punk und Hardcore, da es nie den Anspruch hatte, sich in der Musik und den Events politisch zu artikulieren. In beiden Fällen sind es Kunststudenten und bürgerliche Intellektuelle gewesen, die der Bewegung eine radikal antikapitalistische Stoßrichtung zu geben versuchten. Malcolm McLaren, einst Manager der prototypischen Punkband The Sex Pistols, und Achim Szepanski, Leiter des experimentellen Frankfurter Techno-Labels Mille Plateaux, gehören zu jenen, die sich bemühten, ihrer jeweiligen Bewegung ein subversives Fundament und damit linkstheoretische Legitimation zu geben – ohne daß die Bewegung selbst notwendigerweise daran teilnahm, sich für solche Konzepte interessierte oder diese überhaupt wahrnahm.

Das Image von Punk und Techno wurde und wird also stets von mindestens zwei Seiten gestaltet und verwaltet: Als eindimensionales Bild, das Schaltstellen der Macht dieser Bewegung geben (die häßliche No Future-Generation, die bunte, freundliche Techno-Zukunft), und als komplexe Subversionsstrategie, die von außen kommende Teilnehmer einer Bewegung überstülpen, um sie für sich und vor sich selber zu retten. Augenfällig wird dies besonders zu jenem Zeitpunkt, an dem solche Bewegungen selbst schon Auflösungstendenzen zeigen und mit aller Macht noch einmal als solche behauptet werden müssen. Viele haben nämlich ein Interesse daran, die bewegte Jugend vor ihrem Verschwinden zu bewahren – alleine der Jugend ist es meistens ziemlich egal, als was sie erscheint und wieder verschwindet. Sie möchte natürlich jung und bewegt sein, ist aber doch sehr flexibel, was die Kategorien angeht, unter denen sie sich bewegt.

Insofern sind die Chaostage, als Rückeroberung einer längst vergangenen Radikalität, alles andere als das, was die Medien in ihnen gerne sehen würden: Sie sind keine *Jugend*bewegung, sondern Ritual derjenigen, die sich ihrer wilden Jugend in den frühen 80ern erinnern. Obwohl auch Jugendliche daran teilnehmen, wird das Punk-Erbe heute von denjenigen überliefert, die fast schon deren Eltern sein könnten. Entgegen der landläufigen Meinung des No Future werden hier Werte bewahrt, die man mit dem Begriff der Zivilcourage beinahe ins Stammbuch der bürgerlichen Tugenden aufnehmen könnte. Punk zielt noch immer auf eine andere Gesellschaft und ist damit extrem future-orientiert; als Bewegung jedoch, die ihren ganzen Ehrgeiz aus der Erinnerung an glorreiche alte Zeiten zieht, trifft die Phrase dennoch zu: No Future.

Der vernünftige Finanzverwalter könnte argumentieren, daß der Polizeieinsatz gegen zwei Großveranstaltungen innerhalb so kurzer Zeit die Staatskassen allzu sehr geschröpft hätte; der vernünftige Katastrophenverwalter indes (und solche Leute machen bei *Spiegel*, ZDF und RTL Jugendpolitik) weiß, daß er die Nation nicht einer intakten Jugendbewegung berauben darf – zumindest nicht in diesen Zeiten, in denen Selbsterhaltungsmechanismen der erwachsenen Kleinfamilie zu schwach sind, um auf das Bild einer Zukunft schaffenden Jugend verzichten zu können.

Selbst der angeblich unüberwindbare Streit zwischen Punk und Techno entspringt nicht jugendlichen Szenen, sondern wurde von außerhalb dieser Szenen (ver)waltenden Interessengruppen strategisch entwickelt. Die Szenen selbst bewegen sich nämlich seit den späten 80ern wesentlich flexibler, sind uneinteilbarer geworden und befinden sich in Auflösung. Es gibt eine Menge Beispiele dafür, wie Punk und Techno musikalisch miteinander verschmelzen (ein Stil, der meist *Digital Hardcore* genannt wird), so wie übrigens bereits Ende der 70er viele Bands aus dem Punk-Umfeld mit elektronischer Musik experimentierten (beispielsweise Gruppen wie Cabaret Voltaire, D.A.F., Der Plan und Suicide).

Natürlich weckt Punk noch immer die jugendliche Sehnsucht nach dem Authentischen, nach einer schmuddeligen Einfachheit, der alles Materielle schnuppe ist – beinahe so, wie die Kelly Family dem Backfisch als Vorbild dient, sich nicht schminken zu müssen, um »wer« zu sein. [*Vgl. dazu auch den Beitrag von Thomas Lau in diesem Band, S. 228 bis S. 234*] Diese Sehnsucht ist jedoch nicht typisch für Punk (auch Fans von Phil Collins und BAP schwärmen, wie natürlich ihre Stars sind, und Freunde von Heavy Metal betonen dies ebenso wie Blues- und Jazz- Fans), weshalb Punk als Jugendkultur dort irrelevant geworden ist, wo er sich auf dieses Merkmal beschränkt.

Weil sich der Antagonismus »Punk vs. Techno« vordergründig nur noch auf diese Bagatelle beschränkt, erscheint auch der in den Insider-Medien« entfachte Streit um »Sound vs. Song« oder »Elektronik vs. Gitarre« als bloße, von soziopolitischen Inhalten losgelöste Geschmacksfrage. Die Politisierung all dessen erscheint willkürlich und eskaliert nicht selten in bodenloser Polemik. So kündigt beispielsweise die Plattenfirma Intercord im Promozettel einer CD des ehemaligen Rave-Stars Moby an, daß nur diejenigen, »deren Köpfe noch frei von Kultur-Faschismus sind«, verstehen werden, weshalb Moby nun wieder zur Gitarre greift und (Punk-)Rock spielt. Der fahrlässige Umgang mit Sprache und die infamste politische Denunziation haben da Eingang in einen Streit gefunden, der sich mit steigender Plumpheit als bloßes Scheingefecht um Marktanteile entpuppt. Ein Vokabular, das sich bislang nur in der linken Agit-Presse fand, wird von der Industrie übernommen, um Geschmacksfragen so zu ideologisieren, daß der Plattenkauf zur Gewissensfrage wird: Je nach Firmenabteilung und Produkt beginnt hier die Schlammschlacht, die mal Punk, mal Rock, mal House und mal **Drum 'n' Bass** zum Faschismus erklärt.

Drum 'n' Bass ist Mitte der 90er Jahre in Großbritannien entstanden. Es stellt eine Weiterentwicklung der Musikrichtung *Jungle* dar, die nach einem Gebiet in Jamaika benannt wurde und die Musik dieser Insel (vor allem Reggae) mit modernen elektronischen Sounds zusammenführte. Die musikalische Innovation von Drum'n'Bass basiert auf den langsamen, dominanten Baßläufen, die mit sehr schnellen und komplexen Schlagzeugsequenzen kombiniert werden.

An dieser Stelle zeigt sich die Krise am deutlichsten: Nicht mehr rebellische Jugend denunziert ihre Unterdrücker vorschnell, aber doch oft zutreffend als Faschisten, sondern die Musikindustrie schürt nun schon Faschismusvorwürfe, um Jugend zum Kauf aufzuheizen und ihr überdies etwas zu rauben, wozu Jugend bislang noch berechtigt war: Faschisten je nach Unmut als solche selber benennen zu können.

Will man heute noch eine Aussage über Punk und Techno treffen, die einigermaßen auf das zutrifft, was junge Punks und Raver denken, fordern und wollen, ist man gezwungen, nahezu sämtliche öffentlich gemachten Aussagen zum Thema als bloße Zuweisungen zu verstehen: Bürgerliche Medien, intellektuelle Teilhaber und profitorientierte Firmen spannen da ihre je eigenen Diskurse über zwei Gruppierungen, deren letzte vermeintliche Freiheit vielleicht darin besteht, sich den Diskursen zu verweigern.

Bei Techno wurde diese Diskursverweigerung häufig als Sprachlosigkeit beklagt und zum Gegenteil, wenn nicht sogar zum Gegenprogramm der eloquenten 68er erklärt: An der Love Parade können alle teilnehmen, weil am Ende der Sprache weder Möglichkeit noch Interesse an Unterscheidungen gegeben sind – die »offene Gesellschaft« verwechselt hier völlige Beliebigkeit schlimmstenfalls mit Fähigkeit zur Toleranz. Gegenüber dieser Fassade erscheinen die Chaostage gefährlich zielgerichtet: Punks wurden von Talkshow zu Talkshow gereicht, haben doch die Medien ein Interesse daran, diese Restmenge protestierender und (so hieß es zumindest) randalierender Jugend auf ihre möglichen subversiven Inhalte hin abzuklopfen. In Alfred Bioleks *Boulevard Bio* gab der Altpunk und Herausgeber des Hardcore-Fanzines *Zap* Moses Arndt den inzwischen geflügelten Satz von sich: »Chaostage sind wie Weihnachten«. Damit wurde die Veranstaltung zum Familientreffen erklärt und Arndt offenbarte das vorrangig Apolitische des Ganzen. Nach Aussage einiger Teilnehmer besaßen die Chaostage keinerlei Ziel, Anspruch und Zweck, außer jenem, sich zu einer Party zu treffen. Die Mißinterpretation erfolgte, da wieder einmal andere glaubten, einer Jugend Gefährlichkeit zuordnen zu müssen.

»Alles ist Punkrock! Der Präsident der Vereinigten Staaten ist ein Punk! Jeder ist ein Punk, alle im Fernsehen sind Punk! Punk war der Sieg von Verhalten über Substanz. Es war der Sieg von Erscheinung und Mode. Wie verkauft man ein Auto? Man setzt ein Mädchen auf die Haube! Die amerikanische Kultur heute ist nur noch ein Attitude-Supermarkt.

Untereinander tauscht man Verhaltens-Gutscheine. Das ist alles, was Punk uns gebracht hat.« (Pat Thomas, Sänger von Pere Ubu)

Bei aller Drastik übersieht Thomas (ein Musiker, der Punk von den Anfangstagen an mitverfolgte) nicht, was die Konstrukteure einer wie auch immer gearteten politischen Jugend mutwillig oder gutgläubig übersehen: Daß jugendliche Pop-Kulturen vordergründig Stil-Phänomene sind und mit einer inhaltliche Auseinandersetzung wegrationalisierenden Gesellschaft völlig konform gehen. Sowohl Punk wie auch Techno haben in den verschiedensten ökonomischen Teilbereichen (Mode, Presse, Design, Filmindustrie) für frischen Wind gesorgt, sie zum Teil sogar sanktioniert. Man könnte beinahe mit Niklas Luhmanns These der Stabilisierung von Systemen durch Beunruhigungsfaktoren argumentieren,[1] wäre Luhmanns Gedankengebäude nicht selbst Teil des derzeitigen Trends, jegliche kritische Auseinandersetzung mit Gesellschaft zu verhindern.

Weder Popmusik noch Popkultur sind als Phänomene apolitisch; deren Produzenten und Konsumenten jedoch widmen sich in der Regel weder gezielt dem Fortbestand noch der Abschaffung dieser Gesellschaftsordnung, sondern durchleben ein momentanes Aufgehen im Beat, im Bier, gegebenenfalls im Protest. Das ist ihr gutes Recht. Doch es schafft noch keine einteilbaren Segmente von »demokratisch toleranter« (Techno) und »anarchisch nihilistischer« (Punk) Jugendkultur. Daß solche Segmente von außen bestimmt und deren Teilhaber auf der für sie festgelegten Weide sicher umzäunt werden, zeugt womöglich von einer Angst vor dem, was Deleuze und Guattari als »Mannigfaltigkeiten«[2] bezeichnet haben: Angst vor dem Nicht-Festlegbaren, ständig Bewegten. Dumm nur, daß die nicht festzulegende Jugend der 90er mit ihren modischen Wechseln alles andere als einen Aufstand bezweckt. Da sich also selbst mit einer als linksanarchisch bestimmten Jugendgruppe leichter umgehen läßt, als mit einer, die nichts proklamiert, entstehen getrennte Jugendbilder, die übertünchen, daß so groß die Unterschiede zwischen Punk und Techno nicht sind – es ist nur eine Frage des Stils.

Ernüchternde Feststellung: Es fehlt jegliche Verläßlichkeit. Alles, was uns als verläßliches, Techno oder Punk konstituierendes Merkmal angeboten wird, entstand aus grober Schematisierung und als Projektion positiver wie negativer Wunschbilder. Selbst die Pop-Intelligenz nährt sich von solchen Wunschbildern, etwa im Techno-Buch von Anz und Walder,[3] wo im Gespräch mit Achim Szepanski neue elektronische Klänge mit Hackercodes verglichen werden: Anhand marginaler Avantgarde-Bands schafft sich eine kleine intellektuelle Gruppe positive Subversionsmodelle, die auf die Bewegung als solche nicht übertragbar sind, aber doch diese Bewegungen inhaltlich zu codieren versuchen. Einzig der stumpfe Rechtsrock gab in den 90ern noch das Bild einer verläßlichen, politisch klar definierten Gruppe ab – und verunsicherte das stets als irgendwie links abgesteckte Terrain jugendlicher Popkultur. Muß man nun also ins kulturpessimistische Gegreine einstimmen? Nicht unbedingt. Es bleibt vielmehr zu hoffen, daß sich jugendliche Identifikationsmodelle mitsamt ihren strengen Selektionsmechanismen dermaßen auflösen, daß bestimmende Begriffe wie Punk und Techno nicht mehr werden greifen können. Der dadurch neu entstehende Freiraum birgt die Gefahr völliger Beliebigkeit und einen modischen Wechsel von Identitäten. Bestenfalls bietet der neue Zustand jedoch eine Chance, sich von Identität bzw. der Suche nach ihr befreien zu können. Genau dieser Gefahr einer Jugend ohne Sinn und Wertgefühl für das geliebte Deutschwort der Identität versuchen die institutionellen Kategorisierungen von Jugend bislang entgegenzuwirken. Erst das Ende einer sich über Szenen (häufig der nur gegenüber Stamm, Ethnie oder Klasse harmloser klingende Begriff) bestimmenden Jugend wäre fähig, ein Gegenbild zu dieser auf Klassen und Identitäten angewiesenen Gesellschaft zu entwerfen.

Punk und Techno mögen strenggenommen hierzu noch nicht in der Lage sein und sich auch noch zu sehr auf das einlassen, was von ihnen als Szenen intern wie extern erwartet wird. Doch Jugend kennt auch ein Dazwischen, das sich nicht auf die Summe von Einzelteilen zurückführen läßt und das auf keiner soziologischen Karte verzeichnet ist. Ein Mehrwert, der sich eben nicht ergibt, wenn man die Karte faltet und Begriffe zur Deckung bringt – höchstens, wenn man sie zerreißt und willkürlich neu zusammenklebt (Ort der Verwirrung, dem *d'étournement*). Ein Ort, auf den Kameras und Mikros immer vergeblich zielen.

Anmerkungen

1 Luhmann, N.: **Soziale Systeme. Grundriß einer allgemeinen Theorie**, Frankfurt a.M. 1987, S. 123
2 Deleuze, G./Guattari, F.: **Tausend Plateaus. Kapitalismus und Schizophrenie**, Berlin 1992, S. 41
3 Anz, P./Walder, P.: **Techno**, Zürich 1995, S. 137 ff.

Eike Hebecker

Vom Skinhead im Zeitalter seiner Unkenntlichkeit

Randbemerkungen zu einer Randgruppe

Eike Hebecker gehört zum Herausgeberteam SPoKK, promoviert zum Thema »Generation @« und publiziert zu Phänomenen der Popkultur in Fanzines und Zeitschriften. In seinen Randbemerkungen zu einer Randgruppe beschreibt er die Nivellierung des Phänomens Skinheads in den zahlreichen Stilen der Jugendkultur.

Am Abend des 24. August 1991 – knapp vier Wochen vor den Vorfällen in Hoyerswerda – greifen mehrere, hier nicht namentlich erwähnte Jugendliche ein Wohnheim für rumänische Asylbewerber in Schwarze Pumpe bei Spremberg an. Die 37 Bewohner können fliehen, das Gebäude brennt nieder. Bei diesem etwa 15 Minuten dauernden Angriff kommen u. a. 15 bis 20 Schuß Leuchtspurmunition und einige Rauchbomben zum Einsatz.

Am 24. September 1992 – ein gutes Jahr später – wird der Prozeß gegen die Beteiligten in Cottbus eröffnet, am 27. Oktober 1992 findet sich im Abendprogramm der ARD eine filmische Aufarbeitung der Ereignisse unter dem Titel *Die Glatzen von Spremberg*. Passend zum gewählten Titel zeigt das Fernsehteam nur die Hälfte der Angeklagten, nämlich ausschließlich die fast gänzlich vom Kopfhaar befreiten Träger grüner Bomberjacken. Die andere Hälfte der Angeklagten wurde per Schnitt und Schwenk eliminiert: Der Träger der in Kniehöhe abgeschnittenen Jeans mit dem grauen Kapuzenshirt und den zu einem Zopf gebundenen schulterlangen Haaren genauso wie der im karierten Hemd und der schwarzen Lederjacke. Zum Interview, das keines ist, stellt sich nur eine der Bomberjacken, die – wie mittlerweile üblich – unkommentiert ihre Weltsicht mitteilen darf.

The Kids are not alright

Rechtsradikale haben **Skinheads** zu sein – und das funktioniert nur noch, weil bei der Suche nach rechtsradikalem Gedanken- und Aktionsgut die Trefferquote bei den Skinheads ungleich höher ist als bei anderen Gruppierungen. Daß aber längst das Mittelmaß der nun doch nicht so netten Jungen und Mädchen von Nebenan zum Sturm auf das Asylantenheim zieht, bleibt unbeachtet.

Die **Skinhead**-Kultur hat ihre Ursprünge in den 60er Jahren in England und bestand damals maßgeblich aus Jugendlichen der weißen Arbeiterklasse, die besonders durch die Musik (Ska, Reggae) der westindischen Einwandererfamilien geprägt wurden. In den 70er Jahren kam es zu einer Ausdifferenzierung der Szene, da sich bestimmte Teile eher rechtsradikalen Strömungen zuordneten, die später auch in Deutschland den Begriff des Skinheads prägen sollten. Festgehalten werden muß aber, daß weiterhin große Teile dieser Jugendkultur eher unpolitisch oder auch antifaschistisch (*SkinHeads Against Racial Prejudice = S.H.A.R.P.-Skins*) sind.

Diedrich Diederichsen, Mitherausgeber der Musikzeitschrift *Spex*, sieht gerade darin das Ende der Jugendkultur: »Ende der Fünfziger wurde sie erfunden, in den Neunzigern wird es Zeit, sich von ihr zu verabschieden: die Jugendkultur. Nicht nur für *Spex* bildeten Pop, Revolte und Abgrenzung die Basis der täglichen Existenz. Doch plötzlich funktioniert das Spiel mit den Selbstverständlichkeiten nicht mehr. Warum? Betrachten wir folgende Szene: Baseballkappen hüpfen auf und ab, bedruckte T-Shirts tanzen Slamdance, Flanellhemden rudern zackig mit den Armen, Doc Martens aller Formate finden sich in munter umherkreiselnden Pits. Energie, Power, Bürgerschreck – kurz: Jugendkultur at its best! Doch stop! Wir sind nicht bei Faith No More oder Biohazard, sondern im ZDF. *Bonn direkt* zeigt uns Underground unterm Hakenkreuz. Störkraft und Klotzkopf gröhlen von der Bühne, und ein jahrzehntelang gültiger Entwurf scheint passé.«[1]

Was ist geschehen? Der Jugendliche findet heutzutage ein breitgefächertes subkulturelles Angebot – oder kürzer: multisubkulti. Dieses Angebot ist vielfältig wie nie. Keiner seiner historischen Vorgänger hat über eine derartig variantenreiche Angebotspalette verfügt, eine Palette, die erst im Laufe der letzten zehn, fünfzehn Jahre angewachsen ist: Gruftie, Grunger, HipHopper, Hardcore und Punk mit ihren Variationen, Skinhead – die Liste ließe sich fortführen. All diesen Gruppen ist gemeinsam, daß nur noch der geschulte Beobachter die entsprechende Zugehörigkeit ausmachen kann, falls er nicht gerade auf einen aus dem schier unerschöpflichen Reservoir derjenigen trifft, die mühelos ständig die Szenen wechseln. Noch vor zehn, zwölf Jahren wäre die Zuordnung eines Fünfzehnjährigen zu einer der damals im Angebot befindlichen Gruppierungen reichlich unproblematisch gewesen. Trägt der moderne Fünfzehnjährige die Baseballmütze verkehrt herum, so ist vermutlich MTV im elterlichen Kabelanschluß eingespeist, eine Jam mit seiner Posse steht auf dem Terminplan – oder aber eben der Zug vor das Asylantenheim.

Es existiert derzeit keine durchsetzungsfähige »Jugendbewegung«, die sich in der Lage zeigt, eine klar sichtbare und stilistisch gefestigte Abgrenzung nach außen durchzuhalten. Eine rigide Abgrenzung, die – wie z.B. bei Punk – ein sehr aufwendiges Innen(leben) erfordert. Der moderne Jugendliche wählt den scheinbar leichteren Weg: heute dies, morgen das – meistens muß er dazu nicht einmal die Kleidung wechseln oder großartige Veränderungen in seinem CD-Bestand vornehmen. Sanktionen erfährt er bei diesem Hin und Her nicht. Weder von den entsprechenden Gruppierungen, noch von den Erziehungsinstanzen, die vormals zumindest ein »Normalsein« (Haare, Kleidung etc.) einklagten. Daß dieses Einklagen nicht immer von Erfolg gekrönt war, spielt dabei keine Rolle – das Einklagen selbst ist bedeutsam: Das Vorgeben einer Norm, inklusive Sanktionskatalog, an der sich der oder die Heranwachsende orientieren kann und muß. Doch in Zeiten der Selbstfindung und des *Anything goes* darf es nicht verwundern, wenn gerade der Jugendliche zwischen den verschiedenen Lagern herumwankt und sich und andere nicht zur Ruhe kommen läßt.

Als im Herbst 1992 in Folge der Krawallen und Anschläge gegen Ausländer, etwa in Hoyerswerda, Rostock und Mölln, das Medieninteresse an Skinheads buchstäblich schlagartig erweckt wurde, richtete sich die Aufmerksamkeit auf den Typus des gewalttätigen Nazi-Skins, der vornehmlich in den fünf neuen Bundesländern eine Jugendrevolte von Rechts anzettelt. Als Verlierer der Wiedervereinigung und in der Einöde der Plattenbausiedlungen vernachlässigt, ist er bereit, auf der Straße das umzusetzen, wozu sich die Politik im Rahmen der Asyldebatte noch nicht durchringen konnte, was aber an deutschen Stammtischen schon längere Zeit gefordert wurde: die Asylantenflut zu stoppen. Um Randale zu machen, werden von den zur Delinquenz delegierten Jugendlichen Motive wie Ausländerhass oder das Handeln für eine schweigende Mehrheit zur Legitimation und Exkulpation herangezogen. Das zögerliche Auftreten von Polizei und Justiz, die die ersten Anklagen als Brandstiftung und nicht als Mordversuch formu-

lieren, sowie die Möglichkeit, sich vor laufenden Kameras als Gewalt-
täter zu inszenieren und damit in den Abendnachrichten zu landen,
haben ihren Teil dazu beigetragen, daß das Abfackeln von Asylanten-
heimen zu einer Variante des Freizeitverhaltens avancierte. Ebenso
sind Angriffe auf Obdachlose und Behinderte eher als Zeitverteib und
weniger als zielgerichtete politische Aktion zu bewerten, was von den
Tätern mangels anderer Begründungen auch häufig als Motiv für die
sinnlose Gewaltanwendung angegeben wird. »Penner-«, »Fidschis-«
oder »Spastis klatschen« richtet sich gegen stigmatisierte Gesellschafts-
gruppen mit niedrigem Sozialprestige, von denen zudem die geringste
Gegenwehr zu erwarten ist. Hinter der Differenzierung in nützliche
und steuerzahlende Gastarbeiter und »Asylschmarotzer« verbirgt sich
zudem ein »volkswirtschaftlich verkleidetes sozialdarwinistisches Prinzip«,[2] das neben dem Fun an der Aktion vor allem dazu dient, das
angekratzte Selbstwertgefühl der Täter aufzuwerten. In der Tat findet
die überwiegende Anzahl der Anschläge an Wochenenden und vor Fei-
ertagen statt und verläuft nach einem konstanten Muster, bei dem der
Konsum von Alkohol als enthemmender Stimmungsmacher und
zugleich als mildernder Umstand eine zentrale Rolle spielt. Der in der
Nacht nach dem Besäufnis stattfindende Überfall ist dann natürlich
nicht mehr als spontan, sondern als vorsätzlich mit einkalkulierter
Todesfolge zu bewerten. »Die typische fremdenfeindliche Straf- und
Gewalttat ist eine von Gruppen oder aus Gruppen heraus begangene
Tat. Einzeltäterschaften sind die Ausnahme. Fremdenfeindliche Straf-
und Gewalttaten ereignen sich besonders häufig in Kleinstädten und
ländlichen Gemeinden; dies gilt für die neuen Bundesländer stärker
noch als für die alten.«[3]
Helmut Willems differenziert dabei vier Tätertypen. Neben dem ideolo-
gisch motivierten, rechtsextremistischen oder rechtsradikalen Täter,
lassen sich hinsichtlich der Gewaltbereitschaft und Fremdenfeindlich-
keit der Ausländerfeind oder Ethnozentrist, der kriminelle Jugendliche
(Schlägertyp) und der Mitläufer unterscheiden.[4] Zwar stammt eine
Vielzahl der Täter aus der Subkultur der Skinheads oder ordnet sich
durch ein entsprechendes Outfit selbst dieser zu, es finden sich jedoch
ebenso Freizeitcliquen und Freundeskreise, die vor allem in dörflichen
und kleinstädtischen Milieus zu bestimmten Gelegenheiten fremdenfeindliche Gewalttaten verüben. Dazu treten rechtsextrem eingestellte
und in entsprechenden Gruppen und Parteien organisierte Jugendliche
auf, die ihre Taten aus ideologischen, politischen und strategischen
Gründen begehen. In den Medien wird jedoch fast ausschließlich auf

den Skinhead rekurriert, der die gewalttätige »Bestie aus deutschem Blut«[5] am eindrucksvollsten symbolisiert. Von der Tagesschau bis zur Talkshow wird berichtet, und Jugendkonferenzen und runde Tische diskutieren nunmehr nicht nur auf lokaler Ebene, sondern bringen es bis zur Kommission im Bundestag.

Neben den sozialwissenschaftlichen Erklärungen für die steigende Gewaltbereitschaft unter Jugendlichen, die allgemein in Desintegrations- und Individualisierungsprozessen verortet wird,[6] werden Skinheads maßgeblich unter zwei Gesichtspunkten betrachtet. Einerseits werden vor allem Zusammenhänge konstruiert, die von Hooligans und Skins über Neo-Nazis bis zu rechtsextremen Organisationen und Parteien führen, die in den Skinheads ein reichhaltiges Rekrutierungsreservoir vorfinden. Als »rechtsextreme Tendenzen im vorpolitischen Raum« sollen sie vor allem einen deutlichen Rechtsruck nach der Wiedervereinigung belegen.[7] Abgesehen davon, daß sich dieser wahrscheinlich eher in der Mitte der Gesellschaft vollzogen hat, spielen rechtsextreme Parteien nach 1993 bei Wahlen keine Rolle mehr und ebenso nimmt das Interesse an Skinheads in der Öffentlichkeit schlagartig ab. Momentan sind Skinheads inklusive rechtsextremer Verschwörungs- und Vernetzungstheorien allenfalls noch als Motiv von Krimi-Serien und TV-Filmen in den Medien präsent. Von anderer Seite wird eine differenziertere Betrachtung der Skinhead-Kultur angestrebt, die die historischen Wurzeln rekonstruiert und sich von einer pauschalen Gleichsetzung mit Nazi-Skins distanziert.[8] In den Medien wurde jedoch nicht nur über Skins berichtet und diskutiert, sie erhielten vielmehr auch einen prominenten Platz, in dem sie sich selbst präsentieren und inszenieren konnten. Das ermöglichte zwar einerseits, daß auch S.H.A.R.P.-Skins auf ihre antirassistischen Wurzeln und Orientierungen verweisen und zur Ehrenrettung einer sich eher diffus präsentierenden Skinhead-Kultur antreten konnten; in der Regel wurden jedoch die erprobten Provokationsmuster in Redaktionen oder Fernsehstudios reproduziert – und eine Rechtsrock-Band wie Störkraft kam unverhofft zu der Ehre eines ausführlichen *Spiegel*-Interviews.[9] Am Rande hatten dann besorgte Eltern, ratlose Pädagogen und gebeutelte Lehrer ihren Auftritt, bei dem sie sich zumeist im Betroffenheitskult übten. Es sind nicht zuletzt solche Konstellationen, die die Attraktivität einer maßgeblich auf Provokation beruhenden Jugendkultur steigern, da sie das Funktionieren der Provokationsmuster bestätigen und durch die Aufmerksamkeit der Medien belohnen. Überhaupt bietet der Typus des Skinheads in Verbindung mit rechtsradikalen Symbolen und Haltungen sowohl gegenüber einer Gesellschaft mit verordnetem Antifaschismus als auch gegenüber einer alles tolerierenden und immer diskussionsbereiten »68er-Elternschaft« das größtmögliche Provokationspotential. Das bloße Outfit des Skins gilt vielen Eltern allenfalls als ein bißchen extrem und noch im erlaubten Rahmen jugendlicher Selbstdarstellung. Eine fatale Gleichgültigkeit, die geradezu danach verlangt, weiter ausgereizt und auf ihre Grenzen hin ausgetestet zu werden. Zudem sind die Stilelemente der Skin-Kultur vergleichsweise einfach nachzuahmen und kostengünstig zu beschaffen. Die Kahl-Rasur des Kopfes bedarf keiner haarstilistischen Fähigkeiten, die obligatorische Bomberjacke ist mittlerweile in jedem gutsortierten Kaufhaus für 99 DM erhältlich, die Springerstiefel kosten ebensoviel (Doc Martens ab 159 DM), Aufnäher mit nationalistischen oder faschistischen Symbolen stellen ebenfalls kein Beschaffungsproblem dar und ein Paar Hosenträger findet sich im Zweifelsfall noch im eigenen Kleiderschrank. Abgesehen von stilistischen Feinheiten und Differenzierungen der Skinhead-Szene, ist hier im Vergleich zu anderen Jugendkulturen eine billige Inszenierung mit großer Wirkung möglich.

Trotzdem sind es in den letzten Jahren nicht mehr die Skinheads allein gewesen, die in der Öffentlichkeit und in den Medien stellvertretend für den Wandel der Befindlichkeit einer ganzen Jugendgeneration präsentiert und analysiert wurden. Wie es angesichts der Schnellebigkeit von Themen in der heutigen Mediengesellschaft kaum anders zu erwarten ist, haben andere jugendkulturelle Szenen diesen Part übernommen und verstehen sich ebenso geschickt in der medialen Inszenierung, was bei einer Erziehung, die zu großen Teilen vor dem Fernseher stattgefunden haben soll, durchaus erwartet werden darf. Momentan sind es vor allem zwei Ereignisse, die regelmäßig im Sommer die Aufmerksamkeit auf sich lenken: die Love-Parade in Berlin und die Chaos-Tage in Hannover. Randale hier, *peace and unity* (bzw. Friede, Freude, Eierkuchen) dort – ambivalenter könnte sich die Jugend wohl kaum darstellen, und Eltern und Sozialpädagogen begegnen dem mit demselben Entsetzen und Unverständnis, das den Skinheads gilt, obwohl ihnen die Parolen und Methoden eigentlich bekannt sein sollten. [*Vgl. dazu auch den Beitrag von Martin Büsser in diesem Band,*

S. 80 bis S. 88] Aber anscheinend wird der Wunsch nach Individualität und Selbstverwirklichung nicht mehr wiedererkannt, weil sich die Kontexte verändert und vermehrt haben oder weil eine neue Generation ganz selbstverständlich ihre Befindlichkeit in eigenen Lebensstilen artikuliert, in der Öffentlichkeit zelebriert und dabei ihren Spaß hat. Skinheads, Raver und Punker gehören ebenso wie der HipHopper, Computer-Freak oder der Stino (Stinknormale) zu dieser ambivalenten Generation, die sich nicht so recht auf eine Richtung festlegen will und nicht zuletzt aus diesem Grund mit einem X bezeichnet und für unpolitisch, apathisch und sprachlos erklärt wird. Eine Generation verhält sich jedoch nicht wie ein monolithisches Gebilde, das seine Zusammengehörigkeit durch ein identisches Bewußtsein, einen gemeinsamen Stil oder eine bestimmte Ideologie ausdrückt. Sie ist vielmehr ein Zusammenhang, der sich in der gemeinsamen sozialen Lagerung und Problemwahrnehmung trifft und unterschiedliche – zum Teil gegensätzliche – Reaktionen bzw. Lösungsstrategien entwickelt. Gerade die Vielfalt gleichberechtigter jugendkultureller Optionen, denen aufgrund ihrer funktionalen Äquivalenz auch eine gewisse Gleichwertigkeit zukommt, macht die generationsspezifische Antwort der Jugend auf ihre gegenwärtige Situation aus.

Mit dem Zuordnungsproblem korrespondiert in der Regel der Vorwurf der unter heutigen Jugendszenen weitverbreiteten Sprachlosigkeit, die jeden »vernünftigen« Diskurs – egal, ob durch Gewalt, Tanz, Drogen oder andere Formen der Abwesenheit – unmöglich gestaltet. Hinter dieser Haltung verbirgt sich jedoch eine durchaus erfolgreiche und provokative Strategie der Selbstbehauptung. Wer nicht redet, kann nicht überredet werden, wer sich nicht artikuliert, kann nicht pädagogisiert und von den alles integrierenden Diskursmühlen unserer Gesellschaft integriert werden. Diese konsequente Verweigerung der Kommunikation ist vermutlich gerade deshalb eine erfolgreiche Strategie jugendkultureller Dissidenz, weil nicht auf einer inhaltlichen Ebene Aussagen neu codiert werden, sondern die Struktur der Kommunikationsbedingungen selbst attackiert wird. Diese bewußte oder besser: strategische Sprachlosigkeit, die sich jeder ideologischen Vereinnahmung spielerisch zu entziehen sucht, ermöglicht die permanente Transformation von Bedeutungen.

Dabei wird ähnlich wie auf der Ebene des Stils verfahren. Von der Bomberjacke über die Trainingshose mit den drei Streifen und der synthetischen Droge bis hin zur Hippieideologie der Eltern und der faschistischen Weltanschauung der Großeltern wird alles gesamplet und zunächst »nur« in den neuen Kontext des Spaßhabens gestellt. Die altbekannte Form des subkulturellen Swingers, der sich unter Beachtung der jeweiligen Codes in verschiedene Szenen sanktionsfrei bewegen kann, wird nun quasi als Identitäts- bzw. Bedeutungs-Zapping von einer chamäleonartigen Jugend betrieben.

In diesem Szenario bleiben die Skinheads eine Randgruppe, verstärkt noch durch die Tatsache, daß – gerade hier in der Bundesrepublik – die Einbettung und Anbindung der Skinheadkultur in traditionelle Kultursegmente zu keinem Zeitpunkt existiert hat. Während der britische Skin fast komplett – von der Bekleidung über die Frisur bis hin zur Partypraxis – auf in seiner nächsten Umgebung existierende Phänomene (z.B. auf die vielbeschworene Arbeiterschaft) zurückgreifen kann, bleiben dem deutschen Skin der Zugriff auf derartige Strukturen – schon allein entstehungsgeschichtlich – verwehrt. Er präsentiert zwar in Sachen Outfit, Verhalten und Haltung die jeweils aktuelle Version global wirksamer Muster, kann damit aber das Fehlen der traditionellen Wurzeln des Originals nicht kompensieren.

Zu diesem strukturellen Defizit gesellt sich gegenwärtig ein weiteres Problem. Mit dem Verlust des beinahe kompletten Ausstattungsarsenals an diverse subkulturelle Swinger und jugendliche Kulturzapper bleiben dem Skinhead nicht mehr viele Möglichkeiten, sich als typischer Vertreter dieser Gattung zu sehen sowie als solcher gesehen zu werden. Das Phänomen Skinhead ist – wie kaum ein anderes Jugendphänomen – von massiven Schwankungen zwischen sub- und gesamtkultureller Bedeutsamkeit sowie dem Status einer beinahe zu vernachlässigenden Randgruppe gekennzeichnet. Augenblicklich wieder einmal Randgruppe, bleibt ihm dann vermutlich nichts anderes übrig, als entweder im sentimentalen Kollektiv den entsprechenden Bands ein »Oi Oi Oi« zuzubrüllen, oder – wie bei einem Skin auf einer Party mit Autonomen, Punks und Hools gesehen –, sich einen Joint zu drehen und bei Harry May die jointfreie Faust in die Luft zu recken.

Anmerkungen

1 Diederichsen, D.: **The Kids are not alright. Abschied von der Jugendkultur**, in: Spex 11/92, S. 28–34

2 Leggewie, C.: **Druck von rechts. Wohin treibt die Bundesrepublik?**, München 1993, S. 58

3 Willems, H. u.a.: **Fremdenfeindliche Gewalt. Einstellungen, Täter, Konflikt-eskalation**, Opladen 1993, S. 247

4 gl. ebenda, S. 200 ff.

5 Vgl. Spiegel 50/1992, **Die Nazi-Kids. Was Kinder in den Terror treibt**, S. 22–54. Das Titelbild zeigt bezeichnenderweise einen Skin, dessen »Brett vor dem Kopf« als Hakenkreuz stilisiert ist.

6 Vgl. z. B. Heitmeyer, W. u.a.: **Die Bielefelder Rechtsextremismus-Studie. Erste Langzeituntersuchung zur politischen Sozialisation männlicher Jugend-licher**, Weinheim/München 1992; Heitmeyer, W. et al.: **Gewalt. Schatten-seiten der Individualisierung bei Jugendlichen aus unterschiedlichen Milieus**, Weinheim/München 1995

7 Vgl. Pfahl-Traughber, A.: **Rechtsextremismus. Eine kritische Bestandsauf-nahme nach der Wiedervereinigung**, Bonn 1993

8 Vgl. Farin, K./Seidel-Pielen, E.: **Skinheads**, München 1993

9 Vgl. Spiegel 53/1992, S. 40–48

Lee Hollis

Serious Problems

Lee Hollis ist Punk-Sänger verschiedener Bands wie 2Bad, Spermbirds und Steak Knife. Dazu arbeitet er als Grafiker und Autor englischsprachiger Short Stories. In *Serious Problems* erzählt Lee Hollis von der Erfahrung eines Bühnenauftrittes im sächsischen Delitzsch.

When Elvis sang about living »in the ghetto«, the city in the song was Chicago. But it could just as easily have been Delitzsch. City of the damned. Cheap, run-down high-rise apartments as far as the eye can see. This is poverty. This is the ghetto. This is where we're playing tonight. We arrive about four in the afternoon. As we're getting out of the bus, I start to understand depression. Why am I here? Oh, I remember. We're supposed to entertain the youth of Delitzsch tonight. I start to think that maybe getting a real job might not be such a bad idea after all. All the broken down buildings... and gray seems to be the color of choice. Entertainment? Not possible.

For those of you who don't know I'd like to take a minute to explain 2Bad to you. 2Bad is – difficult. Even for me sometimes. Writing the songs is difficult, playing the songs is difficult and I have to admit that listening to 2Bad songs might just be the most difficult of all. It's not party music. I read a review once that went something like, »These people must have no joy in their lives... listening to this is depressing... They're even cynical about provocation...«. Not the whole truth, but on this day in Delitzsch, it was very, very close to it. We've been together for about eight years now, and in all those years I think I've seen maybe three people try to stage-dive. Nobody catches people at 2Bad shows. You can't pick up women at 2Bad shows. You can't »sing along« with the band at 2Bad shows. You endure. You try to survive. People don't come to me and say, »Hey, I had a lot of fun. You guys were great!«. If they come at all, it's mostly, »Oh man, I'm sorry. I didn't know. Can I help you? Why are you bleeding?« That's 2Bad – my band.

Back to Delitzsch. The rest of our people have already gone inside. I haven't because I'm afraid. Thomas, our bass player, is trying to get information from one of the »locals«, the punk rock girl with the rat. Classic...

»We're 2Bad.«

»Who?«

»2Bad, the band…«

»What band?«

»We're playing here tonight. When does the PA come?«

»What PA?«

»The PA! You know PA? Make music big. Wooden thing with strings make boom!«

Hopeless. I walk inside thinking about a nice factory job. At this moment I would love to have a nice factory job… Thomas comes back and tells us that we *are* playing tonight and that the PA would be coming later.

»I talked to the promoter«, he informs us. »He wanted to know what kind of music we play…« I think to myself, this is our promoter, right? Theoretically he should know what kind of music we make. Why does he not know that? Why is there a big pile of 2Bad posters lying in the corner? Where are we?!? That's right – I was crying. Sometimes the only way to find satisfaction is to feel sorry for yourself and that's exactly what I had decided to do.

So we wait. Anybody that's ever been in a band can tell you: this is the worst part. The waiting. I'm sitting in the ghetto, waiting to scream at people I don't know. To share my pain with them. To tell them about my problems. We drink weak coffee. We drink bad beer. We smoke too many cigarettes. We wait…

At one point some »rock guy« – stretch leans, pointed cowboy boots, long hair and a mustache – drives up in a Porsche, gets out and hands Thomas an envelope.

»What's this?«

»Don't look at me! Just take it!«

Thomas is not stupid. He knows a psychopath when he sees one.

»Okay, okay, I'll take it. Just relax.«

Rock guy gives him the envelope and starts to run for his car.

»Hey!« Thomas yells after him, »What is this!?«

»Your money!« He yells over his shoulder.

»But we haven't even played yet.«

»Just take it and don't tell anybody you saw me…«

Then he got in his car and drove off. Never saw him again. I ask Thomas if we couldn't just take the money and get the hell out, but of course we can't…

It's later now. The PA came. There's maybe about 15 to 20 people there watching the opening band. I officially now have what's called a *bad attitude*. People are pointing at us and laughing. I see a few Exploited T-shirts and decide that this will be my last concert. Ever. Drunken (or dead) bodies are everywhere. They've pulled out the »schnapps«. Things are starting to get out of control.

The first band finishes. Now it's our turn. A lot of the ghetto kids are getting very drunk by now. There's nothing else to do. I watch the whole scene and think about the news film I've seen of American Indians, drunk on the reservation. The phrase »no future« pops into my mind. Needless to say I wasn't concentrating on our music...

Okay, we're getting ready to play in front of the 12 people who are still able to stand. I'm thinking to myself: »What would Henry do in a situation like this?« I want to pump iron and get more tattoos. I want to play barefoot on broken glass. I want to punish myself. I deserve it.

Nobody made me come here. This is the life I have chosen. I am the ultimate loser…

»Hello Delitzsch…!«

My first attempt at communication. A kid with a »gegen nazis« T-shirt promptly passes out at my feet. I turn to Stoffel, our guitar player. He looks at the kid, and then at me and only shrugs. Party time in Delitzsch.

»We're 2Bad and it's good to be here…«

We start playing. People are dropping like flies now. A young Delitzsch couple is standing almost directly in front of me, making out. A few guys are just staring at us.

»I think they're getting angry«, I tell Thomas, but I was wrong. We were only boring them. Clash of two cultures, total lack of communication, call it what you will. We were not reaching these people.

About halfway into our program a couple of kids start to play *football*. Yes, football right in front of the stage. Picture this: 2Bad show in Delitzsch. We are into the »Art is Pain« phase of our show. The song is called »Gears Grinding«, not exactly a James Taylor-type thing. There is no »singing« in this song – only screaming. And I am screaming. I *like* screaming. I have almost reached the point where I am able to forget that only three people are watching us now. You know, close your eyes and – forward! For the first time tonight I'm thinking, »Maybe I don't need a factory job. Maybe I am doing the right thing…« when a football bounces on stage. I grab the ball and hold on to it. A kid comes up and wants it back… but not until we finish our *song*. I'm pissing him off and I know it, but *fuck him*. Strangely enough, he decides not to kill me, only to laugh.

»I bet this never happens to Nick Cave,« I think. We finish the song. No applause. Fuck em. I leave the stage and walk over to the kid. He's still laughing. Mistake. Don't laugh at anyone you don't know. Some people are the sensitive type. I grab a handful of dirty dead dreadlocks and throw his dumb ass on the floor. His head hits the concrete. The sound of his concussion echoes through the ghetto. I've got one foot on his neck and the other trying to break the fingers in his hand. I'm pulling on his dreads, testing to see just how much his neck can take. Blood is running out of his mouth. But he's tough – he can still scream. I spit on him...

»This is fun!«, I think as I hear his fingers breaking, »This is where I belong. This is what I've been waiting for...«

I kick him, like I've seen on television. He stops struggling. I get down real close to his ear and start to talk.

»Excuse me, I was telling you about my problems a minute ago. Are you not interested in my problems?«

He only moans.

»Listen,« I tell him, »I'm a guy just like you. I need attention. I'm not looking for special treatment, just a shoulder to lean on...«

I lean on his shoulder. I hear a small but very clear »crack«.

»You just don't understand, man. I've got problems. Serious problems...«

Richard Utz und Michael Benke

Hools, Kutten, Novizen und Veteranen

Durch die Analyse von Fanbriefen und durch Interviews sind Richard Utz und
Michael Benke, Soziologen an der Universität Heidelberg, den subkulturellen
Wertorientierungen von Fußballfans auf die Spur gekommen. Begleitet wird
ihre Untersuchung durch Nanni Balestrinis Erinnerungen an *Die Wütenden*.
Darin erzählt Balestrini von der Sozialisation und dem Stadionleben eines
Mitglieds der rotschwarzen Brigaden des AC Milan.

Gewalttätige Ausschreitungen von Fußballfans evozieren bei der seit
dem Brüsseler Heyseldrama vom Mai '85 für Fangewalt besonders sen-
sibilisierten Medienöffentlichkeit Bestürzung und Empörung, die sich
in der Interpretation von Fanausschreitungen als Durchbrechen einer
Art atavistischer Aggressivität oder »böser Menschennatur« niederschlagen. Ganz unter dem Eindruck dieser zwar verständlichen, aber
mystifizierenden Deutung scheinen die scharfen ordnungspolitischen
Reaktionen der Polizei und der Fußballverbände zu stehen, die die Fan-
kurven der Fußballstadien in gut bewachte Raubtierkäfige verwandelt
haben.

Um ein differenziertes Fanbild und ein adäquateres Verständnis bemühen sich seit geraumer Zeit auch eine Reihe namhafter europäischer
Sozialwissenschaftler. Trotz divergenter Konzeptionen konvergieren
diese verschiedenen Ansätze in der Erklärung von Fangewalt. Sie wird
als adoleszente Identitätskrise oder als Reaktion von Jugendlichen auf
makrosozial bedingte Sozialisationsdefizite begriffen, die diese durch
subkulturelle Identitätsentwürfe kompensieren, in denen zum Teil
gewisse Dispositionen für gewalttätige Verhaltensweisen angelegt sind.
Wir wollen das Phänomen der gewalttätigen Ausschreitungen von
Fußballfans, die sich in einer Typologie von Fans erfassen lassen, im
Hinblick auf die kognitive Struktur ihrer subkulturellen Wertorientierungen und im Zusammenhang ihrer Intergruppenkonflikte untersuchen. Insofern beschränken wir uns auf die Analyse der spezifischen
Eigenart der Fanwelt und ihres Funktionierens, ohne uns an eine theoretisch angeleitete Diagnose der modernen Gesellschaft anzulehnen.

Die vier Typen der Fankultur

An der Basis der bundesdeutschen Fankulturen finden sich die Gruppen der Novizen, Kutten, Hools und Veteranen, die sich hinsichtlich ihrer Figurationsstruktur, der Interpretation der subkulturellen Wertvorstellungen und der daraus resultierenden Logik ihres Ausschreitungsverhaltens unterscheiden. Die Typenbezeichnungen *Kutten* und *Hools* sind dem Fanjargon entnommen. Die Bezeichnung *Novizen* wurde auch von Marsh[1] verwendet, während *Veteran* eine von uns selbst gewählte Bezeichnung ist.

Für die gesamte Subkultur der Fußballfans sind vor allem fünf wertgeladene Vorstellungskomplexe[2] verhaltensprägend: Maskulinität (und Ritterlichkeit), Solidarität, triumphaler Erfolg, territoriale Souveränität und das tolle Stimmungserlebnis.[3] Zum Bedeutungsfeld »Maskulinität« gehören die Attribute Unerschrockenheit und Mut. Sie verbinden sich für alle Fantypen mit der Idee, daß kein Angriff – gleichgültig ob rein symbolische oder faktische, physische Gewaltanwendung – unvergolten bleiben darf und eine Unterzahl angesichts einer Überzahl von Fans »stehenbleiben« muß; die »Macht sein« heißt, in großer, sichtbarer Anzahl am Spieltag präsent zu sein. Mit »Ritterlichkeit« verbindet sich die Erwartung, weibliche oder vereinzelte Fans des gegnerischen Fannetzwerkes nicht zu attackieren, und schließlich ostentativ zur Schau gestellte, körperliche Stärke, Ausdauer und Härte. Unter »Solidarität« verstehen alle vier Fantypen Zusammenhalt und gegenseitige Unterstützung: »Daß einer für den anderen grad' steht, dafür ist man schließlich Fan«. Sie umfaßt intern über die einzelnen Fantypen hinweg Zusammenhalt und gegenseitige Unterstützung als Schutzgarantie beim Besuch von Auswärtsspielen und erstreckt sich extern auf die Unterstützung dauerhaft befreundeter Fangruppen. »Triumphaler Erfolg« verweist auf die begehrte Vorstellung, Sieger oder die »Besten« zu sein. »Territoriale Souveränität« bezeichnet den Herrschaftsanspruch der gesamten Fankultur auf »ihren« Block, der in Sprechchören herausfordernd artikuliert wird: »Hier regiert der SVW«, und sich in Belegsymbolen am Kurvenzaun, z.B. *City Boys Mannheim*, manifestiert. Damit ist es angezeigt, daß der Block als beanspruchtes und symbolisch angeeignetes Territorium begriffen wird. »Tolles Stimmungsgefühl« ist der von allen Fangruppen angestrebte emotionale Erregungszustand, der mit dem spezifischen Gemeinschaftsgefühl in der Kurve, mit der volksfestartigen Atmosphäre in und um den samstäglichen Bundesligarummel und den möglichen Kontakten freundschaftlicher oder feindseliger Natur verbunden werden.

1. Novizen

Die Peer-groups aus Schule und unmittelbarer Nachbarschaft können als soziale Brücken, die den ersten Kontakt zwischen zukünftigem Novizen und seinem späteren Aktionsfeld herstellen, fungieren. Möglich sind auch Kontaktaufnahmen in Begleitung älterer, männlicher Familienmitglieder, z. B. Vater, Großvater oder Onkel.

Mein Vater ist schon immer Milan-Fan und ging sogar schon hin als er noch klein war im Stadion Colas verkaufen um nichts zu zahlen denn wer das macht zahlt keinen Eintritt er ist immer weiter hingegangen auch nach der Verlobung mit meiner Mutter war es die größte Leidenschaft er folgte dem Milan auch auswärts noch heute hat er eine Dauerkarte und geht immer ins Stadion als ich sechs Jahre alt war nahm er mich das erste mal mit ich erinnere mich daß es ein Lokalderby war das wir 1 zu 0 gewonnen haben aber woran ich mich eigentlich erinnere ist nicht das Spiel das was mich wirklich beeindruckte war das Spektakel der Fans ich schaffte es nicht mehr das Spiel richtig anzuschauen weil mich diese Sprechchöre beeindruckten und all die Dinge die da in der Kurve passierten die Fahnen die Tröten das Feuer die Trommeln mit 11 oder 12 fing ich an alleine hinzugehen ich ging mit Nibbio hin wir wohnten in der gleichen Ecke gingen zusammen ins Stadion standen ganz oben am Rand der Kurve und unten weit unter uns gabs das Spektakel der berühmt-berüchtigten Schwarzroten Brigaden und in meinem Innersten sagte ich mir immer das mußt du auch schaffen da unten bei den Brigaden zu sein

damals glaubte ich nicht daß ich das schaffen würde der zu werden der ich jetzt bin der sogar die Sprechchöre dirigiert aber ich hatte mir zum Ziel gesetzt reinzukommen um bei jenen Gruppen mitzumachen und dann als ich älter wurde habe ich nach und nach Leute kennengelernt die unten standen und so stieg ich von da oben Jahr um Jahr ein paar Stufen in der Kurve runter und an Bedeutung rauf bis ich auch den Ausweis bekam und einer von den Rotschwarzen Brigaden wurde jetzt gibts eine Menge Kids die mich für was weiß ich für einen Star halten und Sachen sagen die mich manchmal zum Lachen und manchmal etwas in Verlegenheit bringen letztens war ich mit der Cincia in einem Laden es war der Geburtstag von ihrem Vater und wir suchten ein Geschenk für ihn da haben die mich von draußen gesehen von draußen durch das Schaufenster und sind rein gekommen vier Jungs die ich noch nie gesehen habe die mich ganz aufgeregt begrüßen wollten das ist etwas was ich vor Jahren auch gemacht hätte wenn ich die Gelegenheit gehabt hätte einen von denen zu treffen die ich unten an der Absperrung die Sprechchöre anstimmen sah und den ich als ich ganz oben stand für unerreichbar hielt das zog mich unglaublich an und das wollte ich erreichen

Die von vielen Fans erwähnte tolle Stimmmung als Initialerlebnis ihrer Stadionpremiere mag den zentralen Anreiz bilden, diesen Ort, besonders den Fan-Block, wieder aufzusuchen. Für den Beginn der Fankarriere entscheidender ist aber ihre Wirkung: nämlich sich kleinen, überschaubaren Gruppen anzuschließen, die sich hauptsächlich aus männlichen Jugendlichen im Alter von 12 bis 16 Jahren zusammensetzen. Der Anschluß an eine Novizengruppe wird durch einen Aufnäher oder einer mit Emblemen geschmückten Fanjacke, der sogenannten *Kutte* sichtbar gemacht:

»Ich habe mir zuerst mal eine Eintrittskarte gekauft. Dann hab ich mir Aufnäher zugelegt und sie auf meine Blue-Jeans-Jacke genäht.«

Ist der Anschluß geglückt, wird aus dem bloßen *Sensation Seeker* der Fan-Novize, der sich aus der jahrgangsmäßig homogenen Gruppe löst und Mitglied in einer der typischen, nach dem Senioritätsprinzip binnenstrukturierten Novizengruppen wird. Hier scharen sich die Neulinge um einen etwa sechzehnjährigen Gruppenführer, der sich durch körperliche Überlegenheit auszeichnet. Darüber hinaus besitzt er einige Fertigkeiten und Wissen, die für eine Fankarriere, für Statuserwerb und Statusbehauptung notwendig sind. Er verfügt über Interpretationsmuster, mit deren Hilfe er in Übereinstimmung mit den anderen Fangruppen Situationen auf dem Spielfeld, Konflikte mit Polizisten oder gegnerischen Fans zu deuten versteht und so in konformer Weise reagieren kann. Hierher gehören so regelmäßig wiederkehrende und gleichförmige Verhaltensabläufe wie das von Konfettiwerfen begleitete Begrüßungsritual beim Verlesen der eigenen Mannschaftsaufstellung durch den Stadionsprecher, das Auspfeifen der gegnerischen bei der selben Gelegenheit oder die symbolische Begrüßung und Verabschiedung der aufgebotenen Polizeikräfte und der Gastgeberstadt im Moment der Bahnhofsein- und -ausfahrt im Zusammenhang mit Auswärtsspielen, etwa in der Form: »Karlsruhe, wir grüßen euch« und »Auf Wiederseh'n, Auf Wiederseh'n ...«. Dazu zählen das Anheben und Senken der Stimme beim Eckstoß, die Äußerung haßgeladener Invektiven gegen den Schiedsrichter, dessen Entscheidungen – sofern sie gegen die eigene Mannschaft gerichtet sind – grundsätzlich als absichtliche Fehlentscheidungen interpretiert werden, das umfassende Anfeuerungs- und Schmähungsrepertoire der Fans und vor allem das Genießen des Gemeinschaftsgefühls. Hier werden die Fanneulinge mit den charakteristischen Wertvorstellungen: Maskulinität, Solidarität, triumphaler Erfolg, territoriale Souveränität und Stimmung vertraut gemacht, denen sie beflissen nacheifern, ohne sie in den Augen anderer Fangruppen realisieren zu können. Die Fankultur hat für diesen Fall von Überkompensation den Ausdruck »Den-Lauten-Machen« geprägt. Er bezeichnet eine Person, die sich selbst wünschenswerte, statusmehrende Fan-Werte zuschreibt, aber diese nicht durch tatsächliches Verhalten einlösen kann. Somit bilden diese Gruppen die sozialisatorischen Funktionseinheiten der Fankultur, die mit dem Älterwerden ihrer Mitglieder wieder zerfallen, weil die Novizengruppen außerhalb der ganzen Fankultur nur wenig Anerkennung finden, und ihre Mitglieder danach streben, in eine der dominanten Fanformationen aufgenommen zu werden. Diesen Sachverhalt drückt der Fanjargon in den Bezeichnungen Kinder, Heuler- oder Lutschermob aus. Sie verhöhnen das vom Vollblutfan beanspruchte männlich-martialische Selbstbild. Der Novize wird symbolisch auf eine Stufe mit den Kindern, den altersmäßig Jüngsten und Neulingen der Fangruppen gestellt, »die fortrennen, wenn was passiert«.

2. Kuttenträger

Im Gegensatz zu den Novizen zählen die Kuttenträger und Hooligans zu den beiden dominanten, allseits anerkannten Typen der Fankultur.

----

es gibt verschiedene Gruppen alle haben ihr Symbol ein Wiedererkennungszeichen etwas das sie als Gruppe von Freunden zusammenhält du kannst einen Drachen nehmen ein Halstuch ein T-Shirt du kannst jeden Scheiß den du willst nehmen was weiß ich du kannst auf die Jacke genähten Tinnef nehmen und dann werden sich alle von der Gruppe wiedererkennen weil sie diesen Tinnef haben oder sie haben die gleichen Mützen die niemand anders haben kann wir zum Beispiel in unserer Gruppe sind alle tätowiert also muß wer auch immer mit uns kommt um ein Spiel anzuschauen tätowiert sein und wer es noch nicht ist wird sich tätowieren lassen müssen weil es halt so ist und dann hat jede Gruppe ihre Fahne die kennzeichnet ihr klar abgestecktes Territorium in der Kurve und so basteln sich die Leute von jeder Gruppe ihre Fahnen ihre Standarten und bringen sie jeden Sonntag mit hoch in die Kurve in ihre Zone ihr Territorium ihre Trommeln ihre Instrumente bringen jedesmal alle ihre Sachen mit hoch in die Kurve und dort bauen sie sich dann mit ihren Fahnen und den ganzen Sachen auf

Starke Identifikation mit dem Fußballverein, den Spielern und dem Spielgeschehen, die spezielle Atmosphäre der Fußballstadien als hochbewertetes Erlebnisfeld und die Mitgliedschaft in einem der vielen Fanclubs zeichnen die echten Kuttenträger aus. Sie organisieren sich in zum Teil eingetragenen Fanclubs als freiwillige Vereinigung und besitzen Merkmale wie freiwillige Mitgliedschaft und ehrenamtliche Mitarbeit – die wichtigsten Ressourcen, die für die Verfolgung der Mitgliederinteressen oder -ziele eingesetzt werden können.[4] Diese Fanclubs geben sich eigene Satzungen. Ihr Hauptziel besteht darin, den von ihnen favorisierten Verein mit allen Mitteln zu unterstützen – d.h. je nach Kuttengruppe auch mit Gewalt. Sie kennen regelmäßige Mitgliederversammlungen, auf denen Clubvorsitzender, Kassierer und Schriftführer gewählt werden. Die Clubkommunikation verläuft jedoch nicht strikt nach Tagesordnung und zentralisiert – oben der beschließende Vorstand und unten die passiven Mitglieder. Das Themenspektrum der selbstorganisierten Fanclubs ist während der Mitgliederversammlungen nicht auf den »trockenen« Verwaltungsdiskurs beschränkt, bei dem es hauptsächlich um die Eintreibung von Mitgliedsbeiträgen, die Aufrechterhaltung von Briefkontakten mit befreundeten Fan-Clubs oder die Organisation von Auswärtsfahrten geht. Die Kommunikation der Clubtreffen gewinnt ihre Attraktivität für die Kutten eher von der »bierfeuchten«, sozialemotionalen Geselligkeit im Kontext der Fußballbegeisterung, in der sie stattfindet. Von den meisten 16- bis 25jährigen Mitgliedern wird dieses Stimmungserlebnis als der eigentliche Zweck der Fanclubs angesehen und weniger das Organisieren oder Verhandeln über verbilligte Eintrittskarten mit »ihrem« Verein.[5] Dieser Typ der Fankultur ist der Träger einer spezifischen Symbolwelt, die überaus reichhaltig ist. Sie umfaßt die materiellen Symbole der farbenprächtigen Flaggen, Wimpel, Fahnen, Schals, Hüte, Phantasiekleidung (Kutten) und den Fanjargon. Ein Auszug aus dem Brief eines »Bayern-Fans« dokumentiert die Unentbehrlichkeit dieser Symbolwelt, an der jeder echte Kuttenträger leicht zu erkennen ist:

»Ich kann es nicht verstehen, wenn man ohne alles ins Stadion geht, d.h. ohne Schal oder Mütze usw. und sich dann noch als Fan bezeichnet«.

Die materiellen Symbole haben eine nach außen und innen wirkende Abgrenzungsfunktion. Nach außen signalisiert die Vereinsfarbe weithin sichtbar die identitätsstiftende, gedachte Zugehörigkeit zu einer bestimmten Fußballmannschaft und zu »Deutschland«. Nach innen informiert die Symbolwelt der Kutten über ihre Stellung im Netzwerk der Fans, d.h. über ihre Mitgliedschaft in einer ganz bestimmten Kuttenträgergruppe mit eigenem Namen, die in einem namentlich

Der Übersteiger: »Kampf- und Spaßblatt rund um den FC St. Pauli«

genannten Stadtteil oder einer Straße beheimatet ist.[6] Die Zugehörigkeit zu einer bestimmten Kuttengruppe schließt immer Abgrenzung gegen die ganz anders auftretenden Hoolgruppen ein. Doppelmitgliedschaften kommen nicht vor. In der Symbolwelt der Kuttenträger, die zur identitätssichernden Abgrenzung – durch die Bezogenheit auf Verein, Stadionkurve, spezifischen Stadtteil oder Straße – dient, wird auch ihre spezifische Wertorientierung sichtbar, die ihr kollektives Verhalten steuert. Sie erwarten von sich unumstößliche Solidarität und Treue zum Verein, die sich durch Präsenz bei allen Heimspielen und den nähergelegenen Auswärtsspielen, unabhängig vom jeweiligen Tabellenstand des eigenen Vereins, messen läßt. Da diese unverbrüchliche Treue auch bei den gegnerischen Fans vorausgesetzt wird, will es das Gebot der Ritterlichkeit, daß die mit »ihrer« Mannschaft im Fußballspiel unterlegenen und daher »trauernden« Kuttenträger nicht noch durch Schmährufe wie »Absteiger, Absteiger, Absteiger« zusätzlich verletzt werden sollten.[7] Neben der Solidarität mit dem Verein rangiert das Stimmungserlebnis beim Spiel und in der Kuttenträgergruppe in ihrer Wertschätzung ganz oben.

Was sich mit dem Treue- und dem Ritterlichkeitsgebot andeutet, ist eine spezifische Wertschätzung der Vorstellung, Triumphe feiern zu können. Für die Kuttenträger ist es vor allem die Mannschaftsleistung auf dem Spielfeld, die über Sieg oder Niederlage entscheidet und nicht das davon abgelöste Triumphieren in einer gewalttätigen Auseinandersetzung mit anderen Kutten. Daher ist es für eine echte Kutte mindestens ebenso wichtig, sowohl ein guter Gewinner als auch ein guter Verlierer zu sein: »Wer in der Not seinen Verein im Stich läßt, hat beim Erfolg und bei Feiern nichts zu suchen. Den Spott zu ertragen, die Schmerzen mit Stolz überstehen, das ist die Liebe zum Club.«

Zur physischen Gewalt gegenüber gegnerischen Fans haben die Kuttenträger ein ambivalentes Verhältnis. Einerseits lehnen sie Gewaltanwendung als primäres Gruppenziel ab – im Gegensatz zu den Hools. Nichtsdestoweniger wird von der Masse der Kuttenträger gewalttätiges Verhalten gegen feindliche Hools und Kutten dann geübt, wenn ein Konflikt soweit eskaliert, daß er nicht mehr verbal, sondern nur noch durch gewalttätige Angriffe auf den »Provokateur« ausgetragen werden kann. In solchen Fällen befürworten Kuttenträger die Anwendung von Gewalt.

»Ich bin eben Kuttenträger, trage auch Trikot und bin stolz darauf. Auch ich bin gegen Gewalt, wenn es aber nicht anders geht, (...) muß es wohl sein.«

3. Hools

Als Hooligan wird ein neuerer Fantyp in der bundesdeutschen Fankultur[8] bezeichnet, der sich deutlich von den übrigen Typen unterscheidet. Sie rekrutieren sich zum Teil aus ehemaligen Kuttenträgern, die bereits eine Karriere als Novize hinter sich haben. Neuerdings scheinen sie direkt aus Novizenkreisen und jugendlichen Gruppen Zulauf zu haben, die keine spezifischen Fanerfahrungen mehr aufweisen, sondern sich umweglos an die Hools anzuschließen versuchen. Die Hooligans sind für den Außenstehenden nicht auf den ersten Blick wie etwa die gleichaltrigen Kuttenträger als Fans erkennbar. Zu ihrer »Standardausrüstung« gehören teure Jeans, Jogging-Bekleidung, Imitationen amerikanischer Baseballjacken und die ihrem Verständnis nach unverzichtbaren Regenschirme. Auch den Hools dient die spezielle Kleidung als Mittel, sich gegenüber den anderen Typen der Fankultur intern abzugrenzen und nach außen für die gegnerischen Hools leicht erkennbar zu sein.

----

es kommt vor daß wir zu Auswärtsspielen fahren wo es von dem Moment an wo wir in einer Stadt ankommen bis wir dann wenn wir wieder abfahren durchgehend 6 oder 7 Stunden ohne Atempause sind ohne anzuhalten es ist immer ein Rennen ein Angreifen ein Schlagen ein Zurückweichen ein Vorrücken in einem fort und womöglich hast du die Nacht vorher nicht geschlafen dann gibts die die schreiben daß das Stadion der Ort ist wo am Sonntag die Gewalt rausgelassen wird die sich im Laufe der Woche ansammelt und daß die Leute dort endlich diese ganze Gewalt entladen können solche Sachen sagen die Soziologen und vielleicht stimmt das sogar für manche

Arschlöcher wie etwa unterdrückte Bankangestellte aber für Leute wie uns ist das was wir im Stadion sind das was wir sind und was wir immer machen auch die anderen Tage der Woche mit der Gewalt stoßen wir jeden Tag zusammen weil wir seit wir klein waren 6 Jahre alt wenn wir uns trafen uns ins Gesicht schauten und sagten jetzt ziehen wir rum zum Klauen zum Unruhe schaffen zum Ärger machen das sagten wir uns schon immer

Daß das Tragen von Symbolen in der Fanszene als abgrenzungsrelevantes Zugehörigkeitssymbol gelesen wird, zeigen Ausdrücke mit verächtlicher, abwertender Konnotation, mit denen Hools Kuttenträger beschreiben: Kuttenlutscher, Kuttenaffe, Kuttenkinder oder – in anderer Stoßrichtung – Assimob. Die Hoolsfigurationen weisen keine formalisierte Binnenstruktur auf. Zugang und Mitgliedschaft ist für Außenstehende nur sehr schwer zu erhalten. Da das Gruppenziel der Hools im Unterschied zu den Kuttenträgern vornehmlich darin besteht, gewalttätige Ausschreitungen relativ rational zu planen und durchzuführen, ist Zugang und Mitgliedschaft für andere Fangruppen, besonders für Kuttenträger, wegen der durch sie gegebenen Entdeckungsgefahr seitens der Polizei, nicht zu haben. Die Gruppenkommunikation konzentriert sich auf strategische Überlegungen. Sie tauschen kolportierte Informationen über die Kampfstärke der angefahrenen Hools aus, denen ein gewisser Ruf vorausgeht, schätzen die bei einer geplanten Ausschreitung zu erwartende Bedrohung seitens der Cops ab und debattieren die Frage der Kontaktaufnahme mit dem Gegner, um einen geeigneten Austragungsort für den beabsichtigten Konflikt zwischen beiden Hoolformationen zu vereinbaren. Es bieten sich drei typische Strategien an: Einmal stehen befreundete und verfeindete Hoolgruppen miteinander telefonisch in Verbindung und besprechen vorher ihren Ausschreitungstermin. Oder Hools tarnen sich mit den Farben der gegnerischen Kuttenträger, stellen sich selbst in deren Kurve und kontaktieren hier ihre Gegner. In einer dritten Version bedienen sie sich anderer Fantypen, z. B. weiblicher Kuttenträger oder gefälliger Novizen als Kuriere, die an der Rückseite der gegnerischen Kurve ihre Informationen an die Hools weitergeben.

»Wir treffen uns mit den anderen in der Innenstadt. Das Ziel besteht darin, sich zu kloppen. Wir haben Latten, Schirme, selten Baseballschläger. Wenn solche Waffen dabei sind, werden die Fights härter. Es kommt zu Straßenschlachten, dieses Hin und Her, das auch eskalieren kann. Das Aufeinandertreffen mit den anderen ist kurz und heftig, zwei, drei kriegen was ab. Es werden Leuchtkugeln geschossen, dann haut man ab oder jagt den anderen hinterher. Das hängt ganz davon ab. Man muß sich einen Fluchtweg freihalten. Die Guten sind immer vorneweg. Wir packen die anderen und nachdem wir ihnen ein paar verpaßt haben, wollen meist auch die, die weiter hinten stehen, denen ein paar reinhauen. Wenn wir keine Gelegenheit haben, die anderen zu treffen, gibt's Sachschaden. Meist halten die, die vorneweg den anderen eins verpaßt haben, die anderen zurück und sagen, es ist genug. Einzelne Leute werden nicht angegriffen, es sei denn, es ist etwas vorgefallen.«

Wegen dem durch das Gruppenziel selbst induzierten Handlungsdruck in Gestalt von gewalttätigen Übergriffen, die sich der Absicht nach vorwiegend gegen andere Hoolgruppen richten, aber auch vor Kutten-, Novizen- oder Veteranengruppen nicht halt machen, entwickeln Hools eine kurzlebige demokratische Gruppenführung, die nach einer Ausschreitung wieder an Bedeutung verliert und in der Regel von erfahrenen Hools eingenommen wird.

Im Unterschied zu den Kuttenträgern hat die Bezogenheit der Hools auf das Territorium des Blocks nicht dieselbe identitätsstützende Bedeutung. Die Hoolgruppen sind für ihre Konstitution nicht alleine auf den Stadionblock angewiesen. Da ihr Ziel gewalttätige Ausschreitungen in den polizeilich schwer kontrollierbaren Innenstädten sind, bleibt ein Teil der Hools dem Stadiongeschehen sogar ganz fern und stößt erst am telefonisch vereinbarten Ausschreitungsort zum Hool-Mob dazu. Dennoch bezieht sich ein Großteil der Hools auf den Fanblock, insoweit er Vernetzungsort und Umschlagplatz aktueller Informationen ist. Sie beziehen sich nicht mehr auf die Stadionkurve als einen identitätswichtigen Raum, über den sie ihrem Netzwerk Abgrenzungsstruktur und Systemidentität geben. Für die Handlungsorientierung der übrigen Fangruppen gilt unteilbar die Maxime, daß das Betreten des eigenen Blocks durch gegnerische Fans als Territorialverletzung gedeutet und durch eine gewalttätige Attacke sanktioniert wird. Auch Hools interpretieren diesen Vorgang als ahndungswürdige Provokation, aber diese Haltung hat nicht dieselbe Verhaltensverbindlichkeit, weil »Territoriale Souveränität« hinter der Wertorientierung »Triumphale Erfolge« zurücktritt. Hools verzichten auf eine unmittelbar gegebene Ausschreitung dann, wenn sie dadurch riskieren müßten, ihre bekleidungsmäßige Tarnung unter den Augen der Polizei preiszugeben. Selbst wenn sie in dieser Situation vom »Feind« provoziert werden, unterlassen sie jedwede Gewaltaktion, um ihre Ausschreitung-schancen nach dem Fußballspiel zu wahren. Wenn Hools eine Fahne in der Kurve aufhängen, so primär, um damit ihren Anspruch anzuzeigen, präsent zu sein und Angriffen die Stirn zu bieten. Für sie sind die anonymen Innenräume der Städte identitätsstiftend. So nennen sie sich nach englischen Vorbildern z. B. *Streetfighter City Boys*.

Sie unterscheiden sich von den Kuttenträgern des weiteren darin, daß sie sich nicht mit einem Verein identifizieren, unter Solidarität nicht Treue oder Anhängerschaft zur »eigenen« Mannschaft verstehen, sondern ausschließlich Zusammenhalt untereinander und mit befreundeten Hools. Gegenüber anderen Fantypen tritt an die Stelle der Identifikation mit einer Mannschaft die identitätsstiftende und wertgeladene Vorstellung, einer höherrangig gedachten sozialen Kategorie anzugehören, die sie in ihrer Wahrnehmung unerreichbar über alle anderen Fantypen hebt. Dies offenbart unter anderem ihre Namensgebung: *Anti-Social-Front*, *Munich-Popper-Elite*, *Destroyers*, *Red Devils*, *First Class-Boys*, *Saar-Elite* etc. Die Vorstellung der Höherrangigkeit zeigt sich an der zentralen Orientierung der Hooligans: Im Unterschied zu den Kutten, die vor allem mit dem unmittelbaren Spielgeschehen und dem Anfeuern der Mannschaft die Vorstellung verbinden, ein Stimmungserlebnis gehabt zu haben, geht es den Hools eher um den »coolen« Distinktionsgewinn, *Popper-Elite* zu sein. Triumphale Erfolge feiern Hoolgruppen nur in gewalttätig ausgetragenen Konflikten mit gegnerischen Fans. Ausschließlich in diesen Ausschreitungen können sie den begehrten Titel »Die Macht« oder »Die Besten« erringen. Wer die Macht oder der Beste sein will, muß zunächst einmal über eine stattliche Anzahl von Hools verfügen, um in den Augen der Mitkonkurrenten überhaupt konfliktfähig, d.h. ausschreitungsfähig zu sein. Zweitens dürfen die »besten« Hools keiner Herausforderung, keinem Angriff durch eine gegnerische Hoolgruppe aus dem Weg gehen, sondern müssen im Gegenteil, gleichgültig ob sie numerisch in der Über- oder Unterzahl sind, nur mit ihren Regenschirmen bewaffnet, den Konfliktaustrag mit den *Red Devils* oder den *Sturmtruppen* suchen. Die Besten bleiben immer stehen, d. h. halten jeder Auseinandersetzung stand, teilen Hiebe aus und stecken Hiebe ein, jagen als Sieger den in die Flucht Geschlagenen hinterher oder treten als ehrenhafte Verlierer den Rückzug an. Nicht zu den Besten gehören die, die sich dem Konfliktaustrag gar nicht erst stellen, sondern von vornherein »wegrennen«, ohne Berührung mit dem Gegner gehabt zu haben. Unritterlich und wenig ruhmreich ist es, einzelne Hools, Kindermobs oder Kuttenaffen anzugreifen, da diese Typen nicht als gleichwertige Gegner betrachtet werden. Da jede Hoolszene die »beste« sein will, entsteht ein permanenter Konflikt darüber, wer diesen Titel zu Recht beanspruchen darf.

Die eigene Niederlage wird im Konflikt symbolisch aufgehoben, der Anspruch, sich den »besten« Hools zurechnen zu dürfen, aufrechterhalten und zugleich dem angeblichen Sieger sein Anspruch auf diesen Titel abgesprochen.

----

in dem Jahr haben wir uns wegen dem Lokalderby drei Tage vorher besprochen die Wildesten sagten wir wollen mit denen hier mal abrechnen die uns jedes Mal beim Derby wie miese Ratten Messer in den Rücken hauen wir machen die vom Inter ein für alle Male fertig also kamen sie zu mir Martino was sollen wir tun um sie ein für alle Male fertig zu machen häh Martino sagt man braucht 50 Spatenstiele dann gehen wir nachts zum Stadion klettern rein und bunkern sie auf den Klos und so haben wir es gemacht am nächsten Tag war das Derby wir kommen an bevor es anfängt so 20 Minuten vor dem Spiel ich sammle 50 entschlossene Leute wir gehen los holen die Spatenstiele von den Klos 50 nagelneue Stiele ziehen die Helme auf und sind zur Kurve vom Inter und dort haben wir sie auseinandergenommen wie Ratten allesamt zu Klump geschlagen Trommeln Transparente Fahnen und alles andere zerstört da haben wir es ihnen richtig gegeben auch wenn die es uns heimzahlten als sie am darauffolgenden Sonntag Barbagianni massakrierten die haben ihm den Kopf eingeschlagen so daß sie ihm dann eine Metallplatte am Kopf einsetzen mußten

das war echt eine Gemeinheit aber da man auf diesem Niveau angekommen war bin auch ich so weit gegangen Werkzeug mitzuschleppen das ich nie hätte mitschleppen wollen aber ich tat es weil ich dazu gezwungen wurde weil ich sah daß unter ihnen Leute waren die mit Messern mit Pistolen rumliefen und da mußte ich mich verteidigen ich mußte meine Kumpels verteidigen das Spiel war hart geworden und so kam ich auch an den Punkt mit schwerem Gerät rumzulaufen und jedenfalls als ich dann zum Spiel Inter gegen Neapel ging wenn Neapel ins San Siro kommt grölen die immer diesen Chor und wir grölen den auch

Riech mal wie es stinkt
auch die Hunde fliehen
wenn die Neapolitaner heranziehen
Erdbeben und Cholera habt ihr Flaschen
und mit Seife habt ihr euch niemals gewaschen
Neapel ist Scheiße Neapel ist Cholera
die Schande von ganz Italien stellt ihr dar

Diese Wertorientierung und der durch sie induzierte Konkurrenz- und Konfliktdruck, der »Beste« zu sein, prämiert ein kollektives Verhalten der Hools, sich in tatsächlich gewalttätigen Ausschreitungen »Hool-konform« zu bewähren. Auf diese Weise können sie ihren Anspruch, zu den »besten« Hoolgruppen zu gehören, verteidigen oder angemeldete Zweifel an diesem Anspruch widerlegen. Zusammenfassend soll ein Hool diesen Sachverhalt mit seinen eigenen Worten illustrieren: »Feste Fanclubs dürfen nicht zu den Randalen mitgehen, weil sie von der Polizei leicht an der Kleidung erkannt werden können. Für uns spielen Verein, Kurve und Vereinsfarben keine Rolle mehr. Das ist für die Assis (Kutten) wichtig. Bei uns geht es um die Auseinandersetzung. Manche von uns gehen gar nicht mehr ins Stadion zum Spiel, sondern warten an dem Platz, der vorher für die Auseinandersetzung mit den anderen ausgemacht wurde. Gesoffen wird auch nicht. Ein Hool muß klar bleiben, damit er keine aufs Dach kriegt oder von den Cops geschnappt wird.«

4. Veteranen

Bezeichnet der Novize den sozialen Einstiegstyp, so der Veteran den Ausstiegstypus der Fankultur. Die Veteranen treten in verschiedenen Vergemeinschaftungsformen auf. Teils bilden sie locker integrierte Kneipencliquen ohne feste Außen- und Innengrenzen, teils lange bestehende Freundesgruppen oder gar freiwillige Vereinigungen. Das hervorstechendste Merkmal der Veteranen ist ihre altersmäßige Homogenität: zu ihnen gehören vor allem die über 25 Jahre alten Fans. In ihren Reihen finden sich heute überwiegend ehemalige Kuttenträger, die dem Alter der jugendlichen Kuttenträgergruppen entwachsen sind. Im Unterschied zu den übrigen Fußballzuschauern tragen sie zum Teil Kutte und fühlen sich noch stets dem Fanblock verbunden. Je nachdem wie sehr die Veteranen sich mit den Werten der Fansubkultur identifizieren, werden sie stärker oder schwächer zu gewalttätigen Ausschreitungen neigen, seltener gegen andere Veteranenfigurationen, häufiger schon gegen »feindliche« Hool- oder Kuttengruppen, denen gegenüber sie Stärke und Unerschrockenheit demonstrieren, um ihren früher erworbenen Ruf als »Schläger« zu erhalten.[9]

---

früher war es ganz anders es hat mehr Spaß gemacht es gab keine Spezialzüge es gab keine Polizeibegleitung man machte was man wollte man fuhr mit dem Bus fuhr nachts um halb zwei oder zwei mit den Bussen los und nahm immer alle Sachen mit die man so brauchte wir hatten Mollies Pistolen Messer Leuchtspur Kracher Eisenstangen Spatenstiele Helme fuhren wir zum Beispiel nach Verona gab es immer nach dem Spiel die Auseinandersetzungen auf den Feldern hinter dem Stadion man ging dorthin die von der einen Seite und die von der anderen und dort hatte man die Schlacht man prügelte sich in aller Ruhe griff an machte sich ein die Polizei stand noch nicht im Weg Kontrollen gab es in den Zeiten nie heute ist alles schwierig geworden jetzt muß man immer genau überlegen wie man sich prügeln kann man muß sich ständig neue Wege ausdenken um sich in Ruhe zu prügeln

Anmerkungen

1 Vgl. Marsh, P./Rosser, E./Harre, R.: **The Rules of Disorder**, London/Henley Boston 1978, S. 64 ff.
2 Auf den ersten Blick scheint das gewalttätige Fanverhalten für den Beobachtersinn- und wertlos. Für den einzelnen Fan aber ist sein Agieren durchaus sinnvolles Handeln. Auf diesen Tatbestand hat H. Haferkamp **(Effekte des Wertwandels auf Kriminalität und Strafsanktionen**, in: Zeitschrift für Soziologie 16, 1987, S. 419–433, vgl. S. 422) hingewiesen: »Jedes sinnhafte Handeln, auch das kriminelle und das sanktionierende, hat einen Wertbezug.« In dieselbe Richtung geht auch das Buch von P. Marsh et al. (vgl. Anm. 1), das aggressive Verhaltensäußerungen jugendlicher Fußball fans nicht als Absurdität abtut, sondern sie als Handlungen auffaßt, die für die Fans innerhalb einer von ihnen selbst geschaffenen sozialen Ordnung mit speziellen Ritualen, Hierarchien und Prestigepositionen sehr wohl einen ganz bestimmten Sinn besitzen.
3 Die Signifikanz dieses Wertkomplexes war ein Ergebnis der Inhaltsanalyse von Fanbriefen, Interviews und Gesprächsprotokollen.
4 Horch, H.-D.: **Personalisierung und Ambivalenz. Strukturbesonderheiten freiwilliger Vereinigungen**, in: Kölner Zeitschrift für Soziologie und Sozialpsychologie 37, 1985, S. 257–276, vgl. S. 259
5 Friebel, H./Gunkel-Henning, D./Prott, J./Toth, S.: **Selbstorganisierte Jugendgruppen**, Opladen 1979, S. 42 f.
6 Konkret sieht das so aus, daß auf die Kleidung z.B. das Wappen vom Fuballverein Waldhof Mannheim, der Name des Fanclubs: *Reichsadler*, der Name der Straße: Alsenweg, und ein Aufnäher mit einer Karte vom Reichsgebiet Deutschland, in das das Gebiet der BRD eingezeichnet ist, aufgenäht ist.
7 Bei »gewachsenen«, »traditionellen« Feindschaften zwischen Fankulturen, z.B. den Mannheimern und den Kaiserslauterern, wird dieses Gebot absichtlich verletzt und damit zu einem zusätzlichen Mittel der Provokation.
8 Die Bezeichnung *Hooligan* für diesen bestimmten Fantyp wurde in England bereits in den 70er Jahren verwendet, so bei P. Marsh et al. (vgl. Anm. 1, S. 71–73).
9 Horak, R./Reiter, W./Stocker, K.: **Soccer Hooliganism**, in: Journal für Sozialforschung 27, 1987, S. 233–241, vgl. S. 238

Werner Helsper

Das »Echte«, das »Extreme« und die Symbolik des Bösen

Zur Heavy Metal-Kultur

Für Werner Helsper, Professor am Institut für Pädagogik der Universität Mainz und u.a. Autor des Buches *Okkultismus – die neue Jugendreligion?* , ist es vor allem die »Beharrungskraft«, die Heavy Metal als Stil attraktiv macht. Helspers Beschreibung der Metal-Szene, in der das »Verläßliche« und »Echte« als Werte gelten, basiert auf Interviews und Gesprächen mit Fans, die auch die O-Töne zu seinem Beitrag liefern.

Wie alle anderen Jugendkulturen bleibt auch Heavy Metal nicht von den generellen Trends des letzten Jahrzehnts verschont: Einer immer schnelleren Umschlagsgeschwindigkeit jugendlicher Kulturen, einer stärkeren medialen Durchdringung jugendlicher Stile, einer stärkeren Vermischung und milieuspezifischen Entbindung von Jugendkulturen und schließlich einer inneren Pluralisierung in einzelnen jugendkulturellenen Stilen selbst.[1] [*Vgl. dazu auch den Beitrag von Eike Hebecker in diesem Band, S. 89 bis S. 97*] Vor allem der letzte Aspekt verbietet es, verallgemeinernd von *der* Jugendkultur oder auch von einzelnen Jugendkulturen zu reden. Selbst für die von außen scheinbar so homogenen jugendkulturellen Gruppierungen wie Skins oder Hooligans zeigen sich deutlich unterscheidbare stilinterne Differenzierungen und Abgrenzungen.[2] Dies gilt ebenso für »Metaller«: Heavy Metal setzt sich etwa aus **Speed-, Trash-, Death- und Black Metal** zusammen, und auch die Zusammensetzung aller Unterabteilungen ergibt noch nicht den »ganzen« Heavy Metal. Zudem besitzt noch jede Unterabteilung ihre extremen und weniger extremen Vertreter: Im Black Metal galten etwa bestimmte norwegische Gruppen als besonders »extrem«, was wiederum zu szeneinternen Abgrenzungen und Kritiken führte.[3]

Speed-, Trash-, Death- und Black Metal: Die Kategorisierung der Metal-Szene dient in erster Linie der Abgrenzung der unterschiedlichen Fans und wird von den Bands eher abgelehnt, da es auch keine eindeutigen und allgemein anerkannten Richtlinien gibt. Insgesamt unterscheiden sich diese Stilvariationen durch die höhere Geschwindigkeit der Rhythmen und Gitarrensoli

(Speed- und Trash Metal) oder auch durch die Beschäftigung mit okkulten Themen wie z. B. Totenkult im Death- und Black Metal. Dort ist auch die Stimmlage des Gesangs deutlich tiefer angelegt.

Eine andere Diagnose ist daneben bedeutsam: Die Jugendkulturen, die ehemals für das Schockende, Aufstörende und für den kulturellen Bruch sowie den Generationen-Konflikt standen, sollen diese Potentialität durch den Einzug des Ekstatischen und Schockenden in die Normal-Kultur und die Medienwirklichkeiten verloren haben.[4] Allerdings sind hier wohl Differenzierungen angebracht. Es scheint vor allem so zu sein, daß Jugendkulturen hauptsächlich das utopisch-visionäre und kulturrevolutionäre Potential verloren haben. Demgegenüber stehen allerdings durchaus aufstörende und Tabus verletzende Haltungen anderer Jugendkulturen, die mit »schweren Zeichen« operieren: nationalsozialistische Embleme, Symbole der Allmacht, der Stärke und des Todes, des Grauens und des Bösen. Diese Jugendkulturen gewinnen ihr aufstörendes und provokatives Potential allerdings nicht aus der innovierenden Durchbrechung erstarrter und verkrusteter kultureller Formen, die sie »zum Tanzen« bringen, sondern gerade aus der gegen kulturelle Rationalisierungen gewendeten Reaktivierung archaisch-regressiver Symboliken: etwa gegen die Wandlungen und Vermischungen der Geschlechterbilder die Inszenierung martialischer Männlichkeit.

In einer kürzlich erschienen Studie wird zwar deutlich, daß sich lediglich 3,1 Prozent aller Jugendlichen als Heavy Metal-Fans bezeichnen, deutlich weniger als Technos mit 7,2 Prozent. Allerdings polarisiert Heavy Metal: denn 40,6 Prozent aller Jugendlichen lehnen Heavys ab, ähnlich viele wie bei Sprayern, Grufties oder Punks, aber deutlich weniger als bei Skins oder Hooligans, die von über 80 Prozent abgelehnt werden.[5] Heavy Metal scheint damit zu Abgrenzungs- und Gegenpositionen herauszufordern, übrigens nicht nur unter Jugendlichen, sondern auch unter Erwachsenen.[6]

Vielleicht hat diese nach wie vor bestehende Ablehnung der Heavy Metal-Kultur damit zu tun, daß sie ein Ort ist, an dem sich die »Wiederkehr« oder auch die »Rennaissance des Bösen« artikuliert.[7] Dabei ist Heavy Metal kein wirklicher Ort des Bösen, vielmehr ein Ort seiner Symbolisierung in Form von Emblemen, Ritualen, Musik und Stil. Diese Symbolisierung bezieht sich auf lebensgeschichtliche und soziokulturelle Spannungen des Verhältnisses von Gut und Böse. Genau diese Spannung ist in der Adoleszenz mit ihren verstärkten Anforderungen sozialer Integration und der gleichzeitigen Reaktualisierung und Intensivierung affektiver Erlebniszustände hoch bedeutsam. In der extremen, harten, »bösen« Musik und Darstellung des Heavy Metal wird diese Spannung artikuliert und erlebt: Das Böse, Dämonische, Grauenhafte, der Tod und die Gewalt als Kehr- und Nachtseite der aufgeklärten, fortschreitenden, rationalen modernen Gesellschaft, die gleichzeitig ihr Pendant erzeugt, das im Heavy Metal gespiegelt wird. Das markiert einen Grenzgang: Ist das Gute das eigentlich Böse und das Böse das Bessernde, die Negation, der verneinende Geist, der sich nicht abfindet und auf Änderung drängt, dem scheinbar Guten das Spiegelbild des eigentlich Schrecklichen entgegenhält? Heavy Metal als Artikulation der Nachtseite des sozial verdrängten Schrecklichen? Und zugleich Heavy Metal als musikalischer und kultureller Ort der Inszenierung und Artikulation der alltäglichen Erfahrungen des Bösen im Guten und dessen Niederschlag im eigenen Selbst? Könnte also darin die Kraft des Überdauerns der Heavy Metal-Kultur und ihrer Vorläufer seit nun über zwei Jahrzehnten als jugendkultureller, musikalischer Ort des Tanzes auf der Schneide von Gut und Böse beruhen?

Das Echte und das Extreme – Musik und jugendliches Selbsterleben

Was ist das Faszinierende und Interessante an der Musik, an Heavy- und Black Metal, das sie zum zentralen Bestandteil des jugendlichen Alltags und der Freizeit macht?

»Die Musik hat ein enormes Feeling in sich. Es ist nicht irgendein Computergestammel, weißte, wenn du dir Madonna oder sowas anhörst, da ist eigentlich … ich weiß nicht, ob du da was fühlen kannst. Ich kann dabei nichts fühlen, ja. Aber das gilt auch für den restlichen Teil der Popszene. Und Heavy Metal und Hardrock das isses. Es werden mit den Instrumenten und der Art, wie sie benutzt werden Gefühle ausgedrückt und Aggressivität und die absolute Harmonie eben. Das ist eigentlich das, was in jedem Menschen drinsteckt, weil niemand ist nur lieb und harmonisch, sondern auch manchmal aggressiv, jeder Mensch. Und irgendwie muß das dann auch sein und das kann man in der Musik dann auch ausdrücken.«

Die Heavy Metal-Musik als Spiegel des Selbst – so könnte die zentrale Aussage zur Bedeutung von Heavy Metal zusammengefaßt werden. Gefühle der »absoluten Harmonie« und der Aggressivität werden mit den Instrumenten ausgedrückt, wobei die Betonung letztlich eher der Aggressivität gilt, da niemand »nur lieb« sein kann. Was im Heavy

Metal ausgedrückt wird – etwa Zustände sich steigernder Wut, Außer-Sich-Geraten, Erregung und Ekstase – kann im Mitvollziehen der Musik selbst ausgedrückt werden. Kurz: Musik als Möglichkeit in einem gerahmten Ausschnitt der sozialen Wirklichkeit die eigenen Empfindungen gespiegelt zu sehen und im Mitvollzug eine Darstellung »extremer« Selbstzustände inszenieren zu können. Dies erinnert an die Tradition und kulturelle Bedeutung des Festes, in dessen Ritualen immer wieder eine kurzfristige Aufhebung gesellschaftlicher Tabus er-

»Mit schweren Zeichen operieren«: Iron Maiden-Cover

laubt war, um sie letztlich genau darin zu bestätigen. Gegenüber der Erfahrung in alltäglichen Lebensvollzügen von Regeln und Zwängen umgeben zu sein, bietet Heavy Metal, vor allem in Konzerten, einen Raum, in dem die ekstatischen und expressiven Ausdrucksmöglichkeiten des Selbst auch in ihren extremen Formen zugelassen sind.

Psychoanalytisch orientierte Interpretationen des Rock[8] verweisen darauf, daß die Durchdringung des Körpers mit der lauten und harten Musik zu einer Intensivierung des Körpererlebens führt, zu einer Intensität des Körper-Selbst, wobei der harte vibrierende Rhythmus die körpereigenen Rhythmen wie Herz- und Pulsschlag beeinflußt. [*Vgl. dazu auch den Beitrag von Christoph Meueler in diesem Band, S. 243 bis S. 250*] Diese Intensivierung des Körpergefühls bedeutet gerade in den Verunsicherungen des eigenen Körperempfindens in der Adoleszenz eine Quelle starker Selbstvergewisserung. Das »Extreme« des Heavy Metal führt zu einem intensiven Selbsterleben, das die Gewißheit eigenen Seins in der Intensität des Selbsterlebens ermöglicht.

Zentral ist hierbei auch der Rhythmus des Heavy Metal, der in der »klassischen« Tradition des harten, schnellen Rockrhythmus steht, mit seiner letztlich gleichbleibenden, wenig variierenden Grundstruktur. Diese »repetitive Metrik«, die monotone Wiederkehr, erinnert einerseits an die lineare progressive Zeit der industriellen Maschinerie. Zum anderen aber sind es körperliche Rhythmen der gleichbleibenden Wiederkehr, die von der vorgeburtlichen Rhythmik des mütterlichen Organismus bis zu den organismischen Prozessen des Herzschlages und des Atmens eine gleichbleibende Metrik grundlegen, die in ihrer Kontinuität ein Kennzeichen der Sicherheit ist. Die monotone Wiederkehr der Körpergeräusche birgt die beruhigende Gewißheit, daß alles in Ordnung ist, während das Rasen oder Aussetzen des Herzens alarmierende Zeichen körperlicher Veränderung sind, aber auch in Momenten ekstatischen Thrills zustandekommen. Im auf Wiederholung angelegten Grundrhythmus des Rock wird Sicherheit suggeriert, eine Entsprechung zum »Verläßlichen« und »Echten« des Heavy Metal: Die Welt hat ein gleichbleibendes Grundmuster, das gestern war, heute ist, morgen sein wird und auch danach überdauert. So wird mitten im Extremen und Ekstatischen zugleich Angst genommen und Sicherheit auf dem »festen Boden« des verläßlichen Grundrhythmus erzeugt.

Im Speed Metal kann man regelrecht von einer Inszenierung der Überwältigung durch die Beschleunigung der technischen Rhythmen sprechen, wobei der Überwältigung aber ihre Bedrohlichkeit genommen ist. Im Speed Metal wird die Geschwindigkeit extrem gesteigert: Von dieser Höchstgeschwindigkeit, dem *Speed*, droht der Hörer und Zuschauer fortgerissen oder hinweggespült zu werden. Diese musikalische Inszenierung des »Rasens« bringt die immer größere Beschleunigung des Sozialen zum Ausdruck, von der der Einzelne mitgerissen wird oder aber zurück- und übrigbleibt. Der *Speed* versinnbildlicht die Zunahme der sozialen Geschwindigkeit, in der die Zeitintervalle des Kommens, Bleibens und Vergehens immens verkürzt werden. Aber es wird letztlich keine Überwältigung durch die Geschwindigkeit, denn das Grundmuster bleibt: der Rhythmus des Rock, der durch die sich überstürzende »Melodie« erkennbar bleibt. Die atemberaubende Geschwindigkeit erfolgt somit im altbekannten Rhythmus vom Boden des Vertrauten aus – und damit ist die Überwältigung durch Veränderung gebannt. Und zugleich ist die Inszenierung des *Speed* durch die Band auch Demonstration der handwerklichen Beherrschung der Schnelligkeit und Veränderung: Bei aller Zunahme der Geschwindigkeit kann das vertraute Grundmuster erhalten, hervorgebracht und mit echter Handarbeit kontrolliert und gemeistert werden.

Neben diesem Aspekt – daß Heavy Metal der Spiegel affektiver Selbstzustände, vor allem der aggressiven und ekstatischen, aber auch gegenteiliger ist – wird von allen Heavy- und Black Metal-Fans das »Echte« und »Ehrliche« der Musik hervorgehoben:

»Wo ich immer sach, daß Heavy Metal die älteste Musik überhaupt ist. Da ist nix gekünstelt dran, da ist kein Synthesizer, so'n Rhythmusgerät, da ist wirklich noch ehrlich.«

Fazit des »Ehrlichen« und »Echten« der Heavy Metal-Musik ist das Verläßliche: Was man hört, wird zu diesem Zeitpunkt tatsächlich von der Band gespielt, die auf der Bühne steht. In einer Zeit, in der Schein und Wirklichkeit sich immer stärker vermischen und die simulierten Bilder beginnen, wirklicher als das alltäglich Reale zu werden und zusätzlich das Modell für den Alltag liefern, scheint Heavy Metal dieses Unverläßliche der Wirklichkeit nicht mitzumachen. Der Ton, der hörbar ist, ist Bruchteile einer Sekunde vorher in »ehrlicher Handarbeit« entstanden – Handwerk gegen »Computerzeuchs«. Von daher beinhaltet die Hochschätzung der Fans ihrer Musik gegenüber eine fast handwerkliche Haltung gegen die immer weiter fortschreitende Automatisierung: Eine Hochschätzung der Musik als »handgemachter« – durch »ehrliche« und authentische »Handwerker«, die wie die Fans selbst sind – gegenüber einer maschinellen und durch Elektronik erzeugten.

Das »Echte« hat aber noch eine andere Bedeutung: Es ist die Verläßlichkeit in der Zeit, die Gewißheit, daß etwas, was heute ist, morgen nicht ganz anders sein kann. Gegen die sich überschlagenden und ständig beschleunigenden Veränderungen und kulturellen Moden scheint im Heavy Metal ein Beharrungsvermögen zu liegen, als »ältester Musik überhaupt«. Ein anderer Heavy Metal-Fan zieht etwa eine direkte Linie vom Rock'n'Roll, der alte Musiktraditionen aufnehme, zum Hardrock und Heavy Metal. In diesem Sinne wird Heavy Metal gleichsam »klassisch«. Angesichts der Auflösung fester Identitäten und Selbstentwürfe, der Aufweichung tradierter Orientierungen und Werte, wird hier eine Beharrungskraft des Selbst im Heavy Metal behauptet: Gegenüber allen Veränderungen, Modetrends, äußeren Zwängen bleibt man sich im Heavy Metal treu – in die schwankenden Bretter der Welt wird der Mast der Heavy Metal-Identität gesetzt.

Heavy Metal ist aber auch deswegen eine ehrliche Musik, weil sie »extreme« Musik ist. Hier verbindet sich das »Echte« und »Extreme« des Heavy Metal mit der Spiegelung eigener exzessiver Selbstzustände – eine Verbindung, die auch auf die Metal-Bands übertragen wird. Darin zeigt sich eine spezifische Problematik für Heavy Metal-Fans, die in Interviews immer wieder auftaucht: In der Identifikation mit »extremer« Musik, mit Gruppen, die in ihren Texten und Auftritten sowie in ihrer Symbolik Furchterregendes und Erschreckendes darstellen, besteht immer auch die Gefahr, genau damit identifiziert zu werden. Denn wenn dies »sein Image« ist, der Heavy Metal-Fan »voll und ganz« hinter der Musik steht und die Kutte das Marken- und Erkennungszeichen wird, dann liegt es nicht fern zu vermuten, daß die bedrohliche Symbolik auch tatsächlich etwas über den Kuttenträger aussagt. Es besteht zumindest die Möglichkeit, daß auch er *so* ist. Wenn man sich mit dem »Extremen« des Heavy Metal identifiziert, dann muß es in der eigenen Person ein Äquivalent dazu geben. Die Äußerungen der Heavy-Fans bewegen sich genau auf diesem Grat – einerseits die Faszination am Extremen, Erschreckenden und Exzessiven nicht zu leugnen und dies als Teil ihrerselbst zu begreifen, andererseits aber nicht gänzlich damit zusammenzufallen. Sie bestehen auf der Differenz von Symbol, Stil, Image und tatsächlichem Handeln und alltäglicher Praxis. Sie stehen zum Extremen, aber in Form der Symbolisierung und eben nicht als vollzogene Praxis. [*Vgl. dazu auch den Beitrag von Birgit Richard in diesem Band, S. 129 bis S. 140*] Daneben werden im Konzert- und Musikerleben frühe narzißtische Erlebnisqualitäten aktualisiert: Es kommt zu einem Aufgehen in Gruppenerlebnissen, zu einer Verflüssigung der Ichgrenzen. Im Konzert »umschließen die mit ihrer gewaltigen Lautstärke alles durchdringenden rhythms und sounds die Leiber von Musikern und Zuhörern und verweben sie in einem Sicherheitsnetz«.[9] Darin entsteht ein kollektives Erleben, eine passagere Aufhebung der Trennung von Innen und Außen, Selbst und Anderem, eine Verbundenheit im Ekstatischen und Expressiven: Obwohl einzeln, fühlt sich der Fan auf Heavy Metal-Konzerten mit allen anderen verbunden »und kann sich dessen mittels seiner physischen und emotionalen Reaktionen vergewissern. Er spürt: ›Aus dieser Welt können wir nicht fallen‹ (...) Das primärnarzißtische Gefühl des Einsseins mit dem Kosmos leugnet nach Freud ›die Gefahr, die das Ich als von der Außenwelt drohend erkennt‹.«[10]

Heavy Metal – ein musikalisch-religiöses Gemeinschaftserleben?

Das »ozeanische Gefühl«, das Empfinden der Entgrenzung ist für Freud aber auch ein Aspekt des religiösen Empfindens. Von daher wäre zu fragen, ob Heavy Metal nicht etwas mit Religion zu tun hat. Dies wird auch durch die folgende Aussage eines Heavy-Mädchens nahegelegt:

»Ihre Lebensart und überhaupt, wie sie zu ihrer Musik stehen, wie soll ich sagen? Musik ist für die ihre Religion. Die sehen das wie Religion.«

Natürlich ist Heavy Metal im substanziellen Sinne keine Religion, denn er kommt gut ohne den Glauben an höhere Wesen, heilige Schriften und Transzendenz aus. Aber vielleicht nimmt der Stil ja für Jugendliche, die mit Religion im engeren Sinne nichts zu schaffen haben, quasi religiöse Funktionen wahr.

Verdeutlichen wir uns beispielsweise den Ablauf eines Black Sabbath-Konzertes: Der Saal füllt sich immer mehr. Alle gruppieren sich um die Bühne, das Auftrittspodium, das für alle sichtbar ist. Nach und nach verdunkelt sich der Saal, die Erwartung steigt, ekstatische Rufe nach der Gruppe, die schließlich – bei vollständiger Verdunkelung – verstummen. In die völlige Dunkelheit und die Stille hinein erklingen Orgeltöne, kirchlichen Oratorien nachempfunden – Orgelmusik des Sakralen und Erhabenen, die einen Schauder erzeugt. In den Höhepunkt dieser Musik und in die Dunkelheit hinein das flammende Aufleuchten der Lightshow und Spots, die Bühne in gleißendem Lichtspiel. Die Orgelmusik wird vom harten Rhythmus der Drums abgelöst. Die Songfolge wird von der Fan-Gemeinde aufgenommen: Die Titel sind bekannt, sie werden lautstark begrüßt, bei den »Höhepunkten« gehen im abgedunkelten Zuschauerraum hunderte von Feuerzeugen an. Der Lightshow der Bühne entspricht die Flammenshow der Fans, die ihre kleinen Flammen – ähnlich wie die nach oben gereckten Arme – im Rhythmus des Heavy-Rock bewegen. Dazwischen noch einzelne Spezialeffekte: So taucht etwa unvermittelt aus der Dunkelheit des hinteren Bühnenraumes ein riesiges Lichtkreuz auf, das aufflammt und erlischt, aufflammt und verlischt. Diese knappe Skizze eines Konzertes mag verdeutlichen: wir haben es hier mit einem Ritual, einer Zeremonie zu tun, die Gemeinsamkeit herstellt, eine Zeremonie, zu der sich die Gemeinde der Heavy-Fans zusammenfindet, um ekstatische Riten zu entfalten.

Wenn die zentrale Bedeutung religiöser Riten gerade in der Erzeugung von Gemeinsamkeit beruht, dann stiften solche Konzerte als herausgehobene Zeremonien der Rockkultur jene Gemeinsamkeit der Fans, die im Mitvollzug, in der Flammenbotschaft der Feuerzeuge (die an die Kerzen und Feuerzeichen religiöser Kulte erinnern), in den ekstatischen Körperbewegungen und Gesten und im Mitsingen ihre Bestätigung finden. In diesem Sinne kann von einer quasi-religiösen Funktion des Heavy Metal gesprochen werden.

Er stiftet jenen Zusammenhang in einer Inszenierung, die den jugendlichen Narzißmus entfesselt, in Musik und Symbolik an Vorstellungen von Größe und Omnipotenz appelliert, an das »Feuer der Jugend«, an

Ekstase im Gegensatz zur Askese und damit Aufruhr und Aufstand des Jugendlichen anspricht. Es findet dabei eine Verwischung der Grenzen von rein und unrein, sauber und schmutzig, gut und böse statt, eine Umwertung, in der Bilder von Vernichtung, Tod, Stärke und Blut die Metaphern für adoleszenten Neubeginn, Aufstand und Überwindung des Alten abgeben.

Dies bedeutet auch, daß die Jugendlichen in den extremen Formen des Selbsterlebens eine Gemeinschaftserfahrung machen – »spontane Communitas« –, die gegen soziale Isolierung und Individualisierung steht: Die soziale Ordnung mit ihren Hierarchien und Verboten wird im Hier und Jetzt des ekstatischen Erlebens vorübergehend suspendiert. In diesem »Schwellenzustand« werden die Regeln der sozialen Ordnung vorübergehend außer Kraft gesetzt, verkehrt, in Fluß gebracht und in diesen kurzen Zeiträumen wird ein Modell des sozialen Miteinander sichtbar als »unstrukturierte oder rudimentär strukturierte und relativ undifferenzierte (…) Gemeinschaft Gleicher.«[11] Kurz, jugendliche ekstatisch-extreme Gemeinschaft gegen soziale Hierachie und Reglementierung.

Heavy Metal – die Symbolik des Bösen als Ausdruck sozialer Erfahrung

Dieser Zusammenhang mit den Idealen Größe, Stärke und Vollkommenheit von Jugendlichen, die sich in ihrer realen Entwicklung und sozialen Situation doch eher in einem Zwischenstadium vom Kind- zum Erwachsensein befinden und von sozialer Macht und Verfügung über die Lebensumstände eher ausgeschlossen sind, erfordert auch einen Blick auf den sozialen Ort des Heavy- und Black Metal.

Die jugendlichen Heavy-Fans erleben zum einen eine soziale Stigmatisierung ihrer Kultur im Rahmen der Medien, der alltäglichen Öffentlichkeit, aber auch in ihren unmittelbaren persönlichen Kontakten. Die Musiker und Bands, schließlich auch sie selbst, erscheinen als »brutale Typen«, als »Aussätzige«, als »Teufelsanbeter«, vor denen nur gewarnt werden kann.

Diese Stigmatisierungen weisen die Heavy-Fans zurück: Sie fühlen sich weder als brutale Schläger noch als Teufelsanbeter, sondern als Anhänger einer extremen, expressiven Musik, die auch mit extremer Symbolik arbeitet, und letztlich als Vertreter einer Jugendkultur, die etwas »ganz Normales« symbolisiert und damit auch etwas über die »Normalen« aussagt.

Allerdings finden sich im Bereich von Death-, Trash- und Black Metal häufiger Texte, Symbole, Plattencover und auch Bühnenshowelemente, die mit einer »satanistisch-dämonischen« Symbolik des Bösen spielen. Und bei einem Teil der Heavy-Fans finden sich auf den Kutten umgedrehte Pentagramme, umgekehrte Kreuze, die Zahl 666, Todes- und Gewaltsymbole. Wie sehen die Heavy-Fans diese Symbolik des Bösen, Erschreckenden und Grauenvollen, die sie teilweise in ihre Stilbildung übernehmen?

Ein Heavy-Mädchen formuliert für sich die Faszination des Bösen und verdeutlicht, daß sie der sozialen Aufteilung von Gut und Böse mißtraut:

»Ich mein', ich glaube an Satan und genauso, wie ich an Satan glaube, glaube ich auch an Gott. Weil wenn man an den Satan glaubt, muß man auch an Gott glauben. (…) Wenn es den Bösen gibt, muß es ja auch den Guten geben. Und ich sag' aber nicht, daß Satan der Böse ist. Für mich ist er nicht der Böse. (…) Ich hab' noch nicht rausgekriegt, ob er für mich die gute Seite oder die schlechte Seite ist. (…) Ich weiß nur, daß er mich faszinieren kann.«

Die Faszination und Anziehung, die die Symboliken des »Bösen«, des Grauens, des Todes und des Extremen darstellen, beruhen auf sozialen und lebensgeschichtlichen Erfahrungen der Jugendlichen. Zur sozialen Erfahrung, von Regeln und Verordnungen normiert und eingeengt zu werden sowie durch soziale Zwänge bestimmt zu werden, tritt als eine zweite zentrale Erfahrung die der Benachteiligung und ungerechten Behandlung hinzu, die dazu führt, daß die eigene Lebenssituation materiell angespannter wird und sich das Gefühl ausbreitet, die »Kleinen« seien letztlich die Dummen. Diese soziale Erfahrung erinnert stark an die Topoi von »wir hier unten« und »die da oben«. Ein anderer Heavy-Fan sieht die Gesellschaft durch einen gnadenlosen Konkurrenzkampf bestimmt, in dem jeder, um Erfolg zu haben, ein »halber Verbrecher« werden muß:

»Wenn du heutzutage in der Politik oder sonstwo Erfolg haben willst, da mußte schon ein halber Verbrecher sein, sonst haste gar keine Chance. (…) Da mußte intrigieren, da mußte die Leut' übers Ohren hauen, sonst kommste nie nach oben.«

Insgesamt dominiert bei den Heavy-Fans gegenüber Politikern und Mächtigen ein grundlegendes Gefühl des Mißtrauens, eine tiefreichende Skepsis. Denn wenn nur diejenigen hochkommen und Erfolg haben, die zu skrupellosen Methoden greifen, dann sind die Mächtigen eben die Hochgekommenen und damit zumindest »halbe Verbrecher«.

Diese prinzipielle Skepsis den Mächtigen gegenüber verbindet sich zudem mit einem ebenso deutlichen Gefühl eigener Ohnmacht.

Dieses Gefühl der Ohnmacht – »allein machst nix«, wie einer der Heavy-Fans formuliert – und des Mißtrauens wird zusätzlich ergänzt durch den Eindruck der Unübersichtlichkeit und Unsicherheit: Es fehlt am Einblick in die komplexen sozialen Zusammenhänge, die fremd und fern wirken:

»Also der Mann auf der Straße, der weiß auch net, was abgeht, weil das sind Vorgänge, die sind so weitgreifend und so tief verschlungen, da blickt kein Mensch mehr durch; ich mein der Otto-Normal-Verbraucher.«

Damit kann als Fazit der sozialen Erfahrungen der Heavy Metal-Fans und ihrer daraus resultierenden Einstellung und Haltung festgehalten werden: Neben die Erfahrung der Reglementierung, Normierung und Kontrolle treten vielfältige Gefühle der Unsicherheit hinsichtlich der Entwicklung von Natur, Gesellschaft, aber auch der eigenen Zukunft. Zu diesen Verunsicherungen kommt die Erfahrung deutlicher sozialer Ungerechtigkeit und Ungleichheit hinzu; das Gefühl, zu den Kleinen »da unten« zu gehören, auf deren Kosten es sich die »da oben« gut gehen lassen. Zu den Gefühlen der Einengung, der Verunsicherung und des Getretenwerdens kommen Haltungen der eigenen Macht- und Einflußlosigkeit, die Haltung eines prinzipiellen Mißtrauens gegenüber den Mächtigen und Einflußreichen, sowie der Eindruck, die Verhält-nisse nicht so zu überblicken, um letztlich wirklich kompetent über die gesellschaftlichen Entscheidungen und Entwicklungen urteilen zu können.

Diese soziale Gesamterfahrung mündet in der Haltung, daß letztlich alles »verdreht« sei und damit in der Vorstellung, daß diese soziale Ungerechtigkeit irgendwann »hochkocht« und zum »Platzen« kommt:

»Unsern Staat is verdreht. Unsern Helmut, der hat se net all auf der Tasse, hier irgendwo spinnt der en bißchen. Irgendwo stimmt hier was net. Die ganze Bun-desrepublik stimmt net mehr. Das geht soweit, irgendwann platzt das Faß. Das glaub ich schon, daß das so lang nicht mehr weiter geht. Das is die einzich Hoff-nung, die ich hab. (…) Die Leut wer'n die Unzufriedenheit (…) net mehr hin-nehme, daß sie ewig was vorgeschriebe kriege. Irgendwann is mal Schluß. Dann wehr'n se sich, irgendwo wehr'n se sich und das ist auch vollkommen korrekt, wenn die sich wehr'n. (…) Ich hoff nur, daß es net so blutig ausgeht. Aber ich könnt mir vorstelle, daß die Leut irgendwann mal auf die Straß gehe und dann mal wirklich knallhart dene zeige in Bonn, daß es so net läuft, daß man net hin-gehn kann und die Leut nur trete.«

Die Kritik der Heavy-Fans an »denen da oben« und die Phantasien eines sozialen Aufstandes, in denen das »Faß platzt« und es »denen in Bonn« mal gezeigt wird, werden im Heavy Metal symbolisch zum Ausdruck gebracht: In den Texten, in der extremen Musik und in den Emblemen und Metaphern der Stärke, des Umsturzes und des Schreckens.

Auf diesen Zusammenhang von sozialer Lage und Symbolik des Bösen, der Metaphorik des Destruktiven und Satanischen hat Baudelaire hingewiesen. In *Die Litaneien Satans* erscheint »Satan« als letzte Zuflucht der Unterprivilegierten. Wenn der Teufel als kulturelle Symbolisierung sozialer Verhältnisse begriffen wird, dann wird mit den satanistischen Emblemen das Aufständische, die Rebellion, das Ordnungen sprengende und Macht an sich reißende Moment der gesellschaftlichen Wirklichkeit symbolisiert. Der Teufel ist die archaische Metapher für den sozialen Aufstand. In diesem Sinn ist die Symbolik des Bösen, des Todes und des Extremen im Heavy Metal Ausdruck einer sozialen Ordnung, die Unterwerfung verlangt, ohne daß Ungerechtigkeit, Ohnmacht, Gewalt, Elend und Tod getilgt sind. Und schließlich ist sie die Wiederbelebung einer archaischen religiösen Metapher, die gegen die moderne Ordnung des stummen Diktats der sogenannten Sachzwänge und die unbeeinflußbaren, fernen Machtorganisationen gesetzt wird. [*Vgl. dazu auch den Beitrag von Birgit Richard in diesem Band, S. 129 bis S. 140*]

Satan als Freund und Helfer der Unterdrückten und Verstoßenen, als Trost der Armen und Verurteilten – dies paßt zum sozialen Ort der jugendlichen Heavy-Fans, an dem die Faszination an der »extremen« Musik und der Symbolik des Bösen als Auflehnung gegen die »gute« Ordnung entsteht: Ein Ort der Machtlosigkeit, der drohenden Armut, des Ausschlusses von Modernisierungsgewinnen. Die Heavy-Kultur ist – wenn sie auch andere soziale Orte umfaßt – doch im Kontext des sich auflösenden proletarischen und subproletarischen Milieus angesiedelt, in den subkulturellen Stilbildungen der Arbeiterjugendlichen, den »maskulin orientierten« Subkulturen, die in der Tradition von Halbstarken, Rockern, Fußballfans und Straßencliquen stehen, in denen Rock'n'Roll und Rock immer schon die militante Melodie des Aufbegehrens gegen eine soziale Ordnung darstellten.[12] Hier stehen die Heavy Metal-Attribute mit ihrer Symbolik von Tod, Macht, Gewalt und männlicher Kraft in einer Kontinuität subkultureller Stile, etwa in der Todes- und Teufelssymbolik der Rockerkultur der 60er Jahre.

Anmerkungen

1 Vgl. etwa Ferchhoff, W. u.a. (Hg.): **Jugendkulturen zwischen Faszination und Ambivalenz**, Weinheim/München 1995

2 Vgl. Bohnsack, R. u.a.: **Die Gewalt der Gruppe und die Suche nach Gemeinschaft**, Opladen 1995

3 Vgl. Rock-Hard, 75/1993

4 Vgl. Ziehe, T.: **Vom vorläufigen Ende der Errregung – Die Normalität kultureller Modernisierungen hat die Jugendsubkulturen entmächtigt**, in: Helsper, W. (Hg.): **Jugend zwischen Moderne und Postmoderne**, Opladen 1991, S. 73–95; dazu Sander, U. : **Good bye Epimetheus. Der Abschied der Jugend kulturen vom Projekt einer besseren Welt**, in Ferchhoff, W. u.a. (Hg.): a.a.O., S. 38–52

5 Vgl. Strzoda, D. u.a.: **Szenen, Gruppen, Stile. Kulturelle Orientierungen im Jugendraum**, in: Silbereisen, R.K. u.a. (Hg.): **Jungsein in Deutschland**, Opladen 1996, S. 57–85

6 Vgl. Helsper, W.: **Okkultismus – die neue Jugendreligion? Zur Symbolik des Todes und des Bösen in der Jugendkultur**, Opladen 1992, S. 105 ff. und 116 ff.

7 Vgl. Bolz, N./Bosshart, D.: **Kult-Marketing. Die neuen Götter des Marktes**, Düsseldorf 1995, S. 289 ff.; Minois, G.: **Die Hölle. Zur Geschichte einer Fiktion**, Frankfurt a.M. 1994, S. 403 ff.; Bolz, N.: **Das Böse jenseits von Gut und Böse**, in: Colpe, C./Schmidt - Biggemann, W. (Hg.): **Das Böse. Eine historische Phänomenologie des Unerklärlichen**, Frankfurt a.M. 1993 und Schuller, A./van Rahden, W. (Hg.): **Die andere Kraft. Zur Renaisance des Bösen**, Berlin 1993

8 Vgl. Hoffmann, J.: **Popmusik, Pubertät, Narzißmus**, in: Psyche, 11/1988

9 ebd., S. 972

10 ebd., S. 973

11 Turner, J.: **Ritual und Anti-Ritual**, Frankfurt a.M./New York o.J., S. 96

12 Vgl. Willis, P.: **Profane Culture**, Frankfurt a.M. 1979; Becker, H. u.a.: **Pfadfinderheim, Teestube, Straßenleben. Jugendliche Cliquen und ihre Sozialräume**, Frankfurt a.M. 1984; Krüger, H. u.a.: **»Die Elvis-Tolle, die hatte ich mir unauffällig wachsen lassen.« Lebensgeschichte und jugendliche Alltagskultur in den fünfziger Jahren**, Essen 1985 und Lenz, K.: **Alltagswelten von Jugendlichen**, Frankfurt a.M./New York 1986

Birgit Richard

Schwarze Netze

Die Gruftie- und Gothic Punk-Szene

Birgit Richard, Dozentin an der Universität Essen und Autorin u.a. von *Todes-bilder: Kunst – Subkultur – Medien*, beschreibt in ihrem Beitrag die exponier-ten Vertreter der Gruftie-Szene als Tabubrecher: In einer Gesellschaft, die Sterben und Vergänglichkeit verleugnet, pflegen Grufties die symbolische Artikulation von Tod und Trauer.

Die Subkultur der Grufties, wie sie im deutschen Sprachraum genannt wird, entsteht Anfang der 80er Jahre in Großbritannien. Sie ist eine Weiterentwicklung der düsteren, resignativen Seite von Punk und New Wave, im musikalischen Bereich Dark Wave oder Doom genannt. Auf-fällig sind die vielen gleichberechtigt nebeneinander existierenden Bezeichnungen für den Stil. Die Grufties selbst benennen die *Gothic Novels* der Romantik[1] als Bezugspunkt, was sich an der englischen Bezeichnung »Gothic Punk« ablesen läßt. Sie nennen sich auch gerne die »Schwarzen«. Der Begriff »Gruftie« ist vom Motiv der »Gruft« abgeleitet.[2] Er ist keine stolze Abgrenzung gegenüber dem Normalbür-ger, sondern eine Art Stigma.

Die Selbstbezeichnung erweist sich als problematisch, also soll in den 90er Jahren im Internet der nicht ganz ernst gemeinte *Gothcode 1.1.2* (ähnlich einem Programm mit Updates) die Bekanntschaft mit anderen »Schwarzen« im Netz erleichtern.[3] Das Gegenüber kann anhand von Kürzeln entschlüsseln, wie ein anderer Gothic sich selbst einordnet. Es gibt beispielsweise den »Jammergoth: Das Leben ist eine permanente Existenzkrise – gleichzeitig wägst Du ab, worüber Du Dich mehr auf-regst: den ausufernden Konflikt in Bosnien..., die Vergänglichkeit der Dinge«; oder den »Schüchternen Goth: Bitte, guck mich nicht an ... Ich hoffe, die reden nicht mit mir...« Weitere Arten sind »Muntergoth, Grantelgruftie, Sarkigoth, Der-Goth-der-nur-noch-dahinvegetiert«.

Die melancholische Befindlichkeit der »Schwarzen«

Die große Akzeptanz des Internet enthält auch den Hinweis darauf, daß die Grufties kein *street style* sind: Öffentlicher Raum ist nicht existentiell wichtig für die Präsentation des Stils. Treffen finden in der Privatsphäre oder an abgeschiedenen Orten wie dem Friedhof statt, wo man ungestört bleibt.

In die »schwarze Szene« gelangt man, wenn ein bestimmtes Lebensgefühl artikuliert werden soll: Einsamkeit, Isolation, fehlende Zuwendung und mangelnde Kommunikation, Schul- und Identitätsprobleme oder Enttäuschung in den ersten Liebesbeziehungen.[4] Werner Helsper nennt als weiteres Motiv die grundlegende Fremdheit und Gleichgültigkeit gegenüber den Kindern in der Familie. Der Stil ist außerdem gegen stark kontrollierte Strukturen gerichtet, wie man sie noch oft in Kleinstädten und in Dörfern antrifft. [*Vgl. dazu auch den Beitrag von Werner Helsper in diesem Band, S. 116 bis S. 128*] Er wird fernab von Eltern und Schule, die keinen Halt mehr bieten, zu einer sozialisatorischen Reproduktionsinstanz. Die individuelle Existenz erhält ein Fo-rum und eine symbolisch-kulturelle Artikulationsmöglichkeit zur imaginären Bewältigung der Probleme und der Zweifel am Sinn des Lebens. Kennzeichnend sind introvertierte Trauer und Melancholie, die auf subjektiv erlebten und kollektiv geteilten Enttäuschungen aller Mitglieder basieren und zur Verarbeitung der resignativen und pessimistischen Lebenseinstellung führen. Es bildet sich ein Netzwerk der Einsamen, die ihren Kontaktwunsch zu Gleichgesinnten auch an spezifischen Treffpunkten realisieren – etwa in den »schwarzen« Discos, wobei hier eher der Eindruck entsteht, daß die Isolation gepflegt wird.

Wie bereits gezeigt, bietet sich auch das Internet als neues Kommunikationsmedium an, um die individuelle Isolation durch internationale Verbindungen punktuell aufzuheben. Die schon vorhandenen materiellen »schwarzen Netze«, entstanden durch Fanzines und Festivals, werden medial erweitert. Im World Wide Web (WWW) besteht die Möglichkeit der direkten Kommunikation und des Informationsaustauschs (z. B. Konzert- und Platteninfos, Gothic-Clubs und Szene-Boutiquen, Filme, Comics, Bücher, Gedichte und Online-Spiele) mit Gleichgesinnten, die unabhängig von räumlicher Nähe ist. Auch für Grufties stellt der Link – die Verbindung zu anderen Gothic-Seiten wie z. B. *The Darkening Of the Light*[5] oder *The Dark Side*[6] – die Garantie einer permanenten Verbindung zu anderen »Schwarzen« in aller Welt dar.

Das Netz transportiert auch die Wertvorstellungen des Stils, wie z. B. die wichtigen stilinternen Tabuisierungen: Eine davon betrifft den *Gool*, den Totengräber, der auf dem Friedhof Gebeine ausgräbt, um sich oder sein Zimmer damit zu schmücken. Dieser sich größter medialer Beliebtheit erfreue Typ, der durch Grabrituale und nekrophile Aktivitäten auffällig und als Inbegriff des Gruftie-Stils wahrgenommen wird, wird von der Szene eindeutig abgelehnt. Das Ausgraben von Leichenteilen stellt für die Grufties eine nicht mehr tolerierbare Nähe zum Tod dar, weil der direkte Eingriff in den Bereich der Toten den nötigen Respekt vermissen läßt. Diese Extremgrufties, die nur noch nachts die Wohnung verlassen und keine Disco mehr besuchen, haben die stilkonstituierenden, existentiell wichtigen sozialen Kontakte zur Verarbeitung ihrer todesnahen Grundstimmung aufgegeben.

Es bildet sich der Mythos einer verbotenen Zone der schwarzen Kultur. Die für Außenstehende unerreichbare Person des Gool ist – trotz vehementer verbaler Ablehnung – ein Faszinosum der Szene. Sie steht für die Existenz des realen Todes, während der Rest der Szene den Tod stilisiert. Die Ablehnung dieser Praktiken hält die gruppenspezifische Todesfaszination in Grenzen.

Das zweite Faszinosum der Szene, das auf diese Weise verarbeitet wird, ist der Selbstmord. Der Suizidgedanke ist zwar vertraut, wird aber nicht als Lösung der eigenen existentiellen Probleme akzeptiert, sondern als eingestandenes Scheitern an den eigenen Gefühlen von Verlust, Tod und Trauer ausgelegt. Daher sind die Gothics keine Subkultur des Todes, die ihre Mitglieder in den Suizid treibt, wie es Medien und Politiker gerne behaupten, sondern das Gegenteil davon: ein Versuch, sich mit der eigenen Einsamkeit und Todesnähe kritisch und zusammen mit anderen auseinanderzusetzen. Sie entwickeln mit dem Bewußtsein, daß sie hier und jetzt leben und ihre Probleme bewältigen müssen, eine andere Beziehung zum eigenen Tod, da sie die große Angst anderer Menschen vor dem Sterben überwunden haben.

Ein weiterer wichtiger Bestandteil des Stils ist die Beschäftigung mit Religion. Mit Hilfe des Verfahrens der »Religionsbricolage« (Helsper) verarbeiten die Grufties Elemente christlicher- sowie anderer Religionen und okkulter Traditionen. Letztgenannte sind für die Grufties deshalb attraktiv, weil sie mit einer anderen Zeit, d. h. mit einer anderen Zivilisationsstufe verbunden sind. Eine von anderen Gesellschaftsteilen als irrational abgestempelte Symbolik kann die Unzufriedenheit mit der Institution Kirche und der durchrationalisierten modernen Zivilisation ausdrücken.

Die reflexive Auseinandersetzung mit religiösen und okkulten Traditionen mündet allerdings nicht in eine okkulte Gruftiereligion. Das Gegenteil ist der Fall: Es wäre widersprüchlich, wenn sich die Grufties nach ihrem stilistischen Ausbruch aus der dörflich-religiösen Eingleisigkeit wieder freiwillig in ein sie einengendes, geschlossenes System begeben würden. »Hauptglaubensinhalt« ist nicht, wie von den Medien behauptet, der Glaube an den Satan oder einen Gott – man kann die Grufties eher als atheistisch bezeichnen –, sondern an den Tod als eine übergeordnete Macht, der sich kein Mensch entziehen kann. Die Religionsbricolage schafft eine Art privater Todesreligion, die an den Tod erinnert, aber keine tröstende, das Individuum entlastende Funktion hat.

Bausteine schwarzen Stils

Der Gruftie- Stil erstreckt sich bei seinen exponierten Vertretern auf das gesamte Lebensumfeld: Zimmer, Kleidung, Frisur, Musik, Tanz,[7] Orte, Räume, Medien (Fanzines, Internet). Das World Wide Web versetzt die Grufties in die Lage, Musik und Bilder von verehrten Bands wie Sisters of Mercy, Cure, Alien Sex Fiend, Ann Clarke, Skinny Puppy, Fields of the Nephilim, Christian Death, Current 93... von Generation zu Generation weiterzutransportieren.

Das Epizentrum des Stils ist wie bei allen Subkulturen die Musik. Aus allen Bereichen der **Independent Music** werden die Beispiele mit traurigen oder finsteren Texten bzw. musikalischen Strukturen herausgefiltert, die mit dem melancholischen Lebensgefühl übereinstimmen. Neben Punk- und **Electronic Body Music**-Elementen treten Klangcollagen aus Alltagsgeräuschen, Zitate aus religiösen Zusammenhängen (Gregorianische Gesänge oder Kirchenorgeln), Cembalo- und Klänge selbstgebauter Instrumente aus Knochen.

Independent Music bezeichnet weniger ein bestimmtes Genre als das Selbstverständis von Künstlern und Gruppen, die sich vom Mainstream der Pop- und Rockmusik abgrenzen. Es handelt sich dabei in der Regel um gitarrenbetonte Musik, die in der Tradition von Punk steht. In der **Electronic Body Music** werden Geräusche wie Industrielärm mit elektronischen Hilfsmitteln verarbeitet und mit einem tanzbaren Beat unterlegt. Als prominentester Protagonist dieses Vorläufers von Techno, der Anfang der Achtziger entsteht, gilt die belgische Formation Front 242.

Die Beschäftigung mit Texten, die um unerfüllte Liebe, Tod und Religion kreisen, dient als Ventil, um existenzgefährdende Depressionen unschädlich zu machen. Eine Gruppe wie Joy Division gilt als besonders authentisch, weil sich die depressive Grundstimmung des Sängers

Ian Curtis, der aus unglücklicher Liebe Selbstmord beging, in Texten und Musik niedergeschlagen hat.

Der absolut passive Anti-Tanz[8] der Grufties ist eine meditative Konzentration der Energien auf das eigene Innere, ein Rückzug ins innere Exil. Die autistische Tanzform, die an Bewegungen Frankensteins erinnert, wird von Spöttern auch Nord-Süd-Kurs genannt. Sie besteht in monotonem taumelnden Hin- und Hergehen auf einer imaginären Linie, ohne Rücksicht auf den Takt der Musik. Mit einer körperlichen Aktivität, einem Ausleben von Energien und Aggressionen (wie beim Pogo der Punks) oder einer Selbsterfahrung des Körpers (wie bei den Hippies) haben die Körperbewegungen nichts zu tun.

Vampire, Mönche und Hexen: Schwarze Outfits

Die Zimmer der »Schwarzen« sind besonders gestaltet, z.B. durch kleine Altäre, auf denen Accessoires wie Grabschleifen, Kreuze, Grableuchten, Kerzen oder Schädel arrangiert werden.

Stiftetuis in Sargform sollen als benutzbare Alltagsgegenstände Tod symbolisieren, um sich der eigenen Vergänglichkeit bewußt zu sein.[9] Schwarz ausgeschlagene Höhlen mit Grabstein-Wänden sind für die Szene schon extrem und werden teils belächelt, teils bewundert. Dagegen wird man, entgegen anderslautender Medienberichte, Särge als Betten oder die Leiche vermissen. Das Zimmer soll die finstere, todesnahe Atmosphäre des Friedhofs nachstellen oder eine schutzspendende Höhle angesichts einer bedrohlichen Außenwelt sein. Die Accessoires zeugen auch vom Spaß am Umgang mit Dingen, die bei anderen Menschen ein unbehagliches Gefühl verursachen.

Sehr außergewöhnlich – und aus dem heutigen, vielseitigen Modespektrum hervorstechend – ist die homogen gestaltete Kleidung der »Schwarzen«, die an Figuren aus vergangenen Jahrhunderten erinnert. Der Kleidungsstil der Grufties entspricht nicht dem *confrontation dress* des Punk, das provozieren soll. Er schockiert natürlich trotzdem, eine Auseinandersetzung ist aber unbeabsichtigt.

Die Distanzierung der Grufties ist erfolgreich: Die den Stil dominierende Farbe Schwarz ist primär mit Alter, Tod, Verlust und Trauer verknüpft. Zu einer Zeit, wo der Punk für die Kleidung alle Farben – wie etwa Neonfarben – möglich gemacht hat, wird bewußt eine bedeutungsbeladene Farbe als Abgrenzung von einem sorglosen, durch Oberflächlichkeit und Konsum geprägten Leben gewählt.

Dabei bündeln die Grufties die ihnen vertrauten, unterschiedlichen kulturellen Bedeutungsstränge der Farbe. Schwarz ist für sie der Ausdruck eines Gefühls von Leere und Sinnlosigkeit und ein Symbol für Verzweiflung und Resignation. Weitergehend drückt es Trauer über den möglichen Untergang der Menschheit aus, gegen den die Grufties als Individuen machtlos sind. Die Farbe verweist außerdem auf die selbstgewählte asketische Weltabgeschiedenheit der Mönche.

Der zentrale Bedeutungsstrang des Schwarz steckt für die Grufties in der Symbolisierung des unabwendbaren Todes. Die »Schwarzen«, wie sie sich bezeichnenderweise selbst nennen, befördern neben der nekrophilen Komponente der Farbe auch die traditionelle Symbolisierung des Bösen und Negativen, die hier zu positiv besetzten Idealen werden.

Die Grufties stellen das Schwarz, das eigentlich für die zeitlich begrenzte, rituelle Lebensphase der Trauer gedacht ist – also eine Sonderstellung unter den Farben einnimmt –, in ihren alltäglichen Kontext. Es ist zeitlich, örtlich und situativ vom bestimmten Zweck entbunden und erfährt als entscheidendes Stilmerkmal eine Generalisierung auf alle Lebenssituationen.

Den Kontrast zum Schwarz bildet das Silber von Metallbeschlägen oder -verzierungen, antikisierenden Ornamenten und floralen Motiven (wie die Rose) oder von Todessymbolen wie dem Schädel. Sie tritt in Accessoires und an der Kleidung auf, wie an den spitzen und schmalen »mittelalterlichen« Schnabelschuhen, die mit silbernen Totenkopf- oder Fledermausschnallen bestückt sind.

Der Gruftie-Stil ist akkumulativ: Gürtel, Armbänder, Ohrringe, Schnallen treten nie in einfacher Form auf. Die Kleidung ist außeralltäglich und das Gegenteil davon, was man sich unter bequemer Alltagskluft vorstellt. Außerdem zeigt sie eine distanzierte Haltung zum eigenen Körper an. Kleidungsstücke wie weite Umhänge, Überwürfe, Schals, Draculacapes, Mönchskutten und Priestergewänder oder türkische Hosen bei den Männern erlauben keinen Rückschluß auf den verhüllten Körper. Seine ansonsten gesellschaftlich so bedeutenden sexuellen Merkmale stehen nicht im Mittelpunkt des Stils, da Erotik leidenschaftlich auf den Tod bezogen wird.

Der Stil bringt keine aggressive Körperbezogenheit zum Ausdruck. Die auf dem Prinzip des Risses bzw. der Häßlichkeit aufbauende Punk-Ästhetik hat hier keine Bedeutung. Eine poetische Inszenierung bringt männliche und weibliche »schöne« Todesengel nach romantischen Idealen des 19. Jahrhunderts hervor. Die bevorzugten Materialien für Kleidung und Accessoires sind traditionelle und »natürliche« Stoffe wie Spitze, Samt oder Seide, seltener Leder, Lack oder Gummi, die für eine harte Sexualität stehen.

Die in vier Grundformen auftretende Haartracht ist ein wesentliches Erkennungszeichen der Grufties. Die markanteste Frisur ist der »Teller« (auch Tellermine oder Tellerschädel genannt). Die Grufties sprechen davon, »sich den Teller zu machen«: die Deckhaare werden mit Unmengen von Haarspray zu einem tellerartigen, flachen Gebilde geformt. Eine andere Frisur ist vom Irokesenschnitt der Punks abgeleitet: die Haare sind meist länger und werden hochtoupiert. Man findet auch die Waverfrisur, mit hochstehendem oberen Deckhaar und seitlich und hinten sehr kurzen oder wegrasierten Haaren. Diese Formen werden eher von den männlichen Grufties getragen.

Frauen bevorzugen schwarze, lange, strubbelige »Hexen«-Haare, die extrem toupiert sind. Im Internet kann man im Gegensatz zu den Fanzines auch praktische Tips finden, wie man das Haar »gothicmäßig« toupiert und schwarz färbt oder sich »tot malt«, indem man schwarzen Kajal, Lippenstift und Nagellack gegen ein kalkweißes Gesicht setzt. Diese Schminkweise und das »Totrumlaufen«, wie es Grufties betreiben, ergibt das symbolische Gesamtbild Toter mit lebendigem Körper oder von Vampiren – also von Gestalten, die nicht von dieser Welt sind. Die Schminkweise nimmt das Schicksal des zukünftig Toten vorweg und soll die Solidarität zu den Toten ausdrücken.

Alltagskleidung und Schminke der Grufties repräsentieren mit den verwendeten Materialien, Farben und den Kleidungsschnitten die permanente Feier des Todes und der Trauer.

Schwarze Kunst : Ankh, Fledermaus und Ruine

Schmuckmotive und Symbole stammen im wesentlichen aus drei eng miteinander verknüpften Bereichen: Religion, Magie sowie Tod und Vergänglichkeit des Körpers.

Da die Grufties alles fasziniert, was mit dem Tod zusammenhängt, sind folglich ihre liebsten Schmuckmotive die bereits genannten Totenschädel, dazu Skelette und Knochen. Letztgenannte werden, wenn sie als realer Gegenstand an der Kleidung auftreten, zum materialisierten »memento mori«, zur persönlichen Reliquie.

Die verwendete religiöse Symbolik umfaßt wenige Accessoires wie Kreuz, Davidstern, Ankh (ägyptisches Zeichen) oder das Pentagramm. Das provokanteste Symbol ist das umgedrehte Kreuz, kulturhistorisches Zeichen für Satanismus, der Rituale des Christentums in ihr

Gegenteil verkehrt. Hier dient es als Unterscheidungsmerkmal vom normalen christlichen Symbol, ist gleichzeitig Provokation und diffuse Kritik an Religion und Kirche.

Auch bei der Anlehnung an traditionelle religiöse Symbolik hat das Kreuz verschiedene Bedeutungsebenen: Es steht für einen entinstitutionalisierten christlichen Glauben, ist eine Art von Schutzamulett gegen das Böse oder nur Schmuckmotiv. Neben Skeletten und Totenköpfen verweist das Kreuz auf Leid und Vergänglichkeit.

Das Schmücken mit religiösen Accessoires aus anderen Kulturen und Zeiten ist gegen das Primat einer einengenden christlichen Lehre gerichtet. Mit diesem Säkularisierungakt erobern die Grufties die letzte Bastion feststehender Symbole für die Bricolage. Diese besteht nicht in einer radikalen Umcodierung christlicher Zeichen, sondern in der Eröffnung neuer Bedeutungsdimensionen durch das Zusammenspiel mit anderen Zeichen.

Im Grenzbereich zwischen Leben und Tod ist das Phänomen des Wiedergängers, des Untoten der wiederkehrt – etwa der bleiche, blutsaugende Vampir –, angesiedelt. Die Grufties stilisieren sich zu Wesen, die die Welten zwischen Leben und Tod bevölkern. Ein bevorzugtes Schmuckmotiv, das sich hieraus ableitet, ist die Fledermaus: ein »häßliches, gefährliches, blutsaugendes« Nachttier. Dieses irrationale Vorurteil ist durch ihre Verbindung mit den Mächten des Bösen begründet. Während die Punks ihr ebenfalls diskriminiertes Symboltier Ratte real bei sich tragen, haben die Grufties einen imaginären Zoo von Tieren auserkoren, die seit dem Mittelalter nach christlicher Definition aufgrund ihrer Farbe oder nächtlichen Lebensweise als Symboltiere des Bösen gelten. Dazu gehören vor allem Spinnen[10] (das Spinnennetz ist ein häufig auftretendes Ornament in den Kleidung) – da sich vor ihnen viele Menschen ekeln – zudem Fliegen, Raben oder Krähen, Lurche, Eidechsen oder Salamander, Kröten, Eulen, Schlangen, Käfer… Die Symboltiere haben dabei die wichtige Bedeutung, umherschweifende Seelen verstorbener Menschen aufzunehmen. Damit benutzen die Grufties also ursprünglich religiöse Todessymbole und Zeichen für das Böse, in denen sich aber volkstümlicher Aberglaube bewahrt hat.

Zu den Phantasiewelten der Grufties gehören außerdem atmosphärisch aufgeladene Bilder finsterer Schlösser, von Burgen, Verliesen, Kerkern und nächtlichen Szenarien, die bei Vollmond in Nebel eingehüllt sind. Für die Ausmalung dieser nicht-alltäglichen Bilderwelten bietet das World Wide Web ideale Bedingungen. Als technisches Medium erlaubt es die Konstruktion virtuell-imaginärer Welten ohne Bindung an die handfeste Realität. Dort können sich die oben beschriebenen phantastischen Gestalten der Vergangenheit ausbreiten.

An realen Räumen nutzen die Grufties vor allem »gothicmäßige«, also düstere Orte wie Friedhöfe und Ruinen. Das Motiv der Industrieruine – bei den Punks Zeichen für die Akzeptanz und Nutzung des urbanen Raumes – interessiert die Grufties nicht. Nur eine alte zerfallene Kirchenruine mit einem Friedhof in einer einsamen Landschaft repräsentiert einen nicht definierbaren vergangenen Wert, der sich am Rande einer Konsumgesellschaft halten konnte. Die Aura von Verfall und Einsamkeit verschafft ein starkes imaginäres Zugehörigkeitsgefühl zur Entstehungszeit des Gebäudes hervor.

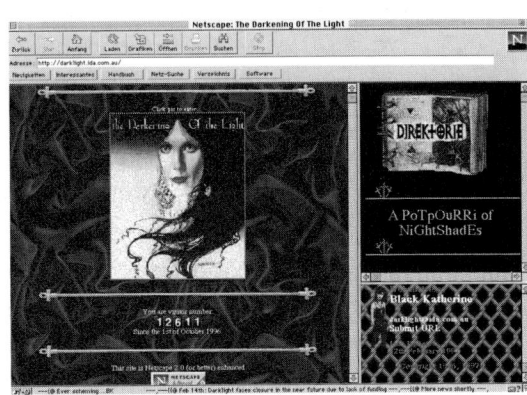

The Darkening Of The Light:
virtuelles Archiv des Stils

Die Ruine gilt als Skelett eines Gebäudes und symbolisiert den Alterungsprozeß von Mensch und Gegenständen.

Die bevorzugten Orte der »Schwarzen« sind durch Stille, Einsamkeit, Düsternis und den Tod geprägt. Besonders der aus dem Alltag der meisten Menschen herausgehobene Ort des Friedhofs, der gerade dadurch seine besondere Aura des Verbotenen und Geheimnisvollen erhält, wird von den Grufties zu ihrem alltäglichen Ort gemacht. Damit Sprofitieren sie von der allgemeinen Berührungsscheu mit Tod und Vergänglichkeit. Im 20. Jahrhundert suchen die meisten Menschen den Friedhof, wo die Nähe zum Tod am größten ist, nicht besonders gern auf. Dies wird für die Grufties zum entscheidenden Grund, sich dort aufzuhalten. Durch den alltäglichen Aufenthalt und ihr nicht personengebundenes Trauern – sie denken über die Geschichte der ihnen unbekannten Toten an deren Gräbern nach – beleben sie die traditionelle öffentliche Funktion des Friedhofs wieder.

Provokante Totentänze

Die Gothics sind eine retrospektive Jugendkultur. Der gesamte Stil ist eine komplexe, historisch orientierte Form der Bewältigung von Melancholie und Depression, die individuellen sowie kollektiven Tod zusammendenkt (Schicksal der Menschheit, Apokalypse, Endzeit und

Umweltzerstörung). Das Todesbild der Grufties enthält extreme und direkte Formen der Beschäftigung mit dem Tod, die vom Rest der Gesellschaft mit Unbehagen aufgenommen werden. Dies liegt an der partiellen Freisetzung und tendenziellen Enttabuisierung von Vorstellungen und Bildern des Todes. Die Grufties konstruieren in unterschiedlichen Medien Nischen, wo die archaisch anmutenden und überkommenen Symbole und Bilder zirkulieren können, etwa in den Gothic-Bildergalerien des World Wide Web. Dort werden die Mythen der Szene wiederholt. Der Wunsch nach einer immer präsenten Enzyklopädie oder einer Genealogie der Bilder des Stils kann hier umgesetzt werden. Die wichtigste Funktion der Gruftie-Homepages im Internet ist daher, neben der Online-Kommunikation, das Sammeln und Tauschen von Bildern und Symbolen des Todes. Repetition und Variantenbildung eines Basisrepertoires an Bildern (z.B.die *Gothic Image Database*[11]) erheben das Netz zum virtuellen Archiv des Stils. Es bewahrt die Geschichten (z.B. über den Gool) und die immateriellen Bild-Repräsentanzen der oben genannten außeralltäglichen Symbolik des Stils, damit sie der stilinternen Autopoeisis immer wieder zur Verfügung stehen.

Die Grufties schützen sich gegen die latente Faszination dieser Bilder und Vorstellungen des Todes durch eine sorgfältige Grenzziehung gegenüber einer realen Umsetzung nekrophiler Phantasien. Die dezidierte Auseinandersetzung mit Verfall und Auflösung von körperlicher Substanz findet auf der imaginären, zeichenhaften Ebene statt. Während Stilbildung in Jugendkulturen sonst als imaginäre Lösung realer Widersprüche im Reproduktionsprozeß gilt, geht es bei den Grufties um die symbolische Stilisierung von real erlebtem Verlust, Tod und Trauer. In der ästhetischen Antizipation des eigenen Todes und dem Ausleben von Trauer durch die Stilisierung eines Grenzgängertums zwischen Leben und Tod, wird die Notwendigkeit des eigenen Todes in Form von Suizid suspendiert.

Die Grufties versuchen durch die symbolische Artikulation von Tod, Sterben und Trauer im Stil, die aufgrund der Kommunikation innerhalb der Szene entsteht, soziale Defizite der Gesellschaft aufzuheben. Sie verstehen sich als subkulturelle Elite, die als einzige gegen die soziale Verdrängung des Todes arbeitet. Seit Anfang des 19. Jahrhunderts ignoriert ein Großteil der Gesellschaft die Endlichkeit menschlicher Existenz, weil die Angst vor dem Tod und der Wiederkehr der Toten übermächtig geworden ist, wovon gleich mehrere Filmgenres leben, z.B. die Vampir- oder Horrorfilme.

Die Gothics inszenieren einen subkulturellen Totentanz, indem sie den

Begriff des Totentanzes seiner historischen Bedeutung entkleiden und ihn wörtlich nehmen. Sie sind die reale Erinnerung an den Tod, ein lebendiges und naturalistisches »memento mori«, das die altersbedingte zukünftige Metamorphose des Körpers ästhetisch und verbal vorwegnimmt.

Die Grufties sind eine der hervorstechendsten Subkulturen, weil sie mit ihren leichenblassen Gesichtern in einer Zeit, in der Sonnenstudiobräune den Inbegriff von Gesundheit darstellt, gegen die Verdrängung von Alter und Tod arbeiten. Sie werden zum Schrecken einer totlosen Produkt- und Konsumkultur, die Sterben und körperlichen Verfall ghettoisiert, um das Leitbild der ewigen Jugend proklamieren zu können. Den Tod in den Mittelpunkt ihres Stils und ihres Lebens zu stellen, wird zur Provokation, die eine Gesellschaft einer subkulturellen Gruppe von Jugendlichen nicht verzeihen kann. Die Jugend hat frisch und knackig auszusehen und nicht »tot« herumzulaufen. In einer Gesellschaft mit ständig zunehmender durchschnittlicher Lebenserwartung ist die Beschäftigung mit dem Tod erst dann angemessen, wenn man ein gewisses Lebensalter erreicht hat.

Die Gothics erproben auf der Grundlage von Traditionen unterschiedlicher Epochen und Kulturkreise sowie durch Medien die Entwicklung eigener Rituale, um den Tod zu verarbeiten. Sie stehen für die außeralltäglichen Orte und die stilistischen Elemente, die – den Tod oder das Böse verkörpernd – von einer vernunftorientierten Moderne ausgeschlossen werden.

Das gesellschaftlich Besondere, Abgehobene des Todes, zum Alltag zu machen, ist eine Kritik an der sich verstärkenden sozialen Abwehr des Todes in der Moderne, d. h. am durchrationalisierten Alltag, in dem das Außergewöhnliche, das »extrem Fremde«[12] des Todes nur zu bestimmten Zeiten und an bestimmten Orten zugelassen wird. Damit sind die Grufties eine Subkultur, die sich der Verantwortung des modernen Individuums, Rituale für den Umgang mit der Endlichkeit des Lebens zu schaffen, auf der ästhetischen Ebene stellt.

Anmerkungen

1 Zu den Interdependenzen von romantischen Motiven und Gruftie-Kultur siehe Richard, B.: **Todesbilder. Kunst, Subkultur, Medien**, München 1995
2 Vgl. Aries, P.: **Geschichte des Todes**, München, 1980, S. 372f.
3 http://www.asta.uni-sb.de/~schuetz/asto/gothcode.html (Dezember 1996)

4 Helsper weist dies aufgrund von ausführlichen narrativen, biographischen Interviews nach. Helsper, W.: **Okkultismus. Die neue Jugendreligion?**, Opladen 1992, S. 231 f.

5 http://darklight.ida.com.au/ (Dezember 1996)

6 http://www.vamp.org/ (Dezember 1996)

7 Richard, B. / Krüger, H.: **Welcome to the Warehouse. Zur Ästhetik realer und medialer Räume als Repräsentation von jugendkulturellen Stilen der Gegenwart**, in: Ecarius, J./Löw, M. (Hrsg.): **Raumbildung-Bildungsräume**, Opladen 1997 (im Erscheinen)

8 Zu den Tanzstilen von Jugendkulturen der Nachkriegszeit bis zu Techno siehe: Richard, B./Krüger, H.-H.: **Work your body. Zur Ästhetik kommunikativer Bewegungsformen**, in: Richard, B/Klanten, R. (Hrsg.): **Icons (Localizer 1.3)**, Berlin 1997 (im Erscheinen)

9 Hier knüpfen sie an eine Tradition wie die »vanitas«- Ornamentik an, die im 17. Jahrhundert ihren Ursprung hat, wo die makabren Bilder in den häuslichen Bereich und im Schmuck Einzug halten. So trägt man Ringe mit Totenkopf und gekreuzten Knochen, sogenannte Trauerringe, es gibt Totenkopfuhren oder Broschen in Sargform. (Aries 1980, S. 419 f.)

10 Zur Bedeutung von Tiersymbolen: Bächthold-Stäubli, H./Hoffmann Krayer, E.(Hrsg.): **Handwörterbuch des deutschen Aberglaubens**, Band 1, Berlin/Leipzig 1927; und Lurker, M.: **Wörterbuch der Symbolik**, Stuttgart 1988

11 http://www.vamp.org/Gothic/Images/index.html (Dezember 1996)

12 Sturm, H.(Hg.): **Das Fremde. Ästhetische Erfahrungen beim Graben, Reisen, Messen, Sterben**, Aachen 1985 S. 207 ff.

URBAN SCHOOL

»HipHop versucht, sich des wankenden städtischen Geländes zu bemächtigen. Ein Versuch, die Stadt im Namen der Enteigneten wieder zum Funktionieren zu bringen.«   Tricia Rose

»Die Metapher des ›Lebens im Ghetto‹ oder des ›Überlebens im Großstadtdschungel‹ hat auf die Vertreter dieser Generation eine ungleich größere Anziehungskraft als auf ihre Vorgänger, die noch den Gefahren und der Anonymität der Stadt entfliehen wollten.«   Steffen Wenzel

Tricia Rose

Ein Stil, mit dem keiner klar kommt

HipHop in der postindustriellen Stadt

Tricia Rose, Dozentin für Afrikanische Studien an der Universität New York und Autorin u.a. von *Black Noise*, beschreibt das US-amerikanische HipHop-Phänomen als einen Stil der schwarzen urbanen Erneuerung im postindustriellen Zeitalter. HipHop, so Rose, heißt Widerstandsgemeinschaften zu stärken und sich gleichzeitig ein Recht auf Spaß zu bewahren.

Stil und Sound, Texte und Themen im **HipHop** sind Ergebnis des Lebens in den gesellschaftlichen Randbezirken amerikanischer postindustrieller Städte.

HipHop ist an der Schnittstelle von Entbehrung und Verlangen entstanden. Er spiegelt den oft schmerzhaften Widerspruch zwischen gesellschaftlicher Entfremdung und utopischen Phantasien wider. Er ist eine Kulturform afrikanischen Ursprungs, die innerhalb der kulturellen Vorgaben afro-amerikanischer und karibischer Geschichte, Identität und Gemeinschaft die Erfahrungen der Marginalisierung, brutal beschnittener Lebenschancen und realer Unterdrückung auf einen Nenner zu bringen versucht. Er ist geprägt durch die Spannung zwischen der Gebrochenheit, die das Ergebnis der Unterdrückung in der postindustriellen Gesellschaft ist, und der Ausdrucksstärke schwarzer Kultur, die ein Gefühl der Zusammengehörigkeit schafft. Diese Spannung bildet den kritischen Rahmen, in dem die Entwicklungsgeschichte des HipHop betrachtet werden muß.

HipHop ist ein Spielfeld im verkümmerten Inneren der Städte. Er vermag technologische Abfallprodukte, die längst für die kulturellen und industriellen Müllhalden bestimmt waren, in Quellen des Vergnügens und der Macht zu verwandeln. Diese Verwandlung wurde in der ganzen Welt zur Grundlage einer Vorstellungskraft, die so stark ist, daß sie beinahe greifbar erscheint. Die frühesten Vertreter des HipHop sind am Ausgang der *Great Society* aufgewachsen, im Zwielicht des kurzzeitigen bundesstaatlichen Engagements für die Bürgerrechte der schwarzen Bevölkerung und während der heraufdämmernden Reagan-Bush-Ära. HipHop führt diese Reste und Überbleibsel sowie die Menschen und sozialen Institutionen, die auf der Strecke geblieben sind, zusammen. Es entsteht eine feste Bindung zwischen ihnen, was nicht nur das Überleben ermöglicht, sondern dabei noch Spaß erlaubt. Im HipHop werden die Lebenserfahrungen aus den Großstädten abgebildet und umgedeutet. HipHop eignet sich durch Sampling, eine gewisse Haltung, Tanz, Stil und Soundeffekte Raum an. Die Texte erzählen von Crews, **Posses**, ökonomischer Stagnation, Gebots- und Verbotsschildern. Dahinter klingt U-Bahn-Rauschen und der Lärm der Städte.

- -

Posse ist eine Form der Selbstorganisation, die in der Tradition der Gangs steht. Der Begriff der Posse verweist auf den Ursprung des US-amerikanischen Gang-Phänomens in der Welt des Wilden Westens, denn er findet vor allem im Western-Genre Verwendung. Im Kontext der HipHop-Kultur bezeichnet der Terminus eine Mischform aus solidarischer Clique und einer an der Durchsetzung von Interessen orientierten Seilschaft.

Graffiti-Künstler sprühen Wandbilder und Namenskürzel (Tags) auf Züge, LKWs und Spielplätze. [*Vgl. dazu auch den Artbreak von André Lützen, S. 273 bis S. 281*] Sie stellen Gebietsansprüche, indem sie sichtbare Zeichen ihrer ansonsten beschnittenen Identität auf öffentlichem Eigentum hinterlassen. Die raffinierten, mechanisch wirkenden Straßentänze der frühen Breakdancer mit ihren Kopfdrehungen auf betonierten Gehsteigen verwandelten die Straßen in eine Art Arena oder in ein behelfsmäßiges Jugendzentrum. Die elektrisierte, roboterhafte Mimik der Tänzer und ihre Verwandlungskünste ließen die nach wie vor schockierende Wirkung des **Morphing**, das durch *Terminator 2* berühmt wurde, bereits erahnen.

- -

Das aus dem griechischen Metamorphose (Verwandlung) abgeleitete **Morphing** bezeichnet ein Verfahren, das vornehmlich auf dem Gebiet der Computergrafik angewendet wird. Dabei wird die Verwandlung eines beliebigen Ausgangsbildes in ein ebenso beliebiges Endbild dargestellt. Vorgegeben werden in der Regel nur Start- und Endbild, der Computer übernimmt die Berechnung von Zwischenbildern zur Darstellung einer schrittweisen Transformation. Beim Einsatz besonders zahlreicher Einzelschritte ermöglicht Morphing eine fließende, teilweise »filmische« Verwandlung vom Start- zum Endobjekt.

DJs veranstalteten spontane Straßenfeste. Notdürftig zusammengebastelte Plattenspieler und Lautsprecher wurden an die Stromquellen der öffentlichen Straßenbeleuchtung angeschlossen. Die zentralen Durchfahrtsstraßen wurden zu Open Air-Gemeindezentren in Vierteln, in denen es sonst keine gab. Rapper griffen zu Mikrophonen, als besäßen Verstärker eine lebensrettende Kraft. HipHop wurde in einer Phase grundlegender Umwälzungen zum Ausdruck der Spannungen und

Widersprüche der öffentlichen Stadtlandschaft New Yorks. HipHop versucht, sich des wankenden städtischen Geländes zu bemächtigen. Ein Versuch, die Stadt im Namen der Enteigneten wieder zum Funktionieren zu bringen.

HipHop setzt sich mit den veränderten wirtschaftlichen und technischen Bedingungen und den neuen Mustern rassistischer, klassen- oder geschlechtsspezifischer Unterdrückung im Amerika der Großstädte auseinander, indem U-Bahnen, öffentliche Straßen, Sprache, Stil und die Technik des Samplens den eigenen Bedürfnissen angepaßt werden. Aber das ist nur die eine Seite. Musik und Kultur im HipHop bedienen sich einer Vielzahl verschiedener afro-karibischer, afro-amerikanischer oraler und visueller Formen und Praktiken. Dies geschieht direkt vor den Augen einer Gesellschaft, die höchstens in Ausnahmefällen die Bedeutung der afrikanischen Herkunft dieser Praktiken erkennt. Die Gestalt des HipHop wird in erster Linie von der dynamischen und konfliktreichen Beziehung zwischen den allgemein gesellschaftlichen und politischen Kräften und den kulturellen Forderungen und Ansprüchen der Schwarzen bestimmt.

Die Spannungen und Widersprüche im HipHop haben auch bei den fähigsten Kritikern und Beobachtern für Verwirrung gesorgt. Einige halten HipHop für die Quintessenz postmoderner Lebensformen, während andere darin das heutige Pendant zu prämodernen oralen Traditionen sehen. Die einen preisen ihn als Kritik an der Konsumgesellschaft, andere bezichtigen ihn der Komplizenschaft mit dem Kommerz. Für eine begeisterte Sorte Kritiker verbindet HipHop Elemente von Sprache, Lied, Tanz und Darstellung zu einer gelebten Kunstform, die Identitäten und Subjektpositionen stiftet. Für andere, die sich ebenso lautstark Gehör verschaffen, ist HipHop lediglich eine bizarre Spiegelung der kulturellen Logik im Spätkapitalismus. Ich will zeigen, wie wichtig es ist, HipHop im Zusammenhang mit der Deindustrialisierung zu betrachten. Ich möchte verdeutlichen, wie durch die markanten Eigenschaften des HipHop – das Fließen, die Überlagerung und die Gebrochenheit – die gesellschaftlichen Rollenmuster, die der Jugend in den Großstädten am Ende des 20. Jahrhunderts zur Verfügung stehen, gespiegelt und in Frage gestellt werden.

Die Entstehungsgeschichte von Rap wird häufig direkt auf die afroamerikanischen oralen und poetischen Protesttraditionen zurückgeführt, denen er entschieden verpflichtet ist. Damit soll er von seinem Ruf als kommerzielles Produkt der postindustriellen Gesellschaft entlastet werden. Eine solche Darstellung schlägt wichtige Brücken zwischen dem Prahlen und Predigen des Rap und verwandten Elementen oraler Tradition wie dem **Signifying**.

Signifying läßt sich im Kontext des afro-amerikanischen Sprachgebrauchs als eine spezifische Art des »Bedeutens« verstehen, deren zentrales Charakteristikum die versteckte Polemik ist. Dieses subtile Sprachspiel wird in idealtypischer Weise durch die Figur des *Signifying Monkey* verkörpert. Dabei handelt es sich um eine Parabel, in der ein körperlich benachteiligtes Tier einen wesentlich stärkeren Gegner durch rhetorische Tricks überlistet.

Daraus ergibt sich aber auch eine Reihe äußerst problematischer Konsequenzen. Erstens wird Rap zurückgeführt auf eine orale poetische Form, die sich scheinbar autonom und unabhängig vom HipHop in den 70er Jahren entwickelte. Dabei ist Rap ein kulturelles Element innerhalb der HipHop-Bewegung. Zweitens tritt mit einer solchen Interpretation die Bedeutung von Rap als Musik in den Hintergrund. Die musikalischen Elemente im Rap und die Verwendung musikalischer Technologie sind aber für Geschichte und Praxis dieser Kunstform entscheidend. Und sie sind von wesentlicher Bedeutung für die Entwicklung von HipHop im allgemeinen. Schließlich, dies ist in diesem Zusammenhang der kritischste Punkt, wird damit die entscheidende Rolle der postindustriellen Großstadt für die Gestaltung und Ausrichtung von Rap und HipHop unsichtbar. Es läßt sich damit kaum noch nachvollziehen, in welcher Weise sich HipHop ursprünglich afrikanischer Praktiken bedient und zugleich mit der Verwendung postindustriellen urbanen Materials darüber hinausgeht. Es besteht eine auffallende Ähnlichkeit zwischen vielen vergangenen und zeitlich jüngeren musikalischen und kulturellen Ausdrucksformen afrikanischer Herkunft und den Stilen und Thematiken im HipHop. Sie werden zumeist unter Verwendung modernster zeitgenössischer kultureller und technologischer Elemente eingebracht und uminterpretiert. Die zentralen Formen des HipHop, Graffiti, Breakdance und Rap haben sich stets in Beziehung zueinander entwickelt: Einerseits sind sie kulturell durch ihre afrikanische Herkunft geprägt, andererseits bleiben sie aber immer auf den größeren Zusammenhang postindustrieller gesellschaftlicher Strömungen und Einrichtungen bezogen.

Welches sind die charakteristischen ästhetischen und stilistischen Eigenarten des HipHop? Was waren die Faktoren, die die Entstehung und Verbreitung von HipHop in der Anfangsphase in den 70er Jahren in den postindustriellen Großstädten, besonders in New York, begünstigt haben? Obwohl viele Rapper heute in ganz anderer Weise Rap benutzen und ihm eine völlig neue Richtung gegeben haben, betrachten sich die meisten einer Tradition zugehörig, deren Stile, Haltungen und Formen vor allem im New York der 70er Jahre verwurzelt sind. Wesentliche Veränderungen der ökonomischen Bedingungen der postindustriellen Gesellschaft, Veränderungen im sozialen Wohnungsbau, beim Bevölkerungswachstum sowie die zunehmende Verengung des Wohnraums und neue Kommunikationsstrukturen haben ganz entscheidend zur Entstehung der Bedingungen beigetragen, die den Nährboden der kulturellen Mischformen und die soziopolitische Grundstimmung der Texte und der Musik bildeten.

Die politisch motivierte »Erneuerung der Städte« führte in der South Bronx, die als die Heimat des HipHop gilt, zur Verschärfung der sozialen Spannungen und Brüche. Diese wurden als »unerwartete Nebenwirkungen« des Erneuerungsprojekts hingenommen. Finanzschwache Teile der farbigen Bevölkerung wurden in den 70er Jahren aus den verschiedensten Stadtgebieten New Yorks in bestimmte Viertel der South Bronx umgesiedelt. Die ethnischen Verschiebungen, die die Umsiedelungsmaßnahmen nach sich zogen, kamen plötzlich und gewaltsam. Die bereits überlasteten sozialen und kulturellen Einrichtungen konnten ihren Betrieb nicht mehr aufrechterhalten. Bestehende Gemeinschaften wurden durch den äußerst brutalen Umsiedelungsprozeß zerstört. Hierfür waren städtische Beamte unter der Federführung des legendären Städteplaners Robert Moses verantwortlich.
Zwischen den 30er und späten 60er Jahren ließ Moses eine Reihe öffentlicher Bauprojekte durchführen. Highways, Parks und Wohnanlagen entstanden, die das Profil von New York City nachhaltig veränderten. 1959 begannen Stadt-, Staats- und Bundesbehörden mit der Ausführung des von Moses geplanten *Cross-Bronx-Expressway*, der mitten durchs Herz der ärmsten und am dichtesten bevölkerten Wohngebiete der Bronx führen sollte. Obwohl der Expressway problemlos um die proletarischen Wohngemeinden hätte herumgeführt werden können, wählte Moses einen Verlauf, der den Abriß hunderter Wohn- und Geschäftsgebäude notwendig machte. Das von Moses entworfene Programm zur Beseitigung der »Slums«, erzwang die Umsiedelung von ca. 170 000 Menschen. Was Moses »Slums« nannte, waren alte Arbeiterwohnviertel, dicht besiedelte, stabile nachbarschaftliche Gemeinschaften, die sich vor allem aus Juden der Arbeiter- und unteren Mittelklasse zusammensetzten. Daneben gab es in sich geschlossene italienische, deutsche, irische und schwarze Gemeinschaften. Obwohl

die von Moses attackierten Viertel hauptsächlich von Juden be-
wohnt wurden, waren schwarze
und puertoricanische Anwohner
unverhältnismäßig stark betroffen. 37 Prozent der umgesiedelten
Anwohner waren Schwarze. Zeitgleich mit der darauffolgenden
»weißen Flucht« wurden die verzweigten Verwandtschafts- und
Freundschaftsstrukturen vernich-
tet und funktionierende nachbarschaftliche Beziehungen zerstört.
Von den späten 60er bis zur Mitte
der 70er Jahre stieg die Zahl leer-
stehender Wohnungen im südli-
chen Teil der Bronx sprunghaft
an. Einige besonders unruhige
Hausbesitzer verkauften ihr Eigentum schnellstmöglich, oftmals
an professionelle Slumverwalter.

Rap: Vergnügen *und* Macht

Andere zündeten ihre Gebäude an, um Versicherungsgelder zu kas-
sieren. Beides beschleunigte nur den Abzug der weißen Mieter in die
nördlicheren Teile der Bronx und nach Westchester. Besorgte Ladenbe-
sitzer verkauften ihre Geschäfte und verlagerten sie in andere Viertel.
Die Stadtverwaltung, die den Expressway als Zeichen des Fortschritts
und der Modernisierung pries, war nicht bereit, den angerichteten
Schaden zur Kenntnis zu nehmen. Der *Cross-Bronx-Expressway* setzte,
wie viele andere Bauprojekte von Moses, die Interessen der Ober-
schicht gegen die der Armen durch. Er beschleunigte enorme wirtschaftliche und soziale Ungleichheit, die für das heutige New York charakteristisch sind. Die »umgesiedelten« schwarzen und hispanischen
Bewohner der South Bronx mußten Kürzungen städtischer Mittel, zer-
splitterte Führungsverhältnisse und die Einschränkung ihrer politischen Macht hinnehmen.
Die katastrophalen Auswirkungen dieser Stadtpolitik wurden von den
Medien weitgehend ignoriert. Das änderte sich schlagartig, als 1977
zwei Ereignisse New York und die South Bronx zu nationalen Symbolen des Zerfalls und der Isolation machten. Während eines längeren
Stromausfalls im Sommer 1977 wurden Hunderte von Geschäften

geplündert und verwüstet. Die ärmsten Viertel, in denen es zu den meisten Plünderungen kam – die South Bronx, Bedford Stuyvesant, Brownsville und Crown Heights in Brooklyn und die jamaikanischen Viertel in Queens und Harlem – wurden in der Lokalpresse als gesetzesfreie Räume dargestellt, in denen man Verbrechen dulde und das Chaos unter der Oberfläche brodele. Laut der *New York Times* verlief der Stromausfall von 1965 »vergleichsweise friedlich«. Der Leserschaft wurde erklärt, daß jener Stromausfall, der sich immerhin im Jahrzehnt der turbulentesten Rassenunruhen, die Amerika je erlebt hatte, ereignete, im Vergleich mit der Verzweiflung und Frustration, die sich im Sommer 1977 Bahn brach, harmlos gewesen sei. Der Stromausfall und die Plünderungen von 1977 weckten das bundesstaatliche Interesse an der Aufrechterhaltung der urbanen sozialen Ordnung. Drei Monate später stattete Präsident Carter der South Bronx einen geschichtsträchtigen und für ihn »ernüchternden« Besuch ab. Er durchfuhr den Stadtteil in einer Wagenkolonne, um sich einen »Überblick über die in den letzten 5 Jahren angerichtete Verwüstung« zu verschaffen. Er kündigte bei dieser Gelegenheit an, ohne dies jedoch näher auszuführen, er werde sich »für die Städte einsetzen«. Warum eigentlich nicht für ihre Bewohner? In der Vorstellungswelt der Nation wurde die South Bronx zum obersten Symbol »der Leiden Amerikas«.

Die Bilder verlassener Wohnhäuser in der South Bronx wurden zu beliebten Ikonen amerikanischer Kultur. Unterhaltungsfilme setzten die Zerstörung, die die Bewohner ertragen mußten, als negativen Lokalkolorit ein. Die betroffenen Gemeinden dienten als Hintergrund für die Darstellung von sozialem Ruin und Barbarei. Wie Michael Ventura scharfsinnig bemerkt hat, brachte die filmische Darstellung und – wie ich hinzufügen würde – auch die Medienberichterstattung eben die Menschen zum Schweigen, die ihr Leben unter diesen erschwerten Bedingungen erkämpfen und erhalten mußten:

»In *Fort Apache*, *Wolfen* und *Koyaanisqatsi* wird bei einer Gesamtlänge von ca. 6 Stunden nicht eine Menschenseele vorgestellt, die wirklich in der South Bronx lebt. Wir vernehmen nicht eine einzige Stimme, die diese Sprache spricht. Wir sehen bloß ein Symbol des Zerfalls: als wäre die South Bronx der letzte Akt vor dem Ende der Welt«.[1]

Die Darstellungen der hispanischen und schwarzen Viertel wirkten leblos, ohne jede Energie oder Vitalität. Die Botschaft war laut und deutlich: Hier zu landen bedeutete, für immer verloren zu sein. Aber während sich diese Visionen von Verlust und Sinnlosigkeit zu typischen Merkmalen verfestigten, fand die jüngste Generation der im

South Bronx-Exil lebenden Menschen kreative und aggressive Ventile für Ausdruck und Identifikation. Die neuen ethnischen Gruppen, die in den 70er Jahren dorthin zogen, begannen, eigene kulturelle Verbindungen aufzubauen, die sich auch im High-Tech-Zeitalter als flexibel und widerstandsfähig erwiesen. Nordamerikanische Schwarze, Jamaikaner, Puertoricaner, Volksgruppen aus der Karibik und aus sonstigen postkolonialen Zusammenhängen schufen völlig neue kulturelle Identitäten und Ausdrucksformen in einem für sie feindlichen, technologisch versierten, multi-ethnischen, städtischen Umfeld. Während die Verantwortlichen von Stadt und Presse die South Bronx und ihre Einwohner sowohl buchstäblich wie im übertragenen Sinn verstießen, setzten sich die jüngsten schwarzen und hispanischen Bewohner dagegen zur Wehr.

HipHop ist eine Kulturform, die als Quelle alternativer Identitätsbildung fungiert. Er verleiht Jugendlichen gesellschaftlichen Status in einer Gemeinschaft, deren herkömmliche lokale Fürsorgeeinrichtungen mitsamt ihrem gewachsenen Umfeld fast völlig zerstört wurden. In Mode, Sprache, Alias-Namen und, vielleicht am wichtigsten, in Crews oder Posses bilden sich alternative und lokal begrenzte Identitäten heraus. Viele HipHop-Fans, -Künstler, -Musiker und -Tänzer gehören noch immer einem verzweigten System von Crews oder Posses an. Die Crew ist gleichzeitig Ort der Identitätsfindung, der Gruppenzugehörigkeit und der gegenseitigen Unterstützung. Sie erscheint praktisch in allen Rap-Texten, -Widmungen, -Musikvideos und -Medieninterviews gemeinsam mit den Künstlern. Identität ist im HipHop fest in der besonderen, örtlichen Erfahrung, dem gesellschaftlichen Status und der Zugehörigkeit zu einer Gruppe oder alternativen Familie verankert. Die Crews sind eine Art neuer Familien, die durch interkulturelle Bindungen miteinander verwachsen sind. Ähnlich wie Gangs bieten sie in einer komplexen und unbarmherzigen Umgebung Schutz und Hilfe. Aus ihnen entstehen zum Teil Gemeinschaften, die ihrerseits durch ein Geflecht weiterer Verzweigungen zur Basis neuer sozialer Bewegungen werden.

Für die kreative Entwicklung der ersten HipHop-Pioniere gibt die postindustrielle Stadt den Rahmen vor. Sie bildete den Hintergrund, vor dem ein kulturelles Terrain entstand, das neue Zugangsmöglichkeiten zu Räumen, Material und Bildung bot. Graffiti-Künstler, deren Arbeit durch die Verbesserung der Sprayfarben einen enormen Schub erhielt, nutzten das städtische Verkehrsleitsystem als Leinwand. Rapper und DJs sorgten für die Verbreitung ihrer Arbeit, indem sie diese auf Tonkassetten vervielfältigten und auf leistungsstarken, tragbaren Ghetto-blastern abspielten. In einer Zeit, in der die schulischen Mittel für den Musikunterricht drastisch gekürzt wurden und damit der Zugang zu den traditionellen Formen der Instrumentierung und Komposition versperrt blieb, griff die Jugend der Großstädte vermehrt auf technische Aufnahmemöglichkeiten zurück. Breakdancer veranstalteten symbolische Wettkämpfe in den Straßen bei denen sie *Transformer* und andere futuristische Roboter durch Körpersprache nachahmten. Puertoricanische, afro-karibische und schwarz-amerikanische HipHop-Künstler überführten von Beginn an längst überflüssig gewordene Qualifikationen verdrängter Berufszweige in das Rohmaterial für Kreativität und Widerstand. Viele von ihnen wurden für Berufe in Bereichen (r)ausgebildet, die entweder veraltet waren oder gar nicht mehr existierten. Der Graffiti-Künstler Futura besitzt einen Handelsschulabschluß einer auf die Druckindustrie spezialisierten Schule. Da die meisten der Arbeiten, für die er ausgebildet wurde, längst vom Computer übernommen wurden, blieb ihm nach dem Schulabschluß nichts anderes übrig, als bei McDonalds zu arbeiten. Der afro-amerikanische DJ Red Alert, dessen Familie aus der Karibik stammt, prüfte die Entwürfe technischer Zeichnungen solange, bis die Computerisierung auch diesen Job überflüssig machte. Der Jamaikaner DJ Kool Herc besuchte die Handelsschule für Automechaniker und der Afro-Amerikaner Grand Master Flash besuchte die Samuel Compers Berufsfachschule, um zu lernen, wie man elektronische Ausstattungen repariert. Salt-N-Pepa, beide stammen von den mittelamerikanischen Inseln, arbeiteten als Verkäuferinnen im Telefonmarketing bei *Sears* und dachten über eine Ausbildung als Krankenschwestern nach. Der puertoricanische Breakdancer Crazy Legs, fing mit dem Tanzen an, als seine alleinerziehende Mutter es sich nicht mehr leisten konnte, den Beitrag zur *Little League* zu zahlen, um ihn Baseball spielen zu lassen. Allen diesen Künstlern standen nur sehr geringe Mittel zur Verfügung. Sie befanden sich in finanziell miserablen Situationen. Indem sie sich die fortgeschrittensten Technologien und allerneuesten kulturellen Formen zunutze machten, gelang es ihnen, als Unterhaltungskünstler berühmt zu werden. Mittels einer veralteten industriellen Technologie überquerten sie den Graben von Entbehrung und Verlangen, der heute für fast alle afrikanisch-stämmigen Gemeinden der amerikanischen Großstädte charakteristisch ist.

Da ein ständiger Austausch zwischen Rap, Breakdance und Graffiti stattfand, wurde die stilistische Kontinuität gewahrt. Einige Graffiti-Künstler, wie der Afro-Amerikaner Phase 2, der Haitianer Jean-Michel

Basquiat, Futura oder der Amerikaner Fab Five Freddy, brachten auch Rap-Platten heraus. Andere sprühten Wandbilder als Hommage an besonders beliebte Rap-Songs wie z.B. das Wandbild *The Breaks*, das Futura als Anerkennung für Kurtis Blow und dessen gleichnamigen Song gemacht hatte. Breakdancer, DJs und Rapper trugen Jacken und T-Shirts im Graffiti-Stil. Bevor er Platten auflegte, war DJ Kool Herc Graffiti-Künstler und Tänzer. Bei HipHop-Veranstaltungen traten immer Breakdancer, Rapper und DJs auf. Graffiti-Künstler gestalteten die Hintergrunddekorationen für das DJ-Pult, entwarfen Poster und Flyer zur Ankündigung der Veranstaltungen. [*Vgl. dazu auch den Beitrag von Christoph Bieber in diesem Band S. 263 bis S. 272*]

Der Austausch von Ideen und Stilen verläuft natürlich nicht immer friedlich. Auch HipHop kennt Konkurrenz und Konfrontation. Beides läßt sich sowohl als Widerstand gegen und als Vorbereitung auf eine feindliche Welt deuten, die junge Schwarze verleugnet und verleumdet. Breakdancer haben oft aus Neid oder Mißgunst andere Crews bekämpft. Graffiti-Künstler zerstörten fremde Wandbilder, wettkampfartige Auftritte mit Rappern und DJs endeten in heftigem Streit. HipHop ist ein endloser Kampf. Es geht dabei um Status, Prestige und Anerkennung in der Gruppe. Diese unterliegen ständiger Veränderung, werden pausenlos in Frage gestellt und sind letztendlich unerreichbar. Konkurrenz und gegenseitige Anregung zwischen Breakdance, Graffiti und Rap wurden angetrieben durch die Tatsache, daß man innerhalb des Viertels in den afrostämmigen HipHop-Gemeinschaften ähnliche Erfahrungen machte, aus ähnlichen sozialen Positionen kam und ähnlich an Sound, Bewegung, Kommunikation und Stil heranging. Wie in vielen afrikanischen und afrostämmigen Kulturformen ist die Häufigkeit der Selbstthematisierungen im HipHop eine Form der Selbsterneuerung und Selbstsetzung: Rapper, DJs, Graffiti-Künstler und Breakdancer nahmen eigene HipHop-Namen und -Identitäten an, die auf ihre Rolle, ihre Eigenschaften, ihr besonderes Können oder ihren »Anspruch auf Ruhm« anspielten. Angesichts der sehr begrenzten legitimen Möglichkeiten des Statusgewinns versprach das Annehmen neuer Namen und Identitäten »Prestige von unten«.

Rapper, DJs, Grafiti-Künstler und Breakdancer beanspruchen außer einem eigenen Namen, einer eigenen Identität und dem Anschluß an eine Gruppe auch ein eigenes Revier. Sie erlangen Status durch das Erfinden neuer Stile. Dick Hebdiges Studie über Punk hat gezeigt, daß Stil als Verweigerungsgeste oder als Form indirekter Infragestellung von Herrschaftsstrukturen eingesetzt werden kann.[2] HipHop-Künstler benutzen Stil als eine Form der Identitätsbildung, die mit Klassenunterschieden und Hierarchien spielt. Bestimmte Waren werden dazu verwendet, ein kulturelles Terrain abzustecken. Das ritualisierte Kleidungs- und Konsumverhalten im HipHop ist ein Beleg für die Bedeutung des Konsums als kulturelle Ausdrucksform. Die HipHop-Mode ist ein besonders gutes Beispiel für Aneignung bzw. Kritik durch Stil. Der außergewöhnlich große, klobige Gold- und Diamantschmuck ist zwar meistens unecht, zugleich aber sowohl höhnische Parodie als auch Affirmation des Goldes als Fetisch der westlichen Warenwelt. Wenn falsche Embleme von Gucci und anderen Designern herausgeschnitten und auf Jacken, Hosen, Mützen, Brieftaschen und Turnschuhe geflickt werden, wird – vermittelt über Kleidung – eine Art Krieg ausgetragen. Das gilt ganz besonders, wenn sich **B-Boys** und B-Girls mit nachgemachtem Guccizeug auf der Fifth Avenue an Damen vorbeidrängeln, die die Originale tragen.

Der Begriff **B-Boy** leitet sich ursprünglich vom Breakdance ab. Inzwischen gilt er jedoch als übergreifende Bezeichnung für alle Akteure der HipHop-Kultur und meint eine bestimmte Haltung, die sich in Körpersprache und Kleidungsstil artikuliert.

Die Modewelle Ende der 80er Jahre, als man Plastikuhren und Wecker über Freizeit- oder Trainingsanzügen um den Hals trug, verwies auf die Widersprüche und Spannungen im Verhältnis von Arbeit, Zeit und Freizeit.[3] Der Trend der frühen 90er Jahre – viel zu große Hosen und die wetterfeste Kleidung urbaner Krieger, etwa **Hoodies**, **Snooties** und **Tims** – macht die Heftigkeit der städtischen Stürme deutlich, gegen die man gewappnet sein sollte.

Als **Hoodies** werden Kapuzenjacken oder -hemden bezeichnet, **Snooties** sind Kappen und **Tims** ist die umgangssprachliche Abkürzung für Stiefel der Marke Timberland.

Die Schaffung kultureller Ausdrucksformen ist durchsetzt von verfügbaren Waren. Als alternatives Mittel zum Statuserwerb bietet HipHop örtlich begrenzte Identitäten für Teenager, die sich über die Zugangsbeschränkungen zu den traditionellen Wegen des gesellschaftlichen Statusgewinns bewußt sind. Fab Five Freddy, ein früher Rapper und Graffiti-Künstler, erklärt die Verbindung zwischen Stil und Identität im HipHop und was das für den Statuserwerb zu bedeuten hat:
»Man macht einen neuen Stil. Darum geht es, wenn man auf der

Straße lebt. Es geht um Ehre und Stellung auf der Straße. Deshalb ist er [der Stil] so wichtig, deshalb bringt er auch Spaß – dieser Zwang, der Beste sein zu müssen. Oder zu versuchen, der Beste zu sein. Man muß einen Stil finden, mit dem keiner klar kommt.«[4]

Die Pop-Kultur des Mainstream nimmt ständig Elemente aus der Musiktradition schwarzer Amerikaner in sich auf. Mit dem HipHop erhielt diese stetige Annäherung einen weiteren Schub. Kreativität im HipHop fand nie völlig außerhalb oder in Opposition zur Warenwelt statt. Kreativität bewegt sich hier im Kontext des Kampfes um öffentlichen Raum, Zugang zu käuflichen Materialien, Ausstattungen und Produkten. Es ist ein Mißverständnis, wenn die frühen HipHop-Künstler und Kulturkritiker behaupten, in der frühen Phase des HipHop sei es nur um Spaß gegangen und nicht darum, Profit zu machen – als ob beides unvereinbar sei. Es wäre naiv zu glauben, Breakdancer, Rapper, DJs und Graffitikünstler wären nicht an der finanziellen Vergütung ihrer Arbeit interessiert. Das Problem ist nicht, daß sie keinen Profit machen wollten, sondern daß vielen gar nicht klar war, daß sie von ihrem Vergnügen finanziell profitieren konnten. Sobald die Verbindung zwischen Vergnügen und Profit hergestellt war, betrieben HipHop-Künstler leidenschaftlich die eigene Vermarktung. So wie die Graffiti-Künstler auf Züge aufsprangen und deren Antriebskraft nutzten, um Tags über die Stadt zu verteilen, »kidnappten« Rapper den Markt, um ihre Interessen zu verfolgen. Sie nutzten die Strukturen, die sie vorfanden, nicht allein des Reichtums wegen, sondern um der Macht willen. Während der späten 70er und frühen 80er Jahre war der Markt für HipHop noch auf die schwarzen und hispanischen Gemeinden in New York beschränkt. An der Darstellung, daß kommerzielle Interessen dem HipHop zunächst völlig fremd waren, mag etwas dran sein. Der entscheidende Punkt ist aber nicht, daß sich HipHop von einer nicht kommerziellen Bewegung in eine kommerzielle verwandelt hat. Entscheidend ist, daß die Kontrolle über Verlauf und Zielrichtung der profitorientierten Prozesse von den schwarzen und hispanischen Unternehmern auf größere, multinationale Unternehmen, die sich meist im Besitz von Weißen befanden, überging. Und was noch wichtiger ist: schwarze Kultur mag zwar der Kommerzialisierung unterworfen sein, es besteht aber auch kein direkter Gegensatz zwischen ihr und dem Markt. Im Gegenteil: sie übt ihrerseits Einfluß auf die Gestaltung von für den Markt produzierten Waren und Praktiken aus.

In seiner Arbeit über die britische Punk-Bewegung sieht Dick Hebdige genau hier den Punkt, an dem die herrschende Kultur die Bewegung wieder einholt und inkorporiert. Er betrachtet diesen Punkt als das kritische Moment in der Dynamik des Kampfes um die Bedeutungen populärer Ausdrucksformen. »Der Prozess der Einholung«, behauptet Hebdige, »besitzt zwei charakteristische Formen. Einmal die Überführung subkultureller Zeichen (Kleidung, Musik usw.) in massenhaft produzierte Waren, zum anderen die ›Klassifizierungen‹ und Neudefinitionen des abweichenden Verhaltens durch besonders einflußreiche Gruppen der dominanten Kultur – Polizei, Medien und Justiz«. Hebdige weist zutreffend darauf hin, daß Kommunikation in untergeordneten Kulturformen noch vor dem Punkt des Umschlagens oder der Einholung zumeist über Waren stattfindet, »auch wenn die mit diesen Waren verknüpften Bedeutungen absichtlich verzerrt oder verworfen werden«. Daraus schließt Hebdige: »Es ist sehr schwierig, die Unterscheidung zwischen kommerzieller Ausbeutung auf der einen und Kreativität und Originalität auf der anderen Seite aufrechtzuerhalten«.[5]

Für HipHop sind Hebdiges Beobachtungen zum Prozess der Inkorporation und Spannung zwischen kommerzieller Ausbeutung und Kreativität, wie er sich im britischen Punk darstellt, nicht uninteressant. HipHop hat sich immer auch in der Benutzung bestimmter Waren geäußert und in der Umdeutung der mit ihnen verbundenen Bedeutungen. Die Zeichen und Bedeutungen des HipHop werden durch die herrschenden kulturellen Institutionen umgedeutet und in bestimmte Verhaltensmuster uminterpretiert. Sobald Graffiti, Rap und Breakdance in Beziehung zu den herrschenden kulturellen Einrichtungen treten, unterliegen sie grundlegenden Umdeutungs- und Verwandlungsprozessen.[6]

HipHop ist aus der Kombination von komplexem kulturellem Austausch und allgemein gesellschaftlichen und politischen Bedingungen wie Desillusionierung und Entfremdung entstanden. Graffiti und Rap waren besonders aggressive öffentliche Ausdrucksformen von Gegenkultur. Beide verlangten ein Recht auf Schrift.[7] Sie forderten das Recht, die eigene Identität in ein Umfeld einzuschreiben, das junge Schwarze wie Teflon von sich abzuweisen schien. Ein Umfeld, das ihnen die legitimen Zugangsmöglichkeiten zu wirtschaftlichen Gütern und zu gesellschaftlicher Partizipation versperrte.

HipHop entwickelte sich als Bestandteil eines interkulturellen Kommunikationsnetzes in einem diskursiven Klima, in dem die Perspektiven und Erfahrungen junger hispanischer, afro-karibischer und afro-amerikanischer Menschen nur wenig gesellschaftlichen Raum erhielten.

Züge transportierten die Graffitis durch fünf Stadtteile. Flyer, die in schwarzen und hispanischen Vierteln abgeschickt wurden, lockten Teenager aus ganz New York in die Parks und Clubs der Bronx und schließlich auch zu Veranstaltungen im ganzen Stadtgebiet. Die kulturell oder erzähltechnisch interessanten Geschichten über HipHop verbreiteten sich in Windeseile, was für die Kommunikation im High Tech-Zeitalter typisch ist. Es dauerte nicht lange, bis ähnlich an den Rand gedrängte schwarze und hispanische Gruppen in anderen Städten die Grundstimmung und die Energie des New Yorker HipHop für sich entdeckten. In Roxbury und Compton dröhnten Ghettoblaster mit den Kopien von HipHop-Mix-Kassetten, die von irgendeinem Cousin aus Flatbush Avenue in Brooklyn auf tragbaren High Speed-Aufnahmegeräten aufgenommen worden waren. Mit dem explosionsartigen Anwachsen nationaler Kabelprogramme verbreiteten sich Tanzschritte, Kleidung und Slang über Musik-Videos schneller als ein Lauffeuer im ganzen Land. Innerhalb eines Jahrzehnts entwickelten sich lokale HipHop-Szenen in Los Angeles County, besonders in Compton, in Oakland, Detroit, Chicago, Houston, Atlanta, Miami, Newark, Trenton, Roxbury und Philadelphia. Sie verbinden die verschiedenen regionalen, postindustriellen urbanen Erfahrungen von Entfremdung, Arbeitslosigkeit, Polizeiterror, sozialer und ökonomischer Isolation mit spezifischen lokalen Ausprägungen in Sprache, Stil und Haltung.[8]

Einen Stil entwickeln, mit dem keiner klar kommt. Ein Stil, der nur schwer verständlich ist und nicht zum Schweigen gebracht werden kann. Ein Stil, der flexibel genug ist, um gegenkulturelle Traditionen in Abgrenzung gegen einen mobilen und wandelbaren Feind zu schaffen. Das mag der wirkungsvollste Weg sein, Widerstandsgemeinschaften zu stärken und sich gleichzeitig ein Recht auf Spaß zu bewahren. Die afrostämmige Jugend hat mit nur wenig Kapital, aber dafür umso größerem Reichtum an kulturellen und ästhetischen Ressourcen, die Straße zur Arena erklärt, in der ein Wettkampf um Stil ausgetragen wird. Der ausgesetzte Preis ist Prestige. Im postindustriellen städtischen Kontext schwindender Sozialwohnungen, weniger und meist sinnloser Berufe für junge Menschen, steigender Brutalität der Polizeikräfte und zunehmend dämonisierender Darstellungen der jungen Stadtbewohner wurde HipHop zum Stil der schwarzen urbanen Erneuerung.

Anmerkungen

1 Ventura, M: **Shadow Dancing in the USA**, Los Angeles 1986, S. 186

2 Hebdige, D: **Subculture – The Meaning of Style**, London 1979, vgl. besonders S. 17 ff. sowie 84–89

3 Eine interessante Auseinandersetzung mit Zeit, der Uhr und dem Nationalismus im Hip Hop findet sich bei Jeffrey L. Decker: Decker, J. L.: **The State of Rap. Time and Place in HipHop Nationalism**, in: Rose, T/Ross, A. (Hg.): **Microphone Fiends. Youth Music and Youth Culture**, New York/London 1994, S. 71–88

4 George, N. et al (Hg.): **Fresh: Hip Hop don't Stop**, New York 1985, S. 111

5 Hebdige, a.a.O., S. 94 f.

6 Hebdiges *Subculture* ist 1979 erschienen und schließt die Betrachtung genau zu dem Zeitpunkt ab, zu dem die vorherrschende britische Kultur den Versuch startete, Punk zu inkorporieren

7 Vgl. Smith, D: **The Truth of Graffiti**, in: Art & Text 17, S. 84–90

8 Vgl. Mack, B: **Hip-Hop Map of America**, in: spin, Juni 1990

Hermann Tertilt

Rauhe Rituale

Die Beleidigungsduelle der Turkish Power Boys

Im Sommer 1990 gründeten vier Schüler der Mainkur-Gesamtschule im
Frankfurter Stadtteil Seckbach die Jugendbande *Turkish Power Boys*. Etwa 50
türkische Jungen im Alter zwischen 13 und 18 Jahren traten dieser Gruppe
im Laufe der Zeit bei. Hermann Tertilt hat im Zuge einer zweijährigen Feldstu-
die die verborgene Wirklichkeit des Bandenalltags recherchiert und exemplarisch dargestellt. Dabei spiegeln sich die Wertorientierungen der *Power Boys*,
Männlichkeit und Ehre, insbesondere in ihren rhetorischen Duellen wider.

Als besonderer Ausdruck von Männlichkeit unter den *Power Boys* waren
gegenseitige Beleidigungen sehr beliebt. Regelmäßig fanden Wortgefechte statt, denen das Muster eines Beschimpfungsrituals zugrunde
lag. Diese Rededuelle wurden nur in türkischer Sprache ausgetragen; in
ihnen übten die Jungen auf spielerische Weise die Verteidigung der
Männerehre. Gleichzeitig dienten sie dazu, die jeweilige Rangordnung
der einzelnen Bandenmitglieder zu bestätigen oder neu festzulegen.
Das Beleidigungsritual geht auf eine in Deutschland fremde Tradition
zurück. Es vollzieht sich nämlich in Reimform und besteht ausschließlich aus sexuellen Anspielungen. Es hatte bei den *Turkish Power Boys*
einen großen Stellenwert. Inwieweit solche Rededuelle bei männlichen Jugendlichen der türkischen Einwandererfamilien die Regel sind,
kann ich nicht beurteilen. Ich kann nur nach der Aussage einiger *Power
Boys* gehen, daß viele ihrer Bekannten, auch in der Türkei, damit vertraut seien. Neben meinen eigenen Beobachtungen in der Gruppe
stütze ich mich bei der Interpretation dieser Rituale auf eine ethnologi-
sche Studie von Alan Dundes, Jerry W. Leach und Bora Özkök, deren
detaillierte Ausführungen zur Struktur und Strategie solcher Rededuelle mir bei der Deutung dieses Phänomens eine unentbehrliche Hilfe
waren.[1]
In der Bande entwickelten sich die Wortgefechte aus völlig bedeu-
tungslosen Momenten heraus und waren normalerweise nicht Ausdruck von Feindseligkeiten. Meist wurde ein solches Rededuell bei der
Begrüßung zwischen zwei Freunden oder einfach beim gemeinsamen
»Abhängen« begonnen, indem einer einem anderen ein Schimpfwort

zuwarf. Gängig waren dabei Tierbezeichnungen wie »ayı« (»Bär«), »inek« (»Kuh«), »it oğlu it« (»Hundesohn«) oder »eşek oğlu eşek« (»Eselssohn«). Ebenso gebräuchlich war die Beleidigung »hıyar« (wörtlich: »Gurke«) in der abschätzigen Bedeutung von »Penner«, die es auch in der Wortverbindung »Alman hıyarı« (»deutscher Penner«) gab. Für gepfeffertere Provokationen wurden die Ausdrücke »ibne« (»Schwuler«), »hadi siktir« (»hau ab«), »mahallenin piçi« (»Bastard des Stadtteils«) und »amın oğlu« (»Sohn einer Fotze«) verwandt.

Die Erwiderung auf einen solchen Angriff, der niemals in Anwesenheit eines Erwachsenen oder in Anwesenheit von Mädchen[2] geschehen durfte, unterlag strengen Regeln. Erstens mußte sich die Antwort auf die vorausgegangene Beleidigung reimen. Zweitens mußte jede längere Redeattacke in Reimform vorgetragen werden. Drittens mußte sie inhaltlich zum Ziel haben, den Gegner in die Position des »ibne« zu versetzen und seinen »Anus« mit einem mächtigen und aggressiven »Phallus« zu bedrohen.

Die Jugendlichen bedienten sich bei ihren Beleidigungsattacken mündlich überlieferter gereimter Redewendungen, die, wie ich aus den Gesprächen in Erfahrung bringen konnte, von Cousins, Brüdern oder Freunden weitergegeben worden waren.[3] Teilweise wurden aber auch eigene Reime erfunden. Es gab ein ganzes Repertoire von angeblich über 100 Duellierungssprüchen.

Als erstes Beispiel möchte ich eine Szene aus dem Gruppenalltag schildern, bei der eine komische Situation zur Eröffnung des Beleidigungsrituals genutzt wird. Einige Jugendliche sitzen im Eiscafé und unterhalten sich in ausgelassener Stimmung. Hayrettin kommt ins Café hereingeschneit, begrüßt die Freunde und setzt sich etwas hemdsärmelig zu ihnen an den Tisch. In diesem Augenblick quietscht der Stuhl, auf dem er Platz nimmt. Sein Freund Yıldırım ergreift die Gelegenheit und macht sich über ihn lustig, indem er ihn mit »vay ayı« (»Hallo Bär«) begrüßt. »Ayı« ist eine gängige Beleidigung, die die Männlichkeit des Angegriffenen in Zweifel zieht, indem sie ihn als unbeholfenen und tapsigen Bär tituliert. In diesem Fall ist sie der »Startschuß« zum Duell. Hayrettin ist nun gefordert, mit einer Redewendung zu kontern, die sich auf den Angriff reimt und ihrerseits den Angreifer »bedroht«. Er kontert mit: »Girsin götüne keman yayı«, was wörtlich übersetzt heißt: »Dir soll der Geigenbogen in den Arsch gehen.« Der »Phallus« des Herausgeforderten, symbolisch durch den Geigenbogen vertreten, bedroht nun den gegnerischen »Anus«. Wie die meisten Duellierungssprüche weist diese Wendung auf die anale Penetration hin, die den Rivalen zum »ibne« macht. Dem »ibne« wird in den Beschimpfungsversen jeweils unterstellt, er habe einen besonders großen und ausgeweiteten Anus. In ihn müssen daher auch große Gegenstände – wie etwa der Geigenbogen – hineingeschoben werden. Das Bild des Geigenbogens, von Hayrettin ins Spiel gebracht, wird in Yıldırıms Replik wieder aufgegriffen. Der Schlagabtausch sieht im Zusammenhang wie folgt aus:

Yıldırım: »Vay Ayı«
           »Hallo Bär«
Hayrettin: »Girsin götüne keman yayı«
           »Dir soll der Geigenbogen reingehen«
Yıldırım: »Kemençemın yayı
           çeliktendir çelikten
           sen de bana versene
           o siçtığın delikten«
           »Mein Geigenbogen
           ist aus Eisen, aus Eisen
           gib auch du mir
           das Loch, aus dem du scheißt«

Mit Yıldırıms Gegenattacke, die er in vier gereimten Verszeilen vorträgt, erfährt die Auseinandersetzung eine deutliche Steigerung. Er bedroht nun Hayrettins »Anus« mit einem eisernen Geigenbogen, was offenbar die Härte des eregierten Penis symbolisieren soll, und verlangt nach dem gegnerischen »Anus«, um ihn zu penetrieren. Damit behält Yıldırım die Oberhand im Duell.

In der Gruppe riefen diese Beleidigungsrituale immer große Begeisterung hervor, weil sie für Spannung und Unterhaltung sorgten. Wenn zwei Jungen ein solches Duell begannen, waren in der Regel immer auch andere Jungen als Zuschauer und Zuhörer beteiligt. Sie übernahmen die Schiedsrichterrolle. Derjenige, der die Reimform nicht beherrschte oder dessen Antworten zu harmlos ausfielen, geriet in die Position des Schwächeren. Schlimmer aber noch als formale und inhaltliche Mängel in der Erwiderung waren Wiederholungen oder gar keine Antwort. Ein Rivale, der im Duell zögerte, wurde weiter attackiert, bis er so verunsichert war, daß er abwinkte und aufgab. Das ganze vollzog sich blitzschnell und war zu Ende, wenn einer keine Antwort mehr wußte. Bei geübten Jungen mit Geschick und Erinnerungsvermögen konnte ein solches Gefecht über zwanzigmal hin und her gehen.[4]

Ausgangspunkt für eine Beleidigung muß nicht unbedingt ein einzelnes Schimpfwort sein. Auch mangelnder Händedruck bei der Begrüßung kann das Duell in Gang setzen, ist dies doch eine Provokation, die dem Gegenüber Respekt verweigert. Die mögliche Erwiderung auf eine solcherart verunglimpfende Begrüßung lautet wie folgt:

> »Elin buz gibi
> götün karpuz gibi
> karpuzu kestim
> ham çıktı
> götünü siktim
> kan çıktı«
> *»Deine Hand ist wie Eis*
> *dein Arsch wie eine Wassermelone*
> *ich habe die Melone aufgeschnitten*
> *sie war unreif*
> *ich habe deinen Arsch gefickt*
> *es kam Blut heraus«*

Diese Anwort in sechs Reimen knüpft zunächst mit Spott an den Händedruck an und wechselt dann zum »eigentlichen« Thema. Dabei ist das Nebeneinander der beiden Vergleiche »Hand und Eis« sowie »Arsch und Melone« nicht inhaltlich begründet, sondern nur lose über die Reimform hergestellt. Ziel der Provokation ist wieder der »Anus« des Gegners, dessen Hintern durch eine Wassermelone symbolisiert wird. Das Aufschneiden der Melone steht unmißverständlich für den Akt der Analpenetration, die nicht nur in Anspielungen, sondern im Schlußvers auch ganz deutlich (»götünü siktim«) zum Ausdruck gebracht wird.

Wichtig ist das Verständnis der Struktur und der Regeln der Rededuelle. Dundes, Leach und Özkök haben in ihrem Beitrag *The Strategy of Turkish Boys' Verbal Duelling Rhymes* dazu Entscheidendes beigetragen. Ihrer Analyse zufolge eröffnen die streng formalen Regeln im Beleidigungsritual einem Rivalen genügend Freiraum, um zwischen mehreren stehenden Redewendungen, sofern er sie beherrscht, auszuwählen und damit seine Taktik zu bestimmen. In seiner Antwort ist ein Junge um so freier und flexibler, je reicher sein Repertoire ist, aus dem er dann die entsprechende Auswahl spontan treffen kann.

Im Verlauf eines Beleidigungsduells gibt es eine ganze Reihe von Redewendungen, die immer dann zum Einsatz kommen, wenn jemand in seiner Antwort nicht die passende Reimform gefunden hat oder seine

Formulierungen fehlerhaft sind. Auch Redewendungen, die sich wiederholen und deshalb keinen Überraschungseffekt mehr haben, werden damit entsprechend kommentiert. In einer solchen Situation bedient sich ein Duellant der folgenden Verse:

> »Uyduramadın
> yan geldi
> götüne koydum
> kan geldi«
>
> *»Du hast es nicht passend machen können*
> *es ging daneben*
> *ich habe ihn in deinen Arsch gesteckt*
> *es kam Blut heraus«*

Diese Replik stellt einerseits die unzulängliche Attacke des Gegners bloß und bemüht andererseits das drastische Bild der blutigen Analpenetration. Beide Aspekte werden, wie so oft, lose über die Reimform miteinander verbunden. Bemerkenswert für die Logik der Duelle ist, daß nur das Muster »Attacke und Gegenattacke«, niemals aber »Offensive und Defensive« darin vorkommen. Jede Beleidigung zieht eine Beleidigung des Gegners nach sich. Ein Nachgeben, einen Rückzug oder einen Versuch, sich zu schützen, gibt es nicht. Ein Angriff kann lediglich durch einen Gegenangriff pariert werden. Scheitert die Replik, kann im Gegenzug sofort eine Anspielung darauf folgen:

> »Onu öyle demezler
> peynir ekmek yemezler
> ben de seni sikmezsem
> bana Yıldırım demezler«
>
> *»Das sagt man nicht so*
> *man ißt nicht nur Käse und Brot*
> *wenn ich dich nicht ficken werde*
> *wird man mich nicht Yıldırım* (Name des Sprechers)
> *nennen«*

Auch hier werden zunächst sprachliche Inkompetenzen des Gegners verhöhnt, um dann den »Anus« des Rivalen zu attackieren. Mit der vierfachen Verneinung, in der dieser Schlagabtausch gehalten ist, wird zugleich die Potenz des Rivalen negiert.

Es gibt auch eine Reihe von Duellierungssprüchen, die direkt mit dem Schimpfwort »ibne« operieren, wie etwa der folgende Schlagabtausch, der zwischen Muzaffer und Faruk nach einem Kartenspiel vor dem Bürgerhaus Bornheim ausgetragen wurde. Muzaffer hatte im Poker gegen Faruk verloren und forderte ihn anschließend zum Duell heraus.

Muzaffer: »İbne«
»Schwuler«
Faruk: »Sen ibneysen bana ne?«
»Was geht's mich an, wenn du ein Schwuler bist?«
Muzaffer: »Seksen, seksen, yüzaltmış
seni ibneler yaratmış«
»Achtzig, achtzig, hundertsechzig
dich haben Schwule gezeugt«
Faruk: »Altmış, altmış, yüzyirmi
seni siken Izmir'li«
»Sechzig, sechzig, hundertzwanzig
dein dich fickender Izmirler (Herkunftsort des Sprechers)«

Dieses kurze Duell enthält die gesamte Typik des männlichen Beleidigungsrituals. Die Reimform ist in jedem Vers von Anfang bis Ende durchgehalten. Wie in den bereits zuvor besprochenen Redewendungen sind die Topoi immer die gleichen. Aus der Konfiguration des Spiels ergibt sich zwangsläufig, daß jemand zum Schluß keine Antwort mehr parat hat und deshalb in der Position des »ibne« bleibt. Er wird dann von der Gruppe ausgelacht.

Wer, wie Muzaffer in diesem Beispiel, bei einem Rededuell der phallischen Aggression unterliegt, muß zu einem späteren Zeitpunkt am gleichen Gegner oder auch gegenüber einem schwächeren Rivalen die Schmach kompensieren, damit die zeitweilige Identifizierung mit der passiv unterlegenen Position nicht in einer dauerhaften Rollenzuschreibung endet. Niemand von den Jungen würde einen Verlierer tatsächlich als »ibne« betrachten.

Im Kontrasttypus des »ibne« findet ein Mann seine Bestätigung und den Beweis der eigenen Virilität. Das tradierte Bild des »ibne« bietet sich also gewissermaßen als Projektionsfläche an. Aber auch in allen anderen Redewendungen geht es um den Nachweis der männlichen Potenz, die den Gegner in eine passive homosexuelle Rolle drängt. Am besten gelingt dies in Anspielungen und Bildern, die die Phantasie der Zuhörer beflügeln, einen unerfahrenen Rivalen jedoch im Zweifel belassen. Mehr als durch direkte Benennung wird ein Rivale durch zweideutige Metaphern verunsichert und dem Spott der umstehenden Zuhörer ausgeliefert. In dem unmittelbaren Nebeneinander von Tabugrenzen und enthemmter Phantasie formt sich das Bild einer aktiven Männlichkeit, die jegliche Unterwerfungshaltung bestraft und sexuelle Passivität, ja Passivität überhaupt ächtet. Für die Jungen ist nicht die Vorstellung zwischen-männlicher Sexualität problematisch, sondern die Vorstellung der Unterwerfung, die sich in Bildern des analen oder oralen Penetriertwerdens äußert.

Der ritualisierte Zweikampf mit seinen beleidigenden Versen ist für die Sozialisation der Jungen, wie Pierre Bourdieu sagen würde, eine Art »Strukturübung«,[5] in der sie das Prinzip männlicher Herausforderung und Gegenherausforderung auf der Ebene des »So-tun-als-ob« erlernen. Drastische Beleidigungen, wie beispielsweise die Beschimpfung »amin oğlu« (»Sohn einer Fotze«), die auf die weiblichen Familienmitglieder zielten, waren zwar nicht generell tabu, gefahrlos wurden sie aber nur unter engen und zumeist gleichaltrigen Freunden verwandt, die Spaß an einer möglichst obszönen Formulierung hatten und das Spiel vom Ernstfall einer tatsächlichen Provokation zu unterscheiden wußten. Die Regeln des Duells fordern also auch die Beachtung der Angemessenheit der Angriffe, die sich aus der sozialen Nähe der daran Beteiligten ergibt. Im Unterschied zu den Beleidigungsduellen muß bei einer tatsächlichen Provokation jeder Rivale bereit sein, die Aggression in einem körperlichen Zweikampf zu beantworten, um die verletzte Ehre wiederherzustellen.

In den Duellierungsritualen wird nicht nur das Prinzip männlicher Dominanz praktisch vermittelt, es spiegeln sich darin auch Zwänge wider, denen, wie Dundes, Leach und Özkök schlüssig gezeigt haben, türkische Jungen in der Männerwelt ihrer Herkunftsgesellschaft ausgesetzt sind.[6] Die türkische bäuerliche Kultur ist nicht nur durch strikte Geschlechtertrennung gekennzeichnet, in der Frauen gezwungenermaßen die untergeordnete Position einnehmen, sondern auch durch eine stark untergliederte Altershierarchie. Während dem türkischen Jungen gegenüber den weiblichen Familienmitgliedern in der Familie eine privilegierte Stellung zukommt, findet er sich gegenüber den männlichen Familienmitgliedern auf der untersten Stufe wieder. Hat er einen oder mehrere ältere Brüder, ist er zunächst diesen untergeordnet. Ihren Anordnungen muß er Folge leisten. Er darf den älteren Bruder auch niemals mit dessen Vornamen, sondern nur mit der Ehrbezeichnung »ağbey« ansprechen. An nächsthöherer Stelle stehen die Onkel väterlicherseits (»amca«), denen mehr Respekt entgegengebracht werden muß als den Onkeln mütterlicherseits (»dayı«). Zentrale Autoritätsfigur ist der Vater (»baba«). Er dominiert die gesamte Familie. Die Jungen begrüßen ihren Vater mit traditionellem Handkuß. Widerrede gegen ihn ist für viele undenkbar. Auch wenn er längst erwachsen ist, darf der Sohn in Gegenwart des Vaters nicht rauchen. Er muß dem Vater immer Respekt entgegenbringen. Über dem Vater steht noch der Großvater väterlicherseits (»büyükbaba«), dem ebenfalls mehr Gewicht zukommt als dem Großvater mütterlicherseits (»dede«). Dieses System der Altershierarchie setzt sich bei den Freunden der Familie und in der Nachbarschaft fort und ist mit entsprechenden Pflichten und Verhaltensregeln verbunden. Die Jungen, die auf der untersten Stufe diese Systems stehen, müssen sich jederzeit gegenüber den Älteren passiv und unterwürfig verhalten. Zugleich ist aber das Männlichkeitsideal auf aggressives und herausforderndes Verhalten ausgerichtet, um die männliche- und die Familienehre verteidigen zu können. Denn nur mit der Bereitschaft zu aggressivem Verhalten läßt sich die Zugehörigkeit zur Welt der Männer beweisen. Ein Junge muß zeigen, daß er fähig ist, die ihm zugewiesene Rolle auszufüllen.

Für den psychischen Konflikt, der aus dieser gleichzeitigen Forderung nach passiver Unterwürfigkeit einerseits und aggressivem männlichem Verhalten andererseits resultiert, bietet das geschilderte Beleidigungsritual einen Ausweg an. Ein Junge demonstriert seinen gleichaltrigen Freunden, daß er ein Mann ist. Er verweist auf seine phallische Potenz und zwingt den Gegner in die unmännliche Rolle passiver Unterwürfigkeit, aus der er sich selbst noch lösen muß. Hat er aber seine männlichen Fähigkeiten einmal hinreichend erprobt und ist er in seiner Rolle als junger Mann anerkannt, wird er auch nicht mehr am Duellierungsritual teilnehmen. »Die Älteren messen sich nicht mehr«, gilt als Regel. Denn sie genießen ihrerseits den Respekt der Jüngeren. Das Beleidigungsritual als »Kulturtechnik« vermittelt den Jungen innerhalb der Bande zugleich eine machistische Grunddisposition, die im Kontakt und in Abgrenzung zu Außenstehenden wirksam wird. (Am Beispiel der »Anmache« werde ich im nächsten Abschnitt zeigen, welchen Regeln dieses konfliktorientierte Männlichkeitsgebaren gegenüber Fremden folgte.)

Regeln der »Anmache«

In fast allen Gesprächen, die ich mit den *Power Boys* über Gewalt und Gegengewalt geführt habe, spielte der Begriff der »Anmache« eine Schlüsselrolle. Jemanden »anmachen« oder selbst »angemacht« zu werden, gehörte zu den Grundmustern, mit denen die Jugendlichen die Entstehung gewaltförmiger Konfliktsituationen beschrieben. Wie reagiere ich, wenn ich mich herausgefordert fühle? Wann habe ich selbst das Bedürfnis, andere zu provozieren? Was sind überhaupt Motive für und Formen der »Anmache«? In welchen Situationen begegnet sie mir? Welche innere Logik liegt ihr zugrunde? Das Erkennen dieser inneren Logik ermöglicht es, die jugendliche Gewaltbereitschaft und Gewalt ihres irrationalen Erscheinungsbildes zu entkleiden und sie in ihrem Entstehungszusammenhang nachvollziehbar zu machen. In ihren Berichten über gewaltsame Auseinandersetzungen beschrieben die Jugendlichen »Anmache« regelmäßig als Ausgangspunkt eines Konfliktes. Wenn sie erzählten, sie seien »angemacht« worden, meinten sie damit nur selten eine direkte körperliche Attacke. »Anmache« war vor allem ein symbolischer Akt der Herausforderung.

Zu den Formen der »Anmache« gehört etwa »der Blick«, wenn jemand »schief« oder »dumm« angeguckt wird. Ein »falscher Blick«, d. h. ein Blick, der fixiert oder durchbohrt und sich so des Gegenübers »bemächtigt«, zählt bereits als »Anmache«. »Du brauchst einen nur so schief anzugucken, schon fängt es an. Kommt der Junge zu dir, macht so Hektik, gibt dir 'ne Kopfnuß, bist du weg.« Gleiches gilt für ein »falsches Wort«, wenn jemand »dumme Sachen sagt«, durch die sich ein anderer mißachtet oder geringschätzig behandelt fühlt. »Anmache« muß keineswegs immer eindeutig sein. Ob es sich um wirkliche »Anmache« handelt, muß vom jeweiligen Gegenüber aus der Situation heraus erfühlt und gedeutet werden. Diese Uneindeutigkeit birgt die Gefahr des Mißverständnisses. Schon ein irrtümliches Auf-die-Füße-Treten im Gewühl einer U-Bahn oder ein Schubs aus Versehen kann schnell als »Anmache« gewertet und zum Anlaß für eine Auseinandersetzung werden.[7]

Neben diesen verdeckten Formen des »anmachenden Blicks«, des »falschen Wortes« oder des »versehentlichen Schubses« gibt es aber auch ganz unmißverständliche Formen der »Anmache«. Sie werden als offensichtlicher Angriff mit Aggression beantwortet. Sieht man »Anmache« allgemein als eine männliche Form der sexuellen Annäherung, dann ergibt sich daraus die Erklärung für die Heftigkeit der Reaktionen bei dem männlichen Adressaten. Wer von den Jungen »angemacht« wird, sieht sich mit einem Gefühl der Entblößung und der Schmach in die Position der Frau oder des »ibne« versetzt. Will er seine »männliche« Rolle bewahren, muß er dem Angriff aggressiv begegnen.

Anmerkungen

1 Diese drei amerikanischen Ethnologen haben die Duellierung türkischer Jungen als erste untersucht. Ihrer Studie zufolge, deren Ergebnisse 1970 in einem hierzulande wenig beachteten Artikel publiziert wurden, finden diese Wortgefechte im Alter zwischen acht und etwa fünfzehn Jahren statt und gehören zur »speaking folklore« der Türkei. Der vulgären Sprache und des obszönen Inhalts wegen schien es bisher ein Tabu zu sein, das Thema in der wissenschaftlichen Literatur auch nur zu erwähnen. Dundes et al. bemerken dazu: »Still it seems incredible that none of the anthropologists who have conducted ethnographic fieldwork in Turkey have so much as mentioned the tradition.« Dundes, A./Leach, J.W./Özkök, B.: **The Strategy of Turkish Boys' Verbal Duelling Rhymes**, in: Amerikan Folklore Society, 89 (1970), S. 325–349.

Ich selbst habe bei einem Vortrag über das Beleidigungsritual an der Volks hochschule in Nürnberg, bei dem auch türkische Zuhörer anwesend waren, die Erfahrung gemacht, daß schon das Zitieren einiger Verse zu heftigen Reaktionen führte. Zwei Journalisten der konservativ-nationalistischen Tageszeitung *Türkiye* verließen unter Protest den Saal, nachdem ich eine Tonaufnahme eines Beleidigungsduells vorgespielt hatte. Sie bestritten rund weg die Existenz einer solchen Tradition und unterstellten mir die Absicht, die »türkische Kultur« in Verruf bringen zu wollen. Ihr Protest war sicher insofern berechtigt, als es sich bei den Beleidigungsduellen nicht um eine anerkannte oder vorzeigbare »Tradition« handelt, sondern um eine die türkischen Anstandsregeln verletzende und daher stark tabuisierte Diskuspraxis von pubertierenden Jungen. Selbstverständlich können solche Beleidigungsduelle niemals den Status einer offiziell akzeptieren Kulturform erreichen. Diejenigen türkischen Zuhörer, die den Vortrag interessiert verfolgten, waren allesamt als Akademiker im sozialpädagogischen Bereich tätig und bemerkten in der Schlußdiskussion, daß das Beleidigungsritual vor allem bei Jungen in der Unterschicht anzutreffen sei.

2 Daß dieses Tabu offenbar nicht immer eingehalten wurde, geht aus den Äußerungen eines der türkischen Mädchen hervor, das regelmäßig zu den Treffen der Clique erschien und in ihrer Empörung auf die verbalen Duellierungspraktiken Bezug nimmt: »Wie die [Jungen] schon reden! Ja, die sagen das zwischen den Mädchen! Ich habe erst mal einen Schock bekommen. Die schämen sich gar nicht dafür!« (1.2.1992)

3 Dundes et al. haben bei ihren Recherchen als weitere Tradierungswege auch sogenannte *Latrinalia*, also Graffiti in Toiletten, ausfindig gemacht. Vgl. Dundes et al. 1970, a. a. O., S. 341

4 Ein besonders kunstfertiges und langes Rededuell mit insgesamt 28 Wechseln habe ich im Rahmen einer O-Tondokumentation auf Kassette und als Transkript veröffentlicht in: Anette Curth, Bernd Fechler, Hermann Tertilt: **»Turkish Power«, Porträt einer Jugendbande**. Dokumente zur Zeitgeschichte Hrsg. Archiv erzählter Geschichte und zeitgeschichtlicher Dokumentation. Frankfurt 1994, S. 54–63

5 Vgl. Bourdieus Ausführungen zum Begriff »Strukturübung« in: ders.:
   Sozialer Sinn. Kritik der theoretischen Vernunft, Frankfurt 1987, S. 138 ff.

6 Vgl. Dundes et al. 1970, a.a.O., S. 347f

7 Hierbei spielt die gegenüber Mißachtungen sensibilisierte Wahrnehmung
   der Jugendlichen aufgrund vielfältiger Diskriminierungen eine große Rolle.
   Nach meinen Erfahrungen in der Gruppe reagierten sie in der Regel
   alarmiert, wenn man ihnen mit Unachtsamkeit oder Respektlosigkeit
   begegnete.

Fredy Gsteiger

Wir sind die Sprache!

Wie die Jugend der Banlieues ihr eigenes Französisch erfindet

Fredy Gsteiger, Redakteur der Wochenzeitung *Die Zeit*, beschreibt in seinem Beitrag das Aufkommen einer neuen jugendlichen und (sub)urbanen Sprache, die nur bedingt den Erwartungen der Académie Française entspricht. Dazu liefern Pascal Aguillou und Nasser Saiki Beispiele des *Verlan*, die neue (umgekehrte) Sprache der Banlieues.

Einerseits zeigt sich die ehrwürdige Académie Française gelassen. Andererseits schreit sie: »Katastrophe!« Einerseits beruhigt sie, das habe es schon immer gegeben. Andererseits ruft sie, diesmal sei die Lage besonders dramatisch. Einerseits hält sie es für ein kurzlebiges Ärgernis. Andererseits beschwört sie Verbrechen mit tragischen Langzeitfolgen ... Die Rede ist natürlich vom Französischen. Oder besser: von der Sprache, die heute in Frankreich gesprochen wird. Denn von den Normen der ehrwürdigen Akademie am Quai de Conti entfernt sie sich immer weiter. Manche nennen es *Charabia* oder *Sabir* (Kauderwelsch), andere *Argot* (Gaunersprache) oder *Patois* (Mundart), wieder andere *Verlan* (das Umgekehrte) oder *Adolang* (die Sprache der Heranwachsenden). Wie auch immer: Wenn die französische Jugend das Wort hat, verstehen immer mehr immer weniger. Und den Hütern des 302jährigen Dictionnaire, die einzig Wörter in ihr Heiligtum lassen, die jahrzehntelang antichambriert haben, fahren Schauer über den gebeugten Rücken.

Die Kontaktanzeige in der linken Tageszeitung *Libération*, »Nana cherche keum trip skin keupon psycho 24-28«, läßt sich jedenfalls mit Hilfe des offziellen Wörterbuchs der Académie nicht enträtseln. Volkstümlich läse sich das Inserat etwa so: »Jeune femme recherche mec genre skinhead ou punk aimant la musique psycho et âgé de 24 à 28 ans« (»Junge Frau sucht 24- bis 28jährigen Skinhead- oder Punktypen, der Psychomusik mag«). Es stutzt ebenso der Lehrer, dessen Schülerin ihre Abwesenheit mit den Worten ankündigt »Je suis out, y a ma reum qui se rima«, was in Français comme il faut hieße: »Je ne peut pas venir, parce que ma mère se marie« (»Ich kann nicht kommen, weil meine Mutter heiratet«). Natürlich gibt es auch in Frankreich seit jeher eine Jugendsprache oder aber Idiome, wie sie etwa im Verbrechermilieu oder zu Beginn des Jahrhunderts zum Beispiel unter Pariser Metzgern verbreitet waren. Sie beschränkten sich jedoch darauf, wenige Wörter, zumeist Kraftausdrücke, sowie ein paar Floskeln neu zu schaffen oder abzuwandeln. In den meisten Ländern gilt das bis heute. Wenn ein deutscher Jugendlicher mit Altersgenossen spricht, runzeln zwar die Eltern beim einen oder anderen Wort die Stirn oder werden rot, doch den Sinn des Gesagten werden sie mühelos begreifen. Nicht so in Frankreich.

Dabei begann alles ganz harmlos. Da wurden zuerst »lange« Ausdrücke wie *appartement oder petit déjeuner* verstümmelt, also zu *appart* und *petit déj.* Doch das war offenkundig so einfach, daß selbst mäßig begabte Erwachsene mitkamen und sich Snobs, besonders jene, die in *Saint-Trop* oder *Courch* (Courchevel) Urlaub zu machen pflegen, selber diese Kurzformen aneigneten. Also wich die echte Jugend auf Verlan aus. Verlan ist die Umkehrung des Wortes *l'envers*, was auf deutsch wiederum *das Verkehrte* heißt. Beim Verlan werden Begriffe umgestülpt: *café* wird zu *féca*, *bizarre* zu *zarbi*, *viens* zu *yienv* oder eben *mère* zu *reum* und *mec* zu *keum*. Weil zumindest die hellsten unter den Volljährigen auch hier mithielten, mußte das Spiel weitergehen. Und zwar mit dem Verlan des Verlan. Aus *mère* gleich *reum* wird nun *meureu*.

Zwecks zusätzlicher Verschlüsselung entstand eine Vielzahl von Ausdrücken, die *chébran* sind, das heißt *branché*, also in Wörter wie *les biomanes* für Eltern, *canal plus* in Anlehnung an den nur mit einem Decoder zu empfangenden Kabelkanal für eine umständliche Person, *nain* für Kind oder *MC* für *maître de cérémonie*, ein Adolang-Wort, das dank des Starrappers MC Solaar gar den Rhein überquerte. In Frankreich

Jugend, Sprache, Stadt

Die Häufung jugendsprachlicher Idiome in urbaner Umgebung ist in letzter Zeit verstärkt zu beobachten. Die meist nur schwer verständlichen Sprachschöpfungen vereinen Bruchstücke aus der Muttersprache junger Einwanderer, der offiziellen Landessprache sowie Milieu- und Slangbegriffe. Das Phänomen jugendlicher Sprachstile ist nicht neu, erhält aber gerade in letzter Zeit größere Popularität durch ein verstärktes Aufkommen in Literatur und Film. Aktuelle Beispiele dafür sind etwa *La Haine* (1995, dt. Titel: Haß), ein Film von Mathieu Kassovitz, der Unruhen in einem Pariser Vorort beschreibt, oder die Verfilmung des britischen Bestsellers *Trainspotting* (1996, nach dem Buch von Irvine Welsh), in dem der Alltag einer Clique von jugendlichen Junkies im schottischen Edinburgh im Mittelpunkt steht.

Verlan	Das Umgekehrte
Cainfs	Afrikaner (von *Africains*)
J'neco ap	Kenne ich nicht (von *Je ne connais pas*)
pauch	Kondom (von *chapeau*)
p(a)incos	Freunde, Kumpel (von *copains*)
remo	tot (von *mort*)
Tromé	*Métro*
Zgondes-deux	Zwei Sekunden (von *deux secondes*)
zonpri	Gefängnis (von *prison*)

Banlieue:

– Choume la rabzouille! C'est une noirliquette ou une camaro? En tout cas, elle est michto! Comment j'te roubav' ça, la, cousin!
– Claque ta pine, espèce de boulère: c'est ma reuss!

Französisch:

– Regarde la jeune Maghrébine! C'est une Antillaise, ou une Marocaine? En tout cas, elle est belle! Comme j'aimerais la baiser!
– Tais-toi, sale pédé: c'est ma sœur!

Deutsch:

– Schau mal, die kleine Maghrebinerin! Kommt sie von den Antillen oder aus Marokko? Auf jeden Fall sieht sie gut aus!

stellt inzwischen jeder bessere Schallplattenaufleger in einer Diskothek seinem Namen ein *MC* voran. Immer häufiger wird auch auf das Arabische oder auf die Sprache der Zigeuner zurückgegriffen, die in den südfranzösischen Banlieues stark vertreten sind. So verleugnet der Ausruf *J'ai la hach (Ich schäme mich)* seine Herkunft vom arabischen *hachmah (Schande)* keineswegs.

Statt wie einst Wörter durch Abschneiden der Endung zu verkürzen, wird heute neckischerweise oft der Anfang gekappt. Das *problème* wird zum *blème*, der Schaffner vom *contrôleur* zum *leur* oder aber, weil das denn doch zu kurz ist, zum *leurleur*. Nicht mehr die weisen und greisen Académiciens oder der Kulturminister, sondern Hunderttausende von namenlosen Jugendlichen übernehmen das Sprachdiktat. Unablässig zeugen sie mit dem Französischen Bastarde.

Kein Wunder, daß Fernsehsendungen, in denen brave Jugendliche in biederem Französisch parlieren, bei vielen spöttisches Lachen auslösen – als liefen da Dokumentarfilme über die Kommunikation der Affen. Manche Erwachsene ärgern sich. Andere hingegen, vorab Eltern, Lehrer, Sozialarbeiter oder Vorstadtpfarrer, möchten sich einfühlen – oder anbiedern. Die ersten Wörterbücher, die es für Adolang gibt, gehen weg wir warme Semmeln. Sie verkaufen sich weit besser als das *Wörterbuch der offiziellen französischen Begriffe*, an dem achtzehn Arbeitsgruppen aus allen Ministerien arbeiten, um der englischen Sprachinvasion Einhalt zu gebieten (statt Walkman soll der Bürger *baladeur* sagen und so weiter). Aber auch die besten Fibeln für verzweifelte Eltern leiden freilich unter einem gravierenden Mangel: Sie sind allesamt kurz nach Erscheinen antiquiert – mitunter sogar schon vorher.

Der Witz dieser Sprache ist ja gerade, daß sie kodiert ist und hermetisch bleibt. Also wandelt sie sich dauernd und sehr schnell. Der Banlieue-Forscher Adil Jazouli zitiert in seinem Buch *Eine Saison in der Vorstadt* einen Jugendlichen: »Wir sind nicht wie die, und wir reden auch nicht ihre Sprache. Sie sprechen das alte Französisch, wir das umgekehrte.«

Der Soziolinguist Christian Bachmann spricht von einem *Soziolekt*, geschaffen von Jugendlichen, »die wirtschaftlich und kulturell den Kontakt zur Norm verloren haben«, sich ausgeschlossen fühlen, deshalb die Sprache der Macht und der Intelligenzija ablehnen und lieber ihre eigene basteln. Dabei genügt es ihnen nicht, bloß Wörter zu verändern; sie krempeln zugleich Betonung, Sprachfluß und Syntax um. Und weil künstlerische Kreativität immer seltener in den Opernhäusern, Konzertsälen und Galerien der schicken Innenstädte anzutreffen ist, sondern in der tristen Banlieue, greift Adolang über die Jugendkultur mehr und mehr auch über auf den Nachwuchs der Bourgeoisie. Je mehr neue Wörter und Begriffe einer kennt, um so angesehener ist er in seiner Gruppe. Der soziale Druck, die neue Sprache zu lernen und ständig auf der Höhe zu blei-

Was würd' ich die gern küssen!
– Halt' die Klappe, dreckige Schwuchtel: Das ist meine Schwester!

Aus dem Film *La Haine*:

Banlieue:
– En banlieue, un jeune chtar plein de bonne volonté, il ne tient pas plus d'un mois.
– Ah ouais? Et un robeu dans un commissariat, il tient pas plus d'une heure!

Deutsch:
– In der Banlieue hält es ein eifriger junger Polizist gerade mal einen Monat lang aus.
– Ach wirklich? Ein junger Maghrebiner überlebt auf einer Polizeistation nicht einmal eine Stunde!

Szene aus Mathieu Kassovitzs *La Haine* (Deutsch: Haß)

ben, wächst permanent. Wer nicht mithält, der versteht die Texte von Kultbands wie B. Vice oder Carte de séjour nicht mehr, dem haben junge Lyriker ebensowenig zu sagen wie die Banlieue-Zeitung *Prise de tête* in der Arbeiterstadt Tourcoing.

Sonderlich nützlich zur Verständigung außerhalb eines engen Kreises ist dieses Neufranzösisch freilich nicht. Aber wann reist ein Banlieue-Bewohner schon herum? Wann kommt er dazu, national oder gar international zu kommunizieren? Bereits zwischen den Vorstädten bestehen gewaltige Unterschiede. Spricht ein junger Pariser von *kisdé*, sagt ein Lyoner *dek*, während Marseillais auf *condé* beharrt, obschon alle drei einen Polizisten meinen.

Kommt hinzu, daß der Jargon der Jugendlichen zwar ausgesprochen reich an Begriffen ist, die sich in der Drogenszene gut anwenden lassen, hingegen ein volkswirtschaftliches Vokabular etwa völlig fehlt. Unzähligen Wörtern für Geschlechtsteile steht kein einziges für Computer gegenüber.

Die Zerstörung dieses »bedrohten Meisterwerks« (Jean-Marie Rouart, Literaturchef des *Figaro*) bleibt gleichwohl ein Dauerthema. Beim Eintritt in die Mittelschule besitzen, laut einem Bericht der Académie Française, 11,5 Prozent der jungen Franzosen »nicht einmal ausreichende Grundkenntnisse«. Und doch wird der Feind des Französischen traditionell im Ausland geortet. Die »innere Front« der Banlieue-Jugendlichen, die da kühn behaupten: »Wir sind die Sprache!«, gilt vor allem als Forschungsfeld für Linguisten. Claude Hagège, einer der angesehendsten Sprachforscher der Nation, beruhigt: »Das ist das Leben des Französischen. Die Manipulation der Sprache durch die sprechende Masse ist ein uraltes Phänomen.« Allerdings, räumt er ein, beschleunige sich der Rhythmus der Veränderung.

Auch Laurent Personne, Kabinettschef der Académie Française, weist zuerst auf »den Einfallsreichtum gewisser Milieus« hin. Die

Ma Téci

J'kif ma téci
Pour moi c'est mon lagevi.
Mais attention à toi si t'as pas de cevi,
Car les dulars, ici, sont sans tiépi.

Mélange de ceras, échanges culturels,
Délires en pagaille, une petite dose de charnelles,
Oui, les moments vécus ici c'est d'la balle,
Et quand j'suis loin d'ma banlieue j'ai la dalle.

Solidarité, fraternité et amitié,
voici ce que nous apprend la vie de béton,
J'peux vous l'garantir sur facture: c'est canon!
J'parle avec mon artère, c'est la verité …

Sorglosigkeit fällt dann allerdings jählings von ihm ab, wenn er die Autoren von Adolang-Wörterbüchern angreift, verantwortungslose Lehrer, die selbst auf dem Katheder nicht vor unfranzösischen Wörtern zurückschrecken, Musiker und Dichter und Filmemacher, die mit ihrem Treiben allesamt zur Kodifizierung des Adolang beitragen: »Sie wollen modern sein, sich einschmeicheln bei den Jungen. Dabei verüben sie einen kriminellen Akt mit dramatischen sozialen Konsequenzen.« Denn eine einheitliche Sprache ist für Monsieur Personne das A und O der sozialen Mobilität. Existiert sie nicht mehr, werde ganzen Bevölkerungsschichten der wirtschaftliche Aufstieg verbaut, zumal gerade bei Einwandererkindern das Elternhaus keinerlei Gewähr für gutfranzösisches Heranwachsen biete. Gewiß, jene wenigen, welche die Banlieue-Sprache prägen, sind meistens des korrekten Französisch mächtig; nur so können sie kreativ damit spielen. Doch die vielen, die einfach nachplappern, entfernen sich immer weiter von dem, was die Académie für gut und richtig hält.

Der Sorbonne-Professor Jean-Pierre Goudaillier stellt fest, daß die Jugend die Sprache »verbiegt, verhöhnt und zerschlägt«, und fragt sich: »In welcher Sprache träumen sie wohl?«

Französisch – bloß noch ein Traum?

Deutsch:
Ich liebe meine Stadt,
für mich ist sie mein Zuhause.
Doch paß' auf, auch wenn Du
keine Macken hast,
denn die Bullen fackeln hier nicht
lange.
Rassenmischung, Multi-Kulti,
haufenweise Stoff, immer mal ein
Mädchen:
ab und zu ist es hier richtig cool.
Und wenn ich mal draußen bin,
fehlt mir die Banlieue …
Gemeinschaft, Brüderlichkeit und
Freundschaft –
das ist es, was das Leben im Beton
bringt,
und Ihr könnt mir glauben: hier ist
es geil!
Ich mein's ernst, es ist die
Wahrheit …

Feridun Zaimoglu

KümmelContra

Feridun Zaimoglu ist Mitbegründer der Literaturzeitschrift *Argus* und Autor
von *Kanak Sprak – 25 Mißtöne vom Rande der Gesellschaft* sowie von
Abschaum – die wahre Geschichte von Ertan Ongun. In *KümmelContra* art-
breaked Zaimoglu ebenso rasant wie kunstvoll: kanak-attak!

jugendkultur?

Im sistem tanzen gören bis sie umfallen tragen weite klotten sind rapper tragen eng sind pulp tragen neon sind tekkno tragen pechschwarz
sind grufti tragen haarschnitt sind börse tragen hanf sind grün tragen
stiefel sind glatzen …
fuck this line kanak!

sie wollen ihn sehen?!

Sie wollen ihn sehen: den gangterösen vorstadtlevantiner, den ollen
prolettrashjungleboogiefakker, die neue ikone vom volk fürs volk, den
omabeklauer, den taffen reservatskümmel, den big city-anatolier im
kanak-kosmos. Der neue mutationsschub des systems aus wellblech-
öden und containern und döner kebab-kabuff-hinterhöfen und allah-
tempeln soll dem hip-hoppigen mtv-dandy zum stimmungshoch ver-
helfen: türkisch gast als zehrprotein für exotenbefummler. Der liberale
kenner der materie steht am kaminsims und zupft sich am geißbärt-
chen und schickt sein kamerateam in die lebensräume des lumpenethn-
iers, auf daß der erkennungsdienst erste prints liefere. Popkultur-
schwätzer knallen in ihren essays das ganz große ding von der
jugendkultur hin, alikumpel grüßen schmierige goldkettchenturcos
mit nigger-handschlag, rechte dregger-blondsäue wollen diese neuen
ethnier vom blondinen-fikken ab- und in eigenen rassensegmenten
halten. Bald gibt es schnupperkurse in kanak-kunde. Evangelische
blockflötenpfaffen finden, daß die spendenaktionskümmelköppe auch
menschen sind und unsere fürsorge sehr sehr nötig haben. Deutsche
männer entdecken die heulig-sentimentale kopftuchaysche als gegen-
gift gegen den emanzenspuk im eigenen stall. Auf der anderen seite:
genauso wie es für den redakteur einer intelquartaljournaille unbot-

mäßig ist, eine friseuse als freundin zu haben, taugt auch der kanak-kid schlecht als einer, den man wirklich kennenlernen möchte. Die assyrer oder ägypter hatten ihre hochkultur, das gastarbeiterkind macht halt auf kulturkreissymptomatischen ethnoquark. Sollen die neuen wilden mal strampeln: etwas nigger etwas harlem etwas oriental magic. Man will schließlich vom ennui wegkommen. Der türke gibt schon was her als aufmatscher, er ist der lowbudget-alpdruck des weißen dtschen mannes, er ist die ultimative info für den bel-etage-interpreten der ethnodrüse. Es geht also ein irgendwas um in almanya, das da heißt: kanak-attak!

Ein schönes stück scheiße: ein bärtiger tomatenputzer vor seinem gemüseladen und orient-dideldu als soundtrack und n paar turco-reifenfelgenklauer stehen ein bißchen abseits und machen auf hibbeliges geschehen, die väter haben gastroenteritis, lieben tratsch im teehaus oder türkenverein, ihre söhne haben keinen abschluß, hängen in der gegend herum, wollen glück haben endlich am spielautomaten oder heil das bullenverhör überleben oder im knochenbrecher armenviertel weg vom blöden elend: die luft ist dieselbe der himmel ist derselbe wer hier von hölle spricht frißt luxuskaviar! Die abart frißt sich ins herz, so redet man untereinander, oder: wer ehre im leib nicht hat, der lebt wie der deutsche. In jedem satz faucht der papiertiger. In jedem spruch sind reflexe des mumms: nicht so wie unsre väter, die mit ihren ford-zwiebelbombern unterwegs waren ins homeland, weil es sich hier nicht aushalten ließ zwölf monate im jahr. Wir machen zu brei, wir stechen aus, wir sind nicht untertan: so spricht man out of area, abseits und jenseits von almanya: so ist unser monsterdeitsch, unser kackmeierstammel, wir haben keine schweinerüssel im aas. Der oberhänger im viertel, der wirklich was zu sagen hat, sagt: kümmel, du mußt lernen hart ranzugehen, sie trocknen dirs hirn aus, übles land das. Blei um blei! Sie wickeln dich ein, dabei zählt hier nur der mammon, kapital macht beträchtlich. Der sich wehrt ist ein meister, und unter seiner narbe schlägt der richtige puls. Türkenfraumann darf keine muffe haben, so einfach ist das. Der oberhänger sagt: kümmel wie ich ist membran, der hat nicht wenig lust auf fressepolitur, kümmel wie ich bleibt membran. Machn schritt und du wirst von nullen angedreckt. Ne null kriegt was auf die fresse. Kümmel mit anderen kümmeln: das isn syndikat, das ist schebeke: tschakatschakabeng!!

Sie wollen ihn also sehen. Als gebe es noch einen ort für underground, als sei jugendkultur etwas anderes als ein monochromer blütentraum des mainstreams, ein billiger strumpf am fuß des weißen riesen almanya, denn ein kümmel-biotop birgt genausowenig die meta-ebene in sich wie eine handvoll lakritzschnecken. Jeder steckt wie ne arge hur in ihm sein miljö, steckt im xxl-desaster, und die kanak-kids legen nen fußballenquälenden taffen turfwalk hin, daß sie aussehen wie hippe mogule. Mein miljö macht mich zur katze auf heißem blech, kultur aber weit und breit nicht, nur verhältnis über verhältnis, eine richtige menge von diesem zeugs, und wenn der crash mit diesen abarten mich wieder einmal in ein kellerloch gesprengt hat, will ich n roter khmer sein und dem miljö zurufen: dich zu behalten ist kein gewinn, dich zu vernichten kein verlust! Ich hecke keinen masterplan aus, ich schneidere keine trendklotte, ich bin in keiner szene der gasmankeppi-levantiner, ich sag nicht ja zur melonenkaltschale mit waldbeeren in honigmelone serviert, ich bin kein big city-husar und auch nicht hip höp-streetwise, ich hab kein hormon über für ne laue peace and love-revolte, ich glaub nicht, daß junges blut in den schnellen ruin schlittern sollte, statt mit gottlob und scheidungsrate anzufangen, ich will keine parallelwelt zum mainstream, ich pfeif was auf türkenhilfe ausm ausländerfonds, meine region is nicht ruhe sanft oder putzmunter, ich warte nicht in der abseite einer alikaschemme auf allahs hilfe, ich hab nixs über für den kleinen miesen wohnzimmertod: I'm out of this fuckin area! Die güldne zeit, in der menschen sich friedlich vom ackerbau nährten, ist mir schnurz, und heute, wo das pack mitm anderen pflug ackert, soll mir keiner kommen mit so ner sache wie privatsphäre: ekliger deutscher studentenschiß grundundboden. Totentänzer sind bei der arbeit, so ist das geschehen um mich herum, in ihren seligen plüschkammern und in ihren scenes, wo n fetter baß ihren tran wegtrümmert vier ecstasystunden lang, in ihren literat-hur-zirkeln und förderpreis-kunnnstchromodromen, überall seh ich kanake miljöcretins sich in einer zehenschnupperhaltung durch die savannen ihrer kaputt-sprak balgen. Ich bin der assimil-ali nicht, der mitswingt, nicht der imbezile ethnier und nicht der kollegge achmed in seiner folknische.

item one

Die petzer tragen codes und codex zu bürgers feuilleton: der liberalultramilde soll mit des petzers hilfe nun auch dahinterkommen, daß vierhunderttausend moguffen zwischen 13 und 24, vierhunderttausend kanaken einen fuck auf großalmanya geben, daß vierhunderttausend taffe großstadt-kümmelbrocken endlich so weit sind: sprengt die identifikationsmodelle aus der dtschen retorte! Nixs schmusewolleorientale mit ethnocharme, nixs ganzkörperkrebs im »ghetto«, nixs gegenstand für mtv-rapromantiker, nixs quasi-nigger im eigenen haus, nixs »du bist so anders als die anderen türken«.

Fakt ist: das ghetto ist keine zur besichtigung freigegebene wildbahn, das ghetto ist ein gesellschaftlicher zustand.

Die petzer flüstern und fisteln über meiner »rasse« gewalt. Klar, zum feld gehören forscher: betagte tabubrecher und kommunenfurzer von einst. Sie machen als neckermann-volkskundler schnell mal rüber in die gastarbeiter- und kanakballungsviertel und stellen ein, na wie heißt es noch einmal, diffuses exotenelend fest. In der müsli-jornaille war zu lesen: rückzug der türken aus der dtschen öffentlichkeit! Es wurde ein ende der paternalistischen ausländerbetreuung gefordert. Böser böser anatolischer intrigant! Heute lauten in liberalultramilds prawda die headlines in alarmrot: »zuflucht in der moschee« und »zukunft in der abkehr?« Böser böser muselmanentürke! Wieder einmal haben arge huren des linksalternativen kultursektors das stichwort für rechtsnationale papierbomber gegeben.

Es wird stimmung gemacht in diesem land gegen uns: frauenunterdrücker, kopftuchaysche, durchrasser, assimilationshasser, arbeitwegnehmer, krimineller abschaum, quotenminderheitler… in ihrem großen normen-lebensraum taugen wir als negative differenzfolie, wir sollen ihr identitätsloch stopfen, sie schreiben uns eigentümlichkeiten zu, fremde sitten und gebräuche: wir sind bruchkreaturen eines monolithischen sittencorpus'. Der homogenen dtschgemeinschaft steht die minderwertige türkenrotte gegenüber und zeichnet sich durch oralität und zeugungswahn aus.
Damm this placc kanak!

item two

In der »dtschlandrolle« bedient der fremdländer in allen generationsphänotypen und subidentitäten den hunger des systems nach billiglohn-drecksarbeiter oder die kranke neugier auf exotismen als identitätsbeilage in der spaßsparte multikulti.

item three

Im intermediären kulturloch gedeihen der eigenarten und fremdver-
körperungen viele. Auf türkischer seite wird fleißig am mythos des
nunmehr großkarierten dtschland-ankömmlings mit mittelständischer
orientierung gestrickt.

In der auflagenstarken polit-gazette »hürriyet«, der gastarbeiter-haus-
postille schlechthin, erschien eine mehrtägige artikelserie über »die
neuen türken in dtschland«. Die überschriften lauten: »ihre träume
sind manchmal dtsch, manchmal türkisch«, »dtsche, die sich ihres tür-
kischseins nicht schämen«, »ich fühle mich nirgendwohin zugehörig«.
Sinn und zweck dieser propagandistisch aufgemotzten druckbögen ist
es, die bis vor kurzem als devisenalis oder alamanci (dtschländer)
denunzierten dtsch-türken als zartbittere kosmopoliten vorzustellen:
die neue power-elite besteht vornehmlich aus vorzeige-akademikern,
die liste ihrer vorlieben und hobbys liest sich wie der kulturfahrplan
von emporkömmlingen. Die dtschland-variante des new jack-styles:
ethno-signifikanz im college-look.

item four

Ein türkenrapper ist kein garant für hundred per cent-strategie im
sinne einer überwindung des ghetto-bullshits, er hat nicht überkom-
men, noch die vielen funktionsbilder des sistems vom jungen ethnier,
der es geschafft hat, erfüllt. Er bildet keine einheit authentischer stile,
aber er kann, auch wenn er die vermeintlich heile welt seiner roots
repräsentieren sollte, in text und songs fassen, was ihn angeht und
womit er immer zu tun haben wird: broken verhältnis, broken wort:
nixs ganzes. das ist sein bastardhibbel, der gerne medial zur dichotomie
verplumpt wird: ali ist faust, weil zweifach kulturbelegt. Ein deutscher
mittelstandsbub kann seine vielen privatinteressen in kapitallokalitäten
kultivieren, er kann seine fucking differenz in over-und underground
ansiedeln. Für einen broken kanak bleiben solche plätze äußerst frag-
würdige poppferche ohne echtes anliegen. Nicht immer muß es darum
gehen, kulisse und kulissen-schieber in einem einzigen rahmen zu
sehen, nicht immer sind die aufrufer zur unity eingemeindewoller in
den alltojtschen dreckspferch. Und doch: unser grips ist standpointed.
Besser ist das.

wo hängt der hammer?

Da leben wir so und so jahre hier vor ort, aber vom artigen lernst du nichtn viertel mandelkern, nichtn daumennagel weisses, nicht die fahle druckspur empörung, sondern nur: alles sahne, alles buttercreme, alles machbar in kommender zeit, putzmunter heute gaffen, wie wir morgen weichziel werden. Sieh kanak, was mit meisten türken los is: penndumm latschen die herum und geknickt und wissen nicht wie anfangen und was machen, schlampfen und brasen in kitschkabuffs, und wenn ne glatze ihnen n paar knochen trümmert, hat man ihnen wehgetan, und s wird gejammert: o dtschland, was willst du nur von uns?, wir sind doch rechtschaffene, und wir fegen deinen dreck weg! Diese hundsfottürken stinken gern nach alemangülle, das ist ihr feines deo, und sie schnüffeln sich gegenseitig ab nach diesem kraßkafferstank. Zwischen schafscherer und kraßkaffer haust der bucklige pennkümmel und zittert bei dem gedanken an gegenwehr. Er is belaust mit lähmungen pur, kuckt hoch zum toten himmel, wartet wien mäuschen auf käsewürfelregen. Will bauer bleiben mit seelenwärme im magen. Hat sprache deutsche, die nicht reicht, nicht mal bei aldi, und n studentsohn, dem es reicht, ruhe zu schieben mit der drallen susi, die an der kasse sitzt in aldi, wo die tüten zu haben sind, die man türkenkrokos nennt. Tja.

Dann die halbmondfreaks: back to zee roots: das is der strand und das meer und n viertel familie: und das kommt zusammen zum homeland, ein mal im jahr rutscht n türk innen ursprung, und dort kriegt er gefühle, und zeigt, back to zee almanya sein türkiye auf dia: urlaub sein gewesen sonnenreich sehr und türrrken opfern ihren letzten hahn für gast.

wo hängt der hammer? nimm das:

du bist dran, immer wieder von dürrung wegzukommen, dürrung is nämlich überall und im ghetto, dürrung heißt knapp bei kasse, dürrung heißt null rauskomm, dürrung heißt: n gangster is ne echte alternative. Der bürgerstand hat wahrlich n hohen zaun um ihm sein leben gebaut mit kies und status, und wers nicht hat, hats nicht und is nicht der bürgerstand. Der bürgerstand is die opernkostümmaus, is ne vorzimmerdame, is der uni-boy und is das diplomkindchen, doch wir nicht und ich nicht, weil wir gefickte sind und pech haben und rassenräude haben: so isses! Dies so-isses! lernste hier, dies so-isses! haste inner speise, haste im life haste im himmel und auf erden. So fand ich allemania: mir nah am arsch, so naher atem am genick, und ich weit ab vom schuß, und erst dacht ich, was isn das fürn schmerzzufüger, dern herrgott mimt, und da fand ich wieder n stück aleman wien voodookastanienmännchen mir unters kissen gelegt, mir falsches verhältnis zu bedeuten, mir zu kommen als scheißpillendealer und innendrinkmixer und innerseelepuler. Alles starrt: vonnen fenstern vonner straßenschlucht vonnen fußgängern vonnem alemanhimmel. N kümmelschläfer kriegt die losung vom aleman: dir bring ichs bei und pfeif aufs gewoge deiner ansicht.

wo hängt der hammer? nimm das:

Wien f... lazarus is der kanak dran, jetzt isser dran als zermalmer, und jetzt ganz sicher das zehnpunkteprogramm, das er killen muß: furcht vor der behörde   mindersein, weil herrenrasse n witz und wertarbeit geht kaputt   ghettoöde: raus da mit rambazamba mutation zum dtschen kleinbürger: schaut euch doch nur die assimilierten türkInnenzombis an!   So-sein-wie-aleman-schreckniß   zee roots: taugen wenig zum fight   holzgesicht gangstadingsda: löschen dich aus, eher früher als spät heroin: die dröhnigen hummeln im kopp und inner seele machst du erst mal tot, aber dran bist du sowieso hier, und die endpleite am hals, viele sind in die klemme eingestiegen, die nix-mehr-zu-melden-habende sind auch über kurz oder lang in die klemme abgegangen (der ethnier funkzioniert gut oder schlecht nur als klemmenkasper, dessen gesicht am aleman-revierzaun pappt,   der faxen macht, damit man ihn reinlasse: viele kümmel haben den palazzo-dream der kanaille)   durcheinanderkopp: trouble und tantana und falsche tuerei; die härteste währung ist der grips, pfeif auf das bettelbrot, das der aleman seinen better minded kids ins mäulchen stopft.

wo hängt der hammer?

Ob dein sprak, dein mind, dein brot, dein tag um tag, dein sex, dein recht, deine würde, dein kodex, deine tauglichkeit, dein text, dein stil deine fashion, dein wasauchimmer: deine fitneß und dein busineß sind es deine stelle zu markieren: body-zeig! Das ist stil und das ist die tour gegens einmachen des kümmels, der zorn aufgestaut hat von all dem unsichtbarsein im body. Im bimboslum ist die kümmelhaut n teppich, auf dem man stapft, dort draußen aber hängt man sie wien zebrafell anne wand oder rahmt sie ein oder stopft aus, den dir abgerissenen kopp: also eine falle. Was auch immer du anstellen magst, den fremdländer kannst du nimmer aus der fresse wischen. Kanak läßt es sein. Was auch immer für ne party hier in alemania läuft, es ist nicht meine party. Die bombe hat zu lange im bunker gepennt, jetzt geht sie hoch, jetzt gehen wir hoch. Das kann ich sagen.

Steffen Wenzel

Urban und utilitär

Straßensport in Jugendkulturen

Steffen Wenzel gehört zum Herausgeberteam SPoKK, arbeitet intensiv an seiner Karriere als Popmusiker und promoviert derzeit über das Thema »Streetball – Jugendkultur im Zeichen der Generation X«. In seinem Beitrag widmet er sich den neuen sportiven Jugendkulturen und ihrer Affinität zum Urbanen.

Ich kickte damals mit meinen Brüdern im elterlichen Hof auf eine geschlossene Garagentür. Der Hof war neu gepflastert, und die ebenfalls frisch angepflanzten Blumen und Sträucher hatten nicht den Hauch einer Entwicklungschance, genauso wie meine Straßenfußballersozialisation. Im zarten Alter von sechs Jahren wurde ich im Verein angemeldet.   S.W.

Die Straße als gesellschaftliches Lernfeld für Jugendliche ist neu entdeckt worden. Erschien sie früher als ein Ort, an dem Kinder und Jugendliche unbeaufsichtigt der »Umwelt« ausgesetzt sind, versucht man heute die Straße unter sportiven Gesichtspunkten neu zu pädagogisieren und zu instrumentalisieren. Firmen, Sportorganisationen und -institutionen haben es sich zur Aufgabe gemacht, Jugendliche an Straßensportarten heranzuführen, um die Laune am »reinen« Spiel wieder zu beleben und den muffigen Geruch traditioneller Organisationen zu umgehen bzw. loszuwerden. So initiierte der Deutsche Fußballbund (DFB) ein Projekt speziell für Jugendliche, in dem der Spaß am Spiel nicht im Verein, sondern auf der Straße gesucht wird. Besonders Sportartikelhersteller wie Nike, Converse, Reebok und adidas greifen das Interesse von Jugendlichen nach ungezwungenen, unverbindlichen Straßensportarten wie Streetball, Streetsoccer oder auch Skateboarding und Inlineskating auf.

Anscheinend hat sich einiges getan, seitdem es für heutige Jugendliche mehr Sportoptionen als Fußball, Handball oder Tennis gibt, besonders was die jugendkulturelle Dimension der vermeintlich neuen Sportarten betrifft. Die wissenschaftliche Beschäftigung ist hingegen bei der Untersuchung von Jugend und Sport nach wie vor auf drei Bereiche fokussiert, die die neuen Straßensportarten jedoch nur am Rande streifen und die jugendkulturelle Qualität aktiven Sporttreibens vernachlässigen.

Zum einen sind jugend- und sportsoziologische Untersuchungen meist pädagogisch motiviert und analysieren die Auswirkungen von bestimmten Sportarten auf das ausübende Individuum (physisch und psychisch), den biographischen Stellenwert sportiver Praktiken im Heranwachsen von Kindern und Jugendlichen oder die verschiedenen Verhaltensmodi des Einzelnen in sozialen Gruppen (Verein, Gemeinschaft, Verband). Zum zweiten gibt es eine ebenfalls pädagogische Auseinandersetzung mit dem Thema, die sich mit den Möglichkeiten des Schulsports und der Sportsozialisation beschäftigt (sportdidaktische oder -methodologische Herangehensweisen). Schließlich sind es Untersuchungen zu sportiven Jugendkulturen, die sich bislang meistens auf das Fanverhalten, also die »passive« Teilnahme am Sportgeschehen bei Jugendlichen, beschränken.

Die »Einbettung von Sportpraktiken in das jugendkulturelle Alltagsleben«[1] ließ sich jedoch bislang nicht nachhaltig verifizieren und wird zur Zeit eng an den Begriff des **Straßensports** geknüpft, wie im Folgenden an einigen Beispielen näher verdeutlicht werden soll.

Neben dem mittlerweile zur Breitensportart mutierten **Inlineskating** ist es besonders die **Skating-** und die **Streetballszene**, die sich in den öffentlichen Stadtbildern etabliert hat.

Unter **Straßensportarten** werden sportliche Ativitäten verstanden, die sich in Zeiten stetig ausdehnender urbaner Räume nicht, wie meistens typisch für traditionelle Sportarten, in extra angelegte und funktionalisierte Räume oder Plätze zurückziehen, sondern die Straße oder den öffentlichen Platz für ihre Zwecke okkupieren und auch umfunktionalisieren. Ich werde im Folgenden von der **Skating**-Szene sprechen und damit bewußt die auf Rollen durch die Gegend »joggenden« und dabei eher den asphaltierten Parkweg und nicht die Straße aufsuchenden »Berufsjugendlichen« ausschließen. Skating umfasst demnach in meiner Definition **Skateboarding** und **Inlineskating**, sofern hier jugendkulturelle Aktivitäten zu verzeichnen sind. Als **Streetball** bezeichne ich das Basketballspiel auf der Straße, also nicht in der Halle, bei dem meistens auf einen Korb gespielt wird. Zwar ist Streetball der urheberrechtlich geschützte Eventbegriff des Sportartikelherstellers adidas, doch spreche ich im Folgenden nicht von den organisierten Turnieren und Events, sondern vom unorganisierten Freizeitbereich der Jugendlichen, in dem sie sich auf Schulhöfen, Parkanlagen oder anderen öffentlichen Plätzen zum Basketball spielen treffen.

Diese Szenen sind nicht nur reine Sport- und Bewegungsszenen, sondern Sport wird hier zum Mittelpunkt des jugendkulturellen Alltagslebens. Anders formuliert: es manifestieren sich für Jugendkulturen typische Verhaltensweisen in einer Sportart, und die sportlichen Aktivitäten werden dementsprechend kulturell bearbeitet und transformiert.

Lifestyle = Streetstyle: Körper, Mode, Musik

Zunächst ist es nichts Neues, daß sich jugendkulturelle Aktivitäten auf der Straße, also in der Öffentlichkeit manifestieren. Betrachtet man bisherige Jugendkulturen, wurde der öffentliche Raum schon immer als Treffpunkt, Territorium, Demonstrations- und Provokationsebene genutzt. [*Vgl. dazu auch den Beitrag von Tricia Rose in diesem Band, S. 142 bis S. 156*]

Bei sportiven Jugendkulturen ist dies im Grunde nicht anders, allein daß sie die öffentlichen Straßen und Plätze buchstäblich spielend besetzen. Dabei wird das Spiel oder der Wettbewerb als Distinktionskriterium der Jugendlichen untereinander, aber auch gegenüber traditionellen Sportarten genutzt. Beim Streetball werden z.B. meist nur auf Turnieren die Punkte ernsthaft gezählt. Ansonsten spielt man lässig und teilweise äußerlich unmotiviert mit dem Basketball herum und versucht ständig neue Varianten, um den Ball auf möglichst elegante Weise im Korb unterzubringen. Bei besonders spektakulären Korblegern, Finten oder sogar *Dunks* (das kraftvolle »Stopfen« des Balles in den Korb) ist einem der *respect* der Mitspieler, aber auch der Gegner sicher. In der Skating-Szene funktioniert dies ähnlich, indem man Figuren mit dem Board neu kreiert oder Teile der städtischen Infrastruktur (Treppen, Geländer, Mülleimer oder auch Verkehrsinseln etc.) geschickt befährt und dabei der eigenen Kreativität freien Lauf läßt.

Die daraus resultierenden gruppeninternen Hierarchien orientieren sich an rein ästhetischen Merkmalen. Die Gruppe erscheint zudem als soziales Gebilde, bei dem das Individuum seine Selbstwertschätzung besonders über ein »Mehr des Bewegungskönnens«[2] erlangt. Gleichzeitig ist dies natürlich auch eine Distinktion gegenüber Vereinssportlern sowie traditionellen Sportarten im allgemeinen und deren Verständnis des unbedingten Erfolgs auf Kosten des genuinen Spaßes. Überhaupt ist es der Begriff der Distanz, der diese sportiven Jugendkulturen kennzeichnet, und somit Coolness zum zentralen Element dieser Szenen werden läßt. Coole Typen können ihr Selbst bewußt kontrollren und entsprechen somit der »Sozialfigur der Körperdistanzierung«,[3] die den Körper nicht rein äußerlich und auch keiner Irrationalität des

Gebrauchs folgend aufwertet (wie z.B. im Bodybuilding), sondern die bewußte Distanz zu ihm sucht, um somit ein Gegenbild zum typischen sportlichen Körper der heutigen Gesellschaft zu entwerfen.

Deutlich wird dies, wenn man sich die Kleidung dieser Sportszenen näher anschaut. Kennzeichnend ist die Wahl übergroßer Konfektionsgrößen (XL oder XXL), die zunächst recht ungewöhnlich bei sportlichen Aktivitäten sind, denkt man nur einmal an die Materialschlachten in einigen Profisportbereichen, wenn es beispielsweise um Windschlüpfrigkeit, Gesamtgewicht und damit um Sekundenbruchteile geht. In diesem Fall garantiert jedoch die extrem weite Kleidung eine große Bewegungsfreiheit, die zu einem unterschiedlichen Modell der Sportmode

Von der Sportstätte zur Sportstadt

geführt hat. Auch wenn dabei auf Modeaccessoires anderer Jugendkulturen rekurriert wird, ist jedoch in diesen sportiven Jugendkulturen eine eigene Stilschöpfung zu erkennen.

Allgemein wird diese Moderichtung gerne als *Streetwear* bezeichnet, die zum Teil Bezüge zur amerikanischen und englischen Arbeitskleidung hat, robustes Material verwendet und den Bequemlichkeitsaspekt vor modische Körperbetonung stellt.

Moderne Street- und Sportswear garantiert jedoch nicht nur Bewegungsfreiheit beim Sport, vielmehr verdeckt sie auch gleichzeitig den Körper, um den sich eigentlich beim Sport alles dreht. Denn der sportliche, austrainierte Körper ist nicht nur ein Zeugnis für Fitneß und Vitalität, sondern gleichzeitig auch Sinnbild für Erotik und Sexualität in der heutigen Gesellschaft.[4] Nicht zufällig werden moderne Sportstars zunehmend als Sexsymbole angesehen und vermarktet – und ihr Körper als ihr Kapital bezeichnet.[5] Die Kleidung, die bei Straßensportarten getragen wird, bewirkt hingegen genau das Gegenteil traditioneller Sportbekleidung: Sie verhüllt den »body« und läßt nur wenige Partien erkennen. Der Körper wird zum sekundären Objekt, und als Folge gilt die Aufmerksamkeit dem gesamten Bewegungsablauf mit dem Spielgerät.

Dennoch kann man nicht behaupten, daß durch dieses andere Körperverhältnis oder die veränderte Körperwahrnehmung eher introvertierte Persönlichkeiten unter den Jugendlichen zu finden sind. Die Streetball- und die Skating-Szene sind weitestgehend männliche Jugendkulturen, und Maskulinität ist gleichzeitig ein wesentliches Merkmal, das den Stil der Jugendlichen charakterisiert. Dies geschieht jedoch nicht über sexuelle Dominanz, sondern vielmehr über Identitätsbildungen, die sich an Coolness, Freiheit, Körperbeherrschung (Ästhetik), Kraft, Härte und Selbstbehauptung orientieren.

Zum Ausdruck kommt dies besonders in der von den Jugendlichen rezipierten Musik, die zentrales Stilmittel der Szenen ist. In der Skatingszene existiert eine große Vielfalt an Musikrichtungen, die gewissermaßen die stilistischen Feinabgrenzungen innerhalb der Szene dokumentieren. Gehört wird meistens schnelle und laute Musik, die gitarrenorientiert den Bereichen des Grunge oder Punk zugeordnet werden kann. Jedoch gibt es auch einen großen Teil, der eher HipHop bevorzugt.

Genauso, wie sich die Szene der Musik bedient, bedient sich die Musik-, Video- und Filmindustrie auch des »typischen Skaters«. Jugendliche, die in Filmen wie *Kids* von Larry Clark Prototypen der Skatingszene darstellen, bilden genauso wie die Skater in Musikvideos von Sonic Youth oder den Beasty Boys – obwohl es sich um unterschiedliche popkulturelle Medien handelt – einen relativ einheitlichen Typus: den des jugendlichen Hängers und Faulenzers, Slacker genannt, der häufig Drogenprobleme hat, nicht arbeitet oder noch zur Schule geht, im besten Fall McJobs verrichtet, sich auf dem Skateboard ständig neue subversive Gedanken macht und insgesamt nur den hedonistischen Spaß im Leben sucht.

Die Streetballszene ist hingegen weitestgehend um HipHop zentriert. Darüberhinaus hat die Musik einen anderen Stellenwert, da sie ständig während des Spielens läuft und tatsächlich auch den Rhythmus des Spiels bestimmt. Bevorzugt wird besonders harte Musik, wie die des **Gangsta-Rap**, der sich in seinen Texten teilweise martialisch und sexistisch äußert, aber für die Jugendlichen die Authentizität des Ghettos und der Straße symbolisiert.

Für viele drückt genau diese Musik ihr Lebensgefühl und ihre

> **Gangsta-Rap** ist eine in Los Angeles entstandene Variante des HipHop, für die der Bezug auf die jugendliche Bandenkriminalität in den *inner-cities* der US-amerikanischen Metropolen charakteristisch ist. In den Texten und Inszenierungen dieses Genres der populären Musik findet häufig eine Glorifizierung der Gangs statt, die sich am Mythos vom Gangster als unbeugsamen *outlaw* orientiert. In diesem Kontext wird die dramatisierte Darstellung von Gewalt und eine hyperrealistische Geographie des Ghettos zum ästhetischen Stilmittel der Drastik verdichtet.

Sehnsüchte aus, obwohl sie aus einem Kontext stammt, der auf den ersten Blick ein ganz anderer als der der Hörer ist.[6]

Streetball oder Basketball muß in diesem Zusammenhang in einer Linie mit einer vornehmlich von Afro-Amerikanern hervorgebrachten Ästhetik gesehen werden, und genauso wie die HipHop-Kultur hat auch die Basketball-Kultur eine wichtige Bedeutung für das afro-amerikanische Selbstbewußtsein. [*Vgl. dazu auch den Beitrag von Tricia Rose in diesem Band, S. 142 bis S. 156*] Basketball ist die einzige Sportart in den USA, die von Schwarzen dominiert wird und in der sich so etwas wie eine schwarze Dissidenz gegenüber der Hegemonie des weißen Amerikas abbilden kann.[7] Ähnliches gilt für HipHop im Bereich der Musik. In beiden artikuliert sich eine Ablehnung bestehender Lebensverhältnisse, die zwar von hiesigen Jugendlichen in ihrem ursprünglichen Ausmaß nicht geteilt werden kann, mit denen sie sich aber trotzdem identifizieren. Besonders funktioniert dies über die Identifikation mit den schwarzen Stars der *National Basketball Association* (NBA), die als »Blaupause« für die jungen Fans herhalten und dementsprechend als Vorbild des Rebellentums (Charles Barkley oder Dennis Rodman) oder als »Rolemodel des integrierten Schwarzen«(Michael Johnson) dienen.[8]

Welcome to the Jungle

Zunächst läßt sich festhalten, daß es sich aufgrund der angeführten Stilelemente dieser sportiven Szenen um Jugendkulturen handelt, die ihren Reiz für Jugendliche durch die Okkupation des urbanen Raums erhalten. Die Metapher des »Lebens im Ghetto« oder des »Überlebens im Großstadtdschungel« hat auf die Vertreter dieser Generation eine ungleich größere Anziehungskraft als auf ihre Vorgänger, die noch den Gefahren und der Anonymität der Stadt entfliehen wollten. Während die Elterngeneration dieser Jugendlichen in den sozialen Bewegungen seit den 70er Jahre mehr Freiraum, Spielplätze und Grünanlagen für ihre Kinder einforderte, haben diese reagiert und die Stadt bzw. den öffentlichen Raum zur Sport- und Freizeitstätte umfunktionalisiert. Die Straße impliziert dabei ein »gegenpädagogisches Milieu«,[9] durch das man sich den Erziehungsmaßnahmen der Eltern entziehen und seine Andersartigkeit und Innovationsfähigkeit im bewußten Aufsuchen städtischer Bewegungsnischen zum Ausdruck bringen kann.

Neben dem Anpassen an die spezifische Lebenssituation der Stadt verbirgt sich auch ein utilitärer Gedanke in diesen Straßensportarten, der dem Sport im Zeichen des Individualisierungsprozesses ein Nützlichkeitsprinzip verleiht. Sich sportlich im urbanen Raum zu betätigen, erforderte bislang eine gewisse Mobilität, um die jeweiligen Sportstätten aufzusuchen. Dies wird umgangen, indem der vorhandene Raum genutzt wird und somit Abhängigkeiten von Erwachsenen entfallen. Gleichzeitig ist das verstärkte Auftreten im urbanen Raum und dessen Umfunktionalisierung zur Sportstadt eine willkommene Provokationsmöglichkeit, wie sie Jugendkulturen zur eigenen Konstitution schon immer benötigt haben. Zudem wird an Orten provoziert, die zur Repräsentation der hegemonialen Kultur dienen (z.B Plätze, Theater, Einkaufspassagen) und die gleichzeitig besonders zur Präsentation des subkulturellen Stils geeignet sind. So kann man sagen, daß die bekannten Stilelemente von Jugendkulturen (etwa Mode, Musik, Sprache und Gestus) durch die Dimension des Raums erweitert werden, der in den meisten früheren Jugendkulturen nicht diese explizite Bedeutung hatte.

Entscheidend bleibt bei alledem das extrem spaßorientierte Verhältnis zum Sport, das sich in traditionellen Organisationsstrukturen – zumindest für *diese* Jugend – nicht verwirklichen läßt. Die Verweigerung fester Vereinsbindungen beinhaltet jedoch nicht unbedingt einen Rückzug ins Private. Vielmehr ist es eine Form der Dissidenz und der Emanzipation, ohne Anleitung der Erwachsenen den eigenen Körper auszutesten und selbst zu bestimmen, wann die Zeit zum Duschen gekommen ist.

Anmerkungen

1 Vgl. Schwier, J.: **Skating und Streetball im freien Bewegungsleben von Kindern und Jugendlichen**, in: Schmidt, W. (Hg.): **Kindheit und Sport – Gestern und Heute**, Hamburg 1996, S. 73–86

2 Vgl. Grupe, O.: **Was ist und was bedeutet Bewegung?**, In: Hahn, E./Preising, W. (Red.): **Die menschliche Bewegung**. Schorndorf 1976, 3–19

3 Vgl. Bette, K.H.: **Körperspuren. Zur Semantik und Paradoxie moderner Körperlichkeit**, Berlin 1989

4 Vgl. Gebauer, G./Hortleder, G. (Hg.): **Sport – Eros – Tod**, Frankfurt/Main 1986

5 Ich denke in diesem Zusammenhang z.B. an den Basketball-Spieler Dennis Rodman, der sich selbst in den Medien die Rolle des bisexuellen Sexmonsters verpaßt hat; oder an die Sportgymnastin Magdalena Brzeska, die als Gymnastin zwar nicht zur absoluten Weltspitze zählt, aber aufgrund ihres Aussehens und ihrer erfolgreichen Vermarktung zu einem Medienstar in Deutschland geworden ist.

6 Die Frage der »Ghettoromantisierung« im Streetball respektive auf den von Firmen veranstalteten Events möchte ich in diesem Zusammenhang ausblenden und verweise auf: SPoKK: **Generation X - Jugendforschung für eine immer schneller werdende Kultur**, in: Z – Zeitschrift für Kultur und Geisteswissenschaften, Nr. 12/1996, S. 3–15

7 Vgl. George, N.: **Elevating the Game. The History and the Aesthetics of Black Men in Basketball**, New York 1993

8 Vgl. Blank, G.: **Bad Boy als Normalfall**, in: Konkret, Heft 1/1994, S. 48–51

9 Vgl. Zinnecker, J.: **Straßensozialisation**, in: Zeitschrift für Pädagaogik 25/1979, S. 727–746

GIRL SCHOOL

»Der alte politische Gegensatz, Weiblichkeit auf der einen und Feminismus auf der anderen Seite, hat als Mittel zur Beschreibung der Erfahrung junger Frauen ausgedient.«
Angela McRobbie

»Grrrl bringt das Knurren zurück in unsere Mietzekatzenkehlen.«
Laurel Gilbert und Crystal Kile

Angela McRobbie

Shut up and dance

Jugendkultur und Weiblichkeit im Wandel

Angela McRobbie, Soziologin an der Thames Valley University in London und
Autorin u.a. von *Postmodernism and Popular Culture*, untersucht in ihrem
Beitrag am Beispiel der britischen Rave- und Club Culture die Lebenswirklichkeit junger Frauen heute. Dabei sucht McRobbie nach neuen Identitäten,
die am Ende des Antagonismus »Weiblichkeit versus Feminismus« stehen.

Die Jugendkultur der vergangenen Jahre ist nicht nur eine Antwort auf
die bedrückenden Lebensperspektiven junger Menschen der 80er und
90er Jahre in Großbritannien (wie zum Beispiel die erschreckende Allgegenwärtigkeit von Aids), sondern auch der Ort, an dem neue und
unvorhersehbare gesellschaftliche Bedeutungen aktiv geschaffen werden. Das symbolische und ästhetische Material der Jugendkultur entsteht in einem scheinbar rauschhaften Prozeß kultureller Produktion.
Daran läßt sich sein gesellschaftlicher Bezug ablesen. Jugendkulturen,
in welcher Form auch immer, sind in die Gesellschaft eingebunden. In
diesem Sinne sind sie politisch. Früher hätte man gesagt: sie beziehen
Stellung. Unter wechselnden historischen Bedingungen nehmen diese
Positionen verschiedene Formen an und müssen immer wieder neu
bestimmt werden. Diese Aktivität bildet das Rohmaterial der wissenschaftlichen Beschäftigung mit Subkulturen, die aufgrund des ständigen Wandels, dem sie unterliegen, immer wieder von neuem betrachtet
werden müssen. Trotzdem denke ich, es lohnt sich, die Analyse in noch
anderer Richtung voranzutreiben. Die Intensität subkultureller Aktivität läßt ihren unmittelbaren Ursprung in der Jugendkultur erkennen.
Gleichzeitig ist sie Teil einer allgemeineren Populärkultur, die sich ihrerseits beständig an den innovativen Elementen der Jugendkultur orientiert und deren Dynamik für sich in Anspruch nimmt.

Zu Beginn der Theoriebildung zum Thema Subkultur am *Center for Contemporary Cultural Studies* (CCCS) hatte die Unterscheidung zwischen
Jugend- und Populärkultur durchaus ihre Berechtigung. Jugendkultur
wurde dabei eine Art symbolischer Authentizität innerhalb der Klassengesellschaft zugeschrieben, während Populärkultur der Konsumge-

sellschaft zugeordnet blieb. In Wirklichkeit aber sind beide kaum trennbar, sondern stehen in einem dynamischen Verhältnis zueinander.[1] Seitdem die Zielsetzung der Kulturanalysen nicht mehr ausschließlich auf der Erforschung der den gesellschaftlichen Formationen zugrundeliegenden Klassenverhältnissen beruht, dürfen wir uns erlauben, spekulativer und offener über andere Bedeutungsebenen nachzudenken. Es geht weniger darum, Fragen des Geschlechts, der Sexualität, »Rasse« und Identität direkt auf Jugendkultur anzuwenden, sondern zu untersuchen, wie an verschiedenen jugendkulturellen Schauplätzen Verschiebungen der Bedeutung von »Rasse«, Klasse und Geschlecht erprobt werden.[2]

Ich will nicht behaupten, daß die veränderte Weiblichkeit, der wir begegnen, einen reinen Fortschritt darstellt. Mädchen sind heute unabhängiger als in den späten 70er Jahren, der Zeit, in der ich begonnen habe, mich wissenschaftlich mit diesen Dingen zu beschäftigen. Ebensowenig aber möchte ich mich Susan Faludis These anschließen, daß Frauen und insbesondere junge Frauen nach einer kurzen Phase des Auftriebs nun die Auswirkungen des Gegenschlags der sich gerade formierenden »neuen Rechten« und konservativen Bürgerbewegungen mit voller Wucht zu spüren bekommen.[3] Weder Fortschritt noch Rückschlag trifft den Kern der Sache. Junge Frauen in Großbritannien haben während der letzten 15 Jahre einen Prozeß der drastischen »Loslösung« durchlaufen, der jetzt in den sozialen Institutionen, der kommerziellen Massenkultur und den verschiedensten jugendlichen Subkulturen sichtbar wird. Die Bedeutungen von Weiblichkeit und ihre Verankerung in der gesellschaftlichen Realität verflüssigen sich zunehmend. Mir ist aber keine detaillierte Untersuchung über die Veränderungen der Lebenswirklichkeit junger Frauen und Mädchen außerhalb der sozialen Institutionen Familie, Ausbildung und Beruf bekannt. Wie so oft in den *Cultural Studies* müssen wir uns, wenn keine soziologischen Studien zur Illustration unserer Argumente vorliegen, auf die schwache Beweiskraft bekannter jugendkultureller »Texte« stützen und dort nach deutlichen Anzeichen der Veränderung fahnden. Der fließende Zustand, der heute für weibliche Identität charakteristisch ist, findet sich ebenso in den neuen Mädchenzeitschriften wie im gesamten ausgedehnten Bereich der Massenmedien. Innerhalb der Kultur hat eine diskursive Explosion stattgefunden, in deren Verlauf die Bedeutungen von Weiblichkeit und deren zwiespältiges Verhältnis zum Feminismus eine Neuordnung erfahren. Feministische Themen haben nun nicht mehr nur in den traditionellen »Frauenbereichen«, wie z. B. den Frauenmagazinen und Radiosendungen wie *Women's Hour*, ihren angestammten Platz, sondern sind nunmehr auch in den weniger geschlechtsspezifischen Radio- und Fernsehsendungen und besonders in Kunstreportagen und im Schauspiel anzutreffen. Diese Verlagerung bleibt nicht auf eine Kultur beschränkt, die sich an ein weibliches Publikum oder eine weibliche Leserschaft der Mittelklasse richtet. Dank Autorinnen wie Carla Lane und anderen gehören feministische Themen auch in den Massenproduktionen der *Sitcoms*, in den Seifenopern, Stücken und Serien des Mainstream mittlerweile zum Standard. Das bedeutet andererseits aber nicht, daß sich jüngere Frauen als Feministinnen verstehen. Sie lehnen eine solche Bezeichung sogar ab und bestehen zumindest in der Art und Weise, in der sie sich präsentieren, auf eine ausgesprochen konventionelle Weiblichkeit. Gleichzeitig beziehen sie in den alltäglichen Diskussionen häufig entschieden feministische Standpunkte. Diese Frauen lehnen ein bestimmtes feministisches Erscheinungsbild ab, das sie es entweder mit der älteren Generation oder einem stereotypisch unweiblichen Aussehen verbinden. Mit anderen Worten: der alte politische Gegensatz, Weiblichkeit auf der einen und Feminismus auf der anderen Seite, hat als Mittel zur Beschreibung der Erfahrung junger Frauen ausgedient. Vielleicht wurde er ihm niemals gerecht. Der Gegensatz zwischen einigen wenigen aufgeklärten feministischen Akademikerinnen und der Masse ideologieverblendeter »Opfer« hat sich aufgelöst.

Es stellt sich die Frage, wie man sich dem Thema »Jugendkultur« im Großbritannien der 90er Jahren annähern kann, wenn man einerseits die feministische Kritik subkultureller Theorie der späten 70er Jahre nicht außen vorlassen und andererseits jene die komplette Gesellschaft durchziehenden Veränderungen im Geschlechterverhältnis, wie ich sie oben angerissen habe, berücksichtigen will. Eine Möglichkeit könnte sein, die wichtigsten Elemente und Entwicklungen exemplarisch aufzuzeigen. Der Klassenbegriff allein verbürgt heute nicht mehr die kritische Kompetenz der Kulturanalysen. Auch der Ideologiebegriff ist zu einer monolithischen Kategorie erstarrt, der allein auf soziale Passivität und Konformität gerichtet ist und Kontroversen und Auseinandersetzungen auf mikrologischer Ebene nicht sinnvoll zu erfassen vermag.

(Unter Bezugnahme auf Foucault verwendet Erica Carter den Begriff »mikrologisch«, um das Wechselspiel von Macht und Machtlosigkeit zwischen Mutter und heranwachsender Tochter besser beschreiben zu können. Carter gelangt so zu einer ort- und kontextbezogenen Definition von »Widerstand«.[4)]

Wir sollten den Untersuchungsbereich eingrenzen und unsere Forderungen nach Totalität und Einheitlichkeit zugunsten der »Würde des Besonderen«,[5] wie es Laclau genannt hat, aufgeben.

Zunächst lassen sich während der vergangenen zehn Jahre einschneidende Veränderungen innerhalb der Jugendkultur feststellen. Nach Punk war nichts mehr so, wie es einmal war. Nach Punk konnten jugendliche Subkulturen, egal in welcher Aufmachung, nicht mehr nur als bedrohlich wirkende »Pausenclowns« der Gesellschaft begriffen werden. Es waren zu viele und sie waren zunehmend in der Lage, sich gegen die Vorwürfe seitens der Massenmedien zu wehren. Mit der höheren Verfügbarkeit preiswerter Technologie bekamen sie die Mittel in die Hand, sich gegen Angriffe zu verteidigen, indem sie ein breiteres Publikum dazu brachten, sich mit bestimmten Themen auseinanderzusetzen. Und die Kommunikationsmöglichkeiten blieben keineswegs nur auf Fanzines oder Style-Magazine, die meist in Eigenregie produziert wurden, beschränkt.

Das zunehmende Interesse eines Großteils der Bevölkerung an Fragen des Stils und im Laufe der 80er Jahre auch an »Design«, spiegelt eine Situation wieder, in der Jugendlichkeit und Subkultur praktisch gleichbedeutend waren. Ältere Subkulturen wurden zum xten Male wiederbelebt. Einige, etwa Heavy Metal, [*Vgl. dazu auch den Beitrag von Werner Helsper in diesem Band, S. 116 bis S.128*] kehrten völlig unverändert wieder und gewannen dennoch neue Anhänger unter männlichen Jugendlichen ab dreizehn Jahren aufwärts. Die Hippiekultur hat sich durch das neu erwachte Interesse an Vegetarismus, Umwelt und Frieden nicht nur als reif für eine Neuauflage erwiesen, sondern scheint inzwischen einen ständigen Platz in der »Endloskette« von Jugendkulturen beanspruchen zu können. Mit Musikern wie De La Soul in den USA und Soul to Soul in Großbritannien fand eine Hinwendung zu schwarzer Musik statt. Hier wurde die schwarze Befreiungs- und Bürgerrechtsbewegung der 60er Jahre mit einer radikalen politischen Sprache verbunden, der sich bald darauf auch weiße Studenten und Hippies bedienten.

Aus Punk, Gothic, Hippie und Reggae gingen **Crusties** hervor, deren ungekämmte Haare buchstäblich zu Dreadlocks verkrustet waren. Sie nahmen die Stellung der gesellschaftlichen Underdogs ein und forderten das Recht auf freien Zugang zu öffentlichem Gelände. Sie waren geprägt vom Verlangen, sich der Erblast der thatcheristischen Werte zu entziehen und zogen »ökologischen« Schmutz der sauberen Konsumgesellschaft vor.

Im britischen urbanen Stadtbild nehmen **Crusties** noch immer eine Schlüsselstellung ein – meist in Begleitung altersschwacher, aber heißgeliebter Hunde
und mit einer Dose Bier in der Hand. Man trifft sie z.B. vor dem *Sainsbury's*
Supermarkt in Camden, im Norden Londons, einem Gebäude, das als Parade-
stück postmoderner Architektur gilt. Crusties sind meist Hausbesetzer, junge
Anarchisten oder junge Obdachlose. Mit ihrem augenfällig »schmutzigen« Stil
inszenieren sie öffentlich »Obdachlosigkeit« oder das »Ende des Wohlfahrts-
staats«.

Gerade diese Gruppen wirken nach wie vor ungeheuer prägend auf die
urbane Landschaft. Sie tragen direkt zu unserer Wahrnehmung von
gesellschaftlicher Wirklichkeit bei, indem sie uns eine ganz bestimmte
Version dieser Wirklichkeit vorführen. Sie fungieren dabei als aus-
drucksstarke soziale »Texte« und als Zeichen einer Reaktion auf tiefgreifende gesellschaftliche Veränderungen, die diese Gruppen aktiv
erleben, darüber hinaus aber nicht beeinflußen können.
Trotz der Langlebigkeit solcher Subkulturen in der britischen Stadtlandschaft blieben bestimmte naheliegende Fragen auch während der
Blütezeit subkultureller Theorie in den späten 70er Jahren ungestellt.
Und das aus ganz bestimmten Gründen. Zum Beispiel: Wer hat was
getan? Woher kommt ein bestimmter Stil? Wo kann man ihn erwerben, und wer verkauft ihn an wen? Oder auf abstrakterer Ebene: Welche sozialen Verhältnisse prägen die Gestalt subkultureller Produktion?
Auf welche bereits vorhandenen Fertigkeiten wurde bei der Herstellung von Graphik, Postern oder auch der Musik zurückgegriffen? In
meinen früheren Arbeiten habe ich versucht, die Marginalisierung
von Mädchen in der Jugendkultur zu problematisieren und bin dabei
nie auf die Idee gekommen, dem weiter nachzugehen und herauszufinden, wie ihr alltägliches Leben aussah. Ganz ähnlich hat Dick Hebdige seine gesamte Aufmerksamkeit auf die fertigen Bedeutungsträger
der Subkultur und die Bedeutungsverschiebungen, die diese Erscheinungsformen erzeugt haben, gerichtet. Die eigentliche Kulturarbeit,
die in ihre Entstehung einging, kam in seiner Analyse nicht vor.[6]
In meinem Artikel *Second-hand Dresses and the Role of the Ragmarket* habe
ich die These vertreten, daß sich die Theorie der Subkultur gegen die
Erforschung dieser Prozesse sträubt, weil eine Analysemethode, die auf
bestimmten Vorstellungen von Klasse und Widerstand ruht, mit Praktiken konfrontiert wäre, die mit Klassenkampf und Widerstand scheinbar nichts zu tun haben.[7] Kaufen, Verkaufen und die Zugehörigkeit zu
Subkulturen in der Konsumentenrolle waren für die Theoretiker der
Subkultur lediglich Aspekte ihrer kommerziellen Verbreitung. Hier

sahen sie den Punkt, an dem die subversive Haltung über den Vermarktungsprozeß in die Gesellschaft inkorporiert oder neutralisiert wurde. Man glaubte, sobald Subkultur auf den Markt der Massenwaren gelangt, werde sie entpolitisiert und für den populären Massenkonsum genießbar. Die Probleme, die dieses Modell aufwirft, haben zu einer ganzen Reihe von Auseinandersetzungen innerhalb der *Cultural Studies* geführt. Erica Carter, Frank Mort, Mica Nava und ich haben dazu beigetragen, indem wir auf jeweils unterschiedliche Weise die Komplexität des Vergnügens am Konsum mit seinen politischen Aspekten kontrastiert haben.[8] Bezieht man die Praktiken des Kleidungs- und Plattenverkaufs in die Analyse ein, wird auch die Wirklichkeit einer subkulturellen Infrastruktur von der Herstellung bis zur Vermarktung sichtbar. Unterschwellig wurde davon ausgegangen, daß am Verkauf nur »Abzocker« beteiligt seien, die von außerhalb in die Subkultur drängen, um aus etwas Profit zu schlagen, das in Wirklichkeit weit vom Kommerz entfernt sei und sich dafür auch nicht interessiere. Es entstand der Eindruck, Musik, Stil und alle ähnlichen Aktivitäten würden die Bühne subkultureller Theorie ganz plötzlich und aus dem Nichts betreten.

Besonders nach Punk wurde sehr schnell deutlich, daß dieser romantische Glaube an Authentizität falschen und idealisierten Vorstellungen entsprang. Nicht nur Malcolm McLaren und Vivienne Westwood, sondern die gesamte Punk-Bewegung bediente sich zu Publicityzwecken der leicht zugänglichen und unbegrenzten Möglichkeiten der Massenmedien. Von Beginn an entstanden Ladenketten, die Kleidung ohne Umweg direkt an junge Leute verkauften.[9]

Das alte Modell, das die reine Subkultur von der verkommenen Außenwelt abkoppelt, die gierig alles, was sie greifen kann, in verkäufliche Waren verwandelt, ist seither zerfallen. Und dennoch lebt eine Ideologie der Authentizität fort. Sie bietet jungen Menschen Möglichkeiten, im Rahmen von Jugendkultur gesellschaftliche Subjektivität und damit Identität über die subkulturelle Erfahrung zu erlangen.

Ich möchte einen Blick darauf werfen, inwiefern spezielle Fan-Zeitschriften sowie die Musik der DJs und die von den »Stilisten« der Subkultur gekaufte, verkaufte und getragene Kleidung über bloße Vermarktung hinausgehen. Sie bieten zumindest Lernmöglichkeiten, Gelegenheiten zu Austausch und Anwendung von Fertigkeiten sowie die Chance, ein wenig Geld zu verdienen. Noch wichtiger aber erscheint mir, daß sie mögliche künftige Berufswege eröffnen, sei es in Form einer Anstellung oder kaufmännischer Selbständigkeit. Man übersieht einen entscheidenden Bestandteil subkulturellen Lebens, wenn man den intensiven Aktivitäten der Kulturproduktion und ihrer ausgeprägt ästhetischen Dimension in Graphik, Modedesign, Kleinhandel und Musikproduktion keine Beachtung schenkt. [*Vgl. dazu auch den Beitrag von Christoph Bieber in diesem Band, S. 263 bis S. 272*] Subkultur bietet innerhalb der Kulturindustrie eine Art kreatives Programm zur Berufsfindung; hier werden neue Lebensstile erfunden und Alternativen zur höheren Schulbildung erprobt. Das würde dann aber bedeuten, daß diese Aktivitäten mehr als nur der kommerzielle und von Widerständigkeit denkbar weit entfernte Ausverkauf der Subkultur sind. Ist die These richtig, dann bilden gerade sie den Kern der Subkultur. Darüber hinaus sind sie Ausdruck von gesellschaftlichem Wandel und Veränderung. Während der 80er Jahre bekamen junge Menschen die Auswirkungen der Deindustrialisierung, des Verlusts des Klassenzusammenhalts, der veränderten Stellung von Frauen und des verstärkten Abrutschens der schwarzen Bevölkerung an das untere Ende der sozialen Leiter zu spüren. Die Hinwendung zu Mode und Musik im Sinne einer Berufsentscheidung, keiner Konsumentenwahl, egal wie unbestimmt diese Berufswege sein mögen, ist auch eine klare Entscheidung *für* die Kultur. Bei jungen Menschen, denen der Zugang zu Fachkenntnissen und Ausbildungsabschlüssen von jenen anderen jungen Menschen verbaut wird, die für Universität und die klassischen Berufe vorbestimmt scheinen, kann die subkulturelle Einbindung zu Erfahrungen führen, die ihnen Selbstbewußtsein und Handlungsmöglichkeiten verleihen. Subkulturen schaffen Berufschancen in einer Zeit, in der die herkömmlichen Ausbildungswege schwinden. Als größtenteils inoffizieller, versteckter Wirtschaftssektor stehen Subkulturen an dem einen, die Welt der Stars und des Unterhaltungsgeschäfts am anderen Ende des kulturindustriellen Spektrums.

Erst wenn wir zunächst den Begriff Widerstand dekonstruieren, indem wir ihn seines metapolitischen Status entkleiden (der vielleicht überhaupt nur in mystischer oder imaginärer Form Bestand hatte), können wir ihn auf die weltliche, mikrologische Ebene der alltäglichen Praktiken und Lebensweisen beziehen. Dann eröffnet sich der Blick auf Subkultur als einem eigenständigen, öffentlichen und wachsenden Unternehmen, das im Rahmen einer ästhetisierten Kultur Existenzen aufzubauen erlaubt.

Es wäre falsch zu behaupten, die bloße subkulturelle Einbindung würde den Übergang eines jungen Menschen vom Konsumenten zum Produzenten bewerkstelligen. Der Wechsel in kulturrelevante Bereiche war und bleibt, vielleicht sogar in verstärktem Maße, Teil einer umfassenderen gesellschaftlichen Entwicklung. Auch dies wurde in der jugendsoziologischen Literatur verhältnismäßig wenig beachtet.

Die Kultur der Raves wirft viele unserer Erwartungen und Annahmen über jugendliche Subkulturen über den Haufen. Gerade deshalb ist sie ein gutes Beispiel. Sie macht deutlich, wie gefährlich es wäre, nach einer geradlinigen Entwicklung oder einem zielgerichteten Fortschreiten in der Politik der Geschlechterordnung von Jugendlichen Ausschau zu halten. Was Flyer, die Organisation von Veranstaltungen und auch das Plattenauflegen angeht, scheinen Mädchen sehr viel weniger in die kulturelle Produktion der Raves eingebunden zu sein als männliche Jugendliche. Das Klima des Wandels in der Politik der Geschlechter findet keineswegs automatisch seinen Widerhall in den Raves. Aber es sind gerade die unerwarteten sozialen Beziehungen und kulturellen Praktiken, die die Eigenart der Subkultur ausmachen. Just in dem Moment, in dem die Kategorie »Klasse« als Schlüsselbegriff für das Verständnis von Subkulturen zurücktritt und kulturelle und ästhetische Praktiken gemeinsam mit Fragen der »Rasse« und des Geschlechts in den Vordergrund treten, erscheint plötzlich und scheinbar aus dem Nichts eine Subkultur auf der Bildfläche, die den Soziologen die Jugend der Arbeiterklasse wieder in Erinnerung bringt und sie provokativ in Form schwitzender proletarischer Männlichkeit massenhaft in riesigen Fabrikhallen präsentiert.

Das Ausmaß ist riesig und noch immer im Wachstum. Es herrscht eine Atmosphäre der Einigkeit, Unterschiede lösen sich im friedlichen Harmonienebel der Droge Ecstasy auf. Männlichkeit erscheint in Gestalt zumeist weißer, schlichter, unaufgesetzter, ungezierter »Normalität«. Freundlichkeit hat ungestümes Draufgängertum abgelöst. Wir beobachten gegenwärtig, wie Jungs aus der Arbeiterklasse ihre Aggressivität ablegen und sich in »neue Männer« verwandeln. Die Ironie besteht darin, daß diese Entwicklung dem Gebrauch von Ecstasy mehr zu verdanken hat als der feministischen Kritik. Sie verlassen ihr Dasein als Einzelgänger und gehen zum Weichen, Geschmeidigen und Geselligen über. Durch den beinahe suchtartigen Charakter des Tanzens treten sie in eine sinnlichere, weniger auf sexuelle Befriedigung abzielende Beziehung zum eigenen Körper. Die fast schon orgasmische Ekstase des Tanzstils verweist außerdem auf die unter jungen Menschen verbreitete Angst vor Aids. Raven erlaubt totale körperliche Hingabe in Gegenwart anderer ohne sexuellen oder romantischen Anlaß. [*Vgl.*

dazu auch den Beitrag von Christof Meueler in diesem Band, S. 243 bis S. 250]
Es ist eine Kultur der Kindheit, der präsexuellen, präödipalen Phase. Tanzen ist das Grundprinzip der Raves. Während andere jugendliche Subkulturen Rockkonzerte oder ihr Auftreten in der Öffentlichkeit zur symbolischen Darstellung des eigenen Stils nutzten, findet im Rave alles auf der Party statt.

Die ritualisierten Praktiken oder Objekte, derer sich eine Subkultur zur Eigendarstellung bedient, haben immer etwas Widersprüchliches, fast schon Absurdes. Der Speichelregen, der bei Punk-Veranstaltungen auf die Leute vor der Bühne niederging, war ebenso bedeutsam wie schockierend. Gleichermaßen ist der Anblick von tanzenden Rave-Girls in Hotpants und BH mit Schnuller im Mund und Pfeife um den Hals völlig beispiellos im visuellen Repertoire weiblicher Mode. Vielleicht ist dies das Äquivalent des Rave zu den zerrissenen Netzstrümpfen und Strapsen im Punk. Anders als Punk aber ist Rave eine Drogenkultur, die sich der Sprache der Kindheit bedient, um sich unschuldig zu geben. Die Partygänger greifen zur Beruhigung beim **Chill Out** zu Eis am Stiel. Eis, Schnuller und Pfeife sind Bindeglieder zwischen der Droge Ecstasy und dem Körper, der sie konsumiert.

Chill Out bezeichnet die Möglichkeit, sich während oder nach einer Techno-Veranstaltung auszuruhen bzw. im wörtlichen Sinne »abzukühlen«. In der Regel werden dafür spezielle Räumlichkeiten eingerichtet, die mit ruhiger Musik oder sphärischen Klängen beschallt werden.

Die Symbole und Erscheinungsformen sind in unsicherer und gehemmter Weise kindlich und direkt. Die Grundfarben, psychedelische Kritzeleien, bekannten Werbelogos, Sprüche und Melodien aus Kindersendungen wie die *Sesamstraße,* versetzen die Partygänger in der Kombination mit elektronisch produzierter, stark rhythmusbetonter Musik in Begeisterungsstürme.

Einige dieser Kennzeichen der Raves sind für die Fragen, die ich mir oben gestellt habe, von besonderer Bedeutung. An welcher Vorstellung von Weiblichkeit orientieren sich die Raverinnen, wenn sie sich ausziehen und ausschwitzen? Mädchen hatten immer einen festen Platz in der Subkultur, wenn es ums Tanzen ging. Über das Tanzen verschafften sie sich ihre Zugangsberechtigung. Im Rave wird Tanzen zum Motivationsgrund der gesamten Subkultur. Mädchen gelangen damit zu neuem Selbstvertrauen und einer hervorgehobenen Stellung. BH-Oberteile, Leggings, und Trainingsschuhe sind die Grundausstattung dieser an Aerobic orientierten Mode. Im Rave, aber auch in der Club-

» … einerseits Kontrolle behalten, andererseits sich beim Tanzen und in der Musik verlieren.«

Kultur, wobei es zwischen beiden oft zu Überschneidungen kommt, geben sich Mädchen in Kleidung und Auftreten ausgesprochen sexy. Vorbildfunktion haben Fernsehstars der 60er Jahre wie Emma Peel. Die Spannung, die den Rave auszeichnet, besteht für Mädchen darin, einerseits die Kontrolle zu behalten, andererseits sich jedoch beim Tanzen und in der Musik zu verlieren. Heute, im Zeitalter von Aids, geht hingebungsvolles Tanzen immer mit Vorsichts- und Kontrollmaßnahmen beim Sex einher. Scheinbar verspricht die Kultivierung eines hypersexualisierten Erscheinungbildes, das allerdings durch Schnuller, Pfeife oder Lutscher symbolisch versiegelt oder »verschlossen« ist, einen Ausweg. Der Körper soll vor »Invasion« geschützt werden. Dies wird in der schweren Arbeitsschutzkleidung der weiblichen und männlichen Fans im deutschen Techno am deutlichsten. In beiden Fällen steht der Körper zugleich für Geselligkeit und Unabhängigkeit. Die Gemeinschaftlichkeit der riesigen Ravemassen trifft auf die Einzigartigkeit der Person. Subkultureller Stil wird hier zur Metapher für sexuellen Schutz.

Teilweise läßt sich die Anziehungskraft der Raves durch die Exklusivität der Club-Kultur der 80er erklären. Diese ging selbst aus der schwarzen Musik, der Schwulenszene und Punk hervor und wurde in Großbritannien durch Figuren wie Boy George vertreten. »In-Clubs«, Veranstaltungsorte, Kneipen oder bestimmte Leute zu kennen, waren Formen eines Insider-Wissens, das zum Ausschlußmechanismus wurde. Es wurde derart schwierig, Einlaß in bestimmte Clubs zu finden, daß schließlich viele einfach wegblieben. Gleichzeitig war die Clubszene in zahlreiche Stränge aufgeteilt – mit jeweils eigenen spezialisierten Interessen an Musik, Ethnie und Sexualität. Eine Entscheidung, wohin man sich in diesem segmentierten Tanzmarkt wenden sollte, setzte eine bereits gefestigte kulturelle Identität voraus. Man mußte genau wissen, was man wollte, mit wem man es wollte und wo man beides finden konnte. Für 16jährige aber bedeutet Erwachsenwerden und Ausgehen wenigstens teilweise auch austesten zu können, wer man ist und wer man sein möchte. Dies gehörte aber nicht zum kulturellen Wissen, das beim Eintritt vorausgesetzt wurde. Die Massenraves haben die selektive Türpolitik der Club-Kultur der späten 80er Jahre hinweggefegt. Mit den Veranstaltungshallen vergrößerten sich Teilnehmerzahlen und damit auch die Einnahmen durch Eintritt und Getränke. Die Veranstalter der Raves sind inzwischen wohlhabende Geschäftsleute mit zahlreichen Angestellten, von DJs und Technikern über Sicherheits- und Thekenpersonal bis zu professionellen Tänzern. Auf organisatorischer Ebene befinden sich Raves auf dem Niveau der Club- und Konzertveranstaltungen des Mainstream. Raves sind heute weit von dem Kleinunternehmertum jugendlicher Subkulturen entfernt. Die Möglichkeiten einer aktiven Teilnahme an der Kulturproduktion fehlen. Ein Rave muß sehr viele Leute ansprechen, um erfolgreich zu sein. Die Organisatoren sind daher in der Regel älter, männlich und haben Erfahrung im Bereich *Club-Promotion*. Sie haben häufig in kleineren Clubs als DJs oder bei illegalen Radiostationen angefangen. Ihre Freundinnen helfen meist an der Kasse, hinter der Theke oder leisten PR-Arbeit, indem sie Flyer in Kneipen verteilen. Im Industriezweig »Rave Kultur« wird damit genau die geschlechtsspezifische Arbeitsteilung reproduziert, die wir nicht nur in der Popmusik-Industrie sondern in fast allen Arbeits- und Angestelltenverhältnissen finden.

Die ausgeflippten Stile älterer Subkulturen waren Anzeichen einer deutlichen Trennlinie zwischen Subkultur und Mainstream. Diese strikte Trennung ist verschwunden. Rave ist ein Stil des Augenblicks, ist weder mainstream noch marginal, sondern beides. Das bedeutet, daß in demselben Maß, in dem sich die Tanzkultur verbreitet, auch die Spannbreite möglicher Aktivitäten in Mode- und Stilproduktion gewachsen ist. Es besteht durchaus noch Bedarf an kleinen Flohmarktständen für alte und neue Kleidung, aber die Kluft zwischen der Flohmarktware und dem Angebot auf den großen Einkaufsstraßen ist kleiner geworden.
Raves sind nicht nur, was die Größe von Veranstaltungen und Parties betrifft, überaus breit angelegt, sondern auch in der Weise, in der Kulturplünderung betrieben wird. Rave hat aus der britischen und der

amerikanischen schwarzen Musik zwei grundlegende Formen und Praktiken übernommen: die Tanz-Party und die hervorgehobene Rolle des DJ. Unterstützt durch neue Musik, Soundtechnologie und Piratensender eröffnen sich Welten von Möglichkeiten. Der DJ, dem all das zur Verfügung steht (»der« DJ, denn neun von zehn sind männlich), wird zum Magier, der eine Art »Totalitätserfahrung« schafft: Kontrolliertes Erleben im Rahmen des Massenaufruhrs. Die Musik erzielt diese Wirkung durch die Verbindung beschleunigter oder monotoner Beats, die mit einem leichten, oft hochgradig melodiösen Musikfragment unterlegt sind. Die *Beats per minute* werden mit Bruchstücken aus Fernsehmelodien wie *Twin Peaks*, Phil Collins-Platten oder gar Soundtracks aus Bond-Filmen »versetzt«. Ähnlich wie in der Drogenkultur der 60er Jahre teilweise »lustige« Kindermelodien und Refrains bekannter Schlager oder Volkslieder in die Musik einflossen, enthält sich auch diese Kultur eines gesellschaftlichen oder politischen Kommentars. Auch das **Smiley-Logo** der frühen Phase im **Acid House** ist Ausdruck dieser Tendenz.

- -

Acid House ist ein Subgenre von Techno, das Ende der achtziger Jahre besonders in Großbritannien populär wurde. Charakteristisch für diese Musik ist die Verwendung eines elektronischen Instruments der Firma Roland, der TB 303, mit dem sich Baßläufe generieren lassen. Durch die Manipulation der Baß-Beats entsteht der für Acid House typische Sound. Das **Smiley-Logo** ist zunächst das Signet der ersten Acid-House-Parties in London und wird schließlich zum Symbol für die gesamte britische Acid House-Szene.

Ein Vorzug der Raves ist, daß sie, anders als Konzerte oder andere Bühnenauftritte, weitergehen und nicht aufhören. Diese Allgegenwärtigkeit des Spaßhabens, die Ausdehnung der Medien, wie wir sie auch im 24-Stunden Fernsehen und Radio finden, schafft einen neuen gesellschaftlichen Zustand, eine neuartige Beziehung zwischen Körper, Musikgenuß und Tanzvergnügen und den neuen Technologien der Massenmedien. Der Rave macht eine Form der Freizeitunterhaltung, die den schwarzen und schwulen Szenen vorbehalten war, einem breiten Publikum zugänglich. Zudem wird eine spezifische Tanz-, Drogen- und Musik-Mixtur in einen ausgesprochen britischen Rahmen versetzt, in dem selbstbewußt und mit Stolz alle geographischen Möglichkeiten der Kleinstädte, Neubausiedlungen, Autobahnen und der ländlichen Ausflugsziele genutzt werden. Und das nicht nur die ganze Nacht oder den ganzen Tag, sondern bis zu drei Tage und Nächte am Stück. Es überrascht wenig, daß diese Raves besonders im Sommer

Ähnlichkeit mit den Hippiefestivals der späten 60er Jahre haben. Auch im Rave sind gesellschaftliche Spannungen, einschließlich derer, die um Sexualität und Geschlecht kreisen, spürbar. Sie werden in der für die Raves charakteristischen Ästhetik des Tanzens, in der Musik und den Drogen manifest. Maria Pini hat von einem »Text der Erregung« gesprochen, einem intensiven und anhaltenden Verlangen nach Vergnügen, das in der kombinierten Erfahrung von Gemeinschaftsgefühl, »freundlicher Sanftheit« der Droge und ihrer angenehmen Wirkung auf den Körper befriedigt wird.[10] Neben diesem »Text der Erregung« gibt es aber einen »Text der Verängstigung«, der aus der Angst vor Aids heraus zu einer Abwertung sexuellen Vergnügens führt. Eine Art kindliches, polymorph perverses Körpervergnügen wird ausgelebter Sexualität vorgezogen. In diesem Sinn handelt es sich auch um einen »Text der Vermeidung«. Im Rave gibt es nichts der aggressiv politischen Punk-Kultur vergleichbares. Es scheint, als wären junge Raver einfach nicht in der Lage, die Last der Verantwortung den Erwartungen entsprechend zu tragen. Die Gefahren (Drogen, Zigaretten, Alkohol, ungeschützter Geschlechtsverkehr, sexuelle Gewalt und Vergewaltigung, die ökologische Katastrophe), die gesellschaftlichen und politischen Belange, die direkten Einfluß auf das Leben der Raver haben, die Forderungen, die an sie gestellt werden (volle Verantwortung für sexuelle Aktivitäten zu übernehmen, gute Staatsbürger zu werden, Arbeit zu finden und den Lebensunterhalt zu verdienen, einen Lebenspartner zu finden und eine Familie zu gründen in einer Zeit, in der Ehe nur noch ein »Vertrag auf Zeit« ist), scheinen überwältigend. Raver fliehen vor dieser Belastung in eine Kultur der Vermeidung und der reinen Hingabe. Wie bei ihren subkulturellen Vorläufer findet diese Flucht so sichtbar und aufsehenerregend wie nur irgend möglich statt und fordert damit heftige gesellschaftliche Reaktionen heraus. In der Folge entsteht ein Dialog, zu dem auch – wie schon in der Vergangenheit – eine Verschärfung der polizeilichen und sozialen Kontrolle gehört. Nun stellt sich die Frage, in welchem Maße eine subkulturelle Ästhetik, die von ihren Fans im Taumel des Vergnügens und der Unterhaltung nichts weiter verlangt, als »to shut up and dance«, eine politische Kultur hervorbringen kann.

Ist es überhaupt möglich, von einer politischen Jugendkultur der 90er Jahre zu sprechen? Ich habe in diesem Aufsatz dafür plädiert, junge Menschen als Vermittler und Produzenten von Kultur und nicht schlicht als Konsumenten zu verstehen. Aber schon der Begriff der politischen Kultur setzt eine einheitliche Zielsetzung voraus, die in der

Jugendkultur kaum auffindbar ist. Vielleicht ist sie auch gar nicht das, wonach wir suchen sollten. Jugend ist keine feste, gleichförmige Kategorie. Ethnische Zugehörigkeit, Geschlecht, Klasse und andere Unterscheidungen ziehen sich quer durch sie hindurch. Es macht sehr viel mehr Sinn, nach kulturellen Ausdrucksformen Ausschau zu halten, die auf das Entstehen neuer »Gefühlsstrukturen« bei Teilen der jungen Bevölkerung schließen lassen. Zum Beispiel bei jungen Mädchen.[11]

Als Ergebnis des Loslösungsprozesses von den Polen romantischer Identitätsfindung entsteht Weiblichkeit als Produkt verschiedener, neuer und kaum verfestigter Subjektpositionen. Weiblichkeit ist nicht mehr das »Andere« des Feminismus. Im Gegenteil: sie umfaßt auch jene »Gefühlsstrukturen«, die aus dem feministischen politischen Diskurs der 70er Jahre hervorgingen. Gleichzeitig existiert sie aber, und das vielleicht in noch stärkerem Maß, als Produkt einer wirkmächtigen Konsumentenkultur, die ihrerseits über den Konsum Subjektpositionen und persönliche Identitäten für Mädchen bereitstellt. Und schließlich gehen die Subjekte der neuen Weiblichkeit gesellschaftliche und sexuelle Beziehungen von einer anderen Subjektposition aus ein als der, die sie vor 10 oder 15 Jahren eingenommen haben. Freundschaft, Gleichheit *und* Differenz gehören nun neben Liebe, Sex und Vergnügen zum Beziehungsvokabular. Inwiefern die »Emanzipation« vom romantischen Liebesideal mit neuen Befürchtungen und Ängsten vor Aids einhergeht, blieb bislang unbeleuchtet. Es geht auch darum zu verstehen, welchen Gefahren junge Frauen ausgesetzt sind in einer Welt, in der der Glaube an den Prinzen fehlt, der dahergeritten kommt, um sie vor Unbill zu beschützen. Sie würden sich heute auch gar nicht mehr nach ihm sehnen. Die Abwesenheit des Prinzen aber könnte der Auslöser einer Krise weiblicher Subjektivität sein.

Anmerkungen

1 Hall, S./Jefferson, T. (Hg.): **Resitance through Rituals. Youth Subcultures in Post-War Britain**, London 1977

2 Im angelsächsischen Sprachgebrauch hat der Begriff »Rasse« eine andere, d. h. in der Regel weitere Bedeutung als im deutschen Verständnis. Er wird häufig ähnlich wie »Ethnizität« verwendet und meint nicht unbedingt, daß eine Gruppe von Individuen an Hand von körperlichen bzw. biologischen Kriterien identifiziert wird. »Rasse« kann in diesem Zusammenhang auch als soziale Konstruktion verstanden werden. (Anmerkung der Herausgeber)

3 Faludi, S.: **Die Männer schlagen zurück: Wie die Siege des Feminismus sich in Niederlagen verwandeln und was Frauen dagegen tun können,** Hamburg 1993

4 Carter, E: **Alice in consumer wonderland,** in: McRobbie, A./Niva, M (Hg.): **Gender and Generation,** London 1984, S. 185–214

5 Zit. n. McRobbie, A: **Post-Marxism and Cultural Studies,** in: Grossberg, L./Nelson. C./Treichler, P. (Hg.): **Cultural Studies,** New York 1992, S. 719–730

6 Hebdige, D.: **Subculture: The Meaning of Style,** London 1979

7 McRobbie, A.: **Second-hand Dresses and the Role of the Ragmarket,** in: dies. (Hg.): **Zoot Suits and Second-hand Dresses: An Anthology of Fashion and Music,** London 1990, S. 135–189

8 Vgl. Carter, a.a.O.; Mort, F.: **For What It Is Worth,** London 1994; Nava, M.: **Changing Cultures: Feminism, Youth and Consumerism,** London 1992

9 Es bestand schon immer eine direkte Verbindung zwischen den kleinen Läden und Boutiquen, die die Mode der Jugendkultur vertrieben, bevor diese auf den großen Einkaufsstraßen zu haben war, und den Clubs. Flyer und Werbezettel für Clubs und Raves nennen die Adressen solcher Läden als Kartenverkaufsstellen. Diese Klamotten- und Plattenläden versorgen ihre Kunden auch mit Informationen über Clubs und Raves in der Umgebung.

10 Pini, M.: **Rave, dance and women,** unveröffentlichte Magisterarbeit, Thames Valley Universität, London 1993

11 Raymond Williams hat den Begriff »Gefühlsstruktur« (Structure of feeling) in seinem Buch *The Long Revolution* eingeführt. Vgl. Williams, R.: **The long Revolution,** London 1961

Kerstin Grether

Talk about the passion

Auch Frauen lieben Rock'n'Roll!

Kerstin Grether, Autorin zu Themen der Populär- und Gegenwartskultur sowie Musikjournalistin u.a. für *Straight, Spex* und *Texte zur Kunst*, untersucht das Klischee, wonach Frauen mit Rockmusik nichts anfangen können.

Daß sich Frauen vordergründig weniger für Rockmusik interessieren, hat vielleicht damit zu tun, daß Rockmusik eine kollektive Kultur für Männer ist und Frauen sich erst eigene Zugangsweisen dazu verschaffen müssen.

»Frauen interessieren sich halt nicht für Rockmusik.« Dieser Satz, diese huldreich-verständnisvolle Erklärung wird meist von Männern gebraucht, die sich selbst lieber den kleinen Finger abhacken würden, als ihre kostbaren Pere Ubu-, Primal Scream-, Pavement- oder andere Original-Schallplatten auch nur auszuleihen – geschweige denn, daß sie sich eine eigene Identität ohne diese Platten vorstellen könnten.

Trotzdem läßt sich nicht so einfach darüber hinweggehen. Nicht zuletzt, weil die Auffassung, Frauen würden sich halt nicht für Rockmusik interessieren, so häufig als Argument verwendet wird, daß es sinnvoll sein kann, sich näher damit zu befassen. Obwohl diese Auffassung nicht unbedingt falsch ist und keinesfalls ein Ende aller Diskussionen über die Beteiligung von Frauen an Musikproduktionen impliziert, kann man sie in ihrer einfältigen Plattheit kaum gutheißen.

Den Frauen, die sich ganz offensichtlich nicht für Rockmusik interessieren, kann man natürlich immer jene entgegenhalten, die sich eben doch dafür interessieren – und dabei in aller fanhaften Emphase vermuten, daß Frauen Rock'n'Roll durchaus lieben könnten, wäre nur das Rockbusiness etwas frauengerechter organisiert. Eine fruchtbare Diskussion darüber muß jedoch komplexe gesellschaftliche Zusammenhänge miteinbeziehen.

Musikerinnen und Musikrezeption in den 90ern

Das Musikbusiness wird – noch immer – von Männern dominiert. Journalisten, Musiker, Veranstalter, Techniker und Produzenten sind meistens Männer. Kreative Rollen von Frauen werden häufig durch eine starre Definition von weiblichen Zuständigkeitsbereichen beschränkt. US-Phänomene der 90er wie »Schlampen-Rock« oder »Riot Grrrls« sowie eine Generation neuer Songwriterinnen haben, um mit ihrer Musik oder ihren Manifesten ernstgenommen zu werden, etwas daran zu ändern versucht – wie so viele ihrer Kolleginnen zuvor. Es ist nicht immer einfach zu klären, was sie von den vorherigen »Women in Rock«-Generationen unterscheidet.

Fakt ist: Es scheint heute – erstens – eine relativ große Bandbreite weiblicher Identitätsmuster möglich, sowohl für Einzelkünstlerinnen als auch für Bands: Von den verschnupften Klagegesängen der poppigen Songwriterin Lisa Germano über den euphorischen Mädchen-Freundschafts-Pop der englischen Band Shampoo und den Punk-Feminismen von Bands wie Sleater Kinney oder Bikini Kill bis zum launisch-vergnügten Bitch-Dekonstruktionsrock von Hole; vom fast Edith Piafhaften Schuld-und-Sühne-Blues P. J. Harveys, dem streetsmarten Dancefloor-Rock Luscious Jacksons hin zum übermütig-spröden Low-Fi-Folk Liz Phairs bis zu Queercore-Bands wie Team Dresh oder Rock'n'Roll Bands wie L7 und Breeders. An Stilvielfalt mangelt es nicht – auch dank Labels, etwa den idealistischen Punk-Labels wie Wiiija, Kill Rock Stars, Teen Beat oder Chainsaw, in deren Programm es häufig Mädchen-in-Bands oder Mädchenbands gibt. Ein Umfeld, aus dem auch die Riot Girls stammen, eine lose Bewegung von Teenage-Punk-Mädchen, die sich Anfang der 90er in Gruppen und Netzwerken zusammengeschlossen haben, um gemeinsam gegen Bevormundungen jeglicher Art vorzugehen.

Und dennoch: Obwohl es die unterschiedlichsten Ausdrucksformen und es »auch in der Musikindustrie mehr Möglichkeiten für Frauen gibt« (Kate Schellenbach von Luscious Jackson), hat sich an den festgefahrenen Musikbusiness-Strukturen kaum etwas geändert. Obgleich bemerkenswerte Musikerinnen wie Alanis Morrisette, Björk und K.D. Lang offenbar gewitzte Wege gefunden haben, selbst Mega-Erfolg und Image-Kontrolle zu vereinbaren, ohne – wie Madonna in den 80ern – showbizlike die ganze Zeit auf die Pointen hinzuweisen.

Es gibt – zweitens – im Bereich britischer und amerikanischer *Cultural*

Studies (in akademischen Kontexten also, in denen an Universitäten z. B. populäre Kultur und ihr Publikum untersucht werden) heute Möglichkeiten, neue Texte zu lesen und sich Gedanken über Geschlechterrelationen im Rockbusiness zu machen, die nicht mehr von einer der Prämissen ausgehen, die in dem Satz »Frauen interessieren sich halt nicht für Rockmusik« beinhaltet ist: Daß Rockmusik »halt verdreht-verdorbenes Jungs-Spielzeug ist und Frauen alles Recht der Welt haben, da nicht mitmachen zu wollen« (Everett True, Melody Maker). Rockmusik, so kann man in Texten von z. B. Robert Walser, Ellen Willis und Angela McRobbie lesen, ist keine männliche Ausdrucksform, die zur Not auch noch ein bißchen Beteiligung von Frauen vertragen kann bzw. selbst das noch zu verhindern versucht. Sie ist vielmehr eine durch und durch relationale Angelegenheit. Frauen sind immer schon mitgecastet, es gibt Orte, die ihnen zugewiesen werden, z. B. als Fan, Groupie, Fotografin, Sängerin.

Rock als kollektive Kultur für Jungs

Wie sehen sie also aus, die Geschlechterrelationen, die immer wieder das Gefühl aufkommen lassen, daß Frauen sich halt nicht für Rockmusik interessieren? Eine Rolle spielt dabei sicherlich, daß Rockmusik in unserer Kultur immer noch stark mit »Männlichkeit« assoziiert wird und mit Attributen wie Aggressivität, Lautstärke, Ganzheit und Unverletzlichkeit. Dabei wird oft übersehen, daß Rockmusik beispielsweise in den 60ern auch von Frauen als eine neue Artikulationsform für Emotionalität, Rationalität und Sexualität erlebt wurde. Die Musik war, wie Sheila Rowbottom es damals auszudrücken pflegte, »die große Befreiung nach den vielen tröstlichen Balladen«. Und Karen Durbin schreibt stellvertretend für viele: »Rockmusik gab mir und einer ganzen Reihe von Frauen die Möglichkeit, unsere Bedürfnisse zu artikulieren und zu unserer Sexualität zu stehen, ohne uns dafür entschuldigen und jeden Anflug von Leidenschaft mit den traditionellen ›weiblichen‹ Verlangen nach wahrer Liebe und Ehe beschönigen zu müssen – das war ein großer Schritt in Richtung Befreiung.«
In den 60ern ging das mit einer neuen Gestaltung des Freizeitverhaltens einher, das immer impulsiver, irrationaler und unproduktiver wurde. Und zwar in dem Sinne, daß es eher auf unmittelbaren Lustgewinn als auf Nützlichkeit, Ansehen und Verantwortungsgefühl abzielte. Sexualität wird seither nicht mehr vornehmlich im Kontext von Häuslichkeit und romantischer Liebe definiert. In der Rockmusik

sind aber trotzdem mehr als nur geschichtliche Spuren von geschlechtsspezifischen Unterschieden hängengeblieben.

So hat der englische Soziologe Simon Frith in seinem Buch *Jugendkultur und Rockmusik* beispielsweise darauf hingewiesen, daß die Freiheit und der Sex, die von Anfang an in der Rockmusik gemeint waren, eben die Freiheit und der Sex der Boheme waren – insbesondere in der Version der jungen männlichen Rebellen. Diese jungen männlichen Rebellen definieren sich aber, so Frith, primär gegen die Familie. Es sind nämlich zuallererst die Familien, aus denen die Jugendlichen entkommen müssen und durch die sie sich als Rebellen überhaupt wahrnehmen. Sodaß die junge Boheme, laut Frith, immer noch aus einer Revolte gegen Frauen entsteht, gegen Frauen, die als Schwestern und Mütter in ihrer potentiell domestizierenden Form mit dem Zuhause identifiziert werden.

Auch wenn diese Beobachtungen, die Simon Frith Ende der 70er notierte, heute etwas verstaubt klingen, könnten sie zumindest ansatzweise erklären, warum junge Männer anscheinend damit einverstanden sind – sich auf jeden Fall selten einmal darüber wundern –, auf Rockkonzerten meist »unter sich« zu bleiben (wie ausdifferenziert die Gruppen und Codes auch sein mögen). Man vernimmt selten ein Bedauern darüber. Auch Musiker nehmen diese Tatsache oft erstaunlich gelassen hin. »Unser Publikum besteht größtenteils aus College-Typen und ihren Freundinnen«, sagt beispielsweise Steven Malkmus von der Konsens-Indie-Rock-Band Pavement.

Es mag sein, daß zu Pavement-Konzerten mehr Männer als Frauen kommen, es erscheint mir aber unwahrscheinlich, daß sie allesamt »Freundinnen« von Fans sind und nicht einfach selber Fans.

Trotzdem sind es Jungs, die den Kern des Rockpublikums ausmachen, die intellektuell daran interessiert sind und die Kritiker und Sammler werden (die seriösen Musikzeitschriften beispielsweise haben eine überwiegend männliche Leserschaft, der konsensträchtige Radio-DJ John Peel zu 90 Prozent männliche Hörer): Weil sie es nämlich sind, die Rock als kollektive Kultur erfahren, als eine männlich aufgeteilte Welt von Fans und Musikern. Mädchen werden hingegen dazu angehalten, individuelle Hörerinnen zu werden. Sie wachsen nicht so selbstverständlich in eine (Freundschafts-)Struktur hinein, die sie darin unterstützt, im sozialen Gefüge von Rock eine Form kollektiven Austauschs zu sehen. Ich denke, daß darin die größte Errungenschaft der amerikanischen Riot Grrrls liegt: die Kollektivität unter Mädchen so in den Vordergrund zu stellen, daß ein alternativer Pool gemeinsamer Erfahrungen gewährleistet wird. [*Vgl. dazu auch den Beitrag von Laurel Gilbert und Crystal Kile in diesem Band, S. 220 bis S. 226*]

Mädchen als individuelle Konsumentinnen

Es ist noch gar nicht so lange her, daß Angela McRobbie – 1990 – als erste einer Reihe feministischer Theoretikerinnen herausgefunden hat, daß Frauen vom subkulturellen Mythos nicht strukturell, sondern diskursiv ausgeschlossen sind. Mc Robbie zufolge interessieren sie sich auch für Rockmusik, aber auf eine Art und Weise, die von männlichen Szene-Berichterstattern in der Regel nicht wahrgenommen und auch nicht anerkannt wird. [*Vgl. dazu auch den Beitrag von Angela McRobbie in diesem Band, S. 192 bis S. 206*] Mädchen investieren in Rock- und Popmusik, sie schreiben zum Beispiel häufiger Briefe an Radiosendungen, sie treffen sich mit Freundinnen, um Gespräche über Musik und Jungs zu führen, sie wünschen sich Platten zu Weihnachten – und sie fühlen und denken sich genauso viel oder genauso wenig dabei wie Jungs auch. Sie benutzen Rockmusik häufig, um vorläufige Lebenssi-

Frauen und Rock: »…nicht strukturell, sondern diskursiv ausgeschlossen.«

tuationen, wie etwa »In-die-Schule-müssen« besser zu bewältigen, ihnen zu trotzen und Spaß zu haben. Dabei vermitteln Mädchen oft den Eindruck, als wollten sie mit Hilfe von Rockmusik individuell werden; auch um passiven Rollenzuschreibungen zu entgehen. Mir ist immer wieder aufgefallen, daß sie Rockmusik stärker über den darin enthaltenen Lebensentwurf wahrnehmen, über Ansichten und Atmosphären, mit dem Ziel, eine anschlußfähige Kommunikation herzustellen. Sehr detailgenau und selbstbewußt sprechen Rockmusik-Konsumentinnen zum Beispiel auf den Brieffreundschaftsseiten von Rockzeitschriften. Das klingt dann beispielsweise so:
»Stupid girl (fast 20), mit grünen Haaren, gepierct & ›etwas‹ neben den Tatsachen stehend, sucht durchgeknallte Jungs & Mädels zwischen 18

und 30. Ich steh' auf Punk, BritPop, Alternative, Crossover, Indie, Grunge, Metal, Gigs, Pogo, Cigarettes & Alcohol, Ratten, bunte Haare, TV, England (Manchester rules!), Tattoos, Fußball, Star Trek, O-Beine, Tee, Horror-und Trash-Movies, Tarantino-Filme, Schreiben, Chaos …« Oder: »Tachchen auch. Hast Du Lust mit mir (w/15) über Prodigy, Piercings, bunte Haare, Musik (z.B. Smashing Pumpkins, Skunk Anansie, Tricky etc.), London, Leute, lachen, freax & hareburned stuff zu schreiben …«

Wie ist das möglich? Mit grünen Haaren energisch um Kommunikation bemüht, und dann doch vom Subkultur-Mythos diskursiv ausgeschlossen?

Vielleicht, weil der Insider-Informations-Flow sehr stark über männliche Bündnisse läuft. Mädchen, die versuchen, in Plattenläden, auf Konzerten, Flohmärkten etc. mit Jungs ins Fachgespräch zu kommen, werden nicht so schnell als Gleichgesinnte wahrgenommen, so daß es kaum möglich ist, diese Orte lediglich als Kommunikations-Hang-Outs zu sehen.

In diesem Zusammenhang möchte ich auf die Ergebnisse einer Studie von Sheila Henderson über das Verhältnis von »Frauen, Sexualität und Ecstasy-Konsum« hinweisen. Henderson sagt, daß »die Anziehungskraft der Raves für Frauen in der angenehmen Aufgehobenheit in Gruppen liegt, bei denen der sexuelle Druck und das Fordern von seiten der Männer beseitigt ist – im Gegensatz zum alkoholträchtigen Nachtleben. Die sexuelle Sicherheit der Raves ist anziehend für Mädchen, während sie die alkoholträchtigen Rockclubs als Viehmarkt ansehen.« Will sagen: Wenn der Eindruck entsteht, Frauen interessieren sich nicht für Rockmusik, könnte das auch daran liegen, daß Rockclubs den Ruf haben, »Männlichkeitsrituale« zu reproduzieren? [Vgl. dazu auch den Beitrag von Christof Meueler in diesem Band, S. 243 bis S. 250] Oder daran, daß mehr als die Hälfte aller studierenden oder erwerbstätigen Frauen zwischen 18 und 35 Jahren abzüglich der sogenannten Lebenshaltungskosten hierzulande nicht mehr als 200 DM monatlich zur freien Verfügung haben? Da ist die selbstüberspielte Mix-Cassette keine schlechte Möglichkeit, Kommunikation mit musikalischer Vielfalt zu verbinden. Frauen, die mit Rockmusik etwas anfangen können, sollten also auch etwas damit weitermachen können.

»Die gesamte Geschichte der Rockmusik«, so jedenfalls Simon Reynolds und Joy Press in ihrem vieldiskutierten Buch *The Sex Revolts*, »besteht im Prinzip nur aus einem Oszillieren zwischen dem ›männlichen‹ Impuls auszubrechen und dem Verlangen, in ein ›weibliches‹ Zuhause zurückzukehren Die Standard-Kämpfe lauten: Punk gegen Hippie, Krieger gegen Soft Male, Stadt gegen Land.«

Wie weit man dieser ernüchternden Einschätzung folgen mag, bleibt jedem selbst überlassen. Mir persönlich scheint sie etwas zu unindividualistisch zu sein. Trotzdem möchte ich gerne daraus folgern, daß Frauen, die sich für Rockmusik interessieren, immer mit Gefühlsäußerungen von Männern konfrontiert sind, während Männer Rockmusik durchaus auch benutzen können wie einen Stammtisch: Um sich gerade nicht mit dem zu befassen, was Frauen interessiert, ohne dabei den Eindruck vermitteln zu müssen, sie würden sich nicht für Frauen interessieren.

Anmerkung

1 Mit Rockmusik sind im folgenden alle Spielarten von gitarrenorientierter, im subkulturellen verankerter Musik gemeint (Punk, Hardcore, Indie-Rock/Pop, Grunge, Crossover, Folk, Post-Rock etc.).

Thomas Lau

Tank Girl in Taka-Tuka-Land

Über die Mutter und die Großmutter aller Girlies

Thomas Lau, Pop-Soziolge, Betreiber der Jugendmarketing-Agentur *Style Police* und Autor u. a. von *Punk – die heiligen Narren*, stößt auf der Suche nach dem massenmedialen Phänomen »Girlie« zunächst auf eine spannende Oma-Mutter-Tochter-Beziehung.

Das »Magazin von Frauen für Menschen«, das sich entgegen den Vermutungen kalauernder Stammtische nicht nach einer Lokomotive[1] benannt hat, begeht im Januar 1997 seinen zwanzigsten Geburtstag mit der auf dem Frontcover lachenden Herausgeberin. Neben Strichcode, Signet und zwei Hinweisen zu im Heft behandelten Themen prangt auf dem Titel: »Endlich im besten girlie-Alter! 20 Jahre Emma«. Damit erfährt das bislang eher nur durch das Feuilleton geisternde und die Modeseiten der Jugendpresse begeisternde Girlie-Phänomen seinen vorläufig letzten biographischen Feinschliff: die besten Girlies sind also etwa 20 Jahre alt. Doch bevor sich die schlechteren Girlies, die 12- oder 28-jährigen, enttäuscht ihrer Girlieaccessoires entledigen, betrachten wir uns den feuilletonistischen Idealtypus *(Spiegel, Emma, Max Weber)* des Girlies etwas genauer.

Girlie, poptheoretisch eher vorbereitet als vorausgeahnt in einem »Girlism«-Beitrag des Musik-Magazins *Spex* vom Juli 1990, ist ein Kategorisierungsversuch in Zeiten der typisierungsverweigernden Jugendkulturen, wie sie für die 90er Jahre charakteristisch scheinen. Als derzeit bekannteste Vertreterinnen dieser Mädchen mit einer großen Klappe werden die Girl-Groups Spice Girls und TicTacToe vermutet. Mann und Frau sind sich jedoch noch unsicher, da letztgenannte Dortmunderinnen das Girliesein ausdrücklich verneinen und bei den Britinnen noch nicht ausgemacht ist, ob sie nicht doch eher die weibliche Variante der Village People sind (vgl. dazu auch: Barbie vs. Big Jim), bei der Bauarbeiter oder Indianer durch die Repräsentantinnen jugendzimmerkompatibler Länderpunkte ersetzt wurden.

Die verniedlichte Form des angebeteten und anbesungenen Girls ist quasi die Antwort auf das »Babe« (Wayne's World bis Take That), bei dem die Dauerinfantilisierung des Weiblichen, das »Baby«, nur scheinbar abgeschwächt wird. Girlies hingegen werden nicht besungen, sie singen höchstens selbst. Das ihnen zugeschriebene Selbstbewußtsein befindet sich – genau wie sie selbst – noch in der Entwicklungsphase. »Die Mädchen im B-Jugendalter erleben jetzt noch einmal ein zweites ›goldenes‹ Lernalter, in dem sich das geschlechtsspezifische Verhalten weiter festigt. Eine Feinabstimmung im technischen Bereich, aber auch das Herausarbeiten eines eigenen Stils können jetzt angestrebt werden«, bemerkt dazu das *Handbuch für Mädchen- und Frauenfußball*.[2] Und auf der Suche nach einem eigenen Stil kann es auch schon einmal passieren, daß man glaubt, sein Selbstbewußtsein über eine gerappte Stellungnahme zu BMW-Fahrern ausdrücken zu können. Ansonsten bedient man sich der Rollenvorbilder – und da scheint es für das Girlie einige zu geben.

Die Mutter aller Girlies ist das Tank Girl, 1988 von den Briten Jamie Hewlett und Alan Martin ins Comicleben gerufen und 1994 für die Leinwände, die die Welt bedeuten, verfilmt. Sie erscheint 1995 in den Kinos etwa zeitgleich mit einer gleichfalls filmisch belebten Comicfigur: Judge Dredd, in dem Sylvester Stallone den leibgewordenen Obersten Gerichtshof mit der Lizenz zum Töten (»I am the law«) verkörpert. Beide zentralen Figuren, Judge Dredd und Tank Girl, haben ihre Mitspieler, mit denen es gemeinsam gegen die Gegenspieler geht, wobei allerdings die Hauptlast des Aktionismus auf den Schultern von Lori Petty und Sylvester Stallone liegt. Die Comics – in Deutschland so gut wie nicht erhältlich – blieben bis zum Filmstart nur den eingefleischten Fans bekannt. Erst die Verfilmung öffnete den deutschen Markt für T-Shirts, Tank Girl-Schuhe und natürlich Comics. Ältere Judge Dredd-Comics liegen derzeit aber schon wieder paketeweise in Londoner 2nd Hand Shops, 20p das Stück.
Es ist müßig, die Verwandtschaftsbeziehungen zwischen Mad Max und Tank Girl zu rekonstruieren oder darüber zu spekulieren, ob die australische Sonne die Entwicklung gut draufer Einzelgänger und -gängerinnen begünstigt (Charles Darwin). Auch die Bearbeitung des Themas »Girls on Film« bleibt Duran Duran oder Julie Burchill[3] vorbehalten. Und daß es genügend verfilmte Literaturbeispiele für starke Mädchen in ebenso starken, ansonsten von Jungens getragenen Gangs gibt, dürfte bekannt sein: Georgina (Enid Blytons *Fünf Freunde*), Eva Lotte (Astrid Lindgren, *Kalle Blomquist*), Pony Hütchen (Erich Kästners *Emil und die Detektive*) und Maria (Max von der Grüns *Vorstadtkrokodile*) sind nur einige der erfreulichen Beispiele. Viel interessanter ist die Klassike-

rin fiktionaler weiblicher Autarkie: Pippi Langstrumpf (Astrid Lindgren).

Am Ende der medialen Transformation beider Figuren steht der Film, auch wenn sich die Wege dorthin unterscheiden: Pippi Langstrumpfs Verwandlung von der Gute-Nacht-Geschichte (1941) über die schriftliche Version (erstes Manuskript 1944) bis hin zur Verfilmung (1968 ff.) mit der unvergessenen Inger Nilsson in der Hauptrolle steht die schon erwähnte Medienkarriere des Tank Girl gegenüber: »born in 1988, aged 19« (Deadline, 1995, im Internet). Und auch wenn die Pippis und Girlies dieser Welt keine Kinder bekommen, kann man in diesem Fall von Großmutter und Mutter sprechen – ohne diese Gedankenspielerei nun mit Überlegungen zu den Vätern und Großvätern zu strapazieren oder sich den Problemen Spätgebärender zu widmen.

Pippi Langstrumpf hat also gegenüber Tank Girl einen medialen Vorsprung durch die Technik des Erzählens. Selbst das erste Bildangebot für das Tank Girl (kahlrasiert bis auf zwei blonde Strähnen, BH-Oberteil, kurze Hose, bandagiertes rechtes Knie, dicke Stiefel, Baseballschläger) fängt das nicht mehr auf. Tank Girl kann man nicht erzählen, man muß es sehen. Bei der filmischen Umsetzung wird man dann bei einer bildlosen Vorlage nur schwer enttäuscht, so daß Inger Nilsson eben nicht deplaziert scheint, sondern eher Lori Petty. Für die Besetzung der Hauptrolle in Tank Girl wäre (ein Typ wie) die frühe Deborah Harry sicher angemessener gewesen.

Dieser Vorsprung wird von Astrid Lindgren und Pippi Langstrumpf kontinuierlich ausgebaut. Pippi lebt ihre Eigenständigkeit in einer den Rezipienten bekannten Welt. Dort behauptet sie sich gegenüber Eltern und anderen Gaunern, Ordnungsinstanzen und einer therapiewütigen Dame. Das Tank Girl hingegen findet im post-apokalyptischen Outback mehr oder weniger mühsam zu Gegnern, denen man heutzutage noch nicht einmal in den Bronxen des globalen Dorfes begegnet. Auch die filmische Variante des Öko-Gauners Kesslee (Malcolm McDowell) ist im Vergleich zu den aktuellen Umweltkatastrophen nur eine trübe Tasse nachlässig entsorgten Altöls. Während Pippi ewig neun Jahre alt bleibt und so die sich gleichfalls mit den erwachsenen Spitzbuben und -mädeln auseinandersetzende präpubertäre Leserschaft erfreut, liefert Tank Girl die daran anschließende Version. Sie bedient die weibliche Adoleszenz, zeitlich grob zu verorten zwischen erster Menstruation und wendyesken oder real existierenden Reitställen einerseits sowie Herumraven und Geschlechtsverkehr andererseits. Das ist die Altersphase, in der man einen Rucksack braucht. Um die Tradition der Mutter Pippi fortsetzen zu können, bedient sich Tochter Tank einiger der ihr freundlicherweise zur Verfügung gestellten Mittel. Auch sie besetzt die – eigentlich cruisenden Männern vorbehaltene – Domäne der Mobilität mit einem bedingt tauglichen, maskulin besetzten Fortbewegungsmittel. War es bei Pippi noch das Pferd Kleiner Onkel, ist es bei Tank Girl – der Name sagt es bereits – ein Panzer (TicTacToe fahren übrigens 1. Klasse Bundesbahn). Ausstattungspraktisch (Frisur, Kleidung, Schmuck) bewegen sich Pippi und Tank Girl diesseits der imaginären Grenze zwischen modisch gerade noch Tolerierbarem und einem karnevalesken Outfit. Und die Mutter-Tochter Bindung bleibt so eng, daß selbst die Villa Kunterbunt und das (filmische) Farmhouse erstaunliche architektonische Parallelen aufweisen.

Und dennoch bleiben Pippi Langstrumpf und Tank Girl auf den ersten Blick Fiktionen. Die Kinder, die den Erwachsenen als Pippis, wie auch die heranwachsenden Frauen, die den Männern als Tank Girls gegenübertreten, bleiben Traum oder Alptraum (abhängig von dem Platz, den Mann auf der nach unten offenen Chauvi-Skala einnimmt). Doch was sind dann Girlies? Und wohnen sie am Ende – für alle unerreichbar – im Taka-Tuka-Land?

Die für diesen Abschnitt der weiblichen Sozialisation zur Verfügung stehenden Handlungen und Orientierungsmuster gehören zu den Teilbereichen der populären Kultur, verbunden mit all den dazugehörigen Merkmalen wie Abhängigkeit von Moden, gleichzeitige Existenz konkurrierender Angebote sowie lokaler Sonderformen und (fast) global wirksamer Elemente. Populäre Kulturen zeichnen sich allgemein dadurch aus, daß sie von einer größeren Anzahl Menschen ohne gravierende und auf den ersten Blick klar erkennbare Abgrenzungsmechanismen angenommen und somit getragen werden und über nationale Grenzen und Sonderwege hinweg wirksam sind. Als fraglos gegebene Strukturen eines globalen Dorfes befriedigen sie sowohl die Grundbedürfnisse – etwa Nahrung (McDonalds), Kleidung (Levis), Sex (Madonna), Gewalt (Baseballschläger) – als auch nicht ganz so grundständige Bedürfnisse der Bewohner – beispielsweise Sport (Fußball) oder Bewaffnung (z.B. die israelische Uzi, die fast allen Antisemitismus überwindend sowohl im Gazastreifen als auch im Gangkrieg in amerikanischen Metropolen oder in zentralafrikanischen Bürgerkriegen Verwendung findet). Ein Großteil des Angebotes populärer Kulturen wird per Satellit oder Kabel vermittelt; ein vermutlich komplexeres Angebot und ein nationale Kulturen gleichfalls übergreifendes Weltdeutungsangebot liefert das Medium Film.

Pippi: Traum oder Alptraum?

Die Medien tragen zur Sicherung, Tradierung und letztendlich zum Funktionieren von Pop bei. Auffällig dabei sind die wechselwirksamen Querverweise zwischen Medien und Realität. Beide zitieren sich gegenseitig in einem Maße, daß die Grenzen zwischen Fiktion und Realität verwischen. Tank Girl, insbesondere der Film, zitiert neben der Filmgeschichte die aktuellen Frisuren- und Bekleidungsmoden *like punk never happened*. Die Girlies samplen gleichzeitig fast das komplette Outfitangebot des Filmes und verzichten eigentlich nur auf den Panzer sowie auf das Känguruh bei der Partnerwahl. Dieses Verfahren des gesampleten Stils, kennzeichnend für viele der aktuellen Jugendkulturen, verläuft nicht mehr nach einem Reiz-Reaktions-Schema, bei dem ein medialer Auslöser für die alltagspraktischen Folgen verantwortlich gemacht werden kann. Und das bringt alle ins Schwitzen: Die Jugendlichen bei der Stilarbeit, das Jugendmarketing bei der Suche nach erkennbaren Strukturen und das Feuilleton beim Erfinden passender Kategorien.

Die Girlies, Tank Girls ohne Tank, sind eine solche Kategorie. Mit ihr wird kein klar konturierter Typ gekennzeichnet, dessen Nachahmen auch nur annähernd von Erfolg gekrönt sein wird. Vielmehr wird hier das Verfahren personalisiert, mit dem die moderne Jugendliche ihre alltäglichen Mühen beim Herausarbeiten eines eigenen Stils bewältigt. Die von ihr dazu herangezogenen Mittel sind weniger »passende« oder »unpassende«, da sie nur einige Indizien auf ein selbstbewußtes (was immer das auch sein mag) Auswählen enthalten müssen. Betritt das gestylte Girlie dann die Straße, verschwindet es in der Menge gleichgestylter Mitgirlies, wobei der gleiche Style in der Gleichartigkeit der (scheinbar) beliebigen Kombination besteht. Das Girlie gibt es also nicht. Man kann sie suchen, wird sie aber nicht finden – weder auf der Love Parade noch auf den Chaostagen.

Anmerkungen

1 Vgl. Ende, M.: **Jim Knopf und Lukas der Lokomotivführer**, Stuttgart 1960
2 Bischops, K./Gerards, H.-W.: **Handbuch für Mädchen- und Frauenfußball**, Aachen 1996
3 Burchill, J.: **Girls on Film**, New York 1986

Laurel Gilbert und Crystal Kile

SurferGrrrls

Laurel Gilbert und Crystal Kile studierten *American Culture Studies* an der Bowling Green State University in Ohio und sind Autorinnen von *SurferGrrrls*. *Look Ethel, an Internet Guide for us!* [www.sealpress.com/surfergrrrls/] Ihr Thema ist die spannungsreiche Beziehung zwischen Frauen und der oft männlich dominierten Netzwelt. Nach einer Vorstellung der SurferGrrrls führen die beiden ein Gespräch mit einer Vertreterin der neuen Generation vernetzer Frauen, der 15jährigen Heather Susan Reddy.

»66 Prozent der Internet-Nutzer sind männlich. Außerdem nutzen Männer das Internet meist häufiger und länger als Frauen, sie machen etwa 77 Prozent der Gesamtnutzung aus. Männer stellen außerdem 59 Prozent der Nutzer von Online-Diensten und sind hier verantwortlich für 63 Prozent der Gesamtnutzung.« Noch immer erscheint die Bevölkerung des Cyberspace mit überwältigender Mehrheit männlich. Allerdings kann keine solcher Umfragen, wie sie etwa das *CommerceNet Consortium* oder *Nielsen Media Research* durchführen, viel darüber aussagen, *wie* Frauen das Internet nutzen, und noch weniger darüber, wie Frauen im Cyberspace angesehen werden.

Wir SurferGrrrls wollen der Welt ein für allemal zeigen, daß Frauen ein lebendiger, erstaunlicher und wichtiger Teil der Internet-Kultur sind und nicht etwa eine Anomalie. Wir wissen, daß Frauen das Internet zu ihrem persönlichen und ökonomischen Vorteil nutzen und solche Beispiele andere Frauen inspirieren können. Und wir wollen darauf aufmerksam machen, weil trotz der vielen Frauen und Mädchen, die das Internet auf ganz unterschiedliche Weise für sehr spaßige, fabelhafte und sinnvolle Dinge nutzen, immer noch der Mythos existiert, das Netz sei eine »Männersache«, etwas für »Freaks«, nur eine »weiße Sache« oder nur irgendwas für die reichen Manager oder diejenigen, die sich nur für **Newsgroups** der alt.sex-Abteilung interessieren.

Die **Newsgroups** (»Nachrichtenbretter«) setzen sich aus mehreren internationalen Netzwerken zusammen, deren technologische Einheit als Usenet bezeichnet wird. Die Nachrichtenbretter kann man sich als riesige Pinnwand oder als ein System öffentlicher »Schwarzer Bretter« vorstellen, die nach

Rubriken unterteilt sind und jedes erdenkliche Thema zum Inhalt haben können: Rosenzucht, Aquarien, Anarchismus, Philosophie, Sex, Briefmarken.

Renée Schauecker

Doch inzwischen gibt es immer mehr **Grrrls**, die sich souverän im Netz bewegen und dort für Furore sorgen.

Das Wort **Grrrls** ist eine Kreation der Bikini Kill-Sängerin und Aktivistin Kathleen Hanna und stellt eine spontane jung-feministische Abänderung des Wortes »girl« dar. Ursprünglich leitet es sich wenigstens teilweise von einer Redewendung ab, die von jungen afro-amerikanischen Frauen in den späten achtziger Jahren popularisiert worden ist: »You go, *guuuuurlll!*« Es ist allgemein bekannt, daß das Wort »girl«, wenn es nicht zur Beschreibung einer Frau unter sechzehn Jahren verwendet wird, schnell einen abschätzigen, verkindlichenden Unterton erhält, der Dummheit, Schwäche oder Substanzlosigkeit suggeriert. Grrrl bringt dagegen das Knurren zurück in unsere Miezekatzenkehlen. Grrrl zielt darauf, die ungezogenen, selbstsicheren und neugierigen Zehnjährigen in uns wieder aufzuwecken, die wir waren, bevor uns die Gesellschaft klar machte, daß es Zeit sei, nicht mehr laut zu sein und mit Jungs zu spielen, sondern sich darauf zu konzentrieren, ein »girl« zu werden, das heißt, eine anständige Lady, die die Jungs später mögen würden.

Riot Grrrls sind junge, zumeist punkige und gnadenlose Feministinnen, die Zines herausgeben, in Bands spielen, Kunst machen, Radiosendungen produzieren, Mailing-Listen unterhalten, WWW-Seiten gestalten und manchmal auch einfach nur zusammenkommen, um über ihr Leben zu sprechen und darüber, was es heißt, als Frau in der Gesellschaft der Gegenwart zu leben. *Grrrlishness* bedeutet zugleich sanft und wild zu sein, es bedeutet Hothead Paisan *und* Hello Kitty, Marlys und Maybonne *und* Tank Girl, Susan Faludi *und* Winona LaDuke, Queen Latifah *und* Courtney Love!

Wir haben nun das Wort SurferGrrrl gewählt – im Gegensatz zur Standard-Botschaft »nette Mädchen hacken nicht auf Computern herum«, die die Gesellschaft immer noch aussendet, obwohl das Bildungssystem alles dafür tut, Mädchen stärker für Mathematik und die Naturwissenschaften zu begeistern. Surfergrrrl beruft sich auf die große Grrrl/Girl-Präsenz, die es schon jetzt im Internet gibt, von Stephanie Brail's *Digital Amazons* und Aliza Sherman's Cybergrrrl-Seiten im World Wide Web [www.cybergrrrl.com] bis zur feministischen Suchmaschine Femina [www.femina.com] und den Internet-Magazinen NrrdGrrl [www.winternet.com/ameliaw/] und Foxy [www.tumyeto.com].

WebGrrrls müssen früh anfangen!

Bei den meisten Streifzügen durch das Internet fällt auf, daß die Frauen, vielleicht sogar alle Leute, die sich am Aufbau der neuen elektronischen Datenwelt beteiligen, über zwanzig oder fünfundzwanzig Jahre alt sind. Doch ab und zu findet man ein junges Grrrl dort draußen, ein korrektes Mädchen mit Zugang zum Internet, das mit seiner Tastatur gehörigen Wirbel verursacht. (Unter Garantie: Davon gibt es immer mehr!)

Heather Susan Reddy aus Michigan ist eine dieser Fünfzehnjährigen mit einer Homepage aus gutem **HTML-Quellcode**, süßen Grafiken, ein paar echt netten Infos und wichtigen Links für jeden Teenager [http://pmc.grandrapids.mi.us/lucretia/].

HTML (Hypertext Markup Language) ist eine Codierungssprache, mit deren Hilfe Text- und Steuerzeichen einer geschriebenen Seite interpretiert und auf jedem Rechner gleich dargestellt werden können. Die Darstellung dieser HTML-Dokumente übernehmen sogenannte »Browser« wie Netscape oder Internet Explorer. Jede Seite verfügt über eine Adresse, die Auskunft über den Ort gibt, wo sie zu finden ist – so kann jede Seite auf beliebig viele andere Seiten verweisen. Aus diesem System von Querverweisen (Links) zwischen einzelnen HTML-Dokumenten entsteht das World Wide Web (WWW).

Auch bekannt als *namerank serialnumber, lucretia* und *He at her*, steht das junge Fräulein Reddy stellvertretend für die nächste Generation vernetzter Frauen. Sie kennt sich aus in der Welt der **Bulletin Board-Systeme** und **Online-Dienste**, schreibt jede Menge Mails an verschiedene Newsgroups und surft durch das World Wide Web.

Vor dem großen Internet-Boom waren die **Bulletin Board-Systeme** (BBS) das Rückgrat der »Online-Welt«. Bulletin Board-Systeme sind per Computer und Modem zusammengeschaltete Treffpunkte und Konferenzsysteme, in denen die TeilnehmerInnen miteinander diskutieren können, elektronische Post austauschen oder Nachrichten und Ankündigungen für andere Nutzer hinterlassen können. Es gibt immer noch Abertausende dieser Konferenzsysteme, die häufig den Charakter eines lokal begrenzten Treffpunktes bewahrt haben. Die kommerziellen **Online-Dienste** (wie etwa t-online, AOL oder Compuserve) ermöglichen es ihren Kunden, elektronische Post zu senden und zu empfangen. Darüber hinaus bieten sie eine (meist kostenlose) Zugangssoftware, mit der spezielle Service-Angebote (Nachrichten, Entertainment etc.) genutzt werden können und der Zugang zum Internet, insbesondere ins World Wide Web, gewährleistet wird.   *Renée Schauecker*

Heather, wie lebst Du so?

Ich gehe noch vollzeitmäßig zur High School. Ich veröffentliche ein Zine, schreibe für das WWW und örtliche Underground-Publikationen – selten für Geld –, schreibe jede Menge Gedichte (pseudo-erotische Absurditäten, freie Verse, pathetisch-popkulturell-inspiriertes Geplapper), besuche Konzerte, Musikfestivals, Kunstausstellungen, sitze so oft in Cafés, das es schon nicht mehr gesund sein kann, spiele Gitarre, arbeite im Garten und sehe beinahe jeden »Kunst«-Film, der es bis in unsere kleinen Kinos schafft. Gelegentlich sitze ich auch nur herum.

Beschreib´ doch mal Deine – wie wir finden – wirklich coole Homepage...

Meine Homepage... ich habe eine nutzlose Eigenwerbung, ein künstlerisches Bild von mir, ein paar Gedichte von Sylvia Plath (prima!), Links zu einem College, auf das ich gerne gehen würde und ein paar andere Links zu Seiten mit Informationen über meine Lieblingsschriftsteller (ich glaube, da geht es zu Sartre, Robert Pirsig und Plato... J.D. Salinger, Allen Ginsberg und William Gibson kommen demnächst dazu...)

Wie hast Du mit Computern angefangen?

Meine Eltern waren neuen Technologien gegenüber sehr aufgeschlossen, und ich kann mich gar nicht daran erinnern, keinen Computer gehabt zu haben, wie mittelmäßig auch immer er gewesen sein mag. Angefangen habe ich mit einem Commodore 64 und einem Online-Dienst namens Q-Link, der später zu America Online wurde. Ich wollte mir erst nur ein paar Spiele von denen holen, doch dann brachte mich das Schicksal – und ein versehentlicher Mausklick – zur Plauderecke der *people connection* – und damit begann meine Abhängigkeit von der Online-Kommunikation. In technische Details habe ich mich nie besonders vertieft, das hat mich aber auch nicht so interessiert. Ich nutze den Computer eher als Mittel zum Zweck, das Gerät selbst ist mir nicht so wichtig. Mit Computern kann ich besser umgehen als die Mehrheit der Bevölkerung, und das liegt daran, daß ich mir genügend Wissen angeeignet habe, um mit dem Computer zu machen, was *ich* will.

Wie bist Du zum Internet gekommen?

Lange habe ich eigentlich nur mit privaten Online-Diensten gearbeitet, die meine Eltern gesponsert haben – bis 1993, dann habe ich damit begonnen, örtliche Bulletin Board-Systeme zu nutzen. Dort lernte ich eine Menge gute Bekannte aus der Gegend kennen. Abgesehen vom e-mailen mit Freunden, die ich in Online-Diensten kennengelernt hatte und gelegentlichem Schreiben für das Usenet, war das Netz für mich ein furchteinflößendes Ding. Das änderte sich im vergangenen Herbst, als ein örtliches BBS vollen Internet-Zugang ermöglichte – da war ich erstaunt über die Fülle der verfügbaren Informationen. Es stellte sich bald heraus, daß **Internet Relay Chat** (**IRC**) süchtig machen konnte, außerdem gab es ja **MUDs**, zielloses Surfen durch das World Wide Web (WWW) und vieles mehr.

Das Herstellen einer »Gesprächsverbindung« in einem Netz über Bildschirm und Tastatur wird als **Chat** (Engl.: Schwätzchen) bezeichnet. Voraussetzung sind mehrere Telefonzugänge zu einem System – dann können sich mehrere Datenreisende gleichzeitig dort aufhalten und sich zu einem Chat zusammenfinden, bei dem man sich per Tastatur direkt mit anderen Teilnehmern unterhält. Bei einem Zweier-Chat halbiert sich der Bildschirm, die eine Hälfte zeigt die eigenen Eingaben, in der anderen Hälfte sind die Antworten des »Gesprächspartners« zu sehen. Außerdem ist auch eine gleichzeitige Kommunikation mit beliebig vielen Teilnehmern möglich, dies geschieht mittels des **Internet Relay Chat** (**IRC**). IRC-Nutzer hängen sich an einen der zahlreichen ständig aktiven Gesprächskanäle (Chat-Kanäle oder Chat-Rooms) und können sich dann »live« an der dort gerade laufenden Diskussion beteiligen. Die imaginären Spielwelten der **Multi-User-Dungeons** (**MUDs**) greifen auf solche Interaktionen zwischen Internet-Nutzern zurück. Zusätzlich zur Möglichkeit, sich miteinander zu unterhalten, bieten MUDs – auch oft als Online-Fantasy- oder Online-Rollenspiele bezeichnet – eine computergenerierte Umwelt an, die von allen TeilnehmerInnen wahrgenommen wird. In der Regel besuchen die Spieler – auf sich allein gestellt oder in Gruppen – verschiedene Räume, stehen im Wettkampf gegeneinander oder verbünden sich zur Lösung von Rätseln und Denksportaufgaben, zum Aufnehmen von Gegenständen und zum Besiegen von Monstern – alles mit dem Ziel, durch Punktgewinn in der Spielhierarchie aufzusteigen.

Als Kind und Heranwachsende hat man mich – im besten Falle – für »begabt« gehalten, oder mich – im schlechtesten Falle – als gesellschaftlich »ungeeignet« angesehen. Jedenfalls kam ich mir vor, als wäre ich »nicht von dieser Welt« oder immer irgendwie außer Takt geraten, wollte mich aber nicht ins Mittelmaß flüchten. Die Befreiung von diesen Spannungen im Netz war unbeschreiblich. Unterhält man sich im IRC, kann man sich darauf verlassen, jemanden vom gleichen Schlag vor sich zu haben, bei einer Unterhaltung verliert man dadurch seine Hemmungen. Beim Schreiben an Newsgroups kann man sich richtig Luft machen oder so etwas wie einen inneren Dialog führen – das fehlt in unserer Gesellschaft sonst völlig. Das Unterhalten verschiedener E-mail-Brieffreundschaften schafft Verbindungen mit Leuten, die einen für voll nehmen. Die Nutzung des Netzes als Schaufenster für meine Arbeit gibt mir die Gelegenheit, Feedback zu erhalten und sie zu verbessern. Trotz der Tatsache, daß das Netz häufig das Gefühl von Abgeschlossenheit hervorzurufen scheint, war es für mich eine Erlösung, eine Alternative zu einer Realität, die nicht immer sonderlich attraktiv ist.

Gibt es etwas Besonderes, was Du mit Computern oder mit dem Internet tun möchtest?

Ich hätte eigentlich ganz gerne eine Web-Site, auf der Schriftsteller ihre Arbeiten veröffentlichen können. Das Zine, das ich mache, *Heather´s Head,* würde ich gerne auf´s Netz legen. Eines meiner Hauptanliegen ist es, ein Forum für Frauen und Grrrls zu schaffen, die durch das Internet eingeschüchtert werden. Während passive Tätigkeiten – wie etwa das WWW-Surfen – beinahe gleichmäßig unter den Geschlechtern verteilt sind, sind die interaktiven Aktivitäten – Usenet, IRC, MUDs – von ungehobelten männlichen Klötzen bevölkert, die darauf aus sind, alle zu belästigen, die keinen Phallus haben. Viele der Frauen, die ich aus dem Netz kenne, sind Lesben oder Punks – kurz gesagt, Außenseiter – wohingegen stinknormale Männer aus jeder Ecke hervorquellen. Die Welt der Zukunft wird wahrscheinlich in wei-

Cybergrrl Webstation

ten Teilen vom Netz abhängig sein, und es ist unerläßlich für die Zukunft der Frauen, daß sie sich im Netz zurechtfinden. Nur so können sie verhindern, daß sie für jeden Dollar, den ein vernetzter Mann verdienen kann, mit der Hälfte abgespeist werden.

Welche Quellen oder Leute waren wirklich hilfreich für Dich?

Hilfreich auf welche Weise? Ich habe Beziehungen aufgebaut in MUDs, IRC und Chatrooms bei America Online. Eine Brieffreundschaft hielt gut drei Jahre. Ich machte meine Teenager-Krise durch, und Leute in der *alt.suicide.holiday*-Newsgroup und im IRC haben mir das Leben gerettet. Ich kann meine Gefühle viel besser schriftlich ausdrücken, die Leute auf dem Netz liegen einfach auf der gleichen Wellenlänge wie ich. Das WWW ist eine wichtige Informationsquelle gewesen – dabei aber auch sehr zeitraubend. Ich hatte schon immer einen unstillbaren Wissensdurst. Im WWW kann man sich auch sehr gut die Zeit vertreiben, ich habe es aber auch schon zur Bewerbung bei Colleges genutzt.

Was war Deine beste Netzerfahrung?

Mich mit meinem Sysop treffen. Sich nachts im IRC treffen und mit engen Freunden über guten Eistee und Punk-Rock unterhalten. Von wirren Leuten angeschrieben zu werden, denen meine Homepage gefällt. *Sandman* auf dem Netz lesen.

Glaubst Du, daß Frauen und Grrrls in Zukunft mehr mit Computern zu tun haben werden?

Passiv auf jeden Fall. Vielen fehlt leider das technische Know-how, um etwas anderes zu machen, als die Maus zu bewegen und ab und zu mal draufzudrücken. Es scheint eine wachsende lesbische Gemeinde im IRC zu geben, und auch Studentinnen nutzen IRC sehr häufig. Doch abgesehen von den unvermeidlichen Generation Xern scheinen die Frauen auf dem Netz zu fehlen, und das macht mir Sorgen. Es gibt jede Menge feministische Grrrl-Angebote im WWW, aber Frauen zögern anscheinend, sie zu nutzen, wahrscheinlich wegen gesellschaftlicher Konditionierung – die alte Leier: Computer sind »Männerspielzeuge« und so. Viele Frauen machen anfangs schlechte Erfahrungen und werden belästigt, wenn sie sich im Netz zu Wort melden. Danach ziehen sie sich zurück in passive Erkundungstouren. Wir müssen endlich anfangen, damit wie *Frauen* umzugehen!! ;-)

NEW SCHOOL

»Indem Techno das freie Phantasieren nicht unterdrückt, sondern fördert, tritt es wie jede Kunst dafür ein, das herrschende Realitätsprinzip als historisch-variabel zu begreifen.« Christof Meueler

»Der kreative Umgang mit visueller Kommunikation verliert zwar vordergründig den Gestus des öffentlichen Protests, kann dafür aber durch eine Umgestaltung ›von innen‹ bestehende Regeln brechen und neue Leitsätze definieren.« Christoph Bieber

Thomas Lau

»... und wir machen euch fertig!«[1]

Notizen zur neuen Härte – Das Beispiel Kelly Family

Thomas Lau, bereits in der *Girl School* eingeführter Pop-Soziologe, widmet diesen Beitrag Inga Keusgen, die ihm zahlreiche Videos, Photos und Zeitungsausschnitte zur Verfügung stellte. Weiterer Dank geht an Markus Halblizel, der das Hausboot – besser: die Mauer davor – inspizierte, sowie an die Studenten eines Seminars im Wintersemester 95/96 an der Universität Konstanz.

»Lieber Paddy Kelly! Ich bin ein großer van von dir. Ich liebe dich so schrecklich!! Bitte schreibe an: Anja A.«[2] Und weiter: »Ich heiße Anja und bin 8 Jahre alt. Ich gehe in die dritte Klasse. Schick mir bitte ein Autogramm von euch allen. Tschüs deine Anja«, steht auf dem beidseitig beschriebenen grauen Zettelchen, das in einer von seinem ursprünglichen Inhalt befreiten und wieder verschlossenen Plastikflasche im unlängst renaturierten Bach vorbeischwimmt. Flußaufwärts hätte es nach der Überwindung einiger Schleusen treiben müssen, um das mauern- und sagenumwobene Hausboot der Kellys in Köln zu erreichen.

Während sich das Hauptaugenmerk der über Pop redenden, schreibenden und theoretisierenden Zünfte auf die zwischen Internet, TB 303 und Corel Draw nach Ausdrucksmöglichkeiten suchenden Jugendlichen richtet, bleiben die Kelly Family und die Anjas dieser Welt von *Spiegel, Spex* und Anverwandten ziemlich unbehelligt. Vermutlich ist das konsequente Ignorieren – sieht man einmal von der Hof- und Bootberichterstattung der *Bravo* ab – mitunter darin begründet, daß »den rätselhaften Erfolg«[3] dieses mittelständischen und mittelmäßigen Unternehmens keiner der brancheneigenen Kaffeesatzleser und Trendforscher vorhergesehen hat. Mit der Qualität dieses unvorhergesehenen, bestimmt aber nicht unvorhersehbaren Erfolges befindet sich die Kelly Family – nicht nur zeitlich gesehen – in etwa zwischen Nirvana und dem an der Band Green Day festzumachenden Punk-Rock-Revival.

In einer aus guten Gründen nie erhobenen Pop-Familienchart müßte die Kelly Family ungefähr knapp hinter der Heiligen Familie, aber noch weit vor der Manson- oder der Partridge-Family rangieren.[4] Und das Konzept »Familie« wird dann auch immer gern zur Erklärung des unerklärlichen Erfolges herangezogen. Auf die bangen Fragen: »Ist die Kelly-Manie also nichts anderes als der Wunsch nach einer Familie, die zusammenhält, nach Geschwistern, die füreinander da sind? Versammeln sich in den Konzerten der ehemaligen Straßenmusikanten die verwöhnten Einzelkinder, die alle Wünsche erfüllt bekommen, nur nicht den nach Geborgenheit und Zugehörigkeit?«[5] Und: »Wie gerne würden sie ihre Wohlstands-Reihenhäuser und desinteressierten Eltern verlassen und sich als weiteres Familienmitglied zu den neun Geschwistern gesellen?« soll es dann auch nur die eine Antwort geben: »In der Tat scheint die Faszination, die sie auf junge Menschen ausüben, auch mit ihrer impliziten Botschaft zusammenzuhängen: Wir sind eine glückliche Familie, wir halten zusammen, nichts kann uns trennen, gemeinsam sind wir stark.«[6]

Auf den ersten Blick mag diese Erklärung einleuchten: Das Kollektiv kollabierender Zahnspangenträger vor der Bühne idolisiert dasjenige, das es – wie bei allen Idolen nun einmal üblich – selbst nicht erreichen kann, also das der Familie. Aber schon der flüchtige Augenschein belegt die Ungenauigkeit dieser Annahme: Einerseits nämlich findet die aktuelle Bühnenpräsentation der Kelly Family elternlos statt (1982 Tod der Mutter; 1990 Schlaganfall des Vaters), andererseits ist der Anteil der im Publikum befindlichen Komplettfamilien erstaunlich groß.[7] Feiert sich am Ende die Familie selbst?

Zu Beginn als multi-folkloristische Familie musizierend, legen sie die elterlichen Vorgaben bei Musik- und Bekleidungsauswahl erst ab, als der letzte noch lebende Repräsentant dieser Zwänge seine Definitionsmacht verliert und zum Pflegefall wird. »Papa Kelly live on stage again after 4 years«[8] zeigt dann auch äußerst anschaulich den tränenüberströmten Triumph der Kinder, die mit deutlich sichtbarem Stolz einem mühsam die Bühne betretenden Moses-ohne-die-Gesetzestafeln-Lookalike die ausverkaufte Dortmunder Westfalenhalle zwischen Liedern wie *Let it be* und *Amazing Graze* zu Füßen legen. Die diesen fulminanten Showstopper begleitenden Tränen der Fans sind gleichfalls doppelt besetzte: Der Trauertränenanteil gilt dem krankheitsbedingten Slow-Motion-Auftritt des mitleiderweckenden Vaters; der Freudentränenanteil gilt den musizierenden Kindern, die bereits etwas vollzogen

LIVE IN DORTMUND
Westfalenhalle

Sa. 6. Mai 19.30 Uhr
So. 7. Mai 15.30 Uhr

Westfalenhallen
Dortmund

Eintritt: 25,- DM Erw. / Kinder 15,- DM
Karten an allen bekannten Vorverkaufsstellen ab 12. Januar

»Papa Kelly live on stage again …«

haben, was dem pubertierenden Teil des Publikums noch bevorsteht: Die Überwindung der Eltern durch Ablösung oder Trennung und – in diesem Falle – Nachfolge.

Die Kelly Family sichert ihren Erfolg also weniger dadurch, daß sie sich selbst oder die sie mißtrauisch beäugenden Hobbypsychologen in einer der vermeintlich zur Verfügung stehenden heilen Welten plaziert, sondern indem sie die Bewältigung eines der Probleme vorexerzieren, dem alle Familien ausgesetzt sind: das der Auflösung. Die Familie »als universelle Institution der menschlichen Gesellschaft« (René König) ist nicht auf Dauer angelegt, sondern formiert sich quasi ständig neu, wobei das Verlassen des Elternhauses durch die Kinder oder das Ableben eines Familienmitgliedes zu den markantesten Anzeichen familiärer Umbruchphasen gehören. Danach ist es nicht mehr, wie es vorher war. Während andere Institutionen (etwa Regierungen, Gerichte und Schulen) das sie tragende Personal ohne gravierende Folgen auswechseln können und damit ihre Dauerhaftigkeit garantieren, muß die Familie die Last ständig zu bewältigender Umbruchphasen tragen. Danach kann es nicht mehr sein, wie es vorher war. Und wenn dann eine Familie erscheint, die ein nahezu komplettes Arsenal bewältigter Umbruchphasen präsentiert und dazu auch noch musiziert, ist der Automatismus des Erfolges in Gang gesetzt – beschleunigt durch die gleichzeitig stattfindende gesamtgesellschaftliche Umbruchphase: Das Zusammenwachsen der beiden deutschen Staaten fällt zusammen mit dem rapiden Anwachsen der von der Kelly Family erwirtschafteten Gewinne.

Ihre Crossover-Folklore ist ein weiterer Garant des Erfolges. Vollständig die anderen, etwas größeren hitparadentauglichen Genres – Techno, HipHop, Punk-Rock – aussparend, deckt ihr Programm einen selten gewordenen mehrheitsfähigen Bereich ab, in dem eine Lagerfeuerromantik bierzeltkompatibel zubereitet wird. Der so entstehende größte gemeinsame Mitsing- und Mitgröhlteiler bringt jung und alt auf einen Nenner: von der *Nordseeküste* und *Wir lieben die Stürme* ist es nicht mehr weit bis zu den unvermeidlichen Coverversionen *A hard days night* und *Let it be*, bei denen sich die Beatles im Grabe umdrehen würden, zumindest jene, die schon darin liegen. Aufregende, das Publikum verstörende Experimente finden deshalb nicht statt: Die Eröffnung – vom Schachspiel bis zum Rockkonzert äußerst bedeutsam – gerät unspektakulär und selbst die rockigeren Songs *(Why why why)* dieser familiegewordenen Musikbox lassen die Sweatshirts schweißfrei. Hier könnte man schließen, höchstens noch einige Worte zur Risikogesellschaft nach Beck verlieren, die die Risikolosigkeit abfeiert, wenn da nicht einige Aspekte stutzig machen würden: das Outfit, die Fans sowie der Umgang mit ihnen.

Es ist nicht eindeutig zu rekonstruieren, ob die fast allen gängigen Trends zuwiderlaufende Bekleidungswahl der Kelly Family eher auf die Multikultibiographien der einzelnen Familienmitglieder oder auf die gegenwärtig gängige Überschneidung unterschiedlicher Genres und die damit einhergehende fast komplett sanktionsfreie Verwendung einzelner Elemente zurückzuführen ist. Die – neben der Musik – auch bei der Bekleidung praktizierte Crossover-Folklore findet sich in ihrer makellosen Schlampigkeit auf keiner der Modeseiten derjenigen Musikmagazine, die von den Kelly-Fans nur gekauft werden, um mit den dort abgedruckten Kelly-Photos die Wände der Kinderzimmer bis zur Rauhfaserunkenntlichkeit zu tapezieren. Die Kelly Family scheint mit die letzte Instanz zu sein, die allen Modediktaten trotzt, bleibt sie doch bei ihrem Sammelsurium aus Third Hand, Hippietum und fahrendem Volk klar erkennbar und grenzt sich damit auch von allen anderen ab – und das sind immerhin »über 400 verschiedene Szenen«.[9] In dieser Konsequenz sind sie härter als all diejenigen Gruppierungen, die Härte nur noch gegen sich selbst (Bungeespringen, Herumraven, Drogen, Piercing u.ä.), aber nicht mehr als aktive stilistische Abgrenzung verwenden, wie es beispielsweise einst Punk praktiziert hat. Und mit der Haarlänge lassen sie sowohl alle frisurengeschichtlichen Umwälzungen der 80er Jahre als auch das Gros der in den diversen Metallagern cross-

Rete

overnden Fraktionen hinter sich. Eigentlich müßte ein derartiges Outfit die (Style Police) umgehend tätig werden lassen. Da aber eine solche Institution leider nicht existiert, bleibt die Kelly Family unbehelligt.

Von den Fans kann diese rigide, kunterbunte Abgrenzungspraxis nicht übernommen werden. Sie sehen zwar, daß eine Familie in der Lage ist, den größten stilistischen Unfug aufzufangen, sind aber selbst nicht Mitglieder dieser Familie. Sie müssen bei ihrer Bekleidungswahl die Abstimmungs- und Abgrenzungsprobleme zuerst innerhalb der eigenen Familie und dann im Freundeskreis lösen. Nun sollte man meinen, daß mit diesem strengen Ausschluß – die *zweite Härte* der Kelly Family, deutlich sichtbar an der Kölner Mauer um das Hausboot – die jüngeren Fans in irgendeines der nicht ganz unzähligen anderen Outfitlager verschwinden. Trotzdem gelingt es aber immer wieder, aus einer Gruppe von zwölf- bis etwa sechzehnjährigen Jugendlichen gerade die Kelly-Fans als solche benennen zu können, übrigens mit einer erstaunlich hohen Trefferquote. Es sind immer diejenigen, die die bereits erwähnte gepflegte Nachlässigkeit unter Umgehung der *Bravo*-Modeseiten bei meistens mittelgescheiteltem Haupthaar präsentieren. Während ihre AltersgenossInnen den Trendscouts in die Arme rennen und die aus solchen Kollisionen entstehenden Trends tragen müssen, wird die Normalität des Outfits der Fans zur *dritten Härte* des Phänomens Kelly Family: Es widersetzt sich aller Markentreue, benötigt keine Designerjeans, Kurzhaarfrisuren und auch nicht den monatlichen Neuerwerb von 200 DM-Turnschuhen oder von T-Shirts, die erst von 80 DM an aufwärts Ravetauglichkeit erlangen. Aber gerade dadurch sind sie klarer erkennbar als fast alle anderen Jugendphänomene. Bei Punk war es ähnlich, mit dem einzigen, aber markanten Unterschied, daß sich das Punkoutfit aktiv gegen die damals herrschenden Outfitvarianten richtete. Das Outfit der Kelly-Fans richtet sich gegen nichts.

Was sich bei dem strukturellen Ausschluß der Fans – die *zweite Härte* – andeutete, wird zum real existierenden Ausschluß nicht nur bei der bereits erwähnten Kölner Mauer, die fast eine genauso vollgesprühte und -gekrakelte Touristenattraktion ist wie jene andere, die es nicht mehr gibt. Die *vierte Härte* des Kelly-Phänomens zeigt sich folgendermaßen: Ohne Rücksicht auf leicht zu brechende Fanherzen werden in einem Video stürzende Fans beim Einlaß ins Konzert gezeigt; ein etwa sechsjähriger Fan wird zum höchstens einminütigen Mitsingen auf die Bühne geholt und abrupt im gleißenden Scheinwerferlicht alleine stehengelassen (Und tschüß! – ziemlich regelmäßig); bibbernden Fans vor der Halle wird von den zum Merchandisingtross gehörenden und Turnübungen veranstaltenden Animateuren angedroht: »Wenn ihr nicht mitmacht, dann kommt ihr nicht rein!«; lachend wird in einer großen TV-Show erzählt, daß die auf die Bühne geworfenen Plüschtiere und andere Geschenke in Müllsäcken gestapelt in einer Lagerhalle liegen. Die Liste ließe sich fortführen und um das Titelzitat ergänzen sowie um die harten Entbehrungen, die die Fans selbst aufnehmen, um der Härte der Kelly Family beiwohnen zu dürfen: Das beginnt bei Frostbeulen (stundenlanges Warten), geht über Taxifahrten zwischen Hausboot und Konzertort Kölner Sporthalle (»Vielleicht sehen wir jemanden von der Kelly Family!«) und leichten Verletzungen (überfüllter Konzertsaal) bis hin zu der – auch von anderen Fangruppen praktizierten – Verweigerung von Speisen und Getränken ab etwa acht Stunden vor Konzertbeginn (»Dann muß ich nicht auf's Klo, wenn ich in der ersten Reihe stehe!«).

Der Erfolg der Kelly Family ist auch ein Erfolg der »Widerstandsfähigkeit der Familie in den Wirren der Geschichte« (René König). Ein einmal durchlaufenes Stadium der Familiengeschichte ist aber nicht zu wiederholen, sondern bleibt verloren: der erste Schultag, der erste Kuss, die erste eigene Wohnung. Dennoch können sich einige Fans der Kelly Family mit der neuen Härte nicht ganz anfreunden und sehnen sich in die Zeit der Marktplatzkonzerte und der damit verbundenen Familiennähe zurück. Bei den Weihnachtskonzerten 1995 in der mehrfach ausverkauften Dortmunder Westfalenhalle hielten sie Transparente hoch: »Wir wollen unsere alten Kellys wiederhaben!«. »Ist nicht!« möchte man ihnen zurufen – aber das wäre zu hart.

Anmerkungen

1 Paddy Kelly zur Begrüßung der Fans bei einer Veranstaltung von *Bravo-TV*
2 Es folgt eine Komplettanschrift. Der Vorname wurde nicht geändert
3 Süddeutsche Zeitung, 5./6./7. Januar 1996, S. 15
4 Nein, die Osmonds, die Jacksons oder die Kennedys sind nicht vergessen worden, bleiben aber unberücksichtigt, weil sie ohne den expliziten Zusatz »Family« firmier(t)en und – besonders letztgenannte – eher mit der Zuschreibung »Clan« Geschichte(n) schrieben. Und ein Clan ist nun einmal keine Familie.
5 Ursula Neber: **Die Wiederentdeckung der Geborgenheit**, in: Psychologie heute, 12/1995, S. 20
6 Ebd.

7 Die Augen- und Ohrenzeugenberichte, die diesem Beitrag zugrundeliegen, stammen fast ausschließlich von InformantInnen, die die Konzerte der Kelly Family mit der ganzen Familie besuchen. Auffällig dabei ist nur das Verhalten einiger der die Kinder begleitenden Eltern, die – ohne Aufforderung – gleich Rechtfertigungen für ihre eigene Anwesenheit bei den Konzerten abliefern, dies aber nicht bei Konzertberichten von z. B. Bryan Adams oder 60er Jahre- Revivalbands tun.

8 Klappentext des Videos **Tough Road, Volume Two**, 1994, Kel-Life Production

9 Stern 2/1996, S. 68, zu Beginn einer auf mehrere Wochen angelegten Serie: **Jugendszene Deutschland**.

Monja Messner

»Sie sind sooo süüüß...«
Boygroups und ihre Fans – Fans und ihre Boygroups

Monja Messner, freie Journalistin und Soziologin, hat Anni, Tanja und ein paar hundert andere ins Boygroup-Konzert begleitet. Dabei ist sie dem Geheimnis des Erfolges der choreographierten Jungen-Bands auf die Spur gekommen.

»...und dann hab ich meine Hand ans Busfenster gehalten und Nick (von den Backstreet Boys, d.V.) hat seine Hand von innen draufgelegt... ach, das war der schönste Tag in meinem Leben...« – sprach's mit leicht hysterischem Tonfall und sank ermattet, erleichtert und glücklich neben mir auf den Boden. Ich hatte Anni[1] (15) und ihre Freundin Tanja (16) eine Zeitlang begleitet, sie hatten den ganzen vorweihnachtlichen Samstag vor dem Hinterausgang des Züricher Volkshauses ausgeharrt, um einen Blick und vielleicht sogar mehr auf ihre Boygroups beim Betreten oder Verlassen der Halle werfen zu können. Und es war ihnen gelungen, die Jungs von Caught in the Act (Holland), Worlds Apart (England) und den Backstreet Boys (USA) zu sehen, durch die Busscheibe zu berühren, zu fotografieren, Steve (von Worlds Apart) ein Kettchen zu überreichen und schließlich konnten sie noch Originalautogramme ergattern.

Die Boygroups

In Deutschland begann alles ganz harmlos vor ungefähr zehn Jahren mit einer amerikanischen Boygroup. Ein Bandmanager gründete die New Kids on the Block, bestehend aus fünf Jungs, die erfolgreich fröhliche Popsongs trällerten. Drei Jahre später dachte man sich in England, daß dies doch auch eine europäische Popband leisten kann, und so entstanden nach demselben Prinzip Take That und in etwas abgeänderter Form East 17. Es folgten Caught in the Act, Worlds Apart, Boyzone (Irland), Bed & Breakfast (Deutschland) und schließlich meldete sich Amerika mit den Backstreet Boys und NSYNC zurück.
Seither sind diese Bands regelmäßig ganz vorn in den Charts vertreten und verfolgen alle ein ähnliches Prinzip: Die Bandmitglieder sind ausschließlich Jungs zwischen 15 und 27 Jahren, sie singen nette Pop-

songs, sehen gut, anständig und lieb aus und sind es vermutlich auch. Alle Boygroups leben von ihrer multimedialen Präsenz. Daß sie Musik präsentieren, scheint fast schon nebensächlich zu sein. Befragt man die Mädchen vor den Konzerthallen nach ihrer Entwicklung zum Fan, so bekommt man als entscheidenden Punkt immer den optischen – und nicht den musikalischen – Aspekt zur Antwort: »Ich hab die schon mal gehört, im Radio oder so, aber dann hab ich des Video gesehn, und dann war ich voll begeistert und dann bin ich gleich los und hab mir die CD gekauft...« (Nicole, 13). Und deshalb ist es natürlich das schönste für Fans, »ihre« Jungs zu sehen. Dazu müssen nicht einmal die Konzerte besucht werden, es reicht, vor dem Hinterausgang der Halle auf die Ankunft der Gruppe zu warten.

Die visuelle Präsenz der Boygroups ist also entscheidend. In jeder Ausgabe der klassischen Jugend-Pop-Magazine wie etwa *Bravo* finden sich Poster und Berichte, und in den entsprechenden TV-Jugend-Magazinen und auf allen Musikkanälen laufen ständig aktuelle Videos und Interviews. Zudem zeigen sich auch Affinitäten zu anderen medialen Gattungen, die über die übliche Musik-Starpräsenz hinaus gehen: Caught in the Act hatten beispielsweise ganz zu Beginn ihrer Karriere ein Gastspiel in der RTL-Serie *Gute Zeiten – Schlechte Zeiten* und die Jungs von Bed & Breakfast lieferten den Titelsong zur Sat1-Serie *Die Wagenfelds*. Dabei ist es fast unnötig zu sagen, daß diese Serien natürlich auch ganz vorn in den TV-Serien-Charts der *Bravo* zu finden sind, weil das Stammpublikum der Serien mit dem der Boygroups zumindest teilweise identisch ist. Die mediale Präsenz der Boygroups weitet sich also auf Gebiete aus, die bisher nicht in dem Maße von Popstars besetzt wurden. Und dabei erscheint es ganz natürlich, daß die Musik der Boygroups für die Fans im Hintergrund steht.

Die Musik der Boygroups ist leicht verträgliche Popmusik. Dabei gibt es immer eine Leadstimme, wobei jedes Bandmitglied einmal den Leadgesang übernimmt. Die anderen Bandmitglieder singen dazu den Chor. Die Jungs der Gruppen sind keine Musiker im klassischen Sinn, die wenigsten spielen überhaupt ein Instrument. Bei Live-Auftritten präsentieren die Jungs ihre Songs mit Musik vom Tonband, wobei allenfalls die Leadstimme wirklich live gesungen wird.

»Everybody is caught – caught in the act of love« – mit dieser Textzeile beginnen die Jungs von Caught in the Act ihr Konzert im Züricher Volkshaus. *Love* – Liebe und Freundschaft sind überhaupt die Schlüsselworte in den Songs der Boygroups. Sie singen von ewiger, treuer Liebe und das mit einer Ernsthaftigkeit und mit tragisch in Falten gelegter

Stirn, während sie fröhlich auf der Bühne herumspringen. Den Gipfel der Tragik liefern aber Boyzone in *Father and Son*, einer Cover-Version des Cat Stevens-Songs: Die Jungs um die 20 raten ihren fiktiven Söhnen, ins Leben hinauszugehen und singen dann »look at me, I am old, but I am happy…«.

Die Boygroups haben einen eigenen neuen Tanzstil entwickelt, in dem harmonisch aussehende Simultanbewegungen ausgeführt werden, die nur möglich sind, solange kein Instrument gespielt werden muß. Der Tanzstil beinhaltet Aerobicelemente und wird von eigenen Choreographen für die Shows ausgearbeitet. Er kann inzwischen auch schon an einigen Tanz- und Fitnesschulen von den Fans erlernt werden.

Die Ansprachen ans Publikum werden live vorgetragen, auch wenn es fast immer dieselben sind, aber: »Des macht jetzt nix, daß ich da net drin bin, ich hab die (Caught in the Act, d.V.) schon so oft gesehen, ich kenn die schon in- und auswendig, jeden Tanzschritt und jedes Wort, des sie sagen« (Anni).

Die Fans der Boygroups

…sind weiblich. Und zwar ausschließlich. Trifft man auf Konzertbesucher männlichen Geschlechts, dann handelt es sich mit Sicherheit um Väter oder ältere Brüder, die ihre Töchter oder kleineren Schwestern begleiten. Die meisten Fans sind junge Mädchen zwischen zehn und sechzehn Jahren, die mit unglaublicher Geduld und Ausdauer lange vor Konzertbeginn vor der Halle ausharren, um später dann einen Platz ganz vorn bei der Bühne zu ergattern. Dabei nehmen sie sämtliche Strapazen wie Kälte, Regen, Hunger und Durst auf sich: »Nix essen und nix trinken ist das oberste Gebot, sonst muß man im entscheidenden Moment aufs Klo und muß dann seinen Platz ganz vorne aufgeben« (Anni) – daß man dabei im entscheidenen Moment vielleicht ohnmächtig wird (vor Hunger und Durst), ist das Risiko, das man als richtiger Fan wohl eingehen muß.

Die Fans der Boygroups sind Teenies, aber sie sind keine Girlies. Im Gegenteil, es sind vielmehr eher unscheinbare junge Mädchen, die vor Aufregung entweder ganz blass oder aber ziemlich rot im Gesicht sind – und ebenso wie die Fans der Kelly Family sehr oft Zahnspangen tragen.

Worlds Apart, Take That oder Backstreet Boys – manche Fans mögen nur eine Boygroup, andere gleich alle, aber immer haben sie einen Liebling, einen Jungen in der Band, in den sie schwärmerisch verliebt

Bis zur Rauhfaserunkenntlichkeit:
Fan vor heimischer Wand

sind. Seinen Namen tragen sie dann als Kettchen um den Hals, sein Foto ziert ihr T-Shirt und mit Kajal haben sie beispielsweise »Eloy – I love you« auf ihre Hände und ins Gesicht gemalt. Und nur für ihren »Schatz« haben sie ein Kuscheltierchen mitgebracht, das sie glücklich auf die Bühne werfen – und das dann von den Ordnern in Plastiksäcken eingesammelt wird. Dabei teilen sich Freundinnen und Schwestern die Bandmitglieder so auf, daß es keinen Streit gibt: Anni findet Lee von Caught in the Act ganz toll, ihre Freundin Tanja mag Eloy am liebsten. Gemeinsam werden sie dann schon leicht hysterisch, sobald ein Lied »ihrer« Band im Radio läuft. Richtig heftig wird es dann aber, wenn sie »ihre« Jungs zu Gesicht bekommen. Dann fließen Mädchentränen, sie schreien sich bei jeder Bewegung der Jungs die Seele aus dem Leib und werden ohnmächtig.

Hinter den Boygroups steht eine ganze Industrie, die die Jungs vermarktet und für die Fans aufbereitet. Ob Schuhgröße, Art der Unterhose oder Schlafgewohnheiten – richtige Boygroup-Fans wissen alles über »ihre« Jungs. Sie kennen das Lieblingsgericht und die Lieblingsdisco, sie verfügen über ein umfassendes Wissen. Dieses Wissen eignen sie sich teilweise aus den bekannten Zeitschriften wie *Bravo* oder *PopRocky* an, allerdings: »Die schreiben immer 'n Scheiß, ich kauf des bloß wegen der Fotos« (Kerstin, 13). Wie die Jungs »wirklich« sind, erfahren sie aus Büchern über die Band und aus den bandeigenen Heften wie *The Official* oder *Take Them*. Darin stehen dann die »wahren« Geschichten: »des ist besser, da schreiben die von der Band selber mit, da steht, wie sie wirklich sind« (Kerstin). Hinter diesen Bands steht also eine Industrie, die über die Produktion von Postern und Bettwäsche noch hinausgeht, indem sie beispielsweise die »Tagebuchauszüge« von

Bandmitgliedern reproduziert und veröffentlicht. Eine Industrie also, die das Bedürfnis nach Wissen über das Privatleben der Jungs sowohl fördert als auch befriedigt.

Darüber hinaus haben die Fans auch ein eigenes und gut funktionierendes Netzwerk aufgebaut. Jede Fan-Frau besitzt unzählige Brieffreundinnen, bevorzugt eine aus der Heimatstadt der Lieblingsband (wegen Berichten aus erster Hand) und eine aus jedem Land (wegen der dort erscheinenden Zeitschriften). Die Brieffreundinnen schicken sich gegenseitig kopierte Artikel, selbstgeschossene Fotos und selbstverfaßte Konzertberichte. Sie legen dann eine umfangreiche Sammlung an, die Poster, Fotos, Berichte, Schlüsselanhänger, beschriftete Tassen, T-Shirts, Bücher und vieles mehr beinhaltet.

Dieses umfassende Wissen der Fans über ihre Boygroups führt dazu, daß die Fans das Gefühl entwickeln, »ihre« Jungs wirklich zu kennen. Dadurch fühlen sie sich dann auch in der Lage, Berichte als falsch oder wahr zu erkennen.

… alles fake?

Spätestens bei den Playback-Chorgesängen im Züricher Volkshaus drängt sich die Frage auf: alles fake? Die Boygroups sind keine »gewachsenen« Bands, im Gegenteil. Sie sind vielmehr das Produkt cleverer Manager, deren Konzept mit den smarten Jungs genauso einfach wie auch genial ist. Die Bandmitglieder wurden nach klaren Vorgaben ausgesucht und vermarktet. Sie unterwerfen sich einer Art »Bandzwang«. Was passiert, wenn sie versuchen, aus diesem Konzept auszusteigen, zeigte sich im Frühjahr 1995 bei Take That. Robbie Williams, fünfter Mann der Truppe, verließ die Band. Die Reaktion der Fans war gewaltig: Es wurden Demonstrationen veranstaltet, und es mußte ein Seelsorgetelefon eingerichtet werden, um die jugendlichen Mädchen vom Selbstmord abzuhalten. Das Konzept der »Fünf Freunde« war in Frage gestellt, zahlreiche Fans kündigten ihr »Fantum«. Dennoch machte die Band zunächst zu viert weiter. Aber es war nur eine Frage der Zeit, bis sie sich endgültig trennten. Ihre Freundschaft war unglaubwürdig geworden, und zudem rückten jüngere und harmonischere Boygroups nach.

Doch zurück zur Ausgangsfrage. Die Bands werden also nach einem Konzept zusammengestellt, die Bandmitglieder sind keine Musiker, die meisten spielen nicht einmal ein Instrument. Man könnte zwar sagen, daß sie zumindest eine tolle Live-Show bieten, und Take That beispielsweise bei großen Auftritten zumindest eine Live-Band im Hintergrund hatten, aber die Musik und die Chorgesänge kommen bei den anderen Bands in der Regel vom Tonband, und die Tanzschritte werden vor dem Konzert fein säuberlich auf den Boden aufgeklebt, damit keiner danebentritt. Und was ist mit den spontanen Aktionen der Zuschauerinnen? Die Backstreet Boys baten die Security bei ihrem Konzert im Züricher Volkshaus, drei Fans auf die Bühne zu holen. Dabei handelte es sich um ein abgesprochenes Spiel: Zuvor hatten die Securities zusammen mit dem Bandroadie eine Auswahl getroffen, die drei Mädchen auf ihren Auftritt vorbereitet und sie dann nach oben auf die Bühne geholt. Die Mädchen benahmen sich dann auch ganz brav, keine wurde hysterisch oder ohnmächtig, und keine riß dem fünfzehnjährigen Nick das Hemd vom Leib.

Apropos Hysterie: Die Fans zeigen sich so hysterisch, wie man es seit den Beatles nicht mehr kennt. Man lernt beim Konzert schnell, daß sich das auch so gehört. Schon am Eingang werden die Fans zum hysterischen Schreien angestachelt: Ein Roadie mit Megaphon zählt langsam bis drei, danach wird geschrien. Das wird solange wiederholt, bis der Lärmpegel stimmt, dann werden die Türen zur Halle geöffnet.

Bleibt noch die Frage – die hier allerdings nur gestreift werden kann –, inwieweit das präsentierte Image der Boygroups glaubwürdig ist.

Die Bands stellen sich als die netten, smarten Jungs von nebenan dar. Sie sind keine Querköpfe (»Genau das sind unsere Jungs überhaupt nicht!« *Take Them,* Nr. 3, S. 25), sie haben offiziell keine Frauenaffairen, sie nehmen offiziell auch keine Drogen und rauchen und trinken nicht. Robbie Williams, Ex-Take That, stellte dieses Image in Frage. Er zeigte sich nach seinem Bandaustritt betrunken in Frauenbegleitung. und auch Anni weiß: »Die rauchen schon, und ich weiß auch, daß die ab und zu mal was trinken.«

Freunde fürs Leben

»Ich kann die schon kritisieren, aber trotzdem, ein Fan muß immer voll und ganz hinter seiner Band stehen, und ich würd echt alles für die tun« (Anni). Diese und ähnliche Aussagen machen vor allem zwei Dinge deutlich. Erstens wissen die Fans um die Hintergründe und Fakten, die im vorhergehenden Kapitel angeführt wurden. Ihnen ist bewußt, daß die Boygroups mit diesen Täuschungen arbeiten, und trotzdem sind sie bedingungslose Anhängerinnen. Ihr Wissen gibt den Fans das Gefühl, die Jungs wirklich zu kennen, egal wie diese sich auf der

Bühne oder in der Talk-Show geben. Zweitens wird das Freundschaftsprinzip sichtbar, mit dem die Boygroups arbeiten. »Hinter der Band stehen« und »alles für sie tun« erinnert an die Musketiere und ihr Prinzip »Einer für alle – alle für einen«. Mit diesem Freundschaftsprinzip läßt sich möglicherweise der Erfolg der Boygroups erklären. So wie die Kelly Family für das Ideal der Familie und Punk-Bands gegen Konformität stehen, so verkörpern die Boygroups die bedingungslose Freundschaft. [*Vgl. dazu auch den Beitrag von Thomas Lau in diesem Band, S. 228 bis S. 234*] Dies zeigt sich an den Songtexten, in denen neben ewiger Liebe von Freundschaft und Gemeinschaft gesungen wird; es wird deutlich in den Videos, in denen die Jungs fröhlich zusammen im Schnee umhertoben (z.B. Worlds Apart); und es wird in den Zeitschriftenberichten sichtbar (auf den Fotos mit gemeinsamen Freizeitaktivitäten und in den Band-Zitaten). Wie es sich für richtige Freunde gehört, gibt es bei den Boygroups offiziell keinen Streit und keine Konkurrenz untereinander. Zwar gibt es in jeder Band einen Liebling für die meisten Fans, doch ist dies für die anderen kein Grund, wirklich böse zu sein – es werden höchstens Witze darüber gemacht. Robbies Ausstieg aus Take That brachte das Frendschaftsprinzip in Gefahr. Wirkliche Freunde trennen sich nicht und deshalb wurde die ganze Band in Frage gestellt.

Das Freundschaftsprinzip der Boygroups wird von den Fans übernommen. Die Fans sind gemeinsam Fans. Andere Fans, die man auf einem Konzert flüchtig kennengelernt hat sowie alle Briefkontakte werden als Freundinnen bezeichnet. Gemeinsam gingen sie demonstrieren, als Robbie ausstieg, gemeinsam warten sie vor dem Hotel und ebenfalls gemeinsam singen sie die Lieder ihrer Bands. Wie es sich für Freundinnen gehört, vertrauen sie sich gegenseitig. Bei Konzerten werfen die Fans ihre Jacken unbeaufsichtigt auf einen Haufen, ihre Rucksäcke dazu, sie lassen ihre Stofftierchen und ihre Geldbeutel unbeaufsichtigt, und tatsächlich scheint auch nichts geklaut zu werden.

Unter den Fans gibt es – wie bei den Bandmitgliedern auch – keine wirkliche Konkurrenz. Schafft es ein Fan, ein Autogramm zu ergattern, dann wird sie um ihr Glück beneidet, aber es wird jedem Fan gegönnt. Dadurch, daß die Bands immer mehrere Jungs zur Auswahl anbieten, entsteht auch in der Wahl der Lieblinge keine Konkurrenz unter Freundinnen und Schwestern – die Bandmitglieder werden einfach aufgeteilt.

Letztendlich gehören natürlich auch die Jungs der Boygroups zum Freundeskreis. Die Fans haben durch ihr umfassendes Wissen das

Gefühl, die Jungs so gut zu kennen, als wären es Personen aus ihrem direkten Freundeskreis. So meint Kerstin, sie habe quasi einen Freund verloren, als Robbie ausgestiegen ist. Sarah (13) glaubt, daß Mark von Take That sie verstehen würde, wenn sie ihm ihre Probleme erzählen könnte.

Die Boygroups verkörpern also für die Fans Freundschaft, wobei sie mit Hilfe der Medien und durch ein geschicktes Marketing die verschiedenen Illusionen bis hin zur Inszenierung als Vertrauensperson für die Fans aufbauen und aufrecht erhalten. Und dabei sind sie ja auch einfach sooo süüüß!

Anmerkung

1 Mein Dank gilt allen Fans beim Konzert in Zürich, meinen Interviewpartnerinnen (Namen im Text geändert) sowie natürlich Tine, Suse, Marco, Thomas Bohnet und Thomas Lau.

Christof Meueler

Auf Montage im Techno-Land

Christof Meueler, der in der *Elementary School* Bricolage als traditionelles Produktionsprinzip der Popmusik beschreibt, zeigt im folgenden Beitrag, wie diese Technik im Verfahren der Techno-Montage auf bisher ungekannte Weise radikalisiert wurde.

Seit ihrer Entstehung im Rock'n'Roll der fünfziger Jahre hat Popmusik keine so tiefgreifenden Veränderungen in Produktion und Rezeption erfahren wie durch die musikalische Praxis von Techno. Zwischen 1985 und 1990 in Detroit, Manchester und Berlin entstanden, vereint dieser popmusikalische Stil Körper, Geist und Maschine zu einem neuartigen Ensemble von Musik-Reflexion und Party-Hedonismus.

Hören

Der Begriff Techno steht als Abkürzung für Technologie und ist zugleich Symbol für einen Pop-Paradigmenwechsel: Als weitgehend atonale, auf repetitiven Rhythmen basierende Tanzmusik wird Techno vollständig mit Computern hergestellt und verabschiedet sich damit von konventionellen Liedstrukturen. In der Technomusik heißen die einzelnen Stücke Tracks und nicht länger Songs: Melodien, Harmonien und (Sprech-)Gesang sind in ihnen bis zur Unkenntlichkeit reduziert oder vollständig abgeschafft. Stattdessen sind Rhythmus und Sound die zentralen Elemente von Techno, die meist im periodischen Viervierteltakt vielfältig übereinander geschichtet werden. Bei der Ausarbeitung der Tracks werden disparate Klangfolgen an Computern (Sampler, Sequenzer, Synthesizer, Rhythmusmaschine) ohne Notation durch Ausprobieren zusammengemischt. Durch die Verwendung der Sampling-Technologie ist es für den Technomusiker prinzipiell möglich, jeden irgendwann einmal auf einem Tonträger aufgenommenen Klang ohne merkbaren Qualitätsverlust zu bearbeiten. Hierbei wird die Fähigkeit des Computers, Produktionsweisen zu rationalisieren, extrem genutzt. Infolge der von der Computer-Industrie seit Mitte der 70er Jahre vorangetriebenen Miniaturisierung und Verbilligung der Computer-Technik kann heute jeder Interessierte im Alleingang am Schreibtisch Technotracks per Tastendruck herstellen. Hierzu bedarf es weder langwieriger musikalischer Ausbildung noch des Besuchs komplizierter Aufnahmestudios, geschweige denn der organisationsaufwendigen Gründung einer Band. Für 5 000 – 6 000 DM bekommt man auf dem Gebrauchtmarkt die Ausrüstung, um das eigene Wohnzimmer in ein improvisiertes Aufnahme-Studio umzuwandeln. Im Unterschied zu konventioneller Popmusik wird der Einsatz von Computern nicht unter der Maßgabe, Musik besonders »natürlich« klingen zu lassen, verschleiert. Techno klingt offensiv »unnatürlich«: nach Fabrik, Labor und Weltraumausflug, das heißt so, als ob Maschinen selbstständig Musik einspielen könnten. In Wirklichkeit aber machen die Menschen ihre Musik selbst – Techno treibt seine Produzenten ununterbrochen dazu an, sich die Maschinen kreativ anzueignen, statt sich ihnen unterzuordnen. Die Herstellung von Technomusik ist ein Handeln auf Probe. Ständig wird danach geforscht, inwieweit die eigenen Fähigkeiten und die der Rechenmaschine Computer ausreichen, um vitale Tracks entstehen zu lassen. Eine solche Vorgehensweise orientiert sich am Vorbild des DJ, der auf Parties und in Clubs situativ an zwei Plattenspielern Platten ineinander mixt. Darüberhinaus setzt die Technoproduktion kreative Praktiken der Computersubkulturen fort, denn wie bei Telespielern, Programmierern, **Hackern und Crashern** wird in der Techno-Szene mit dem PC gespielt, um herauszufinden, wie man ihn optimal und selbstbestimmt nutzen kann.

»**Hacker** sind ihrem Selbstverständnis nach am Computer im Sinne des l'art pour l'art interessiert. Ihnen geht es um das technisch Mögliche und die Grenzbereiche der EDV. Innerhalb der Hackerkultur finden sich wiederum unterschiedliche Teilnahmeformen: Neugierige, Abenteuerer, eher politisch orientierte Hacker oder auch die Cybernauten, bei denen sich eine bestimmte Form von Science-Fiction-Begeisterung mit dem Computer verbindet. Ihre moralischen Prämissen und Maßstäbe – zusammengefaßt unter dem Schlagwort Hacker-Ethik – schließen bestimmte Formen der Rechnerverwendung aus (z. B. Zerstören oder Verkauf von Daten). Hacker distanzieren sich somit von **Crashern**, die vorsätzlich destruktiv an fremde Computer und Netzkonfigurationen herangehen. Ihr Ziel ist es, Schäden in fremden Systemen anzurichten, sei es in Form des Zerstörens von Daten, der Beschädigung der Hardware oder dem Implantieren von Computerviren.«

Waldemar Vogelgesang [1]

Entsprechend sind die produzierten Technotracks grundsätzlich vorläufig. Anders als konventionelle Popsongs ist ein Technotrack ein vielseitig einsetzbarer Mosaikstein, der entweder von DJs auf Parties in und mit anderen Tracks gemixt oder von anderen Musikern mittels des

Sampling-Verfahrens zur Produktion weiterer Tracks verwandt werden kann.

Die **Sampling**-Technologie ermöglicht es, Klangereignisse zu digitalisieren. Dabei kann es sich um Geräusche handeln, die vom Sampler über ein Mikrophon aufgenommen werden, oder Klänge, die bereits auf Tonträgern fixiert sind. Die Dauer dieses Samples ist dabei von der Speicherkapazität des verwendeten Gerätes abhängig und liegt in der Regel unter einer Minute. Die gespeicherten Töne sind so der Bearbeitung zugänglich und lassen sich über eine Klaviatur abrufen.

Aus alten Sounds entstehen fortwährend neue Tracks, gesampelte oder gemixte Sounds werden aus ihren originären Zusammenhängen entrissen und mit neuer musikalischer Bedeutung versehen. Als Klammer dient der Beat. Zu ihm wird getanzt und zu ihm wird gemixt. Der Beat hält die Tracks zusammen – während die gemixten Sounds wechseln, bleibt der Beat konstant. Diese im Vergleich zu anderen popmusikalischen Stilen besonders simple Struktur eröffnet den Produzenten von Technomusik sehr große Gestaltungsfreiheit, da sie den Beat mit jedem beliebigen Klang kombinieren können. Aus diesem Grund geht Techno über die bisher in der Popmusik verwendeten Klangmuster hinaus und popularisiert den Einsatz von Geräuschen als musikalisches Stilmittel. Techno fordert von seinen Akteuren die permanente Bestimmung dessen, was tanzbar ist und was nicht. Durch den Einsatz von Geräuschen vereinigt Techno Elemente der U- und E-Musik, indem der prägnante Beat der sogenannten »schwarzen« Tanzmusik (Soul, Disco, Rap) mit Computer- und Maschinen-Klängen der elektroakustischen Musik (Musique Concrète, Elektronische Musik) verbunden wird. Die Verwendung des diffusen Geräusches, das außerhalb des erlernbaren traditionellen Musiksystems aus Tonhöhen, Tonleitern und Tonarten steht, wird von Techno den Avantgarde-Konzepten der E-Musik des 20. Jahrhunderts entrissen und zur Produktion von Tanzmusik massenwirksam instrumentalisiert.

Sehen

Innerhalb der Techno-Szene korrespondiert die fortwährende Durchmischung der Track-Sounds mit derjenigen der Zeichen in den Techno-Medien. Analog der Sampling-Methode gründet das Design von Techno-Flyern wie -Fanzines auf dem Scanning-Verfahren: In den Computer werden heterogene Zeichen, etwa Logos, Fotos und Schriften, eingelesen und dann mit Hilfe von Graphikprogrammen neu zusammengesetzt, verfremdet oder verfeinert, so daß ein neuer Bedeutungskontext entsteht.

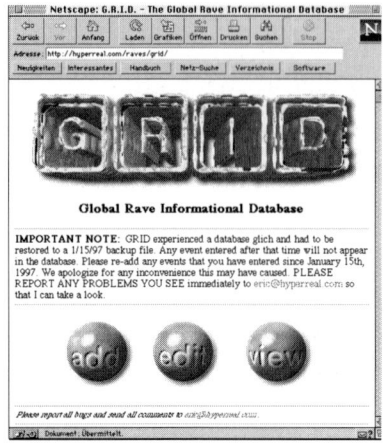

Rave around the world:
Event-Datenbank

Sampling wie Scanning erlauben die künstlerische Abstraktion vom Original. Die Digitalisierung des vorgefundenen Materials führt zu dessen Verdopplung: Neben das Original tritt dessen im binären Code von 0 und 1 vorliegende Abbildung, die ebenso unbegrenzt reproduzierbar wie veränderbar ist. In der Techno-Szene wird das in Klang, Bild und Text vorgefundene Material dekonstruiert und durch vielfältige subjektive Kombinationsleistungen neuartig verwendet, wobei ursprüngliche Urheberrechte mehr oder weniger ignoriert werden. Form und Inhalt des Materials verlieren so ihre Endgültigkeit – sie werden von anderen Autoren prozeßhaft neu bestimmt. Die Verwendung des Computers in Techno-Zusammenhängen unterstreicht den allgemeinen Status des Computers als Werkzeug, dessen spezifischer Gebrauch von sozialen Definitionsprozessen abhängt. Anders als in Teilen der Arbeitswelt führt hier der Computergebrauch nicht zur verstärkten Formalisierung von menschlicher Interaktion oder zur Entmündigung von Subjekten. Stattdessen ermöglicht der Computer die potentielle Wiederverwertbarkeit des benutzten Materials und macht damit Techno zu einem offenen Projekt, in dem tradierte Produktionsweisen der Popkultur entformalisiert werden.

Die computergenerierten Durchmischungen von Sounds und Zeichen fließen auf ambitionierten Techno-Parties ineinander. Zur atmosphärischen Ausgestaltung der Räume, in denen zu Techno getanzt wird, werden oft Video- und Licht-Installationen (Visuals) eingesetzt, deren Farben und Formen am Computer entwickelt und per Computer von Licht-Jockeys (LJs) gesteuert werden. Als moderne *Environments* beeinflussen diese Installationen die Stimmung auf der Tanzfläche.

Fühlen

Ausgehend von den unmittelbaren Wirkungen, die laute, kraftvolle Musik innerhalb spezifisch visuell designter Räume auf das vegetative Nervensystem ausübt (Beeinflussung der Herztätigkeit, der Atemfrequenz, der optischen Wahrnehmung), macht das Tanzen zu Techno die Rechenmaschine Computer sinnlich erfahrbar.

Für die Tänzer steht aber nicht der Computer, sondern ihr eigenes körperliches Erleben im Mittelpunkt ihres Partybesuchs. Der konstant gehaltene repetitive Technobeat animiert zum ekstatischen Dauertanzen. Ungefähr 50–75 Prozent der Besucher von Techno-Parties konsumieren meist kontrolliert Partydrogen (mehrheitlich **Ecstasy** sowie Amphetamine, LSD, Haschisch, Kokain), um die psycho-physischen Wirkungen der Musik zu verstärken und Trance-Zustände zu erreichen.

»Unter dem Etikett **Ecstasy** werden alle möglichen Rauschsubstanzen unterschiedlichster Qualität und Wirkung auf dem Schwarzmarkt angeboten. Dementsprechend breit ist die Schwankungsbreite der Positiv- und Negativerfahrung mit Ectasy. Solange es für illegalisierte Drogen keine Reinheitskontrollen gibt, muß mit Mogelpackungen und Verunreinigungen bei Herstellung und Verkauf von Ectasy gerechnet werden. Diese Situation birgt ein schwer kalkulierbares Gesundheitsrisiko für Ectasy-User und Drogenkonsumenten im allgemeinen in sich. Grundsätzlich ist MDMA der Wirkstoff (3,4 Methylendioxy Methamphetamin) von Ectasy. Die Gebrauchseinheit (1 Pille) enthält durchschnittlich 120 Milligramm dieses Amphetaminderivats.«

(Auszug aus dem Partydrogen-Info des Drogenberatungsprojekts »Eve & Rave«)

Das Tanzen zu Technomusik auf Techno-Parties (Raven) ist eine strategische Anstrengung, Körper und Geist auf eine außeralltägliche Art und Weise zu spüren. Raven erscheint als ein temporärer Dispens des die westliche Industriegesellschaft beherrschenden Prinzips formaler Rationalität, das von körperlicher Unmittelbarkeit zugunsten technisierter Verfahrensweisen weitgehend abstrahiert. Durch Tanzen & Drogennehmen versichern sich Raver ihrer Körper, die sie in der Industriegesellschaft selten spürbar anstrengen müssen. Ähnlich wie beim Freizeitsport wird der Körper beim Raven bewußt belastet, um ihn unmittelbar empfinden zu können. Entsprechend ähneln sich äußere Erscheinungsweisen von Ravern und Sportlern; die Techno-Mode setzt sich zu einem Großteil aus Stilelementen heutiger Sportlerkleidung zusammen. Gleichwohl sind Raver von Sportlern durch ihren gezielten Drogenkonsum geschieden. Während Doping zur Leistungssteigerung unter Sportlern meist verpönt ist, ist es in der Techno-Szene üblich. Die häufig drogeninduzierte enthemmte körperliche Bewegung führt beim Raven zu einer erotisch aufgeladenen Atmosphäre, die aber eher selten tatsächlichen Sex zur Folge hat. Der weit verbreitete Ecstasy-Konsum verhindert in der Regel Erektionen und Orgasmen. Stattdessen bewirkt

Ecstasy Gefühle der Empathie: Eher streichelt ein Raver seinen Nachbarn oder seine Nachbarin, als daß er ihn oder sie sexuell begehrt. Diese Form der Sexualhemmung bewirkt, daß hetero- und homosexuelle Szenen sich ebenso wie Angehörige differierender Subkulturen mischen können, ohne einander anzufeinden.

Bei einer Techno-Party steht das sich berauschende Individuum im Mittelpunkt, das sich im Zeitalter von Aids erotisch selbst stimuliert, ohne sich konkreten Bedürfnissen eines Gegenübers anpassen zu müssen. [*Vgl. dazu auch den Beitrag von Angela McRobbie in diesem Band, S. 192 bis S.206*] Gleichwohl bedarf das einzelne Individuum der kollektiv ravenden Masse, in die es eintaucht und von der es als ein mit allen anderen Ravern gleichberechtigter Bestandteil der allgemeinen Tanz-Bewegung aufgenommen und anerkannt wird. In einer solchen Atmosphäre von kontrollierter Ekstase werden traditionelle Geschlechterbeziehungen im Ansatz aufgeweicht: In dem Maße, wie Schwulsein partyöffentlich als selbstverständlich akzeptiert wird, können sich Frauen freier bewegen, da sie nicht jeden Mann als potentiellen Aufreißer fürchten müssen; die Diskriminierung lesbischer Frauen und von Bisexuellen entfällt, während heterosexuelle Männer sich von den Frauen weiterhin angezogen fühlen, gleichzeitig aber für schwule Männer attraktiv sind.

Die massenmediale Berichterstattung über Raven trägt dessen Erlebnisrationalität in die Gesellschaft hinein. Da Jugendliche in Fragen der Gestaltung von Freizeit, Konsum und Lebensstil gegenüber Erwachsenen trendsetzend wirken, beeinflußt die Techno-Kultur auch jenen überwiegenden Teil der Gesellschaft, der keine Technomusik hört. Insoweit Raven von der Kulturindustrie als idealer Ausdruck heutiger Jugendlichkeit vermittelt wird, können auch Erwachsene anerkennen, daß homosexuelle mit heterosexuellen Formen der Körperinszenierung gleichberechtigt sind und daß Drogenkonsum selbstbestimmt erfolgen kann, differenziert steuerbar ist und nicht automatisch zur Sucht führt. Kurz gesagt: jeder ist für seinen Körper selbst verantwortlich und kann damit machen, was er will.

Alles auf einmal

In der Techno-Szene wird **Bricolage** als das traditionelle Produktionsprinzip von Popmusik und Jugendkultur auf bisher ungekannte Weise radikalisiert.

So bandwurmartig Technomusik aus konstantem Beat und wechseln-
dem Geräusch in die Ohren der Tanzenden strömt, so grenzenlos
erscheint das Potential der Kombinationsmöglichkeiten ihrer Zeichen
in Klang, Bild und Habitus. Da innerhalb der Techno-Szene Computer
von DJs wie Schallplattenspieler behandelt werden, nämlich als Instrumente zur Auflösung des Originals in subjektiv definierte neue Kontexte, tendiert die Wiederverwendbarkeit gesampelter, gescannter und
gemorphter Details der Techno-Szene in Richtung Unendlichkeit.
Damit aktualisiert Techno massenwirksam die Gestaltungsverfahren
der Montage und Collage, die die Kunst des 20. Jahrhunderts prägten.
Ihre Verwendung steht für die Präsentation von Ungleichzeitigem und
Widersprüchlichem in einem arrangierten Nebeneinander. Montage
und Collage steigern die Komplexität von Kunstwerken, machen sie
mehrdeutig und verlangen vom Rezipienten, sich das Kunstwerk selbst
zu erklären und dabei von seinen eigenen Voraussetzungen und Assoziationen auszugehen.

Im Aufgreifen der ursprünglich von Dadaisten, Surrealisten und Situa-
tionisten geprägten Verfahren der Montage und Collage fungiert die
Techno-Szene als eine Bürgerinitiative sui generis, die die Individuen
aufruft, sich nicht mit der Rolle des passiven Konsumenten von kulturindustriellen Waren zu bescheiden, sondern diese kreativ zu verfrem-
den und umzugestalten, um so selbst für die eigene Unterhaltung zu
sorgen. Die Verfahren von Montage und Collage werden von Techno
intensiviert, da Techno ausschließlich eine Erlebniskultur für die reine
Gegenwart ist. Die historischen Bezüge des ineinander gemischten
Materials, das heißt die Geschichte der Zusammenhänge, aus denen es
durch Sampling, Mixing oder Scanning ausgeschnitten wurde, werden
weitgehend im momentanen Beeindrucktsein aufgelöst. Das ist die
Schnittstelle, an der Werbung, Mainstream und Ausverkauf versuchen, magische Momente für ihre Zwecke in den Dienst zu nehmen
und unter kommerziellen Vorzeichen zu reproduzieren. Gleichzeitig
zeigt die individuelle Erfahrbarkeit dieser mittels Montage und Collage
herbeigeführten Momente, daß die sozial definierten Grenzen zwischen »möglich« und »unmöglich« verschiebbar sind. Indem Techno

das freie Phantasieren nicht unterdrückt, sondern fördert, tritt es wie jede Kunst dafür ein, das herrschende Realitätsprinzip als historisch-variabel zu begreifen.

Anmerkung

1 Vogelgesang, W.: **Jugend- und Medienkulturen. Ein Beitrag zur Ethnographie medienvermittelter Jugendwelten**, in: Kölner Zeitschrift für Soziologie und Sozialpsychologie, Heft 3, 1994, S. 476

Hans-Ulrich Obrist

Von Autofahrten, Priestern und eleganter Musik

Ein Gespräch über Techno in Japan

Der österreichische Ausstellungsmacher Hans-Ulrich Obrist (HUO) und Eye Yamataka (EYE) unterhalten sich über die Herkunft neuer Stilrichtungen in der heutigen Musik Japans. Yamataka wurde 1964 in Kobe/Japan geboren und ist Sänger der Techno-Gruppe Boredoms.

HUO Fühlst Du Dich eher als Teil einer internationalen Musikszene oder gehörst Du zur japanischen Techno-Szene?

EYE Viele meiner Freunde sind japanische Techno-Musiker, Grenzen ignoriere ich einfach. Mir ist es egal, ob es japanisch ist oder international. Die Gruppe Panasonic hat mich sehr stark beeinflußt. Sie macht die eindrucksvollste Musik, die ich im letzten Jahr gehört habe. Sie vermischt Dance Music mit digitalen Klängen und Signaltönen – sie verwendet zum Beispiel die Geräusche eines Kühlschranks oder eines Anrufbeantworters. Es entsteht ein Sound, der Techno ähnelt.

Gibt es in Japan denn eine große Szene?

O ja, jeder macht Musik.

Kennst Du auch die Berliner Techno-Szene?

Freunde von mir waren auf der Love Parade.

Wie sieht es mit der unabhängigen und nichtkommerziellen Szene in Japan aus?

Da gibt es eine Menge interessanter Leute. Ich kenne zum Beispiel eine Gruppe namens Logus Gallery,[1] die machen Live-Performances im Auto. Sie benutzen die Geräusche innerhalb des Autos. Ihr Publikum nehmen sie dabei einfach mit, meistens etwa eine Stunde lang. Manchmal machen sie aber auch längere Fahrten, etwa von Tokyo bis Osaka. Ihr Publikum besteht aus höchstens zwei Personen, die auf der Rückbank des Autos sitzen können. Dazu muß man sich telefonisch anmelden, und wer das machen möchte, ruft einfach an.

Sie machen eine ganz spezielle Art von Musik aus den Geräuschen, sie verbinden viele Mikrophone mit dem Motor und leiten die Klänge weiter an diverse Effektgeräte. So kann das Publikum den speziellen Techno-Sound spüren.

Das klingt nach Lärm.

Es ist sehr, sehr organisch und fühlt sich angenehm an.

Man wird also ein Teil des Autos und natürlich auch ein Teil der Musik.

Man glaubt, dem lauten Pulsschlag des Autos zuzuhören. Das ähnelt den Techno-Klängen, die man mit Effektgeräten erzeugt. Wenn man dann auf die Autobahn auffährt, erhöhen Logus Gallery die Stromspannung, das ist dann etwa so wie bei *Highway Star* von Deep Purple. Nach einer ungefähr einstündigen Fahrt schalten sie dann plötzlich die Lautsprecher aus und geben auch keine Antwort, wenn man sie anspricht.

Auf einmal öffnen sie dann ein Autofenster, so daß man die andere Musik hören kann, die Geräusche der Autos auf der anderen Straßenseite. Zuerst ist ein enormer Lärm im Auto, und dann – stop! – hört man die alltäglichen Fahrtgeräusche aus dem offenen Fenster. Und weil man vorher so ein lautes Surren gehört hat, empfindet man den Klangunterschied als sehr angenehm.

Wovon lebst Du eigentlich?

Ich spiele in Clubs und gebe Live-Auftritte, mache aber auch CDs.

Viele der Berliner Techno-Leute haben Kunst studiert oder kamen aus der Kunst-Szene. Wie war das bei Dir?

Ich habe häufig experimentell gearbeitet, etwa mit Noise Music oder Improvisationen.

Wann hast Du mit der Musik angefangen?

Mit sechzehn Jahren, da war ich noch in der Schule.

Ist Deine Techno-Musik politisch?

Nein, auf keinen Fall. Ich verwende gar keine politischen Elemente.

Was hälst Du von Mainstream-Techno?

Ken Ishii ist hier ein Hauptvertreter des Mainstream. Die Techno-Leute verstehen sich hier alle recht gut untereinander. Offen gesagt, finde ich seine Musik nicht sehr interessant. Kennst Du Merzbow? Das ist super… das ist Techno oder Technoise (Techno + Noise). Eigentlich ist Merzbow nur eine Einzelperson: Masami Akita kommt aus der Kunst-Szene und hat sogar einen Abschluß an einer Kunsthochschule gemacht. Seine Live-Performance ist phantastisch. Seine Sounds klingen wie die Niagara-Fälle.

Wo kann man solche Platten kaufen? Und gibt es dazu auch Videos?

Viele seiner CDs sind sogar in Deutschland veröffentlicht worden. Videos gibt es auch, aber die Bilder sind nicht so interessant, der Klang jedoch, sein Klang ist, wie soll ich sagen…

So ähnlich wie Panasonic?

Nein, Panasonic klingen sehr viel statischer. Merzbows Sound ist so intensiv wie die Niagara-Fälle. Auf jeden Fall sehr laut! Da gibt es noch eine andere Band, das sind zwei Jungs, die nennen sich Incapacitants.[2] Sie verwenden eine sehr merkwürdige Spezial-Maschine, die ist so ähnlich wie die von *Iron Man 28*, einer populären Figur der japanischen **Mangas**.

Manga ist der japanische Ausdruck für Comic – ursprünglich mit zwei chinesischen Schriftzeichen geschrieben, von denen das erstgelesene (man) »komisch«, »witzig«, »verzerrt« bedeutet; das zweite (ga) steht für gemalte, gezeichnete oder gedruckte Bilder. Diese Bezeichnung wurde erstmals vom Holzschnittkünstler Katsuhika Hokosai für seine ab 1814 erschienenen Skizzenbände verwandt. Heute fungiert sie als Sammelbegriff für kurze und lange Bildergeschichten japanischer Herkunft.

Sie machen einen extrem gewalttätigen Sound. Es ist außerordentlich, sie geraten in einen tranceartigen Zustand. Obwohl sie während ihrer Performance wie Schamanen aussehen, gehören beide eigentlich zur Spitze einer großen Firma, sie haben eine feste Anstellung. Darüberhinaus haben sie ihre eigene Plattenfirma, aber gleichzeitig bringen sie auch CDs auf anderen Labels heraus.

Hast Du auch ein eigenes Label?

Nein, ich arbeite mit dem Medienkonzern Warner Brothers zusammen.

Du verwendest viele eher minimalistische Elemente, stammen diese aus einem traditionellen japanischen Kontext?

Hier in Japan haben wir die einzigartige Situation, daß unheimlich viele Leute Noise Music machen. Merzbow und Incapacitants stehen an der Spitze der Liste. Außerhalb Japans werden diese Geräusche nicht als Musik akzeptiert, jedenfalls genießen sie keinen besonders guten Ruf. Nur in Japan.

Wann hat das angefangen? Ist es eine neuere Erscheinung?

Es hat vor zehn Jahren begonnen und Merzbow war der allererste.

Welche Rolle spielt Punk in Japan?

Es gab viele Punks in Japan, dann kam die Techno-Bewegung zu uns und hat sich mit ihnen verbunden. Merzbow und Incapacitants spielen seit dieser Zeit.

Gibt es eine Verbindung zwischen japanischem Techno und traditioneller japanischer Musik?

Sicher. **Gagaku** ist fantastisch! Ich denke immer, das könnte Techno sein und das gefällt mir. Es ist die beste Musik zum Chill-Out.

Gagaku (japan.: »elegante Musik«) ist die »klassische« Musik Japans, wie sie seit Anfang des 8. Jahrhunderts bis heute am Kaiserhof gepflegt wird. Das Repertoire umfaßt Instrumentalmusik, Tanzmusik *(bugaku)*, Vokalmusik und Musik für den schintoistischen Ritus.

Also ist das der Ursprung des japanischen Techno. Wie alt ist diese Musik?

Jedenfalls ist es eine Art traditioneller Drogenmusik, die bis auf das japanische Kaiserreich zurückgeht. Das heißt, man spielte diese Musik am Kaiserhof seit einer langen Zeit. Bei Gagaku-Konzerten spielten die Musiker unter dem inspirierenden Rauch von Marihuana. Bei dieser offiziellen Zeremonie wurde Hanf verbrannt, damit sollten die Leute, die an dieser heiligen Zeremonie teilnahmen, gereinigt werden. Die Musiker inhalierten den Rauch. Nur auf diese Weise konnten sie die seltsamen, außeralltäglichen Klänge erzeugen. Shinto-Priester führen solche Zeremonien immer noch durch. Gagaku folgt dieser langen und mysteriösen Tradition. Es ist wirklich eine spezielle Art von Musik, es ist ein wenig gefährlich. Ich denke, es ähnelt sehr den heutigen Arbeiten von Panasonic.

Anmerkungen

1 Logus Gallery sind Yasuhiko Hamaji und Yoshihiro Nakase. Seit 1984 veranstalten sie ihre Performances in einem fahrenden Citröen.

2 Die Incapacitants bestehen aus Toshiharu Mikawa und Fumio Kozakai. T. Mikawa begann 1981, seit 1990 ist F. Kozakai dabei. Mikawa ist Angestellter der *Sumitomo Bank*, Kozakai arbeitet in der öffentlichen Verwaltung.

Jürgen Laarmann

Fuck the depression – We are alive!

Warum Techno nicht stirbt und was wirklich draufgeht ...

Jürgen Laarmann, Chefredakteur des Techno-Magazins *Frontpage*, ist sicher: Techno ist nur die Vorstufe auf die Thrills eines neuen digitalen Zeitalters.

Die Legende vom Technotod geht um. Für Frontpage ist diese Lage keineswegs neu: Seit wir das Heft machen, werden wir gefragt, wann es denn endlich vorbei sei mit Techno. Bereits 1989 und 91/92 gab es große Diskussionen über den Technotod. 1991 gab es in *Frontpage* spaßeshalber einen Wettbewerb für ein neues Wort für Techno. Mangels überzeugender Lösungen (z.B. Mekano) blieben wir Techno treu. Inzwischen haben wir eine gewisse Routine, zu erklären, warum Techno sich immer wieder neu erfindet statt tot zu gehen. Fangen wir einmal beim Technobegriff an. Techno hat zu verschiedenen Zeiten an verschiedenen Orten immer etwas anderes bedeutet: 1980 in Düsseldorf, 1986 in Frankfurt, 1987 in Detroit, 1991 in Berlin und so weiter. Als präzise Bezeichnung für eine Musikrichtung taugt Techno ohnehin schon lange nicht mehr. Wenn hier von Techno gesprochen wird, dann in der Funktion als übergeordneter Begriff für das Movement, das diese Musik auslöste. Das Spektrum von Techno selbst ist so groß wie das Spektrum der gesamten Musik: vom 200 **bpm** schnellen *Gabber*, der allein aus Kreissägen und Presslufthämmern hergestellt wird, bis zum Ambientstück mit **gelooptem** Delphinbabygrunzen gänzlich ohne Beats. Die klassische Techno-Definition des Detroiter DJs Juan Atkins, »music that sounds like machines«, wurde in Kontinentaleuropa ohnehin sehr weit interpretiert.

Zur Unterscheidung der Subgenres von Techno wird häufig der Rhythmus über die Anzahl der **Beats per Minute** (**bpm**) herangezogen. Diese Einordnung orientiert sich am gemeinhin dominierenden Baß-Beat. Als Grundlage eines Techno-Stücks kann jedoch auch ein anderes Klangereignis dienen, das kontinuierlich wiederholt (**geloopt**) wird.

Während Techno in den früheren Jahren als Synonym für »moderne« Computermusik stand, benutzt heute auch Phil Collins wie selbstverständlich modernste Technologie, und sei es, um so »unplugged« wie möglich zu klingen. Technoide Produktionsweise hat sich ohnehin auf breitester Front durchgesetzt.

Wieso also das große Gerede vom »Technotod«?
Wer lamentiert und wer klatscht?
Was muß als Gradmesser für das »Ableben« von Techno herhalten?

1. Die Verkaufszahlen für Techno-Schlager sinken. Major-Plattenfirmen zweifeln am Techno-Markt und diverse Major-Medien folgen ihnen dabei.

2. Die Zahl der Großraves geht zurück. In den letzten Jahren gab es eine ganze Reihe von Flops und Abzocker-Veranstaltungen.

3. Eine verbindende Underground-Strömung fehlt. Neue übergreifende Trends sind rar gesät, es ist alles so unübersichtlich geworden.

Zu 1. Techno war aufgrund seiner Produktionsweise schon immer ein Graus für die Tonträger-Majors. Plattenfirmen leben davon, von so wenig Produkten wie notwendig soviele Einheiten wie möglich zu verkaufen. Produkte und Verkaufszeiträume sollten so lange wie möglich sein. Dazu eignen sich konventionelle Michael-Jackson-Pop-Rockstars am besten, die mit viel Werbe- und Marketingbudget, teuren Produktionskosten und Riesenhype millionenfach verkaufen sollen.
Techno dagegen ist schnell, unübersichtlich. Statt eines großen Superstars gibt es auf einmal Hunderte von neuen **Labels**, Acts, Projekten mit Tausenden von Produkten. Dank der technischen Innovationen brauchte man nur kurze Zeit und kein teures Equipment mehr, um potentielle Hits zu machen. Eine schwierige Situation für die **Majors**.

In der Musikbranche wird zwischen **Major**- und **Independent-Labels** unterschieden. Das Label bezeichnet zunächst den Markennamen, unter dem eine Firma Tonträger auf den Markt bringt. Im weiteren Sinne handelt es sich um eine Organisationseinheit zur Vermarktung von Musikproduktionen, die sich an einem bestimmten Stil bzw. am Geschmack einer potentiellen Zielgruppe orientieren. Während Major-Labels in der Regel Bestandteil eines international agierenden Medienkonzerns sind und dadurch über eine große Vertriebsorganisation verfügen, sind Independent-Labels kleine, unabhängige Unternehmen. Es ist jedoch nicht unüblich, daß zwischen einem eigenständigen Label und einem größeren Vertriebspartner ein Kooperationsverhältnis besteht.

Bereits 1992/93 versuchten die Majors, Techno für tot zu erklären. Die Situation ähnelt der heutigen im Detail. Der Mayday-Rave im Mai 1993 stand unter dem Zeichen *Judgement Day* und sollte den Beweis liefern, daß die Unkenrufer und Totenglockenläuter falsch lagen. Techno war nicht totzukriegen. Und was damals galt, gilt auch heute.

Immerhin handelt es sich um die erste große kontinentaleuropäische Jugendkultur, die nach dem 2. Weltkrieg entstanden ist. Erstmals hat sich hierzulande eine Generation ihre Musik selbst gemacht und nicht nur die angloamerikanischen Vorbilder konsumiert. Erstmals entstand ein weltweites Netzwerk, in dem von Aktivisten viele Fäden gesponnen wurden, so daß es in jeder respektablen Großstadt eigene Clubs, Läden, Magazine, Stores und Aktivisten gab.

Man hatte das Potential gehörig unterschätzt. Erstmals gelang es kurz darauf einigen Techno-Aktivisten, die vormals aus dem Underground bekannt waren, mit ihren Tracks in die Charts zu kommen (Westbam, Sven Väth). Doch diese ließen sich meist nicht in die gängigen rockstarartigen Vermarktungsschemen einfügen. Diejenigen, die es doch taten, straft noch heute die Verachtung der Szene.

Viel einfacher zu handeln und gewinnbringender waren die eigens kreierten Acts à la Scooter, die zwar kein Szenebacking hatten, aber die Massenkompatibilität brachten und durch ständige Wiederholung immergleicher Sounds Melodien für Millionen schufen.

Techno-Historie: Die erste Nummer von Frontpage aus dem Frühjahr 1989 – acht schwarz-weiße Seiten im DIN A 5-Format

Endgültig wurde der Mainstream durch die zahllosen Techno-Coverversionen von Kinder-, Volks- oder sonstigen Schlagermelodien und all jenem bedient, was wir gemeinhin als Deppentechno bezeichnen. Dieser Mist wurde ausgereizt bis zum bitteren Ende.

Wenn heute Plattenindustrie-Schlaumeier, die für genau jene Scooters verantwortlich sind, meinen, die Zeit für Techno sei abgelaufen, will man nicht widersprechen. Hurra, Techno ist tot!! Und wir möchten nochmal draufspucken ...!

Andererseits: Uns kommt die ganze Aufregung und der Abtörn über Inseln mit zwei, drei, vier oder noch mehr Bergen ziemlich deplaziert vor. Wer kümmert sich schon darum, was Fünfjährige hören. Die Welt wird auch nicht schlechter, wenn unsere Jüngsten Kinderlieder im Technogewand hören. Es war ja kein Problem, diesem Zeug aus dem Weg zu gehen. Und was die Schlümpfe angeht: Die werden auch noch künftige populäre Musikrichtungen verschlumpfen.

Frontpage heute: 140 Seiten bunter face2face-Types

Ähnlich wie die Schlümpfe und die Major Companies den Techno-Begriff verwursteten, taten es die Major-Medien. Es lohnt sich genauer hinzuschauen, wer da den angeblichen Technotod beklatscht: Stadt- und Nachrichtenmagazine, die sich mit dem Phänomen Techno nur mäßig auskannten oder das Phänomen ignorierten und dann, als dies nicht mehr ging, gerne und laut im Zusammenhang mit Drogen über Techno-Hypes schrieben.

Der Musikgeschmack des Mainstream ist durch Techno nicht cooler geworden. Da hat man sich von Anfang an nichts vormachen müssen. Der ganze Deppentechnokram hat uns nie interessiert. Als Phänomen war er ganz spaßig. Spuren hinterlassen wird er dagegen nicht.

Der Markt für progressive Dancemusik, oder wie immer man es nennen will, wächst weiter kontinuierlich. Acts wie Ken Ishii z.B. erreichen respektable Verkaufszahlen. Die Breite im Repertoire und die Vielfalt von High-Quality-Produkten ist durchaus gegeben. Der Techno von morgen wird sich anders anhören als der Techno von heute. Der

Nachfolger von Techno wird Techno sein, auch wenn er vielleicht eines Tages anders heißt und sich anders anhört.

Zu 2. Mit dem Deppentecho kamen die Technodeppen. Alle wollten dabei sein und viele sprangen auf den fahrenden Zug auf. Insbesondere das Rave- & Veranstaltungsbusiness schien besonders hohe Gewinne abzuwerfen. Keine Woche ohne bunte Ankündigung irgendwelcher Großraves, oft unter Voraussetzungen, die schon von Beginn an am Erfolg zweifeln ließen.

In vielen Fällen reagierte die Techno-Szene schneller und gerechter als andere. Sie ging einfach nicht hin. Es gab nur ganz wenige Veranstaltungen, bei denen sich unseriöse Veranstalter mit unlauteren Methoden die Taschen vollgemacht haben. In den meisten Fällen waren Hasardeure, Gambler und wahnwitzige Desperados am Werk, die sich oft genug mit ihren Flop-Veranstaltungen selbst ruiniert haben. Nicht wenige von ihnen sitzen nun im Knast, haben ihren Offenbarungseid geleistet oder sind auf der Flucht. Nicht bezahlte DJs, verärgertes Publikum, das zurecht abgenervt war und keine weiteren Veranstaltungen mehr besuchte. Es waren zumeist ohnehin die weniger Informierten, die in die Abzock-Falle tappten.

Eins ist jetzt klar: Um ein großes Fest zu machen, auf das sich alle freuen und zu dem dann auch jeder kommt, genügt es nicht, eine Halle zu mieten, drei Lämpchen hinzustellen, einen bunten Flyer zu drucken und ein paar DJs zu buchen (von denen dann womöglich einige – oft die Headliner – nicht kommen). Was nicht heißt, daß kein Interesse mehr an solchen Veranstaltungen besteht. Als erfolgreiche Klassiker stehen nun alle ohnehin coolen da, sprich: die, die ihre Versprechungen gehalten haben und sich mit der Zeit wandelten: Allen voran **Mayday**, ebenso Hi-Quality-Veranstaltungen wie **Rave City** oder **Tribal Gathering**.

Der **Mayday** ist der traditionsreichste bundesdeutsche Großrave, der erstmals im Dezember 1991 in Berlin veranstaltet wurde und seitdem zweimal jährlich stattfindet. Der Mayday im Dezember findet nach wie vor in Berlin statt, während die Veranstaltung am 30. April jeden Jahres bereits an verschiedenen Orten wie der Dortmunder Westfalenhalle oder der Frankfurter Festhalle ausgerichtet wurde. Ein ähnliches Konzept verfolgt die Veranstaltung **Rave City**, die regelmäßig im alten Flughafen Riem in München stattfindet und ebenso wie der Mayday jedesmal unter einem programmatischen Motto steht. Eine Freiluftveranstaltung ist hingegen das britische **Tribal Gathering**, das auf einem Areal mehrere Großzelte versammelt, in denen verschiedene Genres vorwiegend elektronischer Tanzmusik präsentiert werden. Wie andere Open Air Festivals wird das Tribal Gathering von einem Jahrmarkt mit Verkaufsständen begleitet und spricht nicht nur die Techno-Szene an.

Doch dies allein langt nicht: Gerade jetzt ist der Bedarf an guten Parties, neuen Konzepten, liebevollem und energetischem Engagement für einen guten Rave größer als jemals zuvor. Der Frust und die Langeweile über die Wiederkehr des Ewiggleichen, der Ärger über falsche Versprechungen und die Lust auf besondere Feiern sind nie so groß gewesen wie heute. Nur so läßt sich die große Freude auf Special-Veranstaltungen und neue Projekte wie z. B. das Sunflower-Projekt der Partysanen, Open Airs wie Nature One, diverse Paraden und Sonderveranstaltungen erklären.

Ebenso boomte der Ravezubehörhandel – vom Energy Drink bis zum T-Shirt-Verkauf. Teilweise tummelten sich die dubiosesten Figuren auf dem Markt, die auch noch eine schnelle Mark machen wollten. Die Situation gleicht der beim Ende des »Pilotenspiels«, einem Zusammentreffen all jener, die am Boden zurückbleiben mußten. Hier ist das Gejammer über den Techno-Tod allzugroß.

Je kürzer die Leute dabei waren und je unredlicher ihre Motive, desto größer das Gejammer & das Geschwätz. Zusammengefaßt ist all das nicht weiter schade, im Gegenteil: die House- und Technoszene ist schlau genug, sich nicht von jedem ausnehmen zu lassen und demonstriert einig, daß man nicht mit jedem Scheiß Geld machen kann.

Auch hier bereinigt sich der Markt bzw. hat sich schon bereinigt. Jetzt ist es notwendig, alle positiven neuen Bestrebungen und Initiativen zu fördern, und alle Strukturen zu stärken, die die Szene ausmachen. Supportet Eure lokalen Underground-Veranstalter, wenn sie etwas Besonderes bieten und sich Mühe geben, supportet Eure Underground-Record-, Clubwear- und sonstige Aktivisten, versucht selber, was aufzuziehen.

The Future Is Ours – das war das Motto der ersten Love Parade und der Tenor zu Beginn der Technohouse-Revolution. Dieser positive Spirit und der Glaube an das positive Movement Techno hat diese Revolution erst möglich gemacht. Natürlich ist es jetzt an der Zeit, sich zu besinnen und über die Essenz nachzudenken, Fehlentwicklungen zu stoppen und richtige Moves zu unternehmen.

Zu 3. Richtig ist, daß der übergreifende Trend fehlt. Doch so what!? Wer hat den versprochen? Das Kommunikations-Zeitalter hat zu einer atomisierten Situation geführt, auf die man sich gefälligst einzustellen hat. Millionen Möglichkeiten stehen zur Verfügung, Tausende von Platten jede Woche, und es ist schwieriger geworden, seine eigenen Entscheidungen zu treffen & Geschmack zu formieren.

Man hat die Wahl – und welche Entscheidung man trifft, und wie die Gesamtheit aller Wahlen aussieht, die die Menschen treffen, davon hängt – by the way – nicht nur die Zukunft von Techno ab, sondern die Zukunft unserer Gesellschaft überhaupt.

Vielleicht hat die Technogeneration mit ihren Idealen eine gesellschaftliche Vorreiterfunktion. So wie es uns gelang, uns selbst zu organisieren und zu arrangieren, werden es künftig noch ganz andere tun müssen.

Die Zeit der großen, tumben Massenbewegungen scheint vorbei, keiner will mehr zu den Herdentieren gehören. Und das ist gut so. Musikalisch ist es jedoch immer so, daß Zeiten, in denen sich eine große Anzahl von Menschen, vielleicht sogar ein ganzer Underground, auf eine neue populäre Musik einigen kann, als »gute« Zeiten gelten. Zeiten, in denen die Szene zersplittert und uneins war, gelten als weniger gut.

Die neue Offenheit, die Grenzüberschreitung der Genres, die großen Fusionen und das Wiederfinden eines gemeinsamen Nenners im Technohouse-Movement machen allerlei Hoffnung. Der Kern des Movements wird nach der Bereinigung der Szenerie gestärkt aus ihm hervorgehen. Und außerdem wird etwas passieren.

Das, was in nächster Zeit passieren wird, wird auf dem erweiterten Techno-Begriff aufbauen. Es wird keine Gegenbewegung sein. Was hinter uns liegt, war nur die Vorstufe auf die Thrills in einem neuen digitalen Zeitalter. Davon handelt *Frontpage* und darum ist uns nicht bang.

Christoph Bieber

Vom Protest zur Profession?

Jugendkultur und grafisches Design

- -

Christoph Bieber gehört zum Herausgeberteam SPoKK, publiziert zu Themen
der digitalen Gesellschaft und promoviert zum Thema »Politische Projekte im
Internet«. In seinem Beitrag zeigt er, wie Jugendkulturen buchstäblich Zeichen setzen: Vom Graffiti über den Flyer bis zur Homepage entstehen im
Windschatten einzelner Szenen neue visuelle Kommunikationsformen mit
einem Potential zur Selbstprofessionalisierung.

Der Einsatz von Bildern und Zeichen, Symbolen und Schrift wird
in jugendkulturellen Umgebungen häufig als »Begleiterscheinung«
notiert, verläuft bei näherem Hinsehen jedoch quer zu den bekannten
Demarkationslinien jugendkultureller Gruppierungen: Sprayer und
Raver produzieren ebenso wie etwa Computer-Kids Unmengen grafi-
scher Erkennungsmerkmale. »Die zentrale soziale Funktion von Gra-
fikdesign ist die Verkörperung von Identität durch visuelle Formen.
Design erzeugt eine visuelle Persönlichkeit für Institutionen, Produkte,
Zuschauer – und für die Designer selbst.«[1]
Grafisches Design in Jugendkulturen spielt daher eine besondere Rolle,
die bei näherem Hinsehen gravierenden Veränderungen unterworfen
ist. Stand bei den Graffiti-Writern der Protest gegen die verkommenen
Lebensverhältnisse in den urbanen Zentren im Mittelpunkt, blicken die
Desktop-Publisher der 90er nicht selten auf eine glänzende Zukunft in
unterschiedlichen Professionen.

Grafikdesign: Von der Waren- zur Identitätskonstruktion

Vor allem aufgrund der rasanten technologischen Entwicklung und
einer expandierenden Medienwelt ist der Stellenwert des Grafikdesign
sprunghaft angestiegen – klassische Disziplinen wie Produkt-, Indu-
strie- oder Mode-Design geraten in Folge der »visuellen Wende« (Gui
Bonsiepe) unter Druck. Immer mehr Produkte erreichen die Konsumenten in immaterieller, kommunikativer Form; zudem erfordert die
unüberschaubare Warenvielfalt eine immer ausgefeiltere Werbeprä-

sentation, die wiederum grafisch konstruiert und vermittelt werden muß.

Im Windschatten dieser Entwicklung fand eine Grundlagenausbildung der Waren- und Design-Konsumenten statt, die die Bildung eines reichhaltigen Zeichenvorrats in einer zunehmend visuell vermittelten (Waren-)Welt zur Folge hatte. Der Begriff des »Design« trifft dabei immer seltener auf die Gestaltung von Gebrauchsgegenständen oder eine alternative »Gebrauchskunst« zu, als vielmehr für die Sichtbarmachung von Kommunikationsvorgängen aller Art: »Grafisches Design formt die unzähligen Botschaften, die wir jeden Tag sehen und lesen. Designer verwenden Zeichensätze, Farben, Symbole und Bilder, um Informationen und Ideen zu übertragen – und dabei erzeugen sie eine ›visuelle Lesefähigkeit‹, die unsere Erfahrung der Welt bestimmt.«[2]

Durch eine frühe und intensive Konfrontation mit der Symbolvielfalt sind gerade junge »Design-Leser« die Nutznießer dieser Ausbildung. Sie lernen buchstäblich im Vorbei-Gehen (realer Raum), Vorbei-Zappen (klassische Medien) und Vorbei-Surfen (Neue Medien) das Navigieren in der Zeichenflut. Als kennzeichnendes Merkmal dieser Generation wird von besorgten Beobachtern häufig der – eindeutig negativ besetzte – »Piktozentrismus« ausgemacht: Einem medialen Dauerbeschuß ausgesetzt, verlieren junge Menschen das Interesse an herkömmlichen Texten und geben sich den bunten, oberflächlichen Erscheinungen der Bilderwelt hin. Das Resultat einer solchen Entwicklung ist »eine Generation, aufgewachsen mit Videoclips, MTV und Computerpielen, visuell hochtrainiert, längst auf dem Trip ins Internet«.[3]

Protest mit wilden Bildern: Graffiti-Writing

Als erste Spielart grafischen Designs im eindeutigen Zusammenhang mit jugendkulturellen Erscheinungen kann das **Graffiti-Writing** gelten.

Graffiti-Writing bezeichnet das Anbringen von Bildern, Symbolen und Schriftzügen auf Wänden, Brückenpfeilern, öffentlichen Verkehrsmitteln und sonstigen leinwandtauglichen Stellen des städtischen Raums. Neben großflächigen, kunstfertigen, gesprühten Farbbildern (Pieces) gibt es die hieroglyphenartigen Signaturen (Tags), die mit Markierstiften oder Filzschreibern aufgetragen werden. Wichtigste Strategie des Graffiti-Writings war die sub- und gegenkulturelle Umdeutung bekannter, weithin sichtbarer Zeichenwelten im öffentlichen Raum der urbanen Zentren und somit die Erschließung neuer

neuer Kommunikationskanäle: »Die Wand stellt eines der ältesten Kommuni-
kations- und Mitteilungsmedien dar, sie diente den Verlautbarungen der
Obrigkeit, war aber auch immer das Medium des Volkes, dessen Zorn sich hier
schnell niederschlagen konnte. Überfallartig treten die Graffiti im öffentlichen
Raum auf, mißachten gesellschaftliche Normen und bleiben dabei un-faßbar.«

Eike Hebecker

Das Graffiti-Writing übernahm so vor allem eine Protestfunktion, die
einer marginalisierten und von der öffentlichen Kommunikation weitestgehend ausgeschlossenen Gruppe zur sichtbaren Artikulation ver-
helfen sollte. Graffiti und die damit verbundene »grafische Destruktion
im öffentlichen Raum« führten zu einer »Rekonstruktion von Kommunikation und Identität«.⁴

Als zentrales Stilmittel der Graffiti-Writer fungiert die künstlerische
Gestaltung einzelner Zeichen und Buchstaben, die bis zur Verselbstän-
digung der Form und der Ablösung von der dargestellten Bot-
schaftreichen kann. Die Typografie übergroßer, »aufgeblähter« Buchstaben kann durchaus als Hilferuf
verstanden werden, als Ringen
um Aufmerksamkeit im überdi-
mensionierten urbanen Umfeld.
So setzt Graffiti-Writing den Rahmen für eine in jugendkulturellen Phänomenen verstärkt auftretende Affinität zur Produktion
und Gestaltung von Buchstaben,
Schriftzeichen und Symbolen
sowie deren Kombination innerhalb neuer Medienerzeugnisse.

»Ringen um Aufmerksamkeit im überdimensio-
nierten urbanen Umfeld«

Grafische Gegenkultur: Zines und Flyer

Im Zuge der rasanten technologischen Entwicklung finden grafische
Ausdrucksformen Jugendlicher ihren Platz inzwischen seltener im
klassischen öffentlichen Raum der Städte. Alternative Kommunikationskanäle werden nicht mehr durch Redefinition erschlossen, vielmehr können in einer gewandelten Medienlandschaft komplett neue
Kommunikationsräume erzeugt werden. Entscheidender Katalysator
ist dabei die Popularisierung des Computers und damit das Aufkommen günstiger Bild- und Schriftbearbeitungsmethoden. Immer mehr

Jugendliche erhielten so seit den 80er Jahren einen wesentlich leichteren Zugang zu den relevanten Produktionsmitteln und Darstellungsräumen einer visuell dominierten Kultur. So gelten etwa die in einer großen Formvielfalt verbreiteten Fanzines[5] als ein neues Kommunikationsmittel im Umfeld jugendkultureller Phänomene. Die wichtigsten grafischen Bestandteile der Fanzines sind daher Zeitungsartikel, Autogrammkarten, Konzertberichte und andere Fan-Materialien, die am heimischen PC bearbeitet, zusammengestellt und kommentiert werden. Nach abgeschlossenem Layout werden Fanzines meist in Copy-Shops vervielfältigt und gebunden, die Distribution erfolgt im Eigenvertrieb über die häufig vorhandenen Fan-Netzwerke. Ein Blick auf die Gestaltung der Fanzines läßt einen Trend erkennen, der aus anderen jugendkulturellen Zusammenhängen längst bekannt ist: Die Mischung bereits vorhandenen Materials wird zum Stilprinzip erhoben – Bricolage als ästhetische Strategie. [*Vgl. dazu auch den Beitrag von Christof Meueler in diesem Band, S. 32 bis S. 39*]

Prominentestes Beispiel für dieses Gestaltungsprinzip sind aber die **Flyer**, Veranstaltungshinweise für unterschiedliche Events innerhalb jugendkultureller Szenen.

Die kleinformatigen **Flyer**, die besonders im Techno-Umfeld weite Verbreitung finden, enthalten in der Regel Hinweise für bevorstehende Veranstaltungen. Die Designer solcher handflächengroßer Poster verwenden Computer-Arbeitstechniken um bereits vorhandene Bilder und Schriftarten zu manipulieren. Rave-Designer kombinieren in der Regel Material aus Anzeigen, Archivbildern, Fernsehen, Comics, Verpackungen und anderen Quellen.

Die Designer von Rave-Flyern parodieren häufig die Markenzeichen populärer Konsumgüter, sie setzten auf die Energien des Vertrauten, um quasigeheime Veranstaltungen der Szene zu unterstützen. Als Auslöser weitgefächerter Anleihen der Rave-Szene im kommerziellen Symbolvorrat von Firmenlogos und Markenzeichen gilt der Kalifornier Rick Klotz. Er entwarf den erfolgreichen *Truth*-Flyer, der die Waschmittelbox der Firma Tide (dt.: Dash) persiflierte. Diese Strategie rekurriert auf Techniken der Pop-Art, wie sie etwa Warhol oder Liechtenstein anwendeten. Eine entscheidende Rolle spielt dabei die Fähigkeit, die aggressive Ikonographie der Warenwelt auszunutzen, um die Haltung einer Subkultur zu transportieren.   *Ellen Lupton*

Die Resultate grafischen Designs können hierbei als Bildsprache angesehen werden, die die innerhalb der Techno-Szene dominante Ausdrucksform der Musik komplementär ergänzt. Fanzines und Flyer markieren zwei wesentliche Bestandteile einer »grafischen Gegenkultur«, die sich im Rücken des kommerziellen Grafikdesign entwickelt hat und ständig an Einfluß gewinnt.

Rebellische Lettern – Neville Brody und David Carson

Der im Umfeld von Fanzines, Flyern und unabhängiger Publishing-Szene gewachsene »Unterbau« trägt dazu bei, daß auch innovative Typografen und Grafikdesigner Kultstatus erlangen können. Vor allem die Arbeiten von Neville Brody und David Carson verdeutlichen solche Perspektiven: Mittlerweile werden ihnen opulente Grafik-Reader mit programmatischen Titeln wie *The Death of Typography* (Brody) oder *The End of Print* (Carson) gewidmet.

Der Engländer Neville Brody sorgte in den 80er Jahren mit seinem aggressiven Stil für eine Wende im Grafikdesign: Brody gilt als Pionier der Computergrafik und -typografie, er experimentierte als einer der ersten mit den Möglichkeiten digitaler Bild- und Schriftbearbeitung. Dabei stieß er häufig an die Grenzen seines noch wenig leistungsfähigen Rechners: »Wir haben die Maschine immer bis zum Äußersten gefordert und versucht, sie Dinge tun zu lassen, für die sie eigentlich nicht gebaut war«.[6] Das Resultat waren eigenwillige Symbiosen aus analoger Akkuratesse und digitaler Darstellung. Neville Brody setzte den Computer oft zur Entwicklung neuer Schrifttypen ein, die er dann in seine Konzepte zur Zeitschriftengestaltung *(The Face, Arena, Tempo)*, für Orientierungs- und Hinweissysteme (Kunst- und Ausstellungshalle Bonn) oder für Fernsehgrafik (Premiere, ORF) einband.

Den von ihm kreierten Stil rückt Brody gerne in die Nähe des Punk und kokettiert dabei mit der Rolle des revolutionären Umstürzlers: »Das Experiment wird Mode. Was gefährlich für die Gesellschaft ist, wird von ihr absorbiert. *The Face* (Brodys erstes großes Zeitschriftenprojekt) wurde akzeptiert, hochgelobt und vereinnahmt. Es hat kulturelle und soziale Voraussetzungen angegriffen. Es war, wie Punk, eine Bedrohung all dessen, worauf die Gesellschaft beruht. Und als Reaktion auf die Punks wurde deren Mode und Kultur absorbiert, bis die Punks gegen ihr eigenes Spiegelbild kämpften. Dasselbe ist mit Rapmusik passiert.«[7]

Mitte der 90er Jahre geriet Brody ein wenig in den Schatten des kalifornischen Autodidakten David Carson, der seine ersten Arbeiten für ein Skateboarding-Magazin gestaltete und von dort seine Grafik-Karriere startete. Vom ehemaligen Profi-Surfer Carson montierte Hochglanzseiten mutierten zu Kult-Zeitschriften, seine kaum noch lesbaren Plakat-

Carson-Design: Cover der Zeitschrift *Beach Culture*

Collagen kündeten vom Ende des Druckzeitalters. Zuletzt realisierte er TV-Werbespots für Pepsi, Nike und Lucent Technologies (ehemals AT&T).

David Carson kann als Prototyp des visuell hochtrainierten, virtuos mit visuellen Versatzstücken operierenden Zöglings der piktozentrierten, durchdesignten Bilderwelt der letzten Jahrzehnte gelten. Er ignoriert und torpediert gängige typographische Richtlinien auf noch radikalere Weise als zuvor Brody. Von Carson layoutete Seiten überfordern nicht selten das Auge der Leserschaft, sie ver-spielen alte Sehgewohnheiten und er-spielen neue Möglichkeiten und Sichtweisen. »Für brutale Themen setzt er eiserne Schrift ein, so hart zu lesen wie der Inhalt«, weiß Alfred Bangert, Carsons deutscher Verleger. »Es folgen Seiten, sanft wie lyrische Rockballaden, gefolgt von Graffiti, Punk und Collagen aus Symbolen und Realitätsfetzen.«[8]

Die Arbeiten David Carsons sorgten für weiteren Zündstoff im Design-Lager, und auch er lebt den Generationenkonflikt mit den älteren Kollegen der Zunft. Carson geht davon aus, »daß die Zukunft des Grafikdesigns nicht aus der grafischen Tradition, sondern von außerhalb kommen wird. Die Revolte kommt von außen. Unbewußt spielt sicher das Bedürfnis nach Anarchie eine große Rolle.«[9]

Das Selbstverständnis der beiden Typografie-Artisten zeigt ein beinahe identisches Rollendenken: Brody und Carson sehen sich als Rebellen, als Abweichler in der streng normierten Welt des Grafikdesign. Diese Haltung korrespondiert mit den gegenkulturellen Vorstellungen, wie sie sich in der alternativen Szene des »Homemade Design« wiederfinden. Brody und Carson ist der Sprung ins kommerzielle Grafikdesign gelungen, sie sind erste Nutznießer einer in den Nischen von Fan- und Jugendkultur entwickelten alternativen Ästhetik.

Virtuelles Grafikdesign: Homepages und E-Zines

Der Siegeszug des Internet und die Entstehung einer digitalen Medienlandschaft eröffnet neuen Raum zur visuellen Repräsentation, den die
jüngste Generation bildbeherrschter Vielseher derzeit weitgehend
ungestört gestalten kann. »Design, wie wir es kennen, [existiert] nicht
mehr«, meint sogar Neville Brody. Und: »Die große Mehrzahl der Grafiker oder Agenturen haben in den elektronischen Medien noch nichts
wirklich Gutes veröffentlicht. Ich habe nichts gesehen«.[10] Im virtuellen
Datenraum setzen die digitalen Street-Kids ihre Markierungen mittels
besonders auffälliger **Homepages**. Zunächst als Willkommensgruß und
Visitenkarte für vorbeisurfende Datentouristen angelegt, entwickeln
sich daraus immer häufiger halbprofessionelle Präsentationen in eigener Sache. [*Vgl. dazu auch den Beitrag von Laurel Gilbert und Crystal Kile in
diesem Band, S. 220 bis S. 226*]

Eine **Homepage** dient der Informationsdarstellung im grafischen Teil des
Internet, dem World Wide Web (WWW) und kann dort unter einer bestimmten Adresse abgerufen werden. Auf einer oder mehreren Bildschirmseiten
befinden sich Texte, Bilder und grafische Strukturierungselemente, um grundlegende Informationen über den oder die Betreuer eines Datenangebots bereit-
zustellen. Die Homepage fungiert bei privaten wie kommerziellen Internet-
Angeboten als Einstiegs- oder Leitseite, von der Verzweigungen und Verweise
(Links) zu anderen Seiten des eigenen oder zu fremden Informationsangebo-
ten führen.

Das Handwerkszeug zur digitalen Selbstdarstellung eignen sich die
Computer-Kids in Eigenregie an, unzählige Homepage-Bauanleitun-
gen kursieren im Internet und erleichtern so den Umgang mit den
essentiellen Bestandteilen einer im Entstehen begriffenen digitalen
Medienlandschaft. Im Vergleich zur eigenständigen Herstellung unabhängiger analoger Fan-Zeitschriften entfallen mit Druck, Vervielfälti-
gung und Vertrieb die aufwendigsten Arbeitsgänge der alternativen
Medienproduktion. Der Grund dafür liegt an der Struktur der Präsentation via Internet: Die Seiten des World Wide Web sind in der Tat in
aller Welt zu lesen und haben dadurch zumindest potentiell eine
enorme Reichweite. Der Wegfall der bislang teuren (analogen) Produktionsmittel stärkt die Bedeutung der grafischen Darstellung, denn »in
den digitalen Medien ist die visuelle Erscheinung des Textes nicht ein
nur sekundäres Element, sondern konstitutiv für dessen Produktion
und Rezeption.«[11]

Folgerichtig bereichern unzählige E-Zines als digitales Pendant der Fanzines die Zeitungswelt des Internet. Ihren Ausgang nehmen die Special-Interest-Angebote oft von privaten Homepages, die zunächst als reine Fan-Seiten konzipiert wurden. Obwohl E-Zines unabhängig produziert und publiziert werden, entwickeln sie nicht selten innovativere Präsentationsmethoden als die oftmals biederen Dienste der etablierten Medienakteure.

Doch nicht nur für Online-Medien sind die Fähigkeiten der digitalen Designer von großer Bedeutung. Immer mehr Firmen eröffnen neue Filialen im Datenraum und benötigen dafür eine möglichst originelle und ansprechende Darstellungsform. Die oft als narzistische Selbstdarstellung gescholtenen Homepages im Datennetz können durchaus als Sprungbrett ins Berufsleben dienen. So erwartet etwa David Carson Impulse für einen neuen Design-Stil von denen, »die mit dieser Technologie groß geworden sind. Stilprägend werden die Leute sein, die zum einen eine Intuition für das Design besitzen (…) und zum anderen über hervorragende technische Kenntnisse verfügen. Wenn die beiden Bereiche mit den kommenden Generationen stärker verschmelzen, dann wird daraus der neue Look entstehen.«[12]

In Zeiten des Information Superhighway erhält die Verlagerung grafischen Designs auf immaterielle Leinwände somit eine neue Dimension. Das scheinbar so nutzlose Surfen im Netz mündet immer häufiger in der Aneignung neuer Gestaltungs-Techniken und rüstet nebenbei die vielen jungen Netz-Touristen für eine Laufbahn als Datenarchitekt.

Vom Protest zur Profession?

Es gehört seit Elvis und Marlon Brando zu den Gesetzen der
Rebellion, daß sie in Geld verwandelt wird und der Aufstand
im Vorabendprogramm endet. Trotzdem ändert sich der Alltag.

Thomas Huetlin

Analoge, elektronische und digitale Spielarten eines Grafikdesign, das direkt in Jugendkulturen entsteht oder über jugendkulturelle Zusammenhänge vermittelt wird, bergen offenbar einiges Potential zur Selbstprofessionalisierung. Präsentierte sich grafisches Design in Jugendkulturen erstmals als Graffiti auf den öffentlichen Flächen der Städte, so traten Zines, Flyer und Zeitschriften an die Stelle der steinernen Leinwände. In den weltumspannenden Computernetzen stehen seit wenigen Jahren neue Räume zur Erschließung bereit.

Den Graffiti-Writern wurde ein kommerzieller Durchbruch aufgrund des »falschen« medialen Umfeldes zumeist verwehrt, und ihnen blieb in der Regel nur der Umweg über künstlerische Anerkennung: Die domestizierten und computerisierten Nachfahren der Sprayer können ihr kreatives Potential nun auf dem Monitor voll entfalten. Durch diese Entwicklung scheint vorhandenes Protestpotential jedoch elegant absorbiert zu werden. Allerdings kann die schleichende Selbstprofessionalisierung junger Grafikdesigner im Windschatten jugendkultureller Erscheinungen auch eine besonders subtile Protestform darstellen. Der kreative Umgang mit visueller Kommunikation verliert so zwar vordergründig den Gestus des öffentlichen Protests, kann dafür aber durch eine Umgestaltung »von innen« bestehende Regeln brechen und neue Leitsätze definieren. Eine solche Entwicklung entbehrt jedoch nicht einer bitteren Ironie – schließlich rebellierten die Protest-Pieces der Graffiti-writer mit genau den Mitteln, die es ihren Nachfolgern ermöglichen, ein Teil des Establishments zu werden.

Anmerkungen

1 Lupton, E.: **Mixing Messages. Graphic Design in Contemporary Culture**, New York 1996 (Alle Zitate aus der WWW-Version unter http://mixingmessages.si.edu, Dezember 1996).

2 Lupton, E. a.a.O.

3 Sager, P.: **David Carson**, in Zeit Magazin, Nr. 23, 31.5.1996 S. 8–12. (S. 12)

4 Hebecker, E. / Meyer, E.: **Appetite for Destruction. Zur ästhetischen Repräsentation urbaner Gewaltverhältnisse im US-HipHop**, in: Testcard 1 – 1995 S. 148–155, S. 150

5 Ausführlich behandelt werden Fanzines im Beitrag von Rainer Winter in der Elementary School. Neben den Fanzines gibt es auch weniger an spezielle Fankulturen gebundene eigenproduzierte Magazine allgemeineren Zuschnitts, die sogenannten Zines. Auf eine weitere Differenzierung muß an dieser Stelle verzichtet werden. Ausdrücklich hinzuweisen ist jedoch auf eine eindeutige Trennung zwischen »analog« produzierten Fanzines und ihren »digitalen« Weiterentwicklungen, den Electronic- oder E-Zines.

6 Brody, N./Wozencroft, J.: **Die Grafik-Sprache des Neville Brody 2**, München 1994

7 »**Design ist tot**« Interview mit Neville Brody, in: Die Woche, 17. Dezember, 1995, S. 52

8 Bangert, A.: **Digitale Droge**, in: Spiegel Special, **Das Jahrhundert des Design**, S. 159

9 David Carson im Gespräch mit Lewis Blackwell, **The End of Print**, München 1995

10 Interview mit Neville Brody, a.a.O.

11 Bonsiepe, G.: **Der Designer im Netz**, in: Bollmann, S./ Heibach, Chr.: **Kursbuch Internet**, Mannheim 1996, S. 469

12 **Quo vadis, Carson?**, in: Page. **Digitale Gestaltung und Mediendesign**, Nr. 1/1997, S. 50

André Lützen

Kings of outside

Der Fotograf und Publizist André Lützen hat zwei Monate lang in Hamburg Zona (18, Schüler), Zhoen (17, Auszubildender), Rest (16, Schüler) und Shane (18, Schüler) bei der Arbeit beobachtet. Die vier sind Writer, setzen also ihre Zeichen auf die Innen- und Außenwände von Zügen – und dies meist während sie fahren.

Windjacke, ausgewaschene 501, Basketballstiefel mit big strange, einen Kangol als Kopfbedeckung. Shane steht neben mir. Windjacke aus wasserabweisendem Stoff mit Kapuze und Fellkragen, Jeans, Baseballmütze, Turnschuhe mit big strange. Rest steht neben Shane. Die Ampel springt auf Grün. Shanes Art zu gehen liegt zwischen tanzender Anmut und permanenter Nervosität. »Also ich meine, das Surfen…, also wenn wir drin sitzen… man kann ja nicht einfach ruhig in der Bahn sitzen. Ich warte darauf, daß die Leute draußen sind, daß ich bomb'n kann oder ich geh ne Station surfen.« Er stülpt die Lippen, preßt Luft durch den Mund und bringt rhythmische Geräusche hervor. Beatbox, die menschliche Rhythmusmaschine. »Surfen ist eigentlich eine Nebenbeschäftigung. Es macht Spaß, bringt ein gutes Feeling, aber wir machen es nur bei Gelegenheit. Die Hauptsache ist, daß wir unsere pieces sprühen, vielleicht mal bomb'n gehen. Surfen hängt mit unseren outsides zusammen, also wer king of outside wird, d. h. wer die meisten tags außerhalb des train macht.« Rest, Hände in den Hosentaschen, grinst mich an. Meine **Ratlosigkeit** scheint mir im Gesicht zu stehen.

Gegen die Ratlosigkeit: battle – Graffitiwettstreit; **big strange** – breite Schnürsenkel; **bomb'n** – häufiges Schreiben der eigenen Unterschrift; **can** – Spraydose; **cave** – Bezeichnung für Mädchen; **crew** – locker organisierte Gruppe von Writern; **cross** – über die Unterschrift oder die Graffiti eines anderen Writers schreiben oder sprühen; **def** – wirklich gut; **kangol** – der Hut eines Writers; **king of outside** – derjenige, der die meisten Unterschriften an der Außenseite des Zuges hat; **marker** – dicker Filzstift; **outline** – Umrißzeichnung; **piece** – ein Graffiti; **piecebook** – Skizzenbuch; **style burner** – das beste Graffiti mit Schriftzeichen; **tag** – Unterschrift eines Writers; **tower** – Kontrollpunkt der Bundesbahn; **toy** – Anfänger; **train** – Zug, S-Bahn; **wild style** – verschachtelte Konstruktion von Buchstaben in einem Graffiti; **window down** – Graffiti unterhalb des Fensters eines Zuges; **writer** – Schreiber; **writers corner** – wöchentlicher Treffpunkt der Writer; **yard** – S-Bahndepot.

Wir biegen um die Ecke. Zona, Zhoen und der Fahrkartenautomat des Bahnhofs stehen vor uns. »Na, alles klar.« Die Hände werden ineinander geschlagen und die Daumen gekreuzt. Ich löse mir eine Karte, die anderen nicht. Entweder haben sie eine Monatskarte oder sind notorische Schwarzfahrer. Treppe runter / Bahnsteig. Zhoen, Hände in den Jackentaschen. Zona, Hände in den Hosentaschen. Rest sucht seinen Marker. »Wenn die Bahn kommt, laß' uns verstecken, damit der Bahner uns nicht gleich sieht.« Shane pendelt nervös zwischen Pfeiler und Bank. Die Bahn fährt ein. Erst als das »Zurückbleiben bitte« des Bahnbeamten zu hören ist, spurten die Jungs in die Bahn.

»... nach draußen auf das Trittbrett«

Zona lehnt an der Tür. Zhoen sitzt und wartet, Shane spielt Beatbox und Rest will anfangen zu bomb'n, wovon Shane ihn abhält, da noch zuviele Leute im Abteil sind. Zwei Stationen weiter sind die letzten Fahrgäste dieses Wagons ausgestiegen. Zhoen umfaßt mit der rechten Hand einen Türgriff, stemmt sein linkes ausgestrecktes Bein gegen den anderen. Während er die Tür öffnet, taucht Rest unter seinem Bein durch, nach draußen auf das Trittbrett. Der Fahrtwind bläht seine Jacke auf, verzerrt seine Augen zu Schlitzen, beide Hände an der Regenrinne, ein Fuß auf dem Griff, der andere auf dem Trittbrett.
An der Endstation steigen wir aus und nehmen dieselbe Strecke zurück. Es sind kaum Leute im Abteil: beste Voraussetzungen. Die Türen schließen, die Marker werden geöffnet; der Geruch der Firma

Edding verbreitet sich schnell im Abteil: ein tag und noch ein tag... kreisend, gerade, rauf und runter werden die Stifte geführt. Ratlos schaue ich mir Zhoens Werk an. Was hat er da bloß geschrieben? Eine Nachricht an andere Writer oder nur den eigenen Namen? Zhoen wirft einen Blick auf die anderen Fahrgäste und erklärt: »Als das Run DMC / Beastie Boys-Konzert in Hamburg stattfand, waren in der Bahn Nachrichten zu lesen, wie ›see you there‹. Manchmal gibt es auch Ankündigungen für Jam-Parties, aber sonst malt jeder nur seine eigenen tags. Obwohl sich das vielleicht komisch anhört, würde ich sagen, unsere sind nicht schlecht. Sie sind ausgereifter als diese toy tags, die du überall siehst: drei Kreuze und irgendwas dazwischen. Wir schreiben unsere Unterschriften, also die Decknamen, die wir haben, und den Unterschied kann man schon erkennen.«

Wir setzen uns. Zhoen steckt seinen Marker weg, Shane zupft an seinem Kangol, setzt sich dazu und erzählt: »Ich hab mal zu Sylvester eine ganz persönliche Nachricht geschrieben: ›Ein wunderschönes neues Jahr der Bahnpolizei.‹ Das konnte ich einfach nicht lassen.« Beide grinsen. Shane schiebt den Kangol wieder in seine Ausgangsposition. »Als Jasik starb, gab es viele Nachrichten. (Ingo T., alias Jasik, verunglückte im Frühjahr 1988 beim S-Bahn-Surfen tödlich. Anm. d. Verf.) Da ist zum Beispiel ein Typ in die Bahn gegangen und hat ›Jasik, I surf for you‹ geschreiben. Der hat das vielleicht gut gemeint, aber nicht überlegt, was er da getan hat. Wahrscheinlich dachte er, jetzt surfen ohne Ende, gerade nachdem Jasik tot ist. Und was bringt ihm das? Da ist er nur der nächste, der am Pfeiler klebt.«

Nach Paragraph 64a der EBO (Eisenbahnbau- und Betriebsordnung) ist Surfen eine Ordnungswidrigkeit, die mit einem Bußgeld geahndet werden kann. Dieses richtet sich nach dem Ausmaß der Betriebsstörung und liegt zwischen 75 und 300 DM. Nach Paragraph 315 des STGB (Strafgesetzbuch) kann Surfen auch als gefährlicher Eingriff in den Bahnverkehr eingestuft und mit Freiheitsstrafen zwischen 3 Monaten und 5 Jahren geahndet werden. Dies war in Hamburg noch nicht der Fall, jeder der rund 50 bisher ermittelten Täter kam mit einem Bußgeld davon.

Kurz vor ein Uhr nachts stehe ich am ausgemachten Treffpunkt und warte darauf, daß die Jungs auftauchen. Das Schlagen der Turmuhr gibt die volle Stunde an. »Hey André, na, alles klar?« Shane steht hinter mir. Wir schlagen die Hände ineinander mit gekreuzten Daumen: Standardbegrüßung. Inzwischen sind auch Zhoen, Rest und Zona da. Jeder hat seine cans und sein piecebook dabei; kaum ein Writer arbeitet ohne Entwurf an einem window-down auf train. Erste Hektik entsteht bei Sichtkontakt mit einem Polizeiwagen. »Also, wenn Sie uns fragen, was wir hier tun, sagen wir, wir kommen von einer Party.« – »Ganz tolle Idee, und was ist mit den ganzen Dosen, die wir dabei haben?« – »Nur keine Panik, wir haben doch noch überhaupt nichts getan, also einfach weitergehen«, meint Zhoen. Die Polizei fährt vorbei. Wir bewegen uns weiter in Richtung yard.

Die nächste rechts rein, wieder rechts und wir stehen auf einem Hinterhof, hinter dessen Mauer der yard liegt. Alles geht verhältnismäßig lautlos vor sich. Zhoen und Rest sind schon über die Mauer zum S-Bahndepot geklettert, als plötzlich Licht im Fenster eines benachbarten Hauses angeht. Alle zurück! Zona kennt noch einen weiteren Zugang – über den Bahndamm neben der Brücke. Knirschenden Schrittes bewegen wir uns über die Gleise. Die Beleuchtung einer nahegelegenen Tankstelle wirkt in der Dunkel- und Verschwiegenheit wie Flutlicht. Hinlegen und weiterrobben. Unten auf der Straße geht ein Mann mit seinem Hund. Geduckt laufen wir zu der einsam dastehenden S-Bahn. Mit tänzelnder Nervosität zieht Shane weiße Handschuhe an und wischt seine Dosen ab. Die Entwürfe werden ausgepackt und die outlines gezogen. Betriebsamkeit überall am Zug. Zona am Anfang, Rest und Zhoen in der Mitte, Shane am Ende. Die Turmuhr schlägt zwei.

Während ich die outlines für das piece von Rest betrachte, brüllt jemand aus Leibeskräften »TRRAAIIN!« Ruckartige Bewegung der Köpfe in Richtung des Warnschreis. Wohin so schnell? Kopf einziehen und sich in den Minimalraum zwischen Stromschiene und Zuguntergebau der stehenden S-Bahn zwängen! Sekunden später donnert auch schon die Bahn vorbei. Eine S-Bahn? Jetzt um diese Uhrzeit? Hastig werden Dosen, Skizzen, Rucksäcke und sonstiges Zeug zusammengepackt, und ab in Richtung Büsche.

»Waren alle unter dem Zug? Du? Du auch?« Der ausgestreckte Zeigefinger Zonas wandert von einem zum anderen; stößt jedoch nur auf zustimmendes Nicken. »Vielleicht haben Sie uns doch gesehen und geben jetzt eine Nachricht über Funk an den tower?« wendet Shane ein. Rest sitzt außerhalb der Büsche und raucht eine Zigarette. »Bist du wahnsinnig?« fährt Zona ihn an, »komm rein und mach die Zigarette aus.« – »Was is' denn? Ich guck doch nur, ob jemand kommt.« – »Also wenn tatsächlich ein Bahner vom tower unterwegs gewesen wäre, hätte er schon längst hier sein müssen«, beruhigt Zhoen die Runde. Zona faltet die Hände, Rest zieht an einer nicht entzündeten Zigarette, und Shane zeichnet in Gedanken die outlines seines piece nach. »Also machen wir weiter.« Zhoen steckt den Kopf aus dem Gebüsch, um seine vorhergegangene Aussage zu überprüfen. Geduckt läuft er zu der S-Bahn zurück. Dosen wieder raus, die Arbeit muß fertig werden.

»... der Geruch der Firma Edding verbreitet sich schnell im Abteil«

»Hey, da hinten geht doch einer«, flüstert mir Shane zu und nimmt seinen Rucksack. Rest klopft mir gegen den Arm und deutet in die Dunkelheit. Aus dem beschleunigten Gehen ist ein Sprint geworden. »Halt! Stehen bleiben!« Auf der gegenüberliegenden Schienenseite läuft eine dunkle Gestalt auf meiner Höhe. »Bleiben Sie doch stehen!« Shane und Rest sind schon den Bahndamm runter, als ich ihn erreiche. Unter der Brücke durch, die Straße entlang und abtauchen in einen Hauseingang. Shane und Rest laufen weiter. Die Turmuhr schlägt drei.

Das Betreten eines S-Bahndepots ist Hausfriedensbruch. Das Besprühen oder Bemalen einer S-Bahn ist nach Paragraph 304 STGB eine gemeinschädigende Sachbeschädigung, die mit einer Freiheitsstrafe bis zu 3 Jahren oder mit einer Geldstrafe geahndet werden kann. Außerdem muß der Schädiger (Writer oder Sprayer) zivilrechtlich für den vom ihm verursachten Schaden aufkommen. Die Neulackierung eines S-Bahn-Wagons kostet 6 300 DM; Reinigungskosten und Kosten, die durch Schädigung von Werbeflächen entstehen, werden von Fall zu Fall ermittelt.

Rechts außen Grün im zarten Farbübergang zu Dunkelgelb, das spitz-förmig verläuft mit einem süffisanten Rot, sich aufteilt in herausfor-derndes Rosa und majestätisches Silber. Das wievielte Graffiti es an der Wand dieser Gesamtschule ist, läßt sich nur erahnen. Shane, den Rucksack voller Dosen, ist der erste, der kommt. Wir schlagen die Hände ineinander und kreuzen die Daumen. Er stellt seine Dosen in einer Reihe auf, farblich aufeinander abgestimmt. »Das wird so def das piece, ey, ich schwör's. Das wird mein absoluter style burner.« Shane hüpft auf die Wand zu.

Surfen: Jacken im Wind aufgebläht, Augen zu Schlitzen verzerrt

»Seid ihr eigentlich alle in derselben crew?« frage ich ihn, sein Skizzen-buch durchblätternd. Shane wendet den Kopf nicht von der Wand. »Wir hatten mal eine crew, aber das war mehr eine Freundschafts-crew. Das war damals eine Zeit, da waren wir sehr gut drauf und haben das alles nicht so eng gesehen. Wir sagten uns, laß uns was machen, laß uns eine crew machen. Wir haben einfach drei Buchstaben unter unsere tags geknallt, und die Sache hatte sich. Jetzt sehen wir das ein bißchen anders, wir haben uns verbessert und sind in unterschiedlichen crews.« Shane sucht das Dunkelrot. »Worin habt ihr euch verbessert?« – »Im Stil. Bei Writern beurteilt man gut oder schlecht nach dem Stil der Buchstaben. Als Außenstehender erkennt man die Qualitätsunterschiede vielleicht nicht, aber als Writer, der schon länger in der Szene ist, erkennt man einen neuen oder alten Stil sofort. Wo ist denn nur dieses Rot?«

Eine Stunde später. Zona erscheint leicht verschwitzt und bepackt mit zwei Tüten. »Ey, tut mir leid, ging nicht früher.« Rest besprüht seine Turnschuhe und zieht sich damit den Unwillen Shanes zu, dessen Dosen er benutzt. Zona steht mit seiner Skizze vor der Wand und überlegt, wie er anfangen soll. Ich setzte mich zu Zhoen, der die Entwicklung des Graffiti aus dem Augenwinkel beobachtet, auch wenn er so tut, als würde er einfach nur daliegen und die Sonne genießen.
»Wie kommt man eigentlich in eine crew rein?«, frage ich ihn, während ich den vollen Film aus der Kamera nehme. Zhoen rappelt sich hoch. »Das hat was mit den outlines zu tun, also wie deine Entwürfe sind. Es gibt crews, die entscheiden knallhart nur nach den Entwürfen. Wenn jemand wirklich gute vorzeigt, sagen sie okay, du bist drin. Dann muß sich derjenige aber auch halten, daß heißt gute pieces machen, sonst ist er wieder draußen.«

Rest hat inzwischen zusätzlich zu den Turnschuhen auch noch seine Baseballmütze besprüht und wird langsam unruhig. »Ey, Shane, wollen wir nicht zum writers corner, gucken, ob ein paar caves da sind?« Shane will erst sein piece fertig machen, und Rest verabschiedet sich. Zona stellt fest, daß zuwenig Platz für sein piece an der Wand ist, daß die Leiter zu kurz ist, daß er hätte höher anfangen müssen, und überhaupt hat er jetzt keine Lust mehr, weil nichts klappt. Shane und Zhoen schauen sich an. Zona sitzt auf dem Boden, die Skizze in der Hand und starrt auf die Wand. Shane setzt sich neben ihn. »Also mit dem Platz, ey, da kannst du ruhig über mein piece gehen. Sollte ja sowieso von uns beiden sein.« Zona schaut ihn an, bohrt mit der Skizze in den Steinritzen und will nur noch in Ruhe gelassen werden.

Eine crew wird zum Austausch von Skizzen und dem gelegentlichen gemeinsamen Sprühen von Graffiti gebildet. Treten Meinungsverschiedenheiten zwischen zwei crews oder zwei Writern auf oder ist das Graffiti eines Writers von einem anderen übersprüht worden – was dann cross heißt – wird ein battle ausgetragen. Das bedeutet: zwei Writer oder crews sprühen jeweils ein Graffiti, das Bessere gewinnt. Crews sind nicht zu verwechseln mit Streetgangs, welche hierachisch organisiert sind. In einer crew sind alle Mitglieder gleichberechtigt.

»Was? Die Dicke war das? Mit der hattest Du's?« Shane schaut Rest entsetzt an. »Nein, ach Quatsch. Ich bitte dich, doch nicht die Dicke.« Rest sucht seine Zigaretten. »Mit dem Skater, der allein wohnt und zwei caves, die meinen sie sind Writer, sind wir zu ihm und dann wollte ich die eine auf'm Klo klarmachen.« Zona rutscht auf der Bank hoch und stößt Zhoen mit dem Ellenbogen an. »Ja, Rest, auf'm Klo…« – »Ey, ne, is kein Spruch. Sie wollte auch. Sind wir also auf's Klo und da hab' ich sie noch 'n bißchen vollgedröhnt. Dann fing sie auf einmal an, so mit, du willst ja nur das Eine. Ich sagte, ja is normal und Writer-Sein und so. Wir sind sexbessene Jungs, wir müssen das haben und unter Writercaves ist das total easy. Mal hier und mal da. Eigentlich wollte ich ja 'n Ei vergraben, aber als ich dann anfing, war sie mir doch zu… Ja, was soll ich sagen…« Rest, am Geländer lehnend, schaut betreten zu Boden, die anderen drei kriegen sich vor Lachen kaum ein. »Echt? Die Dicke war das?« Zona stehen schon die Tränen in den Augen. »Nein, nicht die Dicke, hab ich doch schon gesagt. Ich zeig sie dir mal.«

Shane sitzt auf dem Geländer neben Rest und baumelt mit den Beinen. »Ey, letztens, das hab ich euch noch gar nicht erzählt, hab ich mit noch 'nem anderen Writer und zwei caves ein kleines Kaffeekränzchen bei mir abgehalten.« Zhoen bindet seine Schnürsenkel zu. »Die eine kam gleich an, hast du nicht Bock und so, aber da waren ja noch die anderen beiden und mein Bruder. Haben uns aber doch ins Bettchen bei mir geschmissen, wollten gerade 'ne Runde zwiebeln, da kamen die anderen immer rein und wollten rumspannen. Ey, es ging einfach nicht. Hab ich mich mit ihr verabredet; 'ne Woche später und mich extra vorbereitet und so…« Vorbereitet? »Naja,… indem ich mir eine Woche keinen gejackt habe…«

Zona rutscht auf der Bank hoch und erläutert die Writer-Philosophie näher:« Irgendwie hängt es doch damit zusammen,… es gibt so viele Lieder, die einen motivieren, wie zum Beispiel das Lied *Sex* von Ice T. Da singt der Typ: Nach dem Konzert kam ein Mädchen zu mir in die Garderobe, ich ging gleich mit zu ihr nach Hause, zuerst fickte ich die

Mutter, dann sie, und am nächsten Tag sagte sie zu mir, wie geil es war und schickte ihren Freund nach Hause. Da denkt man sich, alles klar, so sind wir auch.« Zhoen wechselt von der Bank auf das Geländer. »Also, man muß einfach alles ganz lässig sehen und nicht so, oh Gott…« – »Ja, genau«, Rest holt seinen Marker aus der Tasche. »Man geht einfach hin und… Also meine Obermasche ist, wenn ich merke, die Frau hat auch Bock, dann geh ich hin und erzähle, ich hätte viele Probleme, ich werd' von meinem Vater geschlagen, ich brauch' jemand, der zu mir steht, was weiß ich, der mir Streicheleinheiten gibt oder mir Zärtlichkeit schenkt. Ja… und dann werden sie meistens weich.« Er steckt den Marker wieder weg. »Ich mein, ich nehm natürlich auch nicht alles, was nicht rechtzeitig auf den Baum kommt. Da muß schon was sein. Sie muß gut aussehen, sie muß was Antörnendes an sich haben, manchmal reicht es schon, wenn sie 'n geilen Blick hat. Ich meine, leichte Empfindungen muß ich spüren.« Rest setzt sich nachdenklich neben Zona auf die Bank. »Was ich ja immer so geil finde; es gibt so caves, die nehmen das alles ganz lässig, die machen dich spitz, lassen dich ran, und am nächsten Tag grüßen sie dich voll cool, als wäre überhaupt nichts gewesen. Echt, das ist so. Irgendwie ist das aber auch deprimierend. Wenn man sich vorstellt… Ich meine, man dringt in einen anderen Körper ein, das ist so…« – » Das hast du aber schön gesagt.« Shane schwingt sich vom Geländer. »Ja, ich meine, wie soll man das sagen, für einige ist das nur rein da, und was weiß ich, wer sein Wichs nicht loskriegt, bekommt Pickel. Bei vielen Mädchen, da muß man erst jahrelang zusammensein, bevor die einen mal ranlassen. Aber einige, die machen die Beine breit, komm nimm mich, und am nächsten Tag 'n anderer… Und dann weiß man, die habe ich auch mal, und dann sagt 'n anderer, was, die hast du, die habe ich letztes Jahr schon. Ich meine, das ist doch irgendwie voll ätzend…«

NEXT SCHOOL

»Viele der an Science-Fiction und Technologie interessierten Jugendlichen haben sich während der letzten Jahre an einem kulturellen Ort getroffen, an dem legendäre Heldentaten der Überlebenskunst und des Widerstandes in einer datengesättigten Welt der virtuellen Umgebungen und posthumanen Körper stattfinden konnten.«   Andrew Ross

»Anstatt ihre Kinder auf eine Welt vorzubereiten, in der sie werden leben müssen, erziehen Eltern für eine Welt, die nicht mehr existiert.«

Jon Katz

Masuyama

Soziologie des Videospiels

Für Masuyama, Multimedia-Arbeiter in Japan und Herausgeber einer Enzy-klopädie der Videospiele, stellen Computer- und Videospiele ein Übungs-gelände für eine auf Vergnügen und Kreativität basierte Gesellschaft dar. Seine Analyse wird mit Stimmen der sogenannten 64er-Generation unterlegt. Jörn Möller sprach mit den Zock-Profis Aljoscha (15), Robert (13), Sebastian (21), Philip (16), Kalinka (21) und Barbara (18).

Philip: Ich glaube, daß diese Theorien vom Vereinsamen von Erwachsenen aufgestellt werden, die einfach Angst vor dem Computer haben.

Bevor ich diskutieren werde, ob Videospiele nur eine Fortsetzung traditioneller Unterhaltung sind oder ob sie uns Hinweise auf Veränderungen in unserer rasch sich wandelnden Technokultur geben, will ich anhand eines Buches einen Aspekt meiner Arbeit als Multimedia-Director vorstellen. Das von mir herausgegebene, leider nur auf japanisch im Jahre 1987 erschienene Buch heißt *Denshi-Yugi-Taizen*, auf deutsch: *Alles über Videospiele*. So weit ich weiß, war es die weltweit erste Enzyklopädie der Videospiele. Das Buch ist auf jeder Seite in drei Teile gegliedert, die auch physikalisch getrennt sind. Der erste Teil bietet historische Hintergrundinformationen und enthält auch Interviews und Zeitungsberichte über Videospiele. Der zweite Teil stellt die Menschen und Organisationen der Video- und Computerspielindustrie vom MIT bis zu Nintendo vor. Der dritte Teil beschäftigt sich mit den Spielen selbst, angefangen von *Pong*, dem ersten kommerziell erfolgreichen Produkt für Spielhallen, bis hin zu *Tetris*, das in

Kalinka: Wir spielen wenig gegeneinander. Was oft vorkommt, das sind Adventures zu mehreren, wo man dann Ideen austauschen kann, so »probier doch mal das«. Das einzige Spiel, was ich gegeneinander spiele, ist *Tetris*, wo man sich so gegenseitig die Reihen reinschieben kann. Aber das ist auch nicht so richtig feindmäßig.

dem Buch bereits zwei Jahre vor der weltweiten Vermarktung aufgenommen wurde. *Tetris* lernte ich 1987 kennen, als ich den Präsidenten einer amerikanischen Softwarefirma für das Buch interviewte. Er zeigte mir das Spiel und sagte: »Das ist ein ganz nettes Spiel aus der Sowjetunion, aber ich denke, wir werden es nicht vermarkten.« Wahrscheinlich war ich einer der ersten Japaner, die dieses Spiel kannten, bevor ein kommerzieller Vertrag geschlossen wurde. Das Buch über Videospiele haben wir so gestaltet, daß man es als eine Art Hypertext lesen kann. Der Leser findet hier die Namen von vielen hundert Videospielen, Menschen und Firmen. Wir haben jedem wichtigen Eigennamen zahlreiche Zeichen und Symbole beigefügt, so daß man leicht die wechselseitigen Bezüge zwischen wichtigen Informationen herstellen kann. Jetzt sind wir dabei, das Buch zu aktualisieren.

Mitte der 80er Jahre, als wir dieses Buch machten, begann sich unsere Weise der TV-Rezeption durch die Verbreitung von PCs und Videospielen zu ändern. Saß man zuvor vor einem TV-Bildschirm, so hieß das, kommerzielle TV-Programme anzuschauen. Wir begannen das Projekt der Enzyklopädie, um zwei wesentliche Fragen zu beantworten: Was Videospiele eigentlich sind und warum sie uns so faszinieren. Zu dieser Zeit war *Super Mario* gerade zwei Jahre auf dem japanischen Markt, und das erste Nintendosystem wurde soeben in den USA eingeführt. Weil es noch keine Theoretiker gab, die unsere Fragen beantworten konnten, mußten wir dies selbst versuchen. Gleichwohl wurde die Industrie jedes Jahr größer, und die Vorstellung, daß die Videospielindustrie ein großes Geschäft ist, setzte sich allmählich durch. Heute weiß man, daß Nintendo mehr Profit macht als größere japanische Automobilkonzerne und Firmen, die elektronische Produkte herstellen. Wenn Videospiele einfach nur gewöhnliche Spielzeuge wären, dann wäre es unwahrscheinlich, daß sie mehr Profit abwerfen als die Produkte von größeren und stärker diversifizierten Unternehmen. Wenn sie aber nicht einfach Spielzeuge sind, was sind sie dann? Einige Hinweise zur Beantwortung dieser Frage findet man, wenn man sich die Geschichte von Nintendo ansieht. Nintendo begann bekanntlich 1989 als kleine Manufaktur, die *hanafudas* oder Blumenkarten in Handarbeit anfertigte. Zu dieser Zeit war das in Japan ein sehr beliebtes Kartenspiel. Heute ist Nintendo auf der ganzen Welt als Hersteller von Spielen und elektronischen Produkten bekannt. Während die Menschen bei Nintendo emphatisch behaupten, daß das, was sie herstellen, nur Spiele seien, erzielen Videospiele dieselbe Art der kulturellen Beeinflussung wie beispielsweise populäre Bücher oder aufgezeichnete Musik.

Das Videospiel bleibt natürlich deswegen noch immer ein Spielzeug für Kids, gleich ob sie jung oder alt sind, aber es unterscheidet sich doch von traditionellen Spielen. Seit Beginn haben sich Videospiele eher innerhalb des Kontextes der Informations- oder Medienumwelt wie dem Fernsehen entwickelt. Trotzdem bezweifle ich, daß es viele Menschen geben würde, die Fernsehen ein Spielzeug nennen würden. Dieser Umstand führt zur Beantwortung der ersten Frage, was Videospiele sind. Sie sind, einfach gesagt, die erste kommerziell erfolgreiche Form der neuen Medien.

Was unterscheidet die alten von den neuen Medien? Das ist ganz offensichtlich das Element der Interaktivität. Ich werde meinen Gedankengang hier kurz unterbrechen, um auf die Geschichte der Kommunikationsmedien zu verweisen, wie sie Walter Ong formuliert hat. In seinem Buch *Orality and Literacy* unterscheidet Ong die menschliche Geschichte in zwei Perioden: in die orale Kultur bzw. in jene Periode, bevor die Schrift erfunden wurde, und in die Schriftkultur. Er bezieht sich allerdings nicht auf die elektronische Kultur in der Weise, wie dies McLuhan getan hat, der sie die zweite orale Kultur nannte und sich dabei auf die Audiomedien stützte.

Wie könnten wir Interaktivität in ihren angemessenen Kontext stellen? Ong scheint beispielsweise die elektronischen Medien lediglich als

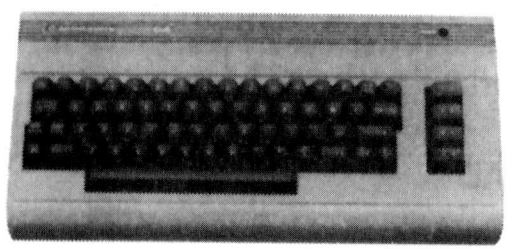

ein einzelnes Moment zu behandeln. Deswegen werde ich der Definition von neuen Medien zwei weitere Differenzierungen hinzufügen. Ich glaube, daß es erstens wichtig ist, zwischen Medien zu unterscheiden, die nur eine Ein-Weg-Kommunikation erlauben, und solchen, die interaktiv sind; und daß man zweitens die Zahl der Menschen

Am Anfang war Commodore: Der C64, 1982 markteingeführt, gilt als der erfolgreichste Heim- und Spielcomputer aller Zeiten.

berücksichtigen muß, die tatsächlich eine Information empfangen können. Die alte orale Kultur war ganz elementar »interaktiv«, die Fälle ausgenommen, wo man eine Rede hielt oder wo es sich um theatralische Aufführungen handelte. Aber selbst dann konnte der Redner die Reaktionen des Publikums hören. Überdies war der Umfang des Publikums sehr beschränkt, da man die Stimme nicht technisch verstärken konnte.

Später wurden die Schrift und der Brief erfunden. Der Brief war, und ist es selbstverständlich heute noch, ein Medium der Ein-Weg-Kommunikation. Natürlich hat der Brief ein gewisses interaktives Moment, aber unter Interaktion verstehe ich Echtzeit-Interaktion. Des weiteren sind die schriftlichen Medien dadurch gekennzeichnet, daß sie von einer virtuell unendlichen Zahl von Menschen rezipiert werden können, was besonders nach der Erfindung der Massendrucktechnik gilt. Seit dieser Zeit hat sich, wie wir alle wissen, die Welt fundamental verändert. Sehen wir vom Telefon ab, so gehören die meisten der gesellschaftlich akzeptierten Medien zum Bereich der Schriftkultur, – das heißt, sie sind sowohl gekennzeichnet durch Ein-Weg-Kommunikation, als sie auch ein Massenpublikum erreichen können. Aus diesen Gründen sind Videospiele die ersten interaktiven Medien, die ein Massenpublikum erreichen können. Das interaktive Element und sein Massencharakter sind die wesentlichen Elemente, um den Begriff der neuen Medien zu definieren.

Einige mögen glauben, daß Videorecorder und Walkmans gleichfalls gute Beispiele für kommerziell erfolgreiche neue Medien wären, die während der 80er Jahre extrem populär wurden, aber sie gehören noch immer den Medien der Ein-Weg-Kommunikation an. Diese Produkte haben nur die Weise verändert, wie wir Filme anschauen und Musik hören, aber sie erlauben uns nicht die Interaktion, wie dies die Videospiele tun.

Wichtig ist auch festzuhalten, daß Videospiele die ersten interaktiven Medien mit audiovisuellen Kapazitäten sind. Das hat sich allerdings mittlerweile geändert. Die meisten Medien mit Ein-Weg-Kommunikation versorgen uns herkömmlicherweise nur mit Informationen. Beim Videospielen bekommen wir jedoch nicht nur Informationen angeboten, sondern wir machen, wie man angemessen sagen muß, verschiedene »Erfahrungen«. Möglich gemacht werden diese Erfahrungen durch die Kopplung der Audiovision mit dem Element der Interaktivität. Man muß sich nur einmal vorstellen, *Space Invaders* oder *BreakOut* ohne jeden Soundeffekt zu spielen. Dadurch würde

Barbara: Weißt du, warum uns die ganzen Spiele von damals so in Erinnerung bleiben? Weil Computerspiele an sich damals etwas völlig Neues waren.
Sebastian: Gemeinsame Erlebnisse verbinden die Leute. Wir sind eben mit dem Computer aufgewachsen.
?: Ah, die »Nintendo-Generation«, von der immer geredet wird?
Sebastian: Eher die »64er-Generation«.
Philipp: Stimmt, früher, als ich zehn war, da haben wir endlos vor dem 64er gehockt und gezockt, da war dir alles so egal, man hat einfach Spaß gehabt. Ich mache noch heute regelmäßig solche Nostalgie-Sessions mit meinen Freunden. Da erinnerst du dich dann wieder: »Halt, das darfst du nicht nehmen, aber da gibt's dann Pommes, und da kommst du drei Level weiter.« Das ist einfach irre.

ein wesentlicher Bestandteil der Spielfreude und des Realismus verloren gehen. Manche beschreiben in ähnlicher Weise auch einen spektakulären Film als Erfahrung. Ich will das japanische Wort »hamaru« benutzen, um den Unterschied zwischen diesem traditionellen Medium und Videospielen deutlich zu machen. »Hamaru« bedeutet gewöhnlich »in etwas hineinfallen« oder umgangssprachlich »an etwas kleben bleiben«. Unter Videospielern oder Gamefreaks in Japan bedeutet das Wort jedoch, daß ein Spiel so faszinierend ist, daß man gar nicht mehr aufhören kann. Es gibt sicher auf deutsch einen ähnlichen Begriff. Herausstellen möchte ich damit, daß dieser Ausdruck kaum jemals in Bezug auf traditionelle Medien benutzt wird. Manche werden vielleicht sagen, »der Film *Jurassic Park* ist spannend«, aber sie würden nicht sagen, daß sie an ihm klebenbleiben. Das Wort »hamaru« bezieht sich wieder auf die interaktive Natur des Videospiels. Die Handlungen der Spieler und die Echtzeitreaktion auf dem Bildschirm erzeugen eine Art Datenzirkulation oder Feedbackschlaufe. Spieler werden in dieser Schlaufe gefangen und ihr Geist bleibt darin hängen. Wenn es wahr ist, daß Videospiele die ersten erfolgreichen neuen Medien sind und daß ihre wesentlichen Eigenschaften in ihrer Interaktivität, ihren audiovisuellen Elementen und ihrer Massenwirkung liegen, dann sollte die nächste große Frage in einem sozialen Kontext lauten: Warum Spiele? Und wie kommt es, daß Spiele zum entscheidenden Faktor der digitalen Medien wurden? Wir wissen, daß für die Verbreitung der Drucktechnologie die Religion entscheidend war: die Gutenberg-Bibel. Man kann sich jedoch durchaus fragen, warum die neuen Medien eben just zu der Zeit, an der wir auf der Schwelle zu einer digitalen Medienkultur stehen, gerade eine Anwendung wie Spiele benötigen sollten. Ich kann leider diese Frage nicht überzeugend beantworten, aber ich möchte doch einige Hinweise geben, weshalb dies so sein könnte.

Sebastian: Ein gutes Spiel sollte eine eigene Realität aufbauen, die vor allem Spaß macht. Ich kenne viele Flugsimulatoren, die verdammt realistisch, aber langweilig sind. Ich will nicht lernen müssen, wie man einen Jet fliegt, ich will Spaß haben.

Aljoscha: Aber ein Spiel nur mit Geschwindigkeitsanzeiger und ein bißchen Schießen ist mir auch zu dumm. Ich hab' voriges Jahr extra dieses Flight-Control-System von Thrustmaster gekauft. Mit Schubkontrolle, das ist perfekt für Flightsims. Wie fliegen.

Kalinka: Es darf ruhig komplex sein, aber nicht kompliziert. Ich will sofort wissen, worum es ~~bei einem Spiel~~ geht.

Philip: Wenn ich schon ein Handbuch brauche, ist das Spiel meistens schlecht.

Aljoscha: Komischerweise kriegen die deutschen Programmierer das nie auf die Reihe. So Wirtschaftsspiele wie *Das Amt* oder *Aufschwung Ost*, das ist nur büro-kratisch und schlecht.

Im Industriezeitalter, in dem wir immer noch leben, heben die Wertsysteme den Fleiß hervor. Ich war überrascht, als ich herausfand, daß die wörtliche Übersetzung des englischen Adjektivs *industrious* genau damit übereinstimmt. Industrialisierung ist der Prozeß physikalischer Automation. Andererseits wurden bekanntlich Computer erfunden, um uns einen anderen Automationsprozeß zu eröffnen, nämlich den des Rechnens. Der Computer ist die endgültige intelligente Maschine, der Effizienz gewidmet, die, so hofft man, das Ergebnis seines Fleißes ist. Beide Begriffe, also Fleiß und Effizienz, sind grundlegende Orientierungen in unserer Industriegesellschaft.

Aber in den 60er Jahren wurde am MIT eine andere Anwendung des Computers erfunden. Das neue Programm wurde *Space War* genannt und war eines der ersten Computerspiele. Zunächst sollte das Programm demonstrieren, was mit einem Videoterminal gemacht werden kann, als Lochkartensysteme noch die Norm waren. Zu dieser Zeit galt die Idee, *Space War*-Spiele zu programmieren, noch als exzentrisch. Für die Hacker jedoch, die normalerweise natürlich Science-Fiction-Fans waren, war das ein angemessenes Vorgehen, um sowohl die Leistung von Computern als auch deren Fähigkeiten im Programmieren zu demonstrieren. Als Folge ihrer Arbeit veränderten sie den Bereich der Computeranwendung von der Effizienz zur spannenden Beschäftigung, vom Zwang zum Fleiß zur Lust am Vergnügen.

Lust am Vergnügen ist normalerweise mit Müßiggang verbunden. Weil Müßiggang der Gegensatz zur Produktivität ist, scheint der Begriff nicht in das Industriezeitalter zu passen. Diese Ironie, daß gerade die ultimativen Maschinen der Effizienz die ultimative Gelegenheit eröffnen, sich die Zeit zu vertreiben, scheint mir ein guter Hinweis zur Beantwortung der Frage zu sein, warum es Spiele sind, die in der digitalen Medienkultur wichtig werden. Die sich wandelnde Rolle dieser Maschinen stellt möglicherweise eine tiefgreifende paradigmatische Verschiebung von einer Industriegesellschaft zu einer Informationsgesellschaft dar. Heißt das aber, daß die Menschen des Informationszeitalters faul sind, oder nur, daß sie mehr Vergnügen haben wollen? Vor der industriellen Revolution waren, worüber viele Kulturhistoriker geschrieben haben, Arbeitszeit und Freizeit nicht scharf getrennt. Ein Grund dafür war einfach, daß die Menschen zuerst an ihr Überleben denken mußten, bevor sie irgend etwas anderes tun konnten. Ein anderer Grund war sicher auch, daß die Menschen einen guten Teil ihres täglichen Lebens sowohl während der Arbeit als auch in der Freizeit der Religion gewidmet hatten. Holidays waren damals buchstäblich heilige Tage (*holy days*). Auch wenn wir bis zu einem gewissen Maß noch ein religiöses Element in unserer modernen Gesellschaft finden mögen, so ist das, was wir Unterhaltung nennen, vorwiegend in Begriffen wie Einkaufen, Tourismus oder Sport definiert, die alle ein starkes Element von Vergnügen beinhalten.

Jetzt, wo wir uns dem Zeitalter der Informationsgesellschaft nähern, wird die Trennung von Arbeit und Müßiggang oder, in anderen Worten, von der Ausrichtung auf Produktivität und der Lust am Vergnügen, am »just having fun«, meiner Meinung nach viel subtiler. Der Schlüsselbegriff an dieser Stelle heißt Kreativität. Videospielen wird oft vorgeworfen, daß sie nicht kreativ seien, daß sie die Menschen zu stereotyp handelnden Automaten machten. Ich glaube aber, daß die Videospiele uns nur einen kleinen Bereich der Möglichkeiten zeigen, die die Computertechnologie eigentlich besitzt, um Vergnügen zu bereiten. In der Zukunft wird mehr und mehr Software entwickelt werden, die darauf ausgerichtet ist, sowohl Vergnügen zu schaffen als auch Produktivität zu fördern. Es wird, mit anderen Worten, hier ein starkes kreatives Element geben. Die meisten Tools für PCs sind nur auf ihre produktiven Funktionen ausgerichtet. Der Unterschied zwischen MS-DOS und Macintosh OS mag dafür als Beispiel dienen. Macintosh OS ist mit seiner Desktopmetapher nicht nur deswegen so gestaltet worden, um die Arbeit leichter und daher ihr Ergebnis produktiver zu machen, ich glaube auch, die Menschen sprechen hier mehr auf den Aspekt des Vergnügens an, als wenn sie MS-DOS benutzen. Einige mögen das nach Alvin Toffler »prosuming« nennen, das heißt, wenn man gleichzeitig produziert und konsumiert. Die Menschen aber werden meiner Meinung nach nur diejenigen Aktivitäten prosumieren, die Vergnügen bereiten.

Aljoscha: Also, manche Spiele sind schon widerlich brutal. *Rise of the Triad* zum Beispiel, wenn da einer um Gnade winselt, kriegst du erst die Punkte, wenn du ihn umlegst. Und dann fliegen da die Augen durch die Gegend – und die Arme. Also, das muß ja nun wirklich nicht sein.
Sebastian: Das ist einfach schlechter Geschmack, und das stört uns auch, aber die Amis merken das

Die Software, die diesen Trend symbolisiert, ist *MarioPaint*, deren Funktionen denen von Broderbunds *Kid-pix* sehr ähnlich sind. *MarioPaint* kann man als produktives Werkzeug betrachten, da man damit malen und Musik machen kann, aber es ist auch ein gut gestaltetes Software-Spielzeug, das sehr auf das Vergnügen setzt. Wenn diese Art von Software sich entwickelt, dann wird es schwierig sein, noch zwischen Spielen, die einzig dem Zeitvertreib dienen, produktiven Werkzeugen und Lern-Software zu unterscheiden, mit der wir die neue Literarizität für die neuen Medien erwerben.

Maschinen haben unsere Körper in einem großen Ausmaß von körperlicher Arbeit freigesetzt. Computer beginnen, auch unseren Geist bis zu einem gewissen Grad freizusetzen. Aber beide, Körper und Geist, werden immer noch benötigt, um Effizienz zu erreichen. Videospiele scheinen mir einem anderen Aspekt unserer Psyche gewidmet zu sein: Dem Verlangen nach spannender Beschäftigung und Vergnügen. Auch wenn ich eines übertriebenen Optimismus beschuldigt werden sollte, so denke ich, daß Videospiele das erste Anzeichen für ein wachsendes gesellschaftliches Bedürfnis nach menschlicher Kreativität darstellen. Je mehr Arbeit durch Maschinen ersetzt wird, desto mehr werden wir uns auf die Tätigkeiten konzentrieren, die nur Menschen ausführen können. Spiele gibt es natürlich seit Tausenden von Jahren, während Computer erst seit einigen Jahrzehnten existieren. Aber als sich Spiele und Computer begegneten, begann sich die Gesellschaft vom »Fleiß« auf »Erwartung« umzustellen, sich zu vergnügen und kreativ zu sein. Die Interaktivität, die Computerspielen eigen ist, gibt uns viel mehr Möglichkeiten, kreativ zu sein. Virtual Reality, Multimedia und vieles andere wie *Project Reality*, die Verbindung von Nintendo und Silicon Graphics, kommt derzeit aus den Forschungslabors auf uns zu. Mit Videospielen vertreiben wir uns, um es noch einmal zu wiederholen, nicht nur unsere Zeit, wir erfahren auch eine andere Welt. Für mich sind Videospiele das Übungsgelände für eine auf Vergnügen und Kreativität basierte Gesellschaft.

anscheinend nicht so, diese Verflachung ins extrem Brutale. Wie im Fernsehen.

Kalinka: Stimmt, hat einer *Goodfellas* gesehen? Da werden am Anfang ewig lang Leute abgemurkst, das ist echt eklig.

?: Na, bei *Doom* ist das doch auch so.

Robert: Da sind es Monster, im Film Menschen.

?: Aber die Monster sind humanoid. Sie sehen aus wie Menschen.

Sebastian: Aber sie haben keinen Charakter. Beim Film wird immer eine persönliche Bindung erzeugt, und das macht das Töten so schrecklich. Das fehlt bei *Doom*.

?: Was ist dann der Kick?

Philip: Also einfach das Rumgerenne, um halt zu sehen, wie man mit der Plasmagun in einen Haufen solcher Typen reinschießt, bis sie alle an der Wand kleben. Und voll zu wissen, hey Leute, ich baller' euch alle weg. Da ist so ein Feedback da, weil man den Sound hört, wenn dann die Waffe so richtig rumrasselt und alles platt macht und alles wegmetzelt. Das ist nur noch geil.

Kalinka: Also, ich weiß nicht...

Sebastian: Es ist eine Welt für sich, die eben den meisten Leuten in unserem Alter gefällt. Man hat schöne Waffen, man hat Monster, eine nette Umgebung...

Andrew Ross

Die Politik des Hackens

Andrew Ross ist Direktor des Department for American Studies der New York University, Kolumnist der Zeitschrift *Artforum* und u. a. Herausgeber des Sammelbandes *Technoculture*. In seinem Beitrag plädiert er dafür, die eingeschränkte Definition des Hackers auf sämtliche Arbeiter im High-Tech-Gewerbe auszudehnen. Und er widerspricht der These, die professionelle Sabotage digitaler Kommunikation sei kein politischer Akt.

In seinem Bestseller *Hacker* behauptet Steven Levy, daß die Ethik der Hacker, wie sie zum ersten Mal in den 50er Jahren von Studenten am MIT *(Massachusetts Institute of Technologie)* formuliert wurde, eine libertäre und krypto-anarchistische Ethik sei. Levy stützt seine Behauptung auf die beharrliche Forderung der Hacker nach einem Recht auf Wissen und auf ihr Eintreten für eine dezentralisierte Technologie. Die Hacker-Ethik blieb dabei stets auf den Bereich der Jugendkultur beschränkt. Alle User sollten ein Grundrecht auf freien Zugang zu allen Informationen haben. Hacker sind angetreten, die Versuche, Technologie zum Aufbau von Informationseliten einzusetzen, zu untergraben. In den 80er Jahre haftete den Hackern daher der Ruf einer romantischen Bewegung an. Kritische Journalisten wie John Markoff von der *New York Times*, Stewart Brand vom *Whole Earth Catalog* und Timothy Leary im extravaganten *Reality Hackers* verherrlichten die Aktivitäten der Hacker. Die Sensationsgeschichten über *Phone Phreaks* wie Captain Crunch und John Egressia, dem blinden 8-jährigen Jungen, dem es gelungen war, das Tonsignal der Telefongesellschaft mit einer Pfeife zu knacken, Gruppen wie die Milwaukee 414s, die Los Angeles Arpanet Hackers, die SPAN Data Travellers, der Chaos Computerclub in Hamburg, die British Prestel Hackers, 2600's BBS, The Private Sector und andere lösten in den Medien eine Welle der Begeisterung aus. Hacker wurden zu »halbstarken Rebellen mit Modem« stilisiert, ein Begriff, den Markoff zuerst verwandt hat. Die Begeisterung hielt an, bis vor nicht allzu langer Zeit auch die Medien den Hackern den Krieg erklärten.
Einerseits waren die Hacker Volkshelden mit ausgeprägt romantischem Persönlichkeitsprofil. Sie waren weltfremde Außenseiter und Draufgänger, die Überfälle auf ein »unpersönliches« System starteten. Sie

brachten ein bißchen Stimmung in das graue Zeitalter der technokratischen Routine und das wurde allseits begrüßt. Andererseits waren sie aber jugendliche Techno-Delinquenten, die noch nicht gelernt hatten, zwischen richtig und falsch zu unterscheiden. Eigenwillige Gestalten, die sich durch ihre technische Brillanz und Professionalität z.B. von den unangepaßten proletarischen jungen Gangstertypen der 50er Jahre unterschieden. Diese und ähnliche Darstellungen in den Medien führten immer stärker zur Verharmlosung der Hacker-Ethik. Weil ihre politischen Vorstellungen unausgereift waren, wurden sie trivialisiert – und das, obwohl sie mit den Prinzipien einer libertären Unternehmenspolitik und deren hochgeschraubten technokratischen Anforderungen wunderbar in Einklang zu bringen waren. Da die Vergehen der Hacker zunächst nicht mit Gefängnisstrafen geahndet werden konnten, wurden die pädagogischen Bemühungen, den neuen technokratischen Eliten einen verantwortlichen Umgang mit Technologie zu vermitteln, verstärkt. Niemals zuvor, so ging die Kunde, hätte eine kreative Elite der Zukunft dringender einer liberalen, nach der westlichen Ethik ausgerichteten Erziehung bedurft.

Der offizielle Bericht der Cornell University zur Affäre um den **Morris-Internet-Worm** offenbart die ganze Tragweite dieses Lehrstücks in Computer-Ethik.

> Robert Morris startete 1988 ein Experiment, bei dem sogenannte Hintertürchen in einem Unix-Befehl dazu benutzt wurden, um ein sich selbst reproduzierendes Programm ins Internet einzuschleusen. Das Experiment geriet außer Kontrolle und der **Morris-Internet-Worm** blockierte Hunderte von Workstations in den gesamten USA.

Die Mitglieder der Universitätskommission, die mit der Untersuchung der Angelegenheit betraut waren, ließen keinen Zweifel am herausragenden wissenschaftlichen Genie von Morris. Sein Eingriff wird in dem Bericht als eine Art »Jugendstreich ohne böse Absicht« interpretiert. Sein Vergehen läuft letztendlich auf Plagiarismus hinaus, einen traditionellen akademischen Frevel. Morris griff auf unstatthafte Weise in die Rechte anderer User ein. Der Bericht spricht über die Folgen dieses Jugendstreichs in Form eines Vergleichs, der durch und durch amerikanisch, grundsolide, Mittelklasse und kindisch ist. Das Loslassen des Wurms im Internet sei so ähnlich, wie »an einem verregneten Tag mit dem Go-Kart durch alle Häuser der Nachbarschaft zu fahren. Der Fahrer mag sein Fahrzeug vorsichtig steuern und aufpassen, daß kein Por-

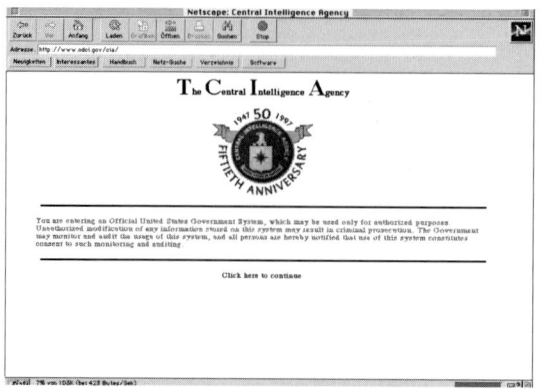

»You are entering an Official United States Government System...«

zellan zu Bruch geht. Aber es muß ihm vorher klar sein, daß der Dreck an seinen Reifen die Teppiche in den Wohnungen verschmutzt und daß die Besitzer die Unordnung hinterher beseitigen müssen«.[1]

Der Bericht bedauert, was einer strengen Rüge für Morris' Alma Mater gleichkommt, daß er in einer »ambivalenten Atmosphäre« ausgebildet worden sei. Er habe in Fragen der Ethik von seinen Lehrern und Ratgebern keinerlei »klare Anweisung« erhalten. Und das in Harvard! Die hochmütigste Verachtung aber läßt der Bericht der Presse zuteil werden, deren Heroisierung der Hacker in den Augen der Kommission derart unverantwortlich gewesen ist, daß damit der gesamten Computerbranche Schaden entstanden sei. Die überzogene mediale Darstellung des vermeintlichen Mutes und des technischen Geschicks der Hacker hätten »die sehr viel reifere Arbeit der Studenten, die ihre Studien ohne öffentliches Trara abschließen«, und »ihre Arbeit der genauen Prüfung und Beurteilung ihrer Lehrer und nicht der Auslegung der Presse anheim geben« ins »Zwielicht gezogen«.[2] Mit anderen Worten, es handelte sich also um eine interne Angelegenheit, die der Einschätzung und Beurteilung durch Fachkollegen zu unterstehen hatte. Eine Angelegenheit innerhalb einer Institution, deren Autorität durch ein internes selbstregulatives System fachspezifischer und ethischer Grundsätze untermauert wird, deren ethisches Verhältnis zur Gesamtgesellschaft, wie beispielsweise bei der Zustimmung zum Verteidigungsetat, kaum jemals zur Debatte steht. Der Bericht lebt von der abgehobenen liberalen Vorstellung, daß Experten keinerlei Gesetze, Regeln oder Anleitung bedürfen. Feststehende Maßgaben für eine sichere und verantwortungsbewußte Arbeitsweise kann und soll es nicht geben. Angehende Experten sollten sich ihr gutes Gewissen eher durch Herauslösung aus einer liberalen Erziehung erwerben, als durch Pflichtkurse in Ethik oder Technologie.

Die große Aufmerksamkeit, die dem Cornell-Bericht unter anderem auch von der *Association of Computing Machinery* zuteil wurde, zeigt, daß die Industrie daran interessiert ist, zu erfahren, wie an den Universitäten liberale ethische Prinzipien vermittelt werden, die letztendlich der Verwaltung und Organisation des neuen spezialisierten Wissens über Informationstechnologie zufließen. Trotz oder vielleicht gerade wegen des im Bericht vorgetragenen unerschütterlichen Bekenntnisses zu den Tugenden und Idealen der liberalen Erziehung kann er doch

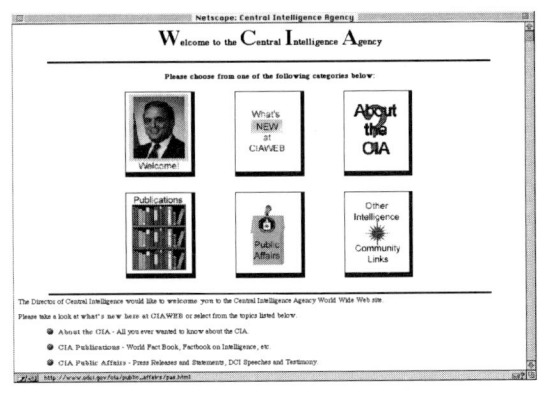

Hackers Liebling: Die CIA im Netz

die Anzeichen einer Legitimationskrise innerhalb (und außerhalb) der Universitäten, was das neue und äußerst wichtige Phänomen des Computer-Profitums angeht, kaum verbergen. An den Computerexperten zunehmend abverlangten Gestaltungskenntnissen läßt sich ablesen, daß neue Codes gefunden werden müssen, die über die alte fachliche Trennung von geistigen und praktischen Fertigkeiten hinausgehen. Die funktionalen Begabungen der Hacker stellen die Aufspaltung in rein geistige Tätigkeit einerseits und den pragmatischen Wissensbereich in der wirklichen Welt andererseits infrage. Hacking muß strikt als Tätigkeit von Amateuren ausgewiesen werden. Die beim Hacking auftretende Spannung zwischen Eigennutz und Desinteresse unterscheidet sich von der Ausgewogenheit, die berufsmäßige Computerexperten fordern. Im Vergleich mit ihnen können Hacker professionellen Ansprüchen nicht genügen. Hacking kann wahlweise auch als die unprofessionelle Kehrseite des professionalisierten Ideals gesehen werden: Eine uneigennützige Liebe im Dienst interessengeleiteter Parteien und Institutionen. In beiden Fällen dient Hacking als Beispiel für einen Professionalismus, der auf Abwege geraten ist. Aber weit weg hat er sich nicht verirrt.

Der Cornell-Bericht führt vor, wie Affären wie die um Morris von der wissenschaftlichen Welt benutzt werden, um das Bewußtsein der eigenen moralischen und kulturellen Autorität im professionellen Bereich zu stärken. Besonders deutlich wird dies an der verächtlichen Gleichgültigkeit und Reserviertheit gegenüber der Darstellung der Medien, dem teuflischen Konkurrenten im Bereich Wissen. Darin stimmt die Reaktion der Wissenschaftler mit der profitorientierten gewinnmaximierenden Reaktion der Computerindustrie und auch mit der Gesetzgebung, die das Phänomen Hacking zur Ausdehnung des eigenen Machbereichs benutzte, überein. Tatsächlich ist aber die ganze Aufregung über die Überschreitung von Machtbefugnissen und die Mißachtung der Landesgesetze, die Forderungen nach einer lebendigen Ethik in den Wirtschafts- und Naturwissenschaftsdisziplinen der *Ivy League* und im Kapitol nur eine müde liberale Reaktion auf die wirklichen Mängel und Anwendungsfehler in der sozialen Logik der Technokratie.

Der Vater von Morris war Wissenschaftler in leitender Position am *National Computer Security Center*. Dies ist eine Institution, die der *National Security Agency* untersteht und die in der Öffentlichkeit für die Sicherheit der Computersysteme zu sorgen hat. Morris Senior, der selbst ein ausgezeichneter Programmierer und Codeknacker ist, hatte bereits 1983 in Washington von der Notwendigkeit gesprochen, dem Hacking den Glorienschein zu entziehen. Er zog Vergleiche zu »Autoknackern und Crash-Kids«. Ein Fall von ödipaler Ironie ist, daß Morris Senior selbst einer der Erfinder des Wurms gewesen sein könnte, denn er hatte in den 50er Jahren, damals noch in den *Bell Labs*, ein Computerprogramm entwickelt, das selbsterhaltende Programme benutzte. Also eine Art Prototyp der Würmer und Viren von heute. Das Grundprinzip des Spiels, damals Darwin genannt, wurde in den 80er Jahren in ein beliebtes Hacker-Spiel, **Core War**, integriert.

In **Core War** bekämpfen sich autonom agierende »Killer«-Programme gegenseitig auf Leben und Tod. A.K. Dewdney, Kolumnist für die *Scientific American* und zuständig für das Ressort Computer-Spiele, hat in einem Artikel, der im Mai 1984 in einer Ausgabe der Zeitschrift erschien, als erster dieses Spiel der Programm-Schlachten im Einzelnen beschrieben. Im März 1985 erschien ein weiterführender Artikel, *A Core War Bestiary of Viruses, Worms, and Other Threats to Computer Memories*. Darin beschreibt Dewdney die riesige Bandbreite der »Software-Kreaturen«, die erst durch Leserbriefe ans Licht gekommen waren. In einer dritten Kolumne, verfaßt im März 1989 in einem rechtfertigenden Ton, weist Dewdney jeden Zusammenhang zwischen seiner ehemaligen Empfehlung des *Core War*-Progamms und der jüngsten Viren-Flut von sich.

Da nun in der Morris-Affäre ein mögliches Motiv für den Vatermord aufgetaucht ist, der gleichzeitig als Schutzengel des Pentagon fungiert, haben wir die klassischen Bestandteile eines gegenkulturellen generationenübergreifenden Konflikts vor uns ausgebreitet. Mich interessiert aber, wie und wo sich dieses Szenario von den klar umrissenen Konturen solcher Konflikte, wie sie vor allem in den 60er Jahren ausgetragen wurden, unterscheidet. Was ist der Unterschied zwischen dem Hacker Morris von Cornell und Erscheinungen, die gewöhnlich auf dem Campus anzutreffen waren, wie die berühmt gewordenen bewaffneten schwarzen Studenten, die sich plötzlich von einem Sit-In kommend auf dem Campus einfanden? Wie unterscheidet sich Morris' Beziehung zur technologischen Ethik von Andrew Kopkinds berühmter Parole: »Moral beginnt am Ende eines Gewehrlaufs«, die die Abbildung eines selbstgebauten Molotov-Cocktails auf dem Titelblatt einer Ausgabe der *New York Review of Books* von 1968 zierte? Möglicherweise dient der Hacker der 80er Jahre, so wie der halbstarke Kriminelle der 50er, der enterbte studentische Aussteiger der 60er und der alles negierende Punk der 70er Jahre, als ein sichtbares öffentliches Beispiel moralischer Verfehlung. Eine Art hegemonialer Testfall für eine Neuformulierung der herrschenden Ethik in der fortgeschrittenen technokratischen Gesellschaft.

Mich beschäftigen hier die verschiedenen Bedingungen, unter denen gegenkultureller Ausdruck und Aktivismus stattfinden. Die Hackertechnologie und die Kriegführung der Viren-Guerilla nehmen heute in der gegenkulturellen Vorstellungswelt einen ähnlichen Platz ein wie die Abbildung des Molotov-Cocktails vor 20 Jahren. Obwohl solche Vergleiche auf wackeligen Füßen stehen, zeigen sie doch relativ deutlich eine Verschiebung im Verhältnis von gegenkultureller Aktivität und Technologie. Wir haben es heute mit einer auf Software gegründeten Technokultur zu tun, die sich nach den libertären Grundsätzen für freien Zugang zu Information und Kommunikation im gesetzesfreien Raum organisiert hat. Sie ist angetreten, die ältere Streitkultur abzulösen, die sich über die Verteufelung vermeintlich verwerflicher Hardwarestrukturen zusammenfand. Die Gegenkultur der 60er Jahre gruppierte sich um eine Technologie der Folklore, wie ich es an anderer Stelle bezeichnet habe: Ein ausdrucksstarkes Konglomerat von vorindustriellen, agrarischen, orientalistischen, antitechnologischen Ideen, Werten und Sozialstrukturen. Die Cyber-Gegenkultur der 90er Jahre dagegen findet ihren Zusammenhalt in einer folkloristischen Technologie. Viele der an Science-Fiction und Technologie interessierten Jugendlichen haben sich während der letzten Jahre an einem kulturellen Ort getroffen, an dem legendäre Heldentaten der Überlebenskunst und des Widerstands in einer datengesättigten Welt der virtuellen Umgebungen und posthumanen Körper stattfinden konnten.[3]

Hackers Spaß: »Welcome to the Central Stupidity Agency« (CSA)

Zweifellos erschwert ein solches Szenario das Erkennen von gegenkultureller Aktivität. Ihre politische Bedeutung ist kaum noch bestimmbar. In der technologisch fortgeschrittenen Gesellschaft der 60er Jahre waren die hervorstechendsten Kennzeichen und die symbolische Macht einer romantischen, vorindustriellen Kulturpolitik unübersehbar, besonders als täglich die zerstörerischen Belege der hochtechnologischen Invasion Vietnams vor den Augen der amerikanischen Öffentlichkeit aufmarschierten. In einer Gesellschaft, deren techno-politische Infrastruktur zunehmend auf die Überwachung der Bürger ausgerichtet ist und in der Kriege im Ausland nur durch die Linse einer lasergesteuerten intelligenten Bombe betrachtet werden können, muß sich der Aktivismus der Cybergeneration notgedrungen auf eine verdeckte Identitätspolitik zurückziehen. Der Zugriff auf geschlossene Systeme verlangt Verschwiegenheit. Um auf digitale Systeme zugreifen zu können, ist nach wie vor nur ein Identitätsnachweis in Form einer Signatur oder eines Pseudonyms notwendig. Es geht dabei nicht um die Identifizierung einer wirklichen und damit kontrollierbaren Person. Zwischen Wiedererkennung und Identifizierung tut sich eine Kluft auf. Gegen die gängige Methode der Hacker, sich durch geklaute Passwörter Zugang zu Systemen zu verschaffen, wird derzeit geschäftig vorgegangen. Die Suche nach biologischen Signaturen, die sich zur Identifizierung eignen, wie biometrische Aufzeichnungen und Messungen physischer Merkmale – beispielsweise Abdrücke von Handinnenflächen oder Netzhaut sowie das Muster der Adern auf dem Handrücken –, läuft auf vollen Touren. Eine Cyber-Identität nutzt sich dagegen niemals ab, sie kann unter beliebig vielen Namen und unter den verschiedensten Benutzereinträgen vorkommen, und sie kann jederzeit neu geschaffen, zugeteilt, oder umgebaut werden. Die meisten Eingriffe durch Hacking oder durch technologische Straftaten verlaufen entweder unbemerkt oder werden aus Angst, die Verletzbarkeit der betrieblichen Sicherheitssysteme könnte bekannt werden, nicht öffentlich gemacht. Das gilt ganz besonders dann, wenn die Hacks von verärgerten Angestellten, die sich an der Firmenleitung rächen wollen, ausgehen. Die amtliche Identifizierung eines einzelnen Hackers ist, wenn es überhaupt soweit kommt, meist auf zufällige Hinweise, nicht auf systematische Ermittlungsarbeit zurückzuführen. Captain Midnight, der Videopirat, der vor wenigen Jahren einen Satelliten unter seine Kontrolle brachte und so Fernsehausstrahlungen unterbrach, konnte zum Beispiel nur aufgespürt werden, weil ein aufmerksamer Bürger eine verdächtige Unterhaltung am Telefon (als sich zwei Verbindungen kreuzten) mitgehört und den Behörden gemeldet hatte.

Weil die Gemeinschaft der Hacker ihre eigentliche Stammkundschaft – die weiße männliche, beinahe professionelle Managerkaste – meidet, ist es denkbar, daß sie ihre Parameter nach außen hin ausdehnen. Hacking ist beispielsweise zum Kennzeichen eines bestimmten Genres von Romanliteratur für ein junges weibliches Publikum geworden.[4] Das elitäre Klassenprofil, das den Inbegriff des Hackers auszeichnet und ihn als vertrottelten Collegestudenten mit mangelnden sozialen Kontakten erscheinen läßt, hat sich in den vergangenen Jahren demokratisiert und ausdifferenziert. Hacking ist nicht mehr ausschließlich an institutionell erworbenes Universitätswissen gebunden. Man begegnet ihm überall. So wurde in einem Artikel die Ausweitung der Computer-Untergrundbewegung von den kleinen Wunderkindern an den Colleges auf eine breitere jugendliche Subkultur beschrieben, die sich entsprechend dem Genre der Science-Fiction-Literatur als »Cyberpunks« bezeichnen. Im selben Artikel wird von dem *Phone Phreak* der ersten Stunde *Captain Crunch* berichtet, er bedaure die Tatsache, daß die Cyberkultur keine Elitenkultur mehr sei und daß die für das Hacking wertvollen Informationen heutzutage viel zu leicht zugänglich seien.[5]

Als Untergrundbewegung blieben die Hacker, wie die meisten anderen protogegenkulturellen Bewegungen, größtenteils auf ein privilegiertes soziales Milieu beschränkt. Die Hacker selbst verstehen sich als die anzulernenden Architekten einer von Wissen, Fachkenntnissen und »Gewieftheit«, menschlicher wie digitaler Art, beherrschten Zukunft. Dieses Selbstverständnis macht ihre Anziehungskraft aus. Damit wird aber deutlich, daß die Cyberkultur der Hacker keine Aussteigerkultur ist. Ihre Loslösung von der Kultur des Elternhauses wird oft in Aktivitäten manifest, die direkt oder indirekt auf die legitimen Erfordernisse von industrieller Entwicklung und Forschung antworten. Die Hackerkultur hält zum Beispiel große Stücke auf eine hohe Produktivität, die einzelgängerische Nutzung kreativer Arbeitsenergie und ein bis zur

Besessenheit gesteigertes Durchhaltevermögen vor dem Bildschirm – all dies sind Qualitäten, die im unternehmerischen Codex des *Silicon Futurism* hochgeschätzt werden. In einer kritischen Auseinandersetzung mit dem Mythos vom Hacker als Rebell nimmt Dennis Hayes dem jugendlichen Hacker seinen romantisch-politischen Anstrich: »Typischerweise sind Hacker weiß und stammen aus der oberen Mittelklasse. Es sind Jugendliche, denen ein Computer zur Verfügung steht, der meist von den Eltern gekauft, mitfinanziert oder wenigstens in der Hoffnung, die Computerkenntnisse der Kinder zu fördern, toleriert wurde. Nur wenige haben politische Beweggründe, obwohl die meisten für die ›Bürokraten‹, die ihre elektronischen Reisen behindern, nichts als Verachtung übrig haben. Nahezu alle fordern freien Zugang zu den verzweigten und verzaubernden Computernetzen. In dieser Hinsicht ähneln die jugendlichen Hacker weniger einer ›terroristischen Vereinigung‹ als Menschen in einer entfremdeten Einkaufskultur, die ihrer Kaufgelegenheiten beraubt wurden.«[6]

Obwohl die Nüchternheit, mit der Hayes seine Kritik vorbringt, sehr zu begrüßen ist, bin ich nicht bereit, seine Einschätzung zur politischen Bedeutung der Hacker-Aktivitäten zu teilen. Studien über jugendliche Subkulturen, einschließlich derer, die einem privilegierten Umfeld der Mittelklasse zugeordnet werden können, haben gezeigt, daß die politische Bedeutung bestimmter Formen kulturellen »Widerstands« nur schwer zu entziffern ist. Die politische Bedeutung ist entweder hochgradig verschlüsselt oder kommt nur indirekt durch die Berichterstattung in den Medien zum Vorschein. Solche Subkulturen entwickeln Geheimsprachen innerhalb einer Bezugsgruppe, individuelle Konsumstile, unorthodoxe Freizeitbeschäftigungen, ein Insiderwissen und bestimmte Verhaltensformen, die ganz eigenen Kategorien entsprechen und keine festgelegte, ihnen allen gemeinsame politische Relevanz besitzen. Wenn es den *Cultural Studies* überhaupt gelungen ist, etwas deutlich zu machen, dann, daß die meist symbolische, oft nicht vollständig artikulierte Aussagekraft einer Jugendkultur selten direkt in eine ausformulierte politische Philosophie übersetzbar ist. Die Bedeutung dieser Kulturen besteht in ihren embryonalen oder protopolitischen Sprachen und Oppositionstechnologien gegen die herrschenden oder die elterlichen Regelsysteme. Wenn gesagt wird, Hacker wären Halbstarke ohne echten »Grund« zur Rebellion, dann sind sie gewiß nicht die erste Jugendkultur, die auf diese Weise abgetan wird. Besonders auf Seiten der Linken fehlen kulturpolitische Konzepte, um die Macht kultureller Ausdrucksformen, die kein ausgereiftes politisches Engagement zur Schau tragen, überhaupt wahrzunehmen.

Die Eskalation des in der Profession begründeten Aktivismus während der letzten beiden Jahrzehnte hat gezeigt, daß es ein Fehler war, die Motivation der Hacker aufgrund ihrer sozialen Herkunft zu unterschätzen. Die Sorge, daß Eliten ungerechterweise bevorzugt Zugang zum technokratischen Wissen erhalten könnten, darf nicht zum Verzicht auf den »Willen zum Wissen« führen, denn das würde bedeuten, den Löwenanteil an der Zukunft anderen zu überlassen. Besitzt die Tatsache, daß die Phantasien der Hacker meist um die behördlichen Computersysteme der Polizei, der Streitkräfte, der Verteidigungs- und Geheimdienstbehörden kreisen, keine politische Relevanz? Und hat es nicht eine politische Dimension, wenn die ihren Phantasien zugrundeliegende Logik unfehlbar in der Verteidigung der bürgerlichen Freiheitsrechte gegen die Bedrohung durch zentralisierte Geheimdienst- und Militärtätigkeit mündet? Oder sind dies nur Anzeichen des männlichen Machtwillens angehender elitärer Grünschnäbel? Die Aktivitäten der studentischen Elite in der chinesischen Demokratiebewegung haben gezeigt, daß unvorhersehbare Veränderungen im politischen Klima erstaunliche neue Konfigurationen von Macht und Widerstand hervorbringen können. Nach dem Massaker auf dem Platz des Himmlischen Friedens hielten es die Parteiführer nicht mehr für ratsam, die jungen High-Tech-Ingenieure und Computer-Kader, die allein für die Zukunft des geplanten Modernisierungsprogramms hätten einstehen können, wegzusäubern. Andererseits wurde den Autoritäten ziemlich unwohl bei dem Gedanken, daß jeder einzelne Kader in der aktiven Studentenbewegung potentiell auch ein Hacker sein könnte, der wann immer er oder sie möchte, die Kontrolle über die staatlich kontrollierte Kommunikation übernehmen kann.

Ich stimme Hayes andererseits in seiner Einschätzung zu, daß der Flirt der Medien mit den Hackern auf Kosten der Unternehmensangestellten ging. Über die neuen Herausforderungen, denen sich die Büroangestellten der großen Unternehmen stellen müssen, wurde kaum berichtet. Konflikte zwischen Angestellten und Betriebsleitung sind die Arena, in der die meisten »Sabotageakte« stattfinden. Im ganz gewöhnlichen Alltagsleben der Büroarbeiter meist weiblichen Geschlechts findet sich eine sehr verbreitete Kultur der unkoordinierten Sabotage. Sie ist jedes Jahr für unendlich viel mehr Computerabstürze und Informationsverluste verantwortlich als das destruktive Hacking umjubelter Cyber-Störenfriede aus dem Untergrund. Büroangestellte betreiben Sabotage, Zeitdiebstahl und gezieltes Verwerfen fertiger Ergebnisse. Ihre Angriffe auf Datenbanken und Operationssysteme reichen vom Einsetzen logischer Zeitbomben bis zum heimlichen Gebrauch elektromagnetischer Tesla-Spiralen und schlichter Körperspannung: »Die gute alte statische Elektrizität, die von den Fingerkuppen ausgeht, ist wahrscheinlich für knapp die Hälfte aller gelöschten Disketten und Festplatten pro Jahr verantwortlich.«[7] Geschicktere Operateure wenden Hack-Techniken an, die ausgefeilter sind, meist in der Absicht, eine noch offene Rechnung mit der Betriebsleitung zu begleichen. In vielen Fällen existiert unter den weiblichen Angestellten an den Schaltpulten ein festgefügter Zusammenhang, innerhalb dessen Ratschläge zur Verzögerung des Zeitfaktors im Arbeitsregime verbreitet werden. Obwohl man sich in den Führungsetagen dieser Bedrohung von unten vollkommen bewußt ist, sind die digital ausgerüsteten Betriebe offensichtlich nicht willens, ihre empfindliche Verletzbarkeit durch diese Art der Sabotage publik zu machen. Die Firmen könnten durch organisierte Computer-Aktivisten erpressbar werden. Unter diesen Bedingungen ist es aber umso schwieriger, wie Hayes ausführt, eine Gewerkschaftsbewegung ins Leben zu rufen. »Viele sind bereit, öffentlich gegen die Mißstände im Computerzeitalter anzuwettern: Elektronische Ausbeutungsbetriebe, Militärtechnologie, Angestelltenüberwachung, verseuchtes Grundwasser und Ozonstrahlung. Unter denjenigen, die derzeit die Opposition führen, gilt es aber als »unverantwortlich«, einen aktiven computerisierten Widerstand als Quelle politischer Macht zu empfehlen, weil dies in den Bereich der Straftaten und des »Terrorismus« durch Angestellte fallen würde.«[8] *Processed World*, die »Zeitschrift mit der schlechten Einstellung«, für die Hayes gearbeitet hat, befindet sich an vorderster Front, wenn es darum geht, diese Fragen mit Büroangestellten zu diskutieren oder in Umlauf zu bringen. Regelmäßig wird auf den Unmut und Widerstandswillen gegen den Job gepocht.

Obwohl sich nur ein Bruchteil aller Computerbenutzer selbst als Hacker bezeichnen würde, gibt es gute Gründe dafür, die eingeschränkte Definition des Hackers auf die ganze hierarchische Kaste der Systemanalytiker, Designer, Programmierer und Operateure auszudehnen. Der Begriff sollte alle Arbeiter im High-Tech Bereich umfassen, die in der Lage sind, den geschmeidigen Fluß strukturierter Kommunikation, der ihnen ihre Position im sozialen Netz der Interaktion diktiert und ihr Arbeitstempo bestimmt, zu unterbrechen, zu stören oder umzuleiten – und zwar ganz unabhängig davon, auf welcher Ebene ihre Fachkenntnisse einzustufen sind. Diese Begriffe können nicht für eine universale Definition der Macht und des Handlungsspielraums der Hacker herhalten. Es gibt zahlreiche gesellschaftliche Akteure, die z.B. auf eine technologische Umschulung am Arbeitsplatz hoffen, für die Sabotage oder Kommunikationsstörungen von geringem Nutzen wären. Für solche Leute sind rekonstruktive Definitionen des Hacking geeigneter als dekonstruktive. Die Bedeutung der technologischen Kenntnisse der Arbeiter im Arbeitskampf gegen Automatisierung und Dequalifizierung ist ein gutes Beispiel. Als die Fortbildungskurse in der Computerprogrammierung von der Geschäftsleitung der Ford Rouge-Fabrik in Dearborn (Michigan) abgebrochen wurden, begannen die Mitglieder der *United Auto Workers*-Gewerkschaft eine Zeitung herauszugeben, den *Amateur Computerist,* um die Lücke zu schließen. Unter den Kolumnisten und Korrespondenten der Zeitung befanden sich Veteranen der Flint-Streiks, die beteuerten, eine historische Kontinuität zwischen den Problemen der gewerkschaftlichen Organisation in den 30er Jahren und der Automatisierung und Dequalifizierung heute erkennen zu können. Computerkenntnisse wurden für Arbeiter unerläßlich, nicht nur was die Entmystifizierung des Computers und die Fortbildung der Arbeiter anging, sondern auch, um in Entscheidungen über neue Technologien, die zu kürzeren Arbeitszeiten und damit gesteigerter »Arbeitseffizienz«, aber nicht zur Effizienzsteigerung der Arbeiter führen würden, einzugreifen.

Die sozialen Orte, von denen ich oben gesprochen habe, spiegeln die Klassenverhältnisse in ihrer Beziehung zur Technologie: Der Ort der angehenden technischen Elite, gewöhnlich als Hacking bezeichnet, der Ort der weiblichen Büroangestellten im High-Tech-Gewerbe, die heimlich »Sabotage« betreiben, und der Ort der Arbeiter in den Fertigungsbetrieben, deren Zukunft von ihrer technologischen Weiterbildung abhängt. Alle fordern auf ihre Art und Weise die Zeit zurück, die ihnen durch das Diktat technologischer Prozesse geraubt oder beschnitten wurde. Sie alle üben unabhängig und auf verschiedene Weise Kontrolle über die Arbeitsverhältnisse aus, deren Form von den neuen Technologien bestimmt wird. Legt man den erweiterten Begriff des Hackers zugrunde, dann fallen alle drei unter das, was man als eine Politik des Hacking verstehen kann.

Anmerkungen

1 The Computer Worm: A Report to the Provost of Cornell University on an Investigation Conducted by the Commission of Preliminary Enquiry, Ithaca: Cornell University, New York 1989

2 Ebd., S. 8

3 Ross, A.: **No Respect: Intellectuals and Popular Culture**, New York, 1989, S. 212

4 Vgl. Alice Bachs Phreakers-Serie, die die spannenden und geheimnisumwitterten Abenteuer zweier Teenager-Mädchen erzählt: **The Bully of Library Place**, New York 1980; **Double Bucky Shanghai**, New York 1987; **Parrot Woman**, New York 1987; **Ragwars**, New York 1987 und andere

5 Markoff, J.: »**Cyberpunks Seek Thrills in Computerized Mischief**«, New York Times (November 26, 1988), 1, S. 28

6 Hayes, D.: **Behind the Silicon Curtain: The Seductions of Work in a Lonely Era**, Boston 1989, S. 93

7 **Sabotage**, Processed World, 11 (Summer 1984), S. 37–38

8 Hayes, a.a.O., S. 99

Douglas Coupland

Bug-Tester

Douglas Coupland – mit Büchern wie *Generation X, Shampoo Planet* und *Life After God* zum Kultautor der Twentysomethings avanciert – beschreibt in seinem neuen Roman *Microsklaven* den Alltag eines 26jährigen Microsoft-Angestellten. Drei Tage aus dem Leben des Bug-Testers danielu@microsoft.com ...

Ich bin **danielu@microsoft.com**. Wäre mein Leben ein *Jeopardy!*-Spiel, dann wären meine sieben Traumkategorien:
– Tandy-Produkte
– Trash-Fernsehsendungen der späten 70er und frühen 80er
– die Apple-Geschichte
– Karrierenöte
– Boulevardzeitungen
– die Flora der Staaten an der nordwestlichen Pazifikküste
– Jell-O 1-2-3

Ich bin Bug-Tester – ich kontrolliere in Haus sieben die Programme auf Fehler. Ich habe mich vom Produktservice hochgearbeitet, wo ich 1991 sechs Monate lang alten Damen im Telefonfegefeuer dabei behilflich war, ihre Weihnachtspost-Versandliste auf Microsoft Works zu formatieren. Wie die meisten Microsoft-Angestellten bin ich der Meinung, eigentlich hätte ich zuviel Grips, um hier zu arbeiten, obgleich ich 26 bin und mein Universum aus meinem Zuhause, Microsoft und Costco besteht.
Eigentlich bin ich aus Bellingham, gleich an der Grenze, doch meine Eltern leben jetzt in Palo Alto. Ich wohne in einem Gemeinschaftshaus zusammen mit fünf anderen Microsoft-Angestellten: Todd, Susan, Bug Barbecue, Michael und Abe. Wir nennen uns »das Nachrichtenteam von Kanal Drei«.
Ich bin Single. Ich glaube, das liegt teilweise daran, daß Microsoft Beziehungen nicht gerade förderlich ist. Letztes Jahr habe ich bei der Apple Worldwide Development Conference in San Jose ein Mädchen kennengelernt, das ganz in der Nähe arbeitet, bei Hewlett-Packard an der Interstate 90, aber daraus ist nichts geworden. Manchmal fange ich etwas mit einer Frau an, aber dann drängt sich die Arbeit wieder in den

Vordergrund, ich drücke mich vor allen Verpflichtungen, und schon ist die Luft raus. In letzter Zeit kann ich nicht schlafen. Deshalb habe ich angefangen, spätnachts dieses Tagebuch zu führen. um herauszufinden, nach welchem Schema mein Leben verläuft. Ich hoffe, daß ich so mein Problem erkennen und lösen kann. Ich versuche, mich ausgeglichener zu fühlen, als ich eigentlich bin. Das ist wohl nur menschlich. Ich lebe mein Leben von Tag zu Tag, eine Zeile fehlerfreien Code nach der anderen.

Sonntag

Am Vormittag bin ich auf dem Mountainbike rüber zum Nintendo-Hauptquartier gefahren, von Microsoft aus gesehen auf der anderen Seite der Interstate 405 gelegen. Also, ich bin nie im südafrikanischen Werk beispielsweise des Pharma-Unternehmens Sandoz gewesen, aber ich wette, das sieht so aus wie das Nintendo-Hauptquartier – ein zweigeschossiger Industriekomplex, verkleidet mit todessternmäßig schwarzen Fenstern. Der Parkplatz ist von Landschaftsarchitektur-Bäumen umgeben, die anscheinend per Maus an Ort und Stelle geklickt worden sind. Fast genauso wie bei Microsoft, nur daß Microsoft gischtgrünes Glas für seine Fenster verwendet und große Fußballplätze besitzt, falls das Unternehmen wirklich einmal expandieren sollte.

Ich spielte eine Weile Hacky-Sack mit meinem Freund Marty und einigen seiner Tester-Freunde, die gerade Pause machten. Sonntag ist der Tag der Kids. Das gesamte junge Amerika hat schulfrei, beschäftigt sich mit seinen Nintendo-Produkten und besetzt die Produktservice-Telefonleitungen. Bei Nintendo sind wirklich alle sehr jung. Als befände man sich im Jahre 1311, wo jeder über 35 entweder tot ist oder verkrüppelt und vergessen.

Wir begannen eine Diskussion darüber, was für eine Software Hunde designen würden, wenn sie könnten. Marty tippte auf Programme zur Markierung des Territoriums, mit Piß-Simulatoren und Leck-Interfaces, Antonella auf BoneFinder und Harold auf ein CAD-System zur Umgestaltung von Hundehütten. Alles sehr kartographisch/hochsensorisch. Jede Menge Visuals.

Dann kamen wir natürlich auf Katzen-Software. Antonella schlug ein Privatsekretär-Programm vor, das allen Leuten mitteilt: »Nein, ich möchte nicht gestreichelt werden. Und bitte keine Anrufe durchstellen.« Meine Idee war ein Programm, das die ganze Zeit schläft.

Wie auch immer: Daß wir Menschen sind, ist eine gute Sache. Wir entwerfen Tabellenkalkulationsprogramme, Zeichenprogramme und Textverarbeitungsprogramme. Das besagt etwas darüber, wo wir als Gattung stehen. Was ist die Suche nach der nächsten großen, faszinierenden Anwendung anderes als die Suche nach der menschlichen Identität?

Es war nett, bei Nintendo zu sein, wo jeder ein kleines bißchen jünger und hipper ist als bei Microsoft und tatsächlich zur Seattle-Szene gehört. Bei Microsoft ist offenbar jeder, na ja, buchstäblich 31,2 Jahre alt, das macht sich schon irgendwie bemerkbar.

Es ist gruselig, wie in einem Science-Fiction-Film, aber es gibt auf dem Campus niemanden, der nicht so aussieht, als wäre er exakt 31,2 Jahre alt. Das ist beklemmend. Es scheint, als hätten alle auf dem Campus erst letzte Woche die Gap-Rippen-T-Shirt-Manie gemeinsam durchgemacht – und jetzt kaufen sie alle für das gleiche taubengraue 4-Zimmer-2-Bäder-Apartment in Kirkland ein. Microsklaven sind von Natur aus dazu verdammt, Dinge zu tun, die typisch für 31,2jährige sind: das erste Haus, die erste Ehe, die »Wie geht es weiter?«-Krise, das Weg-mit-dem-Miata/Her-mit-dem-Minivan-Phänomen und natürlich Todesverdrängung im großen Stil. Vor ein paar Monaten ist ein Vizepräsident von Microsoft an Krebs gestorben, und darüber durfte praktisch kein Wort verloren werden. Punkt, aus. Es gibt drei Dinge, über die man bei der Arbeit nicht reden darf: Tod, Gehalt und Aktien.

Ich bin 26, und ich bin einfach noch nicht bereit, 31,2 zu werden.

Montag

Dad ist gefeuert worden! Das hätten wir uns wirklich denken können. Dieser ganze Umstrukturierungs-Mist.

Mom rief etwa um 11:00 morgens an und konnte nur zehn Minuten mit mir sprechen. Sie mußte zurück zu Dad, der im Schock draußen auf der hinteren Veranda saß und auf das Silicon Valley schaute. Sie sagte, wir müßten morgen länger reden. Ich legte auf, und mir brummte der Schädel.

Die Resultate der nächtlichen Belastungstests sind gekommen – die Test, mit denen wir Bugs im Code aufzuspüren versuchen –, und es gab fünf Ausfälle. Fünf! Da hab' ich heute gut zu tun. Noch neun Tage bis zum Liefertermin.

Na gut.

Ich habe Susan drüben bei Mac Applications angerufen. Die Sache mit

Dad war mir zu wichtig für die E-Mail, und so aßen wir zusammen zu Mittag in der großen Cafeteria in Haus Sechzehn, die so aussieht wie die Schlemmermeile in jedem halbwegs anständigen Einkaufszentrum. Heute war Mongolischer-Klebreis-Tag.

Susan überraschte es kaum, daß IBM Dad gefeuert hat. Sie erzählte mir, als sie mal kurze Zeit im Team für OS/2 Version 1.0 war, sei sie für zwei Wochen zur IBM-Zweigstelle nach Boca Raton geschickt worden. Offenbar wurde bei IBM Leuten aus der Datenerfassungsabteilung angeboten, sich zu Programmierern ausbilden zu lassen. »Wenn die sich nicht lauter so bescheuerte Sachen einfallen lassen hätten, wäre dein Dad jetzt nicht arbeitslos.«

Ich hab' mir so überlegt: Ich bekomme viel zuviel E-Mail, ungefähr 60 Nachrichten am Tag. Typisch für Microsoft. E-Mail ist wie eine Autobahn – wenn sie erst mal da ist, kommt der Verkehr ganz von selbst. Ich bin E-Mail-süchtig. Jeder bei Microsoft ist E-Mail-süchtig. Hier sitzen die E-Mail-Pioniere. Das Coole am Senden von E-Mail ist, daß man keine Möglichkeit hat, mit dem Empfänger am anderen Ende persönlich in Kontakt zu treten. Das ist besser als ein Anrufbeantworter, denn da kann es passieren, daß die Person am anderen Ende den Hörer abnimmt und man reden muß.

Normal ist eine Ausschußquote von etwa 40% – die Nachrichten, die man eines nicht ernstzunehmenden Absenderlogos wegen sofort löschen kann. Was man von den restlichen 60% liest, hängt davon ab, wieviel man vom Leben hat. Je weniger man vom Leben hat, desto mehr E-Mail liest man.

Abe hat ein Software-Programm (»rules-based«) entwickelt, das seine E-Mail-Präferenzen kennt und entprechend siebt und aussortiert. Ich glaube, das funktioniert so ähnlich wie Antonellas Privatsekretär-Programm für Katzen.

Dienstag

Bin heute nach nur vier Stunden Schlaf superfrüh aufgewacht. Wäßriges Licht draußen. Hochstehende dichte Wolken. Ich sah aus meinem Fenster ein Flugzeug in Richtung SeaTac übers Haus fliegen und mußte daran denken, wie die 747 auf den Markt kam. Boeing warb damals mit einen PR-Foto von einem Kind, das oben in der Kuppel der Lounge ein Kartenhaus baute. Mein Gott, dieses Kind wollte ich sein. Dann fragte ich mich: Warum soll ich überhaupt aufstehen? Was ist die

Grundidee, die mich aus dem Bett und durch den Tag befördert? Warum steht überhaupt jemand auf? Ich schätze, ich will immer noch das Kind sein, das in einer 747 ein Kartenhaus baut.

Habe bis 1:30 morgens gearbeitet. Als ich nach Hause kam, war Abe in seiner Mikrobrauerei in der Garage und werkelte zwischen all den elterlichen Möbeln herum, die selbst für den minimalen Geschmacks-standard der Räume im ersten Stock zu häßlich waren, zwischen den Haufen von Golfschlägern, den Mountainbikes und einer Reihe Kof-fern, die dahockten wie Greyhounds, die auf das Startzeichen warten. Bug hatte die Tür hinter sich geschlossen, aber dem Geruch nach zu urteilen, aß er gerade ein Dinty-Moore-Gericht aus der Mikrowelle.
Susan schlief im Wohnzimmer vor einem *Seinfeld*-Video.
Todd faltete in seinem Zimmer wie besessen Hemden zusammen.
Michael las zum siebenundachtzigstenmal *The Chronicles of Narnia*.
Ein netter, durchschnittlicher Abend.
Ich ging in mein Zimmer, das wie alle sechs Zimmer hier mit dem Bett fast völlig ausgefüllt ist, an den Wänden Billy-Regale von IKEA, außer-dem eine Stereoanlage, Jazz-Poster und Sierra-Club-Kalender. Auf meinem Schreibtisch eine Sudafed-Schachtel und ein Haufen Steine von einem Strand in Oregon. Mein PC ist per Modem mit dem Campus verbunden.
Ich trank ein Tab (eins von Bills Lieblingsgetränken), aß etwas Mikro-wellen-Popcorn und machte mich an ein paar unerledigte Arbeiten.

Douglas Kellner

Die erste Cybergeneration

Douglas Kellner, der in der *Elementary School* einführend das postmoderne
Lebensgefühl heutiger Jugendlicher beschreibt, konzentriert sich in einem
nächsten Schritt auf die erste Generation am Netz. Insbesondere das Internet,
so Kellner, stellt einen neuen Kulturraum dar, der Jugendlichen etliche
Zukunftsperspektiven zu bieten hat.

Jugendkultur wird heute durch Medien- und Computerkultur vermittelt. Die heutige Jugend ist mit dieser Kultur der Postmoderne aufgewachsen. [*Vgl. dazu auch den ersten Beitrag von Douglas Kellner in diesem
Band, S. 70 bis S. 78*] Trotzdem sind jugendliche Subkulturen entstanden, die im Gegensatz zur herrschenden Medien- und Konsumkultur,
autonome Bereiche bewahren, in denen sich Jugendliche selbst definieren, eigene Identitäten entfalten und Gemeinschaften aufbauen können. Jugendliche Subkulturen können reine Konsumkulturen sein, die
nur den Hintergrund bilden, vor dem sich Jugendliche treffen, um Kul-
turprodukte wie beispielsweise Rockmusik gemeinschaftlich zu konsumieren. Jugendliche Subkulturen können aber auch Gegenkulturen
sein. Im Punk oder im Grunge konnten sich Jugendliche gegen die herrschende Kultur abgrenzen und selbst definieren. Sie können für die
gesamte Lebensweise, einschließlich Kleidung, Stil, Einstellungen und
Praktiken, bestimmend werden. Jugendliche Subkulturen können
Lebensentwürfe enthalten, die alle Aspekte umfassen. Es sind zumindest potentiell Schutzräume des Widerstands. Sie können die verschiedensten Formen annehmen, von der anarchistischen und apolitischen
Punkkultur, aktivistischen Umweltkommunen bis zu rechstextremen
Skinheads. Jugendliche Subkulturen können also Elemente der Opposition und des Widerstands gegen den Mainstream enthalten, solche
Gegenkulturen sind aber keineswegs notwendig progressiv. Sie müssen
einzeln betrachtet und auf ihre politischen Einstellungen und Wirkwei-
sen hin abgeklopft werden.

Natürlich muß zwischen einer von Jugendlichen selbst entwickelten
postmodernen Kultur, die eigenen Visionen, Leidenschaften und Ängsten Ausdruck verleiht, und einer von Erwachsenen für den Konsum
durch Jugendliche produzierten Medienkultur unterschieden werden.

Man muß auch zwischen unmittelbar und aktiv gelebten jugendlichen Subkulturen und einem vermittelten Kultur- und Konsumerleben trennen.

Jugendkultur umspannt meist beide Pole. Aber man sollte sich ebenso dagegen verwahren, Jugendkulturen auf bloße Konsumkulturen zu reduzieren oder sie zu reinen Horten des Widerstands zu erklären. Stattdessen sollte den Widersprüchen nachgegangen und es sollten die Mechanismen aufgespürt werden, in denen Jugendkulturen durch die Medien- und Konsumentenkultur künstlich hergestellt werden. Und schließlich sollte man sich der Frage widmen, wie es Jugendlichen im Gegenzug trotzdem gelingt, eigene Kulturen zu schaffen.

Der Kulturraum Internet

Das Internet trägt die postmoderne Kultur direkt in die Wohnungen und das Leben der heutigen jungen Generation. Einzelne Menschen erhalten über das World Wide Web Zugang zu fremden Kulturformen. Sie beteiligen sich an Diskussionen, schaffen eigene kulturelle Formen und Schauplätze, bauen Beziehungen zu anderen auf und nehmen in einem vollkommen neuartigen Raum Identitäten von gänzlich anderer Art an.[1] Die Internetkultur ist im ganzen fragmentierter, vielfältiger und interaktiver als die Medienkultur. In dem Maß, in dem Bild und Ton zu wesentlichen Bestandteilen der Interneterfahrung werden, begeben sich Individuen in eine Erfahrungswelt, die sich ganz wesentlich von der vorgängigen Print- und Medienkultur unterscheidet. Das Abenteuer Postmoderne zeitigt unvorhersehbare Ereignisse und treibt Menschen in völlig neue kulturelle Räume. Die heutige Jugend ist die erste Cybergeneration, die erste Gruppe, die von Beginn an Kultur als Medien- und Computerkultur kennengelernt hat. Jugendliche spielen Computer- und Videospiele, ihnen steht ein Überangebot an Fernsehkanälen zur Verfügung, sie surfen durch das Internet, schaffen Gemeinschaften, soziale Beziehungen, Gegenstände und Identitäten in einem ganz und gar neuen und originären kulturellen Raum, der durch den Begriff »postmodern« semiotisch markiert wird.

Postmoderne Pädagogik für die Techno-Kultur

Das Internet, die neuen Computertechnologien und Kulturformen haben den Kreislauf von Informationen, Bildern und die verschiedenen Erscheinungsformen von Kultur radikal verändert. Die jüngere

Generation benötigt neue technologische Fähigkeiten, um in der High-Tech-Informationsgesellschaft überleben zu können. In dieser Situation müssen Schüler und Studenten lernen, wie die Computerkultur für die Forschung und das Sammeln von Informationen nutzbar gemacht werden kann. Sie sollten aber auch lernen, sie als kulturelles Terrain zu betrachten, das Texte, Ereignisse, Spiele und interaktive Medien enthält, die eine »kritische Computerbildung« erfordern. Die Ausbildung am Computer darf nicht auf technisches Können und Wissen beschränkt bleiben. Sie beinhaltet auch die Fähigkeit, Informationen zu überblicken, sich mit einer ganzen Reihe unterschiedlicher Kulturformen auseinanderzusetzen und kreativ auf die neue Computerkultur einzuwirken. [*Vgl. dazu auch den Beitrag von Jon Katz in diesem Band, S. 317 bis S. 334*]

Während Jugendliche größtenteils von der herrschenden Medienkultur ausgeschlossen sind, stellt die Computerkultur einen diskursiven und politischen Ort dar, an dem Jugendliche Einfluß nehmen, sich an Diskussionsgruppen beteiligen, ihre eigenen Web-Seiten anlegen und neue multimediale Formen für den kulturellen Austausch erfinden können. Computerkultur ermöglicht Individuen, aktiv an der Kulturproduktion teilzunehmen. Das Spektrum reicht von Diskussionen über Themen öffentlichen Interesses bis zur Entwicklung eigener Kulturformen. Dabei können nun auch diejenigen an der Kulturproduktion teilnehmen, die bisher davon ausgeschlossen waren.

Eine Forderung an eine postmoderne Pädagogik muß daher lauten, neue kritische Formen der Schrift-, Medien- und Computerbildung zu entwickeln. Eine solche Pädagogik ist von ganz entscheidender Bedeutung für die neue Techno-Kultur der Gegenwart und der rasch herannahenden Zukunft. Die Kultur der Gegenwart zeichnet sich durch eine ständig wachsende Zahl von »Bilder-Maschinen« aus. Permanent entstehen daher in unserer Lebenswelt eine Vielzahl von Schrift-, Bild- und Tonerzeugnissen. In dieser Zeichenvielfalt müssen wir uns zurechtfinden, wenn wir uns einen Weg durch diesen Dschungel von Symbolen bahnen wollen. Wir müssen lernen, solche Bilder zu entschlüsseln, diese faszinierenden und verführerischen Kulturformen, von denen wir noch gar nicht wissen, welche Auswirkungen sie auf unser Leben haben. Es ist selbstverständlich Aufgabe der Erziehung, eine Medien-, Computer- und Techno-Kulturbildung zu vermitteln, die lehrt, wie diese Bilder und Erzählungen zu lesen sind.

Eine neue kritische Pädagogik hat den Auftrag, Individuen zur Kritikfähigkeit zu erziehen. Jeder Einzelne sollte in der Lage sein, die gerade entstehende Techno-Kultur zu analysieren und zu kritisieren, aber auch an ihren kulturellen Foren teilzunehmen. Die Herausforderung, der sich Erziehung heute stellen muß, besteht in der Förderung einer auf Computer und Medien spezialisierten Bildung, damit Studenten und Bürger die neuen Technologien zur Steigerung ihrer Lebensqualität und zum Aufbau einer besseren Kultur und Gesellschaft nutzen können. Nichtsdestotrotz besteht die Gefahr, daß Jugendliche vollkommen in die neue Welt der High-Tech-Erfahrungen eintauchen werden, daß sie den Bezug zur Gesellschaft verlieren, ebenso wie ihre Kommunikationsfähigkeit und die Bereitschaft, auf andere Menschen einzugehen. Die Statistiken machen deutlich, daß sich inzwischen immer mehr Jugendliche Zutritt zum Cyberspace verschaffen können und daß College-Studenten, die an das Internet angeschlossen sind, teilweise über vier Stunden täglich im neuen Reich der technologischen Erfahrungen zubringen.

Die Medien haben wegen der vermeintlich wachsenden Gefahren im Cyberspace eine Welle der moralischen Entrüstung losgetreten. Hier wurden Schauermärchen über Jungen und Mädchen verbreitet, die im Internet zu gefährlichen sexuellen Praktiken oder zum Ausreißen animiert wurden. Zudem finden sich zahllose Berichte über die Verbreitung von Pornographie im Internet. Konservative Politiker, in der Regel ohne jegliche Computerkenntnis, haben Aufrufe zu verschärfter Kontrolle, Zensur und Überwachung der Kommunikation im Internet gestartet.

Natürlich birgt der Cyberspace, wie jeder andere Ort auch, Gefahren für Jugendliche. Die Bedrohungen durch Gewalt und Mißbrauch innerhalb und außerhalb der Familie sind jedoch bedeutend größer als die Gefahr, von Fremden im Internet verführt zu werden. Da der Handel mit Pornographie im Internet blüht, wird dasselbe Material auch in Videoläden und an Zeitungskiosken immer besser zugänglich. Es erscheint nicht gerechtfertigt, das Internet zu verteufeln. Versuche einer Zensur im Internet können als jugendfeindlicher Eingriff verstanden werden, der darauf zielt, das Recht auf Unterhaltung und Information zu beschneiden. Jugendlichen soll das Recht auf eigene Subkulturen genommen werden. Gerätschaften wie der V-Chip, der Sex und Gewalt von den Fernsehbildschirmen verbannen oder den Zugang zu bedenklichem Material im Internet blockieren soll, entspringt der Hysterie und moralischen Entrüstung Erwachsener. Sie sind den tatsächlich lauernden Gefahren für Jugendliche, die zwar gewiß existieren, aber in der wirklichen Welt unmittelbarer spürbar sind als in der Hyperrealität, keinesfalls angemessen.

Zweifellos enthält der Cyberspace mindestens ebensoviele Banalitäten und Dummheiten wie das wirkliche Leben, und man kann auch dort sehr viel Zeit vergeuden. Aber im Vergleich zu der trostlosen und brutalen Welt der Großstädte, wie sie in der Rap-Musik und in Filmen wie *Kids* ins Bild gesetzt wird, sind die technologischen Welten Zufluchtsstätten der Information, Unterhaltung, Interaktion und Begegnung. Hier erlernen Jugendliche wertvolle Fähigkeiten, erlangen Wissen und Macht, die für das Überleben im Abenteuer Postmoderne unverzichtbar sind. Jugendliche bauen im Cyberspace und in den neuen Subkulturen und Gemeinschaften ein neues vielschichtiges und flexibles Selbst auf. Es ist wirklich aufregend, im Netz zu surfen und zu entdecken, wieviele interessante Web-Sites von jungen Menschen dort eingerichtet wurden. Dabei findet sich oft auch wertvolles Material für Erziehungsfragen. Natürlich besteht die Gefahr, daß unternehmerische und kommerzielle Interessen im Internet die Oberhand gewinnen. Aber es ist ebenso wahrscheinlich, daß es dort weiterhin Räume geben wird, in denen Individuen selbst Fähigkeiten, Gemeinschaften und Identitäten ausbilden können. Es ist eine wichtige Herausforderung für Jugendliche (und andere), das Internet für positive kulturelle und politische Projekte und nicht ausschließlich für Unterhaltung und passiven Konsum zu nutzen.

Leben in der Cybersociety

Bedenkt man die wachsende Bedeutung von Computern und neuen Technologien, wird deutlich, daß es für Jugendliche von allergrößter Bedeutung ist, verschiedene Arten von Bildung zu erwerben. Sie müssen sich, ebenso wie ihre Eltern und Lehrer, für die neue **Cybersociety** wappnen.

»Unter **Cybersociety** (oder virtuelle Gesellschaft) versteht man eine Gesellschaft, in der Produktion, Distribution und Kommunikation weitgehend in virtuellen Räumen stattfinden, im Cyberspace. Die virtuelle Gesellschaft ist eine Gesellschaft, in der der virtuelle Raum den realen Raum überlagert, mit ihm vielfältige neue assoziative Formen bildet, ihn tendenziell aber auch verdrängt und substituiert, ihn jedoch niemals als Ganzes ersetzen kann.«

Achim Bühl, Autor von »CyberSociety«

Um in einer postmodernen Welt zu überleben, müssen sich Individuen aller Altersstufen in den Medien und am Computer bilden, um den Umgang mit dem Überfluß an Medien, Bildern und Ereignissen zu lernen. Wir alle müssen technologische Fähigkeiten erwerben, um die Medien- und Computertechnologien so nutzen zu können, daß wir eine Chance haben, in der neuen High-Tech-Ökonomie zu bestehen und unsere eigenen Kulturen und Gemeinschaften zu gestalten. Jugendliche benötigen in ganz besonderem Maß »Straßenschläue« und Überlebensgeschick, um mit Drogen, Gewalt und Unsicherheit in der heutigen räuberischen Kultur zurechtzukommen.[2]

Es ist außerordentlich wichtig für die Sicherung einer demokratischen Zukunft, daß Jugendliche aller Klassen, Rassen, Geschlechter und Regionen Zugang zu den neuen Technologien erhalten. Sie benötigen Medien- und Computerkenntnisse, um Chancen auf dem Berufsmarkt im High-Tech-Zeitalter zu haben und Eintritt in die zukünftige Gesellschaft zu finden. Nur so können wir die Verschärfung der Klassen-, Geschlechter- und Rassenunterschiede verhindern. Obwohl ganz neue intellektuelle Fähigkeiten notwendig sein werden, ist gerade im Cyberzeitalter von Textverarbeitung, Informationsanhäufung und elektronischer Kommunikation die traditionelle Schriftbildung umso wichtiger. Die Ausbildung in Philosophie, Ethik, Wertedenken und den Geisteswissenschaften ist nötiger als je zuvor. Wie das Internet genutzt wird, hängt davon ab, ob Jugendliche eine umfassende Ausbildung erhalten und wie sie ihre Fähigkeiten und Interessen in die neuen Technologien einbringen. Diese können genutzt werden, um an wertvolles Bildungs- und Kultur-Material aber auch, um an Pornographie und die Banalitäten der Einkaufsmeilen im Cyberspace zu gelangen.

Natürlich ist das Leben im Cyberspace nur eine Erlebnisdimension und man muß lernen, in der »wirklichen Welt« mit Schule, Beruf, Beziehungen, Politik und anderen Menschen umzugehen. Jugendliche – besser gesagt wir alle! – müssen lernen, uns in den Dimensionen sozialer Realität auszukennen. Wir müssen uns eine Vielzahl von Bildungsformen und Fähigkeiten aneignen, die uns in die Lage versetzen, Identitäten zu schaffen, Beziehungen und Gemeinschaften aufzubauen, die unsere Möglichkeiten voll ausschöpfen und der Befriedigung unserer Bedürfnisse dienen. Das Leben ist heute multidimensionaler als je zuvor, und es ist Teil des Abenteuers Postmoderne, lernen zu müssen, in einer Vielzahl sozialer Sphären zu leben und sich an tiefgreifende

Veränderungen und Transformationen anzupassen. Die Erziehung muß sich diesen Herausforderungen stellen und die neuen Technologien nutzen, um die Ausbildung zu fördern und neue Strategien zu erdenken, wie die neuen Technologien genutzt werden können, um eine demokratischere, gleichere, multikulturelle Gesellschaft zu schaffen.

Anmerkungen

1 Vgl. Turkle, S.: **Life on the Screen. Identity in the Age of Internet**, New York 1995 (Erscheint auf Deutsch 1998)

2 Vgl. McLaren, P.: **Critical Pedagogy and Predatory Culture**, London/ New York 1995

Jon Katz

Die Rechte der Kinder im digitalen Zeitalter

Jon Katz, Redakteur von *Wired*, dem kalifornischen Kultmagazin in Sachen Cyberkultur, und Autor des Buches *Virtuous Reality*, ist sicher, daß auch Kinder Rechte haben – und das insbesondere im digitalen Zeitalter, in dem erwachsene Bevormundung neue Urstände feiert.

Artikel I: Kinder führen die Revolution an

Kinder stehen im Epizentrum der Informationsrevolution, am absoluten Nullpunkt der digitalen Welt. Sie haben geholfen, diese Welt aufzubauen, und sie verstehen sie besser als jeder andere. Die digitale Welt läßt junge Menschen nicht nur anspruchs- und niveauvoller werden, indem sie ihre Vorstellungen von Kultur und Literarizität verändert, sie stellt außerdem Verbindungen her, die ihnen ein neues politisches Selbstverständnis geben. Kinder sind im digitalen Zeitalter weder unsichtbar noch unhörbar, vielmehr ist das Gegenteil der Fall. Sie besetzten eine neue Art kulturellen Raumes. Sie sind Bürger einer neuen Ordnung, Gründer der digitalen Nation.

Nach Jahrhunderten manchmal gutmütiger, manchmal brutaler Unterdrückung lösen sich Kinder jetzt aus unserer Kontrolle und finden sich gegenseitig im großen Bienenstock, dem Netz. Ebenso wie digitale Kommunikation schier undurchdringliche Grenzen durchbrechen kann und ungehindert von Regierungen und Zensoren um die Welt rikoschettieren kann, können Kinder zum ersten Mal über die erstickenden Grenzen sozialer Konvention und über die starren Vorstellungen ihrer Eltern von dem, was gut für sie ist, hinwegreichen. Kinder werden nicht mehr so sein wie früher – und das gilt auch für den Rest von uns.

Junge Menschen sind die letzte soziale Gemeinschaft Amerikas, die noch völlig unter der Kontrolle anderer zu stehen scheint. Obwohl die Gesellschaft in den letzten Jahren endgültig dazu übergegangen ist, Kinder vor Ausbeutung und Mißbrauch zu schützen, bleiben sie doch diejenige Gruppe unserer sogenannten Demokratie, die keine eigenen politischen Rechte hat und keine Stimme im politischen Prozeß. Vor allem Teenager, die kurz davor stehen, erwachsen zu werden, sind manchmal unannehmbaren Kontrollen in fast allen Bereiche ihres Lebens ausgesetzt.

Zum Teil geschieht das, weil die Gefahren für Kinder so vielfältig sind. Sie reichen von konkreten Bedrohungen (körperlichen Angriffen, sexuellem Mißbrauch, Kidnapping) bis zu den potentiellen, aber oftmals nicht nachweisbaren Schäden durch Bilder von Gewalt oder Pornographie, durch neue Technologien, die in Abhängigkeit führen, oder durch den mutmaßlichen Verfall von Zivilisation und Kultur.

In einigen Teilen Amerikas, vor allem innerhalb der städtischen Unterschicht, in der Gewalt und wirtschaftliche Engpässe Ausmaße einer Epidemie angenommen haben, scheinen solche Ängste für Kinder nicht nur berechtigt zu sein, sie werden sogar heruntergespielt und verniedlicht. Doch für Familien der Mittelschicht, den Hauptkonsumenten der umstrittenen Massen- oder Populärkultur, erscheinen solche Ängste übertrieben und fehl am Platze. Häufig werden sie herbeigeredet, um die Kontrolle über eine Gesellschaft zu bekommen, die sich schneller wandelt, als wir dies nachvollziehen können.

Der Gedanke, daß Kinder sich unserer absoluten Kontrolle entziehen, mag für viele die bitterste Pille sein, die sie in unserem digitalen Zeitalter schlucken müssen. Die Notwendigkeit und der Wunsch, unsere Kinder zu beschützen, ist instinktgeleitet und ein innerer Reflex. Um so schwerer ist es, dies zu ändern.

Artikel II: Ein neuer Gesellschaftsvertrag

Vor drei Jahrhunderten wurde der Welt eine umwerfende Idee vorgestellt: Niemand hat das Recht der absoluten Kontrolle über andere. Menschen haben das Recht auf ein gewisses Maß an Freiheit. Über Regeln sollte abgestimmt werden, niemand sollte sie mehr vorschreiben können. Obwohl diese Vorstellung zu unserem wertvollsten politischen Grundsatz wurde, hat sie im 17. Jahrhundert nirgendwo auf diesem Planeten in der Praxis existiert. Als sie sich dann schließlich langsam verbreitete, wurde sie zuerst auf Männer bezogen – meist weiße Männer. Stück für Stück und einen mühseligen Schritt nach dem anderen hat sich die Idee anderer Gruppen bemächtigt, doch Kinder sind hiervon noch immer ausgenommen.

An John Locke, den englischen Philosophen und Essayisten des 17. Jahrhunderts, erinnert man sich wegen seiner einflußreichen politischen Forderung, daß alle ein Mitspracherecht bei der Art und Weise haben sollten, wie sie regiert werden. Locke predigte, daß Menschen von Natur aus bestimmte Rechte hätten – das Recht auf Leben, Freiheit und Besitz. Herrscher, so schrieb er, leiteten ihre Macht nur vom Einverständnis derjenigen ab, über die sie herrschten. Demzufolge wird Regieren erst durch einen Gesellschaftsvertrag möglich: Die Untertanen geben bestimmte Freiheiten auf und unterwerfen sich der Regierung, die sie im Gegenzug gerecht behandelt und die Sicherheit ihres rechtmäßigen Besitzes garantiert. Der Herrscher bleibt nur so lange an der Macht, wie er sie einsetzt, um gerecht zu regieren. Wenn dies Amerikanern bekannt vorkommt, dann darum, weil Unabhängigkeitserklärung und Verfassung Lockes intellektuelle Fingerabdrücke tragen.

John Lockes Vorstellung eines Gesellschaftsvertrages erfordert gegenseitigen Respekt. Wenn die Regierung das Vertrauen, das ihr von den Menschen entgegengebracht wird, verletzt, wenn Herrscher »bestrebt sind, die Macht der Menschen zu zerstören, sie ihnen zu nehmen oder sie zu versklaven«, dann verliert die Regierung die Macht, die die Menschen ihr zugesprochen haben. Ein willkürlicher oder destruktiver Herrscher, der die Rechte seiner Untertanen nicht respektiert, kann »mit Recht als der gemeinsame Feind und als Plage der Menschheit angesehen werden und dementsprechend behandelt werden.« Die Idee eines Gesellschaftsvertrages, der statt willkürlicher Macht gegenseitigen Respekt betont, scheint besondere Relevanz für die Rechte von Kindern und das Ausmaß elterlicher Autorität zu haben – vor allem in bezug auf unseren derzeit wütenden Bürgerkrieg um Kultur und Medien.

Kinder sind in extremem Maß der Zensur und Kontrolle unterworfen – V-Chips, Software, mit der man Programme sperren kann, Alterszertifikate für Filme, Musik und Computerspiele. Konservative, wie etwa der gescheiterte republikanische Präsidentschaftskandidat Bob Dole, schmieden aus ihrem Verlangen heraus, jungen Menschen kulturelle Scheuklappen anzulegen, eine nationale politische Bewegung. Enthusiastisch hat sich sogar Präsident Bill Clinton die Idee zueigen gemacht, daß Eltern das Recht haben sollten, bestimmte Fernsehprogramme für Kinder unzugänglich zu machen. Die Kinder werden in diesem Kampf weitgehend alleine gelassen; nur wenige Politiker oder Vertreter aus dem Bildungs- oder Sozialsektor haben sie unterstützt oder verteidigt.

Wired-Cover und Beginn einer Debatte in
Amerika: Kids Cyber Rights?

John Locke stellte die Auffassung in Frage, daß Eltern »absolute« Gewalt über ihre Kinder haben sollten. In seinen *Zwei Abhandlungen über die Regierung* und dem Essay *Einige Gedanken zur Erziehung* plädierte Locke dafür, Kinder moralisch zu erziehen, statt ihnen willkürlich Regeln aufzuzwingen. Ebenso wie Erwachsene hätten Kinder ein Anrecht auf ein gewisses Maß an Freiheit, da dieses mit ihrem Status als vernünftige Menschen einhergehe. Die elterliche Autorität sollte nicht streng oder willkürlich sein, schrieb er, und nur eingesetzt werden, um zu helfen, anzuleiten und den Zögling zu schützen. Allmählich sollte sie gar ganz verschwinden.

Die Erwachsenenwelt nahm Lockes primäre Konzepte der individuellen Freiheit an und entwickelte daraus Regeln für Politik und Gerichtsbarkeit. Die Französische und die Amerikanische Revolution beeinflußten das politische Denken weltweit mit Ergebnissen, die noch heute Gültigkeit haben. Doch Kinder haben bisher fast völlig außerhalb des Einflußkreises dieser Ideen gelebt – aus verständlichen Gründen. Die Rechte von Kindern sind in der Tat sehr viel komplizierter.

Jede Form der rechtlich gestützten politischen Emanzipation von Kindern ist fast gänzlich ausgeschlossen. Es ist unwahrscheinlich, daß Kinder denselben weitreichenden gesetzlichen Schutz erlangen können, den man anderen Minoritäten garantiert. Einige der stärksten Bewegungen unserer politischen Geschichte – die Bürgerrechtsbewegung, die Frauenrechtsbewegung, die Schwulenbewegung – kämpften sowohl auf moralischer wie auch auf rechtlicher Ebene. Und auch im Falle von Kindern beginnt die Idee der erweiterten Freiheit ebenfalls mit einer moralischen Fragestellung.

Das Leben von Kindern ist viel zu komplex, als daß man es generalisieren könnte. Der Grad persönlicher Reife und emotionaler Stabilität, das

Tempo, in dem sich junge Menschen entwickeln und Neues erlernen, das Maß elterlicher Geduld und Bedachtsamkeit sowie die Erziehungsmethoden variieren viel zu stark, um festgelegte Regeln aufzustellen. Fünfjährige sind anders als Fünfzehnjährige. Und mindestens wenn es um »Kultur« geht, sind Jungen anders als Mädchen.

Doch gerade daraus resultiert das entscheidende Argument, Kindern im digitalen Zeitalter einige Grundrechte zu gewähren. Die Möglichkeiten junger Menschen sollten nicht ausschließlich von den oftmals willkürlichen und manchmal ignoranten Launen einzelner Erzieher, religiöser Führer oder ihrer Eltern abhängen – dann geht es ihnen ähnlich wie den Menschen, die der totalen Kontrolle des Königs unterstellt sind. Eltern, die unbedacht den Zugang zur Internet-Kultur versperren und ihren Kindern verbieten, Musik mit unbequemen Texten zu hören, oder solche, die die Gefahren gewalttätiger oder pornographischer Bilder verkennen oder verzerren, handeln aus eigener Angst und Arroganz und üben selbst eine brutale Autorität aus. Anstatt ihre Kinder auf eine Welt vorzubereiten, mit der sie werden leben müssen, erziehen solche Eltern für eine Welt, die nicht mehr existiert.

Junge Menschen haben ein moralisches Recht auf den Zugang zu neuen Technologien und den Inhalten von Medien und Kultur. Dies ist ihre universale Sprache. Dies ist ihr Mittel, eine moderne Form von Bildung zu erlangen, die sie, anders als das schnöde Auswendiglernen und Aufsagen amerikanischer Präsidentennamen, im nächsten Jahrtausend mit Sicherheit dazu befähigen wird, Zugang zu Informationen zu gewinnen. Diese Fähigkeit kann in Zukunft durchaus für die Kluft zwischen materiellem Wohlstand und wirtschaftlichen Schwierigkeiten verantwortlich sein.

Das Blockieren von Informationen oder gar deren Zensur sollten ebenso wie Altersbegrenzungen die letzten Mittel sein, die man im Umgang mit Kindern einsetzt – und nicht die ersten. Dies gilt vor allem dann, wenn Kinder die Chance haben, eine moralische Ethik und ein Verantwortungsbewußtsein zu entwickeln und auch willens sind – im Sinne von John Lockes Gesellschaftsvertrag –, ihre Pflichten zu erfüllen.

Artikel III: Das verantwortungsbewußte Kind

Den Kulturkampf zwischen Kindern und ihren Familien löst man nicht, indem man den Einflußbereich des Rechtssystems auf ein jedes

Zuhause ausweitet. Kein Gesetzgeber kann all jene Situationen definieren, in denen Kinder mehr Eigenverantwortung für ihr Handeln übernehmen können. Zudem verhindern die in vielen Familien grundverschiedenen Wertvorstellungen die Formulierung universeller Regeln. Jedoch können wir als Eltern anfangen zu verstehen, wie der neue Gesellschaftsvertrag mit Kindern aussieht – indem wir mit der Vorstellung des verantwortungsbewußten Kindes beginnen. Dabei handelt sich um einen Teenager, der oder die bestimmte Kriterien erfüllt:

Es arbeitet seinen Fähigkeiten entsprechend und so gut es kann in der Schule mit. Es ist verantwortungsbewußt, was seine Ausbildung anbelangt und verhält sich gut im Klassenverband.

Es ist gesellschaftlich verantwortungsbewußt. Es vermeidet Drogen- und Alkoholmißbrauch und weiß, daß Rauchen gesundheitsgefährdend ist.

Es belästigt, beklaut oder verletzt niemanden, auch nicht Geschwister, Freunde und Kommilitonen.

Auch zu Hause trägt es seinen Teil bei. Es erledigt die Aufgaben und Arbeiten, die es aufgetragen bekommt.

Das verantwortungsbewußte Kind ist keinesfalls die Personifizierung irgendeiner utopischen Vision; manchmal kann es durchaus schwierig, rebellisch, unausstehlich oder launisch sein. Doch es macht einen ernstgemeinten Versuch, Schwierigkeiten rational und verbal zu lösen. Ein Heiligenschein ist nicht erforderlich.

Artikel IV: Die moralische Grundlage

Das verantwortungsbewußte Kind erscheint nicht wie durch ein Wunder, sondern ist das Resultat jahrelanger Vorbereitung und Erziehung. Sein Bewußtsein und sein Sinn für Verantwortung entstehen nicht erst dann spontan und aus heiterem Himmel, wenn es volljährig wird. Aufgrund elterlicher Anleitung und verschiedener komplexer Beziehungen sind sie schon früh Bestandteil seines Lebens geworden.

In der großen Menge an Literatur über Kinder- und Jugendpsychologie finden sich zwar Argumente und Diskussionen über jeden möglichen Aspekt der Kindererziehung. Doch stimmen angesehene Experten fast unisono darin überein, daß die dominanten Charaktereigenschaften nicht unvermittelt im Teenageralter erscheinen. Sie werden viel früher gebildet, nämlich durch das familiäre Umfeld und die Interaktionen, die seit frühester Kindheit erlebt wurden.

Wenn Eltern Zeit mit ihren Kindern verbringen und Bindungen zu ihnen aufbauen, sie moralisch unterweisen, selbst moralisch leben, unmoralisches Verhalten ablehnen und bestrafen und ihre Kinder selbst nach diesen Prinzipien erziehen, dann werden die moralischen Dilemmata, denen sich ihre Kinder später stellen müssen, viel besser gelöst werden können.

Wenn Eltern zulässiges Verhalten und dessen Grenzen definieren, indem sie beides ständig erklären, nimmt das Kind diese Regeln in sein eigenes reflexives Verhalten auf. So formieren sich Bewußtsein und individuelle Wertesysteme.

Die Annahme, daß Fernsehsendungen oder Musik ein gesundes Kind, das in ein Beziehungsnetz eingebunden ist und mit zwei Füßen fest auf dem Boden der Realität steht, in ein Monster verwandeln können, ist schlicht absurd. Es ist ein irrationaler Affront nicht nur gegen die Wissenschaft, sondern auch gegen den gesunden Menschenverstand und gegen all jenes, was wir aus unserem eigenen Leben über Kinder wissen. Solche Überzeugungen sind primär die Erfindung von Politikern (die sie benutzen, um ihre Gegner abzuschrecken oder auf den Arm zu nehmen), von einflußreichen religiösen Gruppen (die ihr Dogma jungen Menschen nicht näherbringen können, ohne Kontrolle auszuüben) und des Journalismus (der die neuen Medien und die neue Kultur als Bedrohung für seine einflußreiche Position in der Gesellschaft sieht).

So einflußreich sie auch sein mögen: Kultur und Medien – oder die anstößigen Bilder, die manchmal von ihnen gezeigt werden – können nicht die Wertesysteme unserer Kinder bilden und die Bausteine für deren Bewußtsein liefern. Nur wir können das tun.

Artikel V: Die Rechte der Kinder

Das verantwortungsbewußte Kind hat bestimmte unveräußerliche Rechte, die nicht aufgrund einer Laune von willkürlichen Autoritäten übertragen werden dürfen, sondern von einer fairen Gesellschaft als jedem zustehend anerkannt werden müssen. Auf dem Weg in das digitale Zeitalter ist diese Anerkennung unumgänglich: Es ist ein wichtiger Schritt, die Kinder in die Reihe der Gemeinschaften aufzunehmen, die selbst die Kontrolle über ihr eigenes Leben ausüben und dafür kämpfen wollen.

Kinder haben das Recht auf Respekt und auf die gleiche Sensibilität im Umgang mit ihnen, die anderen Minoritäten ohne bürgerliche Rechte zähneknirschend vom Rest der Gesellschaft zugesprochen wird. Sie sollten nicht als Eigentum gesehen werden oder als zu hilflos, um an Entscheidungen, die ihr eigenes Leben betreffen, zu partizipieren.

Kinder sollten nicht als ignorant oder unangepaßt abgestempelt werden, nur weil ihr schulisches, kulturelles oder gesellschaftliches Programm sich von dem früherer Generationen unterscheidet. Sie haben ein Recht, selbst zu entscheiden, was Erziehung und Bildung, Literarizität und bürgerliche Gesinnung sind.

Kinder haben ein Recht auf einen Kommunikationsaustausch mit führenden Politikern, Geistlichen und Erziehern, die behaupten zu wissen, was am besten für sie sei. Kinder haben ein Recht darauf, die Diskussion über ihre moralischen Grundsätze im Alltag mitzugestalten.

Kinder unterschiedlichster sozio-ökonomischer Herkunft haben ein Recht auf den gleichen Zugang zu neuen Technologien – Multimedia, Kabelkanäle, Internet –, die Information, Erziehung und Kultur anbieten. Sie haben ein Recht darauf, daß die neuen Medien und Technologien in den Lehrplan der Schulen aufgenommen werden.

Kinder, die ihre persönlichen und schulischen Verantwortungen ernst nehmen und erfüllen, sollten einen fast uneingeschränkten Zugang zu ihrer Kultur haben – vor allem wenn sie zeigen, daß sie ihr Leben im Gleichgewicht halten können.

Kinder haben das Recht, sich online zu versammeln, Gruppen zu bilden und mit gleichgesinnten Gemeinschaften über WWW-Angebote, private Homepages, Online-Services, E-Mail und andere Internet-Dienste zu kommunizieren.

Kinder haben das Recht, Zugangssperren in Software und andere Blockade-Technologien in Frage zu stellen, wenn ihnen der Weg zu Informationen versperrt oder ihre Bewegungs- und Redefreiheit im Internet eingeschränkt wird.

Kindern Rechte zu gewähren, ist nicht gleichbedeutend mit Nachgiebigkeit. Erziehungswissenschaftler stimmen darin überein, daß Kinder Grenzen und gelegentlich Disziplin brauchen. Doch wenn junge Menschen von frühester Kindheit an die Möglichkeit haben, durchdachte Entscheidungen zu sich selbst zu treffen – was sie essen, wann sie schlafen, was sie anziehen sollen – werden sie in der Lage sein, ein gewisses Maß an Kontrolle über ihr kulturelles Leben zu übernehmen, wenn sie Teenager sind.

Diese Rechte sind kein Geschenk, das wir aus reiner Herzensgüte überreichen, sondern die Erfüllung der grundlegendsten Verantwortung von Eltern: Kinder auf die Welt vorzubereiten, in der wir leben.

Artikel VI: Verhandlungen über den Gesellschaftsvertrag

Wie würde ein Gesellschaftsvertrag zu Medien und Kultur – gleichsam als Waffenstillstand zwischen Eltern und Kindern – funktionieren?
Das Modell, das Locke vorschwebte, läßt sich ausgezeichnet auf Kinder übertragen. Per definitionem stimmt man einem Vertrag zu, statt ihn jemandem aufzuzwingen. Seine Kraft gründet sich nicht auf willkürliche Autorität, sondern auf ein moralisches Fundament, ein Verlangen, für jeden das Richtige zu tun und die Rechte und Bedürfnisse einer jeden Partei zu verstehen. Eltern wie Kinder würden ein Abkommen befürworten, das die Rechte der Kinder ratifiziert und die verantwortlichen Partner dazu bewegt, einen Teil ihrer Macht aufzugeben und sich sicher dabei zu fühlen.

Rational denkende Erwachsene müssen beginnen zu akzeptieren, daß Zensur und willkürliche Kontrolle nicht funktionieren und daß sie mit ihren Kindern ein Wertesystem ausdiskutieren müssen, das von allen geteilt wird. Der Versuch, Kinder zu zensieren, wird Autorität und Werte eher untergraben, als diese zu festigen. Da viele ältere Kinder und ihre Freunde fast jede zensierende Technik umgehen können, und da ohnehin vieles in der digitalen Welt jenseits des Verständnisses der Eltern liegt, wird deren bloße Autorität eingeschränkt – zuweilen wird sie gar bedeutungslos. Kinder werden auf diese Weise nicht lernen, wie man Wertesysteme bildet, sondern vielmehr erkennen, daß es ihren Moralwächtern nicht gelingt, ihre Ideen zu verwirklichen.

Familienmitglieder müssen ihre eigenen Vorstellungen von Kindern und Kultur überdenken. Wieviel Macht und Kontrolle sind Eltern bereit abzugeben? Eltern würden beispielsweise vorgeben, wieviel Fernseh- oder Onlinezeit sie angemessen finden und auf dieser Grundlage definieren, was sie sonst von dem Kind erwarten: Aufgaben im Haushalt, schulische Leistungen, religiöse Verpflichtungen.
Das Kind würde formulieren, welchen Zugang es zur Kultur will: Welche Fernsehsendungen es sehen, welche CDs es hören, wieviel Zeit es im Internet verbringen möchte. Daraufhin muß das Kind bestimmte Gegenleistungen zusichern. Es muß zustimmen, allen Regeln der

Sicherheit zu folgen: Im Internet dürfen Kinder keine Telefonnummern oder Adressen an Fremde weitergeben, außerdem sollten sie sofort ihre Eltern informieren, wenn sie WWW-Seiten mit sexuellen Inhalten vorfinden oder »pornographische« Angebote (per E-Mail oder in Chat-Kanälen) erhalten. Der Zugang zu den Medien wird zwar als Recht gewährt, ist jedoch von einigen Bedingungen abhängig.

Es würde wahrscheinlich genausoviele verschiedene Arten von Verträgen geben, wie es Familien gibt. Doch wenn Kinder ihren Teil des Gesellschaftsvertrages erfüllen, dann würden auch Eltern zugestehen, daß Kinder ein moralisches Recht auf Medien-Zugang haben: Zu den Fernsehprogrammen, die sie sehen wollen, den CDs, die sie hören wollen, und den Online-Diensten, die sie auswählen und sich leisten können. Familien könnten dann damit beginnen, auf Vertrauen statt auf Angst zu setzen, auf Verhandlung statt auf Konflikt und auf Kommunikation statt auf Mißtrauen.

Es muß ein Vertrag sein, der im einvernehmlichen Vertrauen geschlossen wird. Eltern, die zu viel verlangen, werden zu große Teile ihrer moralischen Autorität verlieren, um zu einem Arrangement wie diesem zu kommen. Kinder, die nur wenig tun wollen, werden es ebenfalls gefährden. Einige Parteien werden wohl ihre gebrochenen Verträge beiseite legen und weiterkämpfen müssen.

Natürlich ist der Vertrag außer Kraft, wenn eine Seite die Abmachungen nicht einhält – etwa wenn Kinder in der Schule durchfallen oder anderen Schaden zufügen. Kinder, die sich nicht vernünftig benehmen können oder wollen, verlieren ihr Recht auf rationale Anerkennung und begeben sich wieder in ein Stadium verringerter Freiheiten.

Doch Millionen amerikanischer Kids, die eine lebhafte Online-Diskussion oder eine Episode von *NYPD Blue* in den Griff bekommen, wird die kulturelle Freiheit sicherlich nicht deshalb verwehrt werden, weil ihre Eltern Angst vor anderen Kindern haben, die dies nicht können.

Artikel VII: Der Testfall

Wie es sich ergibt, wird mein eigener Haushalt seit Jahren auf der Basis einer Art Gesellschaftsvertrag geregelt – nicht, daß wir dies so genannt hätten oder ich dabei besonders an John Locke gedacht hätte. Ich habe jedoch gesehen, daß es funktionieren kann. Meine Frau und ich haben eine 14jährige Tochter, die keine Schwierigkeiten damit hat, daß ich über ihre kulturellen Rechte, allerdings nicht über andere Details ihres persönlichen Lebens schreibe.

Im Glauben, daß Kultur die Sprache und Währung ihrer Generation ist, haben wir sie immer dabei unterstützt, *ihre* Kultur zu verstehen. Sie spielte mit einem Game Boy, schaute Kabelfernsehen, liebte die *Teenage Mutant Ninja Turtles.* Mittlerweile sieht sie *Homicide: Life on the Street* und *Akte X,* aber auch alte Musicals und nach einer anstrengenden Woche schon einmal eine alberne Situationskomödie.

Sie kann nahezu jeden Kinofilm sehen, den sie sehen möchte, obwohl es manchmal eine Diskussion darüber gibt. Wenn sie geschockt ist oder ihr unheimlich wird, kann sie natürlich auch einfach gehen. Die Empfehlungen und Altersbegrenzungen der *Motion Picture Association of America* bieten absurde Vorgaben dafür, was Kinder sehen können und was nicht und waren deshalb nie ein Kriterium in unserer Familie. Als unsere Tochter noch jünger war – und wenn es ernstzunehmende Bedenken hinsichtlich Gewalt, sexuellen Inhalten oder emotionaler Intensität von Filmen gab – haben meine Frau und ich uns die Filme manchmal zuerst angesehen und danach erst unsere Tochter mitgenommen. In der Lage gewesen zu sein, einer Achtjährigen sagen zu können, wann sie die Augen zuzumachen hatte, war dabei sehr hilfreich. Dieser Tage brauchen wir das natürlich nicht mehr zu tun.

Das Internet nutzt unsere Tochter seit ihrem zehnten Lebensjahr. Wir haben niemals daran gedacht, Software zu kaufen, mit der wir ihr den Zugang dazu sperren könnten. Das wäre für sie nur anstößig und erniedrigend gewesen. Doch wir sagten ihr, daß sie nicht ihren Namen, ihre Adresse oder ihre Telefonnummer herumreichen sollte – und wir baten sie, uns irgendwelche Probleme oder beunruhigende Erfahrungen unverzüglich mitzuteilen.

Viele hatte sie nicht. Sie ist den üblichen fiesen Typen und den wenigen geistig gestörten Leuten begegnet – Jungen, die anzügliche Gespräche wollten, Männer, die ihr Dateien mit sexuellen Inhalten schicken wollten. Für solche Fälle hat sie den richtigen Umgangston gelernt - »Nein!« oder »Hau ab!« Obgleich solche Kontakte für großes Aufsehen in der Öffentlichkeit sorgen, waren sie verhältnismäßig selten. Sie hat natürlich Online-Freundschaften, über die ich nur in wenigen Fällen etwas weiß. Wir vertrauen ihr, solange jedenfalls, bis sie uns einen Grund dafür gibt, dies nicht mehr zu tun. Bislang funktioniert es: Sie kommt in der Schule gut voran, hat gesunde Freundschaften, singt in einem anspruchsvollen Chor und hat wenig Interesse an Gewalt, Drogen oder Alkohol gezeigt. Sie hat einen gesunden Menschenverstand entwickelt – ebenso wie ein hohes Maß an analytischer Aufmerksamkeit hinsichtlich der Kultur, deren Teil sie ist. Doch die neuen Medien haben die alten nicht verdrängt – unsere Tochter liest viel, schreibt selbst und führt viele Gespräche. Und ganz ursprünglich, das muß ich hier eingestehen, war sie es, die mich darauf aufmerksam machte, daß meine Gedanken über Kinder sie an diesen John Locke erinnerten, von dem sie im Geschichtsunterricht gehört hatte.

Ich habe keinerlei Illusionen, daß sie ein »typisches« Kind ist, wenn es so etwas überhaupt gibt. Als Einzelkind ist sie ohnehin besser zu kontrollieren. Als Familie der Mittelschicht können wir ihr einen Computer, Bücher und genügend Taschengeld geben.

Dennoch leben sie – und wir – sehr in Übereinstimmung mit Lockes Idee des Gesellschaftsvertrages. Wir haben klargestellt, daß sie, solange sie alles so erledigt, wie sie es eben zur Zeit tut, das Recht auf ihre eigene Kultur hat und auf ihre eigenen rationalen Urteile darüber, ohne Einmischung unsererseits, ohne Spott oder Zensur.

Wir alle sehen, daß sie sich von uns unterscheiden *muß*. Ihre Kultur ist vielleicht der wichtigste Weg, den sie hat, eine Differenz zu uns herzustellen. Bisher hält der Vertrag.

Artikel VIII: Die politische Macht von Kindern

Kulturell Konservative, Politiker, Eltern, Lehrer, Erwachsene generell – und vor allem Journalisten – haben es völlig unterschätzt, wie politisch eine Frage wie der Angriff auf die Kultur der Kids werden kann.

Im Internet, auf WWW-Seiten und in unzähligen Online-Plaudereien machen junge Menschen ihrem Ärger Luft über die frommen Versuche der Erwachsenenwelt, sie »zu beschützen«, über die Anstrengungen des amerikanischen Kongresses, »Anstand« im Internet gesetzlich zu regeln und die freie Rede in dieser freiesten aller Umgebungen in Schranken zu weisen. Sie schreiben E-Mails und entfachen Online-Diskussionen und protestieren mit geschwärzten Web-Seiten. Damit sind sie ebenso ausdrucksstark und aufgeweckt, wie es alle Jugendlichen seit den 70ern gewesen sind. Außerdem hat diese digitale Generation eine Waffe, die keine vorhergehende Generation hatte: Via Computer und Modem erreichen sie Gleichgesinnte, die räumlich noch so weit entfernt sein können und verbünden sich mit ihnen. So sind sie in der Lage, ihr Leben mit dem anderer zu vergleichen, ihre Erfahrungen auszutauschen – und daher wissen diese Kinder, daß ihre Kultur nicht gefährlich ist. Ihre Strategien, die fast gänzlich jenseits elterlicher Kontrolle und dem Bewußtsein von Journalisten und Politikern zum Zuge kommen, könnten die Politik der jungen Generation transformieren.

Journalisten haben nicht begriffen, bis zu welchem Ausmaß Kultur für junge Leute Politik ist, und auch nicht thematisiert, wie vehement junge Menschen die Ansicht ablehnen, daß ihre Kultur sie als blöd, indifferent und anfällig für Gewalt erscheinen läßt. Da Kinder in den Medien und in den politischen Debatten fast keine Stimme haben, ist es nicht verwunderlich, daß ihre Wut zum Großteil unbeachtet bleibt.

Doch erfährt die traditionelle, engstirnige Presse bereits am eigenen Leib, was es heißt, unermüdlich Kinder zu beleidigen – sie hat alarmierend wenig neue Leser. Politiker könnten schon bald die gleiche Lektion lernen. Die Kämpfe um die neuen Medien können möglicherweise eine jugendliche Politisierung ins Rollen bringen, die an die Bewegungen erinnert, die von radikalen Minderheiten, Frauen oder Schwulen ins Leben gerufen wurden.

Unter den Augen ihrer Vormünder sind junge Menschen über die ganze Welt hinweg miteinander verbunden. Sie teilen ihre Kultur bereits, indem sie online Informationen über neue Filme, Fernsehsendungen und CDs austauschen, sich Software und Technik-Tips zukommen lassen oder einander vor Viren warnen. Sie leiten sich gegenseitig zu den interessanten Orten im weltweiten Datennetz. Manchmal schließen sie sich zusammen, um aggressive, aufdringliche und verantwortungslose digitale Altersgenossen zu schelten oder zu vertreiben.

Jedoch haben Kinder, vielleicht mehr als jede andere unterdrückte Minorität, einen langen Weg vor sich, bevor sie politisch organisiert sein werden. Und sie selbst können nicht an diesem politischen Kampf teilnehmen.

Mittlerweile sollten sie Unterstützung erhalten. Online-Mäzene sollten so etwas wie das *Children's Digital Freedom Center,* ein digitales Freiheitszentrum für Kinder gründen, ganz ähnlich der *Electronica Frontier Foundation* (EFF). Dieses Center könnte Kindern richtige und wichtige Informationen zu Gewalt, Pornographie und Sicherheit im Internet an die Hand geben, mit denen sie ihre Klassenkameraden versorgen und gegen Fehlinformation und Ignoranz angehen könnten. Eine solche Vereinigung könnte jungen Menschen rechtliche Unterstützung geben, wenn sie aufgrund freier Meinungsäußerung im Internet bestraft werden sollen, oder denjenigen helfen, denen das Recht auf Zugang gänzlich vorenthalten wird. Doch gilt bislang: Alles, was Kinder von der digitalen Gemeinschaft erhalten haben, ist ein ohrenbetäubendes Gähnen.

Artikel IX: Die Scheinheiligkeit der digitalen Welt

Vor allem anderen sind die Vertreter der Netzkultur stolz auf die Idee, daß alle Informationen frei und die digitale Kultur unversperrt und allgemein zugänglich sein soll. Bestrebungen hinsichtlich staatlicher und korporativer Kontrolle und die Einführung sogenannter Sittlichkeitsstandards, sind Gegenstand heißer Online-Debatten und politische Offline-Lobbyings.

Doch entweder schweigt die Netzkultur, oder sie unterstützt gar die Versuche, den Zugang für Kinder zu blockieren. Auch die EFF trägt dazu bei, jungen Menschen den Internet-Zugang zu erschweren und verweist sogar auf die WWW-Seiten der Anbieter von Blockiersoftware. Selbst in liberal gesinnten Online-Salons, wie dem kalifornischen *The Well*, versteht es sich in den meisten Fällen von selbst, daß Kindern die Redefreiheit untersagt werden kann, für die ansonsten jeder zu kämpfen bereit ist.

Bürger der digitalen Nation, die sonst schnell auf die Barrikaden gingen, wollte der US-Kongress ihre Redefreiheit beschneiden, scheinen erfreut, sich an den Strohhalm der Blockiersoftware klammern zu können. Offenbar sind sie gewillt, ihr eigenes Recht auf freie Rede gegen das der Kinder einzutauschen. Nehmt nicht uns, nehmt unsere Kinder. Niemand in der hochsensibilisierten und politisierten digitalen Erwachsenenwelt zuckt mit der Wimper, wenn in den Medien fröhlich davon gesprochen wird, daß **Blockiersoftware** die einzige Möglichkeit darstellt, das Internet zu zensieren.

Die häufig als hilfreiches »Internet-Werkzeug« angebotene **Blockiersoftware** zielt auf Filterung und Sperrung zweifelhafter Inhalte. Programme wie *Cyber Patrol, NetNanny, Cyber Sitter* oder *Net Shepherd* erlauben es, spezielle Netzangebote gezielt zu sperren. Dazu werden verschiedene Internet-Dienste (z. B. WWW-Seiten, Newsgroups, Chat-Kanäle) nach Wörtern und Begriffen durchsucht, die von einer programminternen Liste vorgegeben werden. Beim Auffinden eines indizierten Wortes kann es von der Blockiersoftware verborgen oder eine automatische Sperrung des Internet-Dienstes eingeleitet werden. Die Funktionsweise der Programme kann jedoch keinen Erfolg garantieren: Befindet sich etwa die Zeichenfolge »sex« auf der Suchliste, so können auch Texte zum Thema »Staatsexamen« von der Filterung betroffen sein. Breite Anwendung finden solche Programme bei Internet-Providern wie AOL oder Compuserve, die Blockiersoftware als »Kindersicherungen« anbieten. In den USA führen die technischen Mängel der Filterprogramme sowie ihr Einsatz als »digitaler Moralkompaß« bereits zum Auftauchen der Blockiersoftware in der Debatte um das Recht auf freie Meinungsäußerung im Internet.

Diese Herangehensweise bildet die antithetische Entsprechung zu Vertrauen und vernünftigem Diskurs zwischen Erwachsenen und Kindern. Gleichzeitig liefert sie einen weiteren Beweis der wachsenden Notwendigkeit, Kinder nicht vor digitalem Dreck, sondern vor elterlichem Mißbrauch von Einfluß und Macht zu schützen. Blockiersoftware ist gefährlich und ihre Anwendung läßt viele Hintertüren offen. Einige dieser Programme haben Tausende potentiell verbotener Kategorien, die weit über Sex und Gewalt hinausreichen. Einmal angewendet, können Zensur und Einschränkungen auf andere Gebiete, die Eltern außerhalb der Reichweite von Kindern wissen wollen, ausgeweitet werden: Politische Themen, die sich von ihren eigenen Wertvorstellungen unterscheiden, Musik- und Filmforen, die nicht ihrem Geschmack entsprechen, Online-Freunde, die nicht ihre Zustimmung finden – das Recht der Stärkeren.

Obwohl sie in Amerika als Schutz für Kinder eingeführt wird, könnte sich diese Technologie, wenn sie sich erst einmal etabliert und weiterentwickelt hat, die Techno-Freundin eines Tyrannen werden, indem sie Mittel und Wege offeriert, Sprache und Gedanken zu kontrollieren. Kinder, die mit Blockiersoftware leben müssen, werden mit dem Gedanken aufwachsen, daß man Themen, mit denen man sich nicht auseinandersetzen will, einfach aus dem Blickfeld und damit aus dem Bewußtsein ausblenden kann. In jedem anderen Kontext würden die Verfechter der freien Rede spätestens an dieser Stelle die Wände hochgehen.

Ebenso wie die unsinnigen Klassifizierungen der Filmindustrie, vermittelt Blockiersoftware die Illusion von Kontrolle. Sie garantiert damit jedoch noch lange keine Sicherheit, da raffinierte Übeltäter sie noch schneller umgehen werden, als Kinder das können. Und sie lehrt auch nicht, wie man zum Bürger der digitalen Welt wird.

Viele Eltern ziehen sich im sicheren Glauben zurück, der digitale Babysitter nehme ihnen die Arbeit schon ab, doch aufgepaßt: Clevere Kids, die nicht selten mitgeholfen haben, diese digitale Kultur überhaupt zu erschaffen, werden diese Software im Handumdrehen überlisten. Auch für sie wäre es besser, ihre Eltern würden sie bei den ersten Online-Abenteuern begleiten und ihnen zeigen, was unangemessen oder gefährlich sein kann.

Das Blockieren nimmt Kindern jede Möglichkeit, mit den Realitäten der neuen Kultur konfrontiert zu werden: Einiges davon ist pornographisch oder gewalttätig, manches gefährlich. Sie müssen solche Situationen zunächst jedoch in einer rationalen Art und Weise und unter

Anleitung meistern können und daraus lernen, wie man sich selbst schützt.

Dem Drang, Inhalte zu blockieren, geht die Annahme voraus, daß es an sich schon eine Gefahr darstellt, wenn man sich bestimmten Themen aussetzt. Doch nur eine verschwindend geringe Anzahl von Kindern wurde infolge von Online-Begegnungen in potentiell gefährliche Situationen gelockt – nach Angaben des *National Center for Missing and Exploited Children* waren es weniger als 25.

Die digitale (Erwachsenen-)Welt schuldet es den Kindern, deren Rechte mit dem selben Eifer zu verteidigen wie ihre eigenen. Bis jetzt hat sie das nicht getan und damit ihr eigenes Erbe und, schlimmer noch, ihre Zukunft betrogen.

Artikel X: Was Kinder brauchen, ist das 21. Jahrhundert

Kinder müssen die neuen Maschinen in die Finger bekommen. Sie brauchen einen gleichberechtigten Zugang zur Technologie der Kultur, Forschung, Lehre und Erziehung. In armen Familien aus der Unterschicht finden sich weniger Computer als in der wohlhabenden Mittelschicht. Und wir erfahren auch, daß einige Kinder aus Minoritätengruppen sich gegen den Computer als Spielzeug des weißen computerbesessenen Spinners sträuben.

Wenn Technologie für eine Kluft zwischen den Besitzenden und den Ausgeschlossenen sorgt, dann kann sie diese Kluft auch wieder beseitigen. Billige, tragbare PCTVs – Fernseher mit integriertem Computer und Modem – könnten dazu beitragen, Ungleichheiten in der digitalen Revolution schnellstens auszugleichen. Die Umsetzung von gleichen Zugangsbedingungen für alle sollte die erste und dringlichste moralische Aufgabe der digitalen Generation sein.

Kinder müssen auch lernen, die neuen kulturellen Produktionsmittel verantwortungsbewußt zu gebrauchen. Das aber bedeutet, daß sie die neuen Regeln der Gemeinschaft in der Online-Welt begreifen und über den oftmals rauhen, unnötig aggressiven Ton hinausgehen müssen, der viele Diskussionen durchdringt. Sie müssen gleichermaßen lernen, ernsthaft zu recherchieren, zwanglos zu plauschen, gegebenenfalls den Mund zu halten oder sich ein Spiel aus dem Netz zu kopieren.

Kinder brauchen Hilfe, um sich zu Bürgern des digitalen Zeitalters entwickeln zu können. Außerdem sollen sie herausfinden, wie sie die neuen Medien nicht nur zur simplen Unterhaltung, sondern auch zu weitreichenden sozialen Zwecken nutzen können. Sie müssen darin angeleitet werden, wie sie mit ihrer neuen Fähigkeit, sofort mit anderen Kulturen verbunden sein zu können, zurechtkommen sollen. Sie müssen daran erinnert werden, wie man die Gefahren des Elitedenkens und der Arroganz vermeidet.

Noch weit wichtiger ist es aber, das Versprechen der fundamentalen Idee, die John Locke, Thomas Jefferson und andere vor drei Jahrhunderten in die Welt einführten, auf Kinder auszuweiten: Daß jeder Rechte hat. Daß jeder ein so großes Maß an Freiheit wie möglich erhalten soll. Daß alle die Möglichkeit haben sollten, die äußeren Grenzen ihres Potentials zu erweitern.

Wir müssen uns selbst beibringen, wie wir darauf vertrauen können, daß unsere Kinder vernünftige Entscheidungen über ihre eigene Sicherheit treffen. Wir sehen ihre Welt als dunkle und gefährliche Welt, selbst dann, wenn sie sie herausfordernd, unterhaltsam und aufregend finden. Wir bevormunden sie, wenn wir glauben, daß sie nicht den Charakter, den nötigen Menschenverstand und auch nicht das Bewußtsein haben, um den Gefahren ihres riesigen kulturellen Universums zu widerstehen. Und jetzt versuchen wir zudem, sie von dieser Welt abzuschotten.Wir haben keine Chance. Ebenso wie Lockes Idee der Emanzipation hat auch das Leben von Kindern eine Eigendynamik. Noch bevor wir sie zu fassen bekommen, werden sie uns überholen. Ihre Emanzipation ist so unumgänglich wie die unsrige.

Seit Lockes Zeit hat sich die Demokratie unaufhaltsam weiterentwickelt, da Monarchien und autoritäre Regime auf Dauer kaum bestehen konnten. Sie wurden unterminiert von neuen Ideen, die nicht selten auf dem Rücken heute weltweit verbreiteter neuer Technologien daherkamen. Unterdrückende Autorität und Zensur erscheinen als zunehmend anachronistisch angesichts der porösen Grenzen des herannahenden digitalen Zeitalters.

Das kommende Jahrtausend ist mehr als nur ein historischer Meilenstein. Jetzt ist der richtige Zeitpunkt, um unsere Kinder aus den ungeschickten Händen der Geschichte zu befreien. Viele von uns erkennen, daß sich unsere Kinder in ein wundersames neues Zeitalter hineinbewegen. Wie jeder andere auch, werden sie Risiken eingehen und Gefahren zu meistern haben. Und sie werden auch große Erfolge ernten. Kinder haben die Chance, Kommunikation, Kultur und Gemeinschaft neu zu erfinden.

Eike Hebecker

Generation @

Jugend in der Informationsgesellschaft

- -

Eike Hebecker gehört zum Herausgeberteam SPoKK, promoviert zum Thema
»Generation @« und publiziert zu Phänomenen der Popkultur in Fanzines und
Zeitschriften. In seinem Beitrag umreißt er den Zusammenhang zwischen
jugendkultureller Aneignung der Computertechnologien und gesellschaftlichem Wandel.

»@ – an diesem Zeichen könnt ihr uns jetzt erkennen. @ spricht man
›at‹, und vielleicht solltet ihr euch langsam einprägen, wo es auf der
Tastatur zu finden ist. Denn bald wird kein Brief und kein Mensch mehr
ohne @ auskommen wollen. Das @ verbindet einen Namen mit einem
Ort im Netz. Das ergibt dann eine Adresse. Wer so ist wie wir, wird
früher oder später zu seinem @ kommen – und damit seinen Platz in der
Welt gefunden haben.«

jetzt, Jugendmagazin der Süddeutschen Zeitung

»Die Charakteristika unserer Generation prädestinieren uns für den
frühzeitigen Umgang mit dem Computer – wir hatten Zeit, zur Schule
zu gehen, und mußten nichts mühsam wieder verlernen. Aber auch
die Leute in den Fünfzigern dürften bald soweit sein.«

Douglas Coupland

In einer schnellebigen Gesellschaft wie der unsrigen werden für die
ständig wechselnden Moden, Trends und Innovationen gerne Label der
Beständigkeit vergeben, die die kulturbildende Funktion eines Pro-
dukts und dessen Bedeutung für die alltägliche Lebenswelt betonen. In
Verbindung mit der Jugend, ihren Kulturen, Szenen und Lebensstilen
wird oft das Prädikat Generation verwendet, wenn sich ein Trend auf-
macht, zumindest kuzfristig eine mehr oder weniger große Anzahl von
Jugendlichen auf sich zu vereinen. Pädagogen, Soziologen und Trendforscher sind ständig auf der Suche nach diesem Mainstream, der in der
Regel wieder zerfallen ist, bevor sie ihn gefunden haben oder – was sich
keiner eingestehen will – nie bestanden hat. Der Kunstgriff, die jeweilige subkulturelle Szene aus dem »Mainstream der Minderheiten« her-

auszudeuten, der für den Augenblick eine Avantgardefunktion unter den Altersgenossen zugeschrieben werden kann, hilft darüber nur bedingt hinweg und setzt zudem eine gewisse Fertigkeit im Entschlüsseln jugendkultureller Codes voraus. Die Folge dieser Konstellation ist ein ständiger Prozeß von Generationsschöpfungen wie: die Hippie-, die Turnschuh- und die Null-Bock-Generation oder andersherum: die Generation X, Y oder @ sowie mit Zahlen: 68er, 89er... Gerne wird der Generationsbegriff auch durch ein Synonym ersetzt, das eine jugendliche Kollektivität umschreibt: also Crash-, Computer- oder Techno-Kids.

Geht man zur detaillierten Analyse einer Szene über, so findet man gewöhnlich eine Historisierung der Protagonisten anhand von Generationen vor, die der Geschichte industrieller Familienclans nicht unähnlich ist. Es gibt eine Gründergeneration, die die Szene/Firma aufgebaut hat, es gibt die zweite Generation, die sie ausgebaut, gegenüber Konkurrenten verteidigt und ihr schließlich zu ihrem Durchbruch verholfen hat, sowie die dritte, die den Laden einfach übernommen hat, um ihn zu versaufen, zu verspielen oder auszuverkaufen. Bisweilen gibt es auch eine vierte Generation, die ein Revival ausruft und alles wieder im Geiste der Gründerväter herstellt.

Analog dazu läßt sich unter den Computerfreaks eine erste, zweite und dritte Generation von Hackern, Programmierern und Spielern oder besser: eine 64er-, eine PC-, eine Nintendo- und eine Pentium-Generation unterscheiden. Diese für eine Konsumgesellschaft wohl angebrachte Periodisierung anhand von Typen- und Produktnamen beschreibt die Sozialisation entlang bestimmter Entwicklungsstufen der Computerindustrie. Sie markiert zudem den Zeitpunkt des Einstiegs – oder auch Ausstiegs – in eine neue Technologie, die durch ihre spezifischen Aneignungsformen, ein in verschiedene Szenen unterteilbares Segment der Jugendkultur darstellt.

Das Treibhaus des Generationswechsels

Sherry Turkle hat bereits 1984 eine erste Generation von Kindern beschrieben, die mit dem Computer aufwächst und das Programmieren noch vor dem Schreiben lernt.[1] Die Frage eines anstehenden Generationswechsels ist in diesem Zusammenhang bisher jedoch nie ernsthaft gestellt worden.

Das entscheidende Kriterium für eine Generationsbildung ist die Entstehung eines Generationsbewußtseins, das eine Alterskohorte auf-

jetzt – das Jugendmagazin der *Süddeutschen Zeitung* im Netz

grund der gemeinsam erlebten Zeit integriert und für die Zukunft zu einem Kollektiv verbindet. Bezog sich die klassische Generationstheorie bei Karl Mannheim noch auf herausragende historische Ereignisse und Umbrüche, die die soziale Lagerung einer Jugend prägten,[2] so müssen heute vor allem technische Innovationen wie die Computertechnologie hinzugenommen werden, um zu bestimmen, welchen Problemlagen sich der Zeitgeist zuwendet. Jugendliche Alterskohorten können innerhalb dieser Lagerung vor allem bei der Aneignung technischer Innovationen einen Informations-, Wissens- und Handlungsvorsprung erlangen. Dabei wird der privilegierte Zugriff auf bestimmte Schlüsseltechnologien zu einem entscheidenden Moment im Prozeß der Generationsbildung, wenn das Wissen um diese innerhalb einer Alterskohorte kollektiv geteilt und damit zu einem Bestandteil des Generationsbewußtseins wird.[3]

Die Generationsbildung und der gesellschaftliche Wandel, auf technologischer wie sozialer Ebene, stehen in einem unmittelbaren Zusammenhang, der sich in der Informationsverteilung unter den verschiedenen Altersgruppen spiegelt. Momentan vergrößert sich der Wissensabstand zwischen der jungen und den älteren Generationen besonders im Bezug auf die Nutzung computervermittelter Kommunikation und multimedialer Anwendungen. Der Abstand zwischen *information rich* und *information poor* entspricht einem *knowledge gap* zwischen den Generationen, der die Älteren zunehmend zwingt, von den Jüngeren zu lernen. John Perry Barlow bezeichnet diesen Zustand als »Lernkurve des Sisyphus«, da sich die Technik schneller entwickelt als das Lernvermögen und man selbst zum Fremden in einem Land wird, in dem die Kinder bereits zu Hause sind.[4] Trotzdem ist die alte Generation, die mit dem Röhrenradio aufgewachsen ist und heute an den Schaltstellen der Macht sitzt, dazu verdammt, der digitalen Technologie den Boden zu ebnen.[5]

Die ungleiche (entgegengesetzte) Verteilung von Medienkompetenz und gesellschaftlicher Macht, Anerkennung und materieller Ausstattung unter den Generationen führt jedoch in der Regel dazu, daß die über Computernetze akkumulierten Informationen nicht als kulturelles Kapital außerhalb der Netze akzeptiert werden. Hier verteidigen die überkommenen Institutionen bzw. die alten Generationen ihre hegemonialen Ansprüche.[6] Dies führt zur Marginalisierung von Jugendlichen und jungen Erwachsenen, die über die Hardware, Software sowie die technischen Fähigkeiten verfügen und diese zunächst nur zu ihrer Unterhaltung einzusetzen scheinen. Diese Tendenz wird besonders am Mythos vom »Realitätsverlust« der Computer-Kids deutlich und setzt sich in dem Zweifel an der Qualität, Relevanz und Sozialverträglichkeit computervermittelter Kommunikation fort. Dabei gleichen, wie es Derrick de Kerckhove formuliert, die Computer-Kids von heute dem tragischen Helden Don Quichote – nur daß sein Problem im unkontrollierten Konsum von Büchern, Schauergeschichten und Romanzen bestand.[7] Eingeschlossen in seine Bücherwelt, geht er raus und hält eine Gruppe von Windmühlen für Riesen, die er bekämpfen muß. Er zappt sich quasi aus der Wirklichkeit, die er mit seinen Mitmenschen teilt, geradewegs in die **virtuelle Realität** der Erzählungen.

Der Begriff **virtuelle Realität** (VR) wird dem Computer-Musiker und Erfinder des Datenhandschuhs Jaron Lanier zugeschrieben, während die Wortschöpfung **Cyberspace** (vom englischen *cybernetic space* = kybernetischer Raum) auf den Science-Fiction-Autor William Gibson und seinen Roman *Neuromancer* (1984) zurückgeht. Dessen Definition wurde beständig erweitert, mittlerweile gilt der Cyberspace in einer eher technischen Terminologie als »vollständige räumliche Visualisierung aller in den globalen Informationsverarbeitungssystemen vorhandenen Informationen, die auf den Datenleitungen der Telekommunikationsnetzwerke transportiert werden« (Marcos Novak). Beide Begriffe beschreiben also die Visualisierung von Informationen in einem digitalen synästhetischen Raum oder einfach den Kosmos hinter dem Bildschirm, in den man sich über eine Schnittstelle zwischen Mensch und Rechner, Interface genannt, »begeben« kann.

Der Unterschied zwischen Computer und Buch besteht lediglich darin, daß das Buch die Wirklichkeit nicht nur zwischen zwei Pappdeckel preßt, sondern vor allem in einen geschlossenen Text rahmt. Der Computer versammelt hingegen im Rahmen seines Bildschirms eine Vielzahl von visuellen und akustischen Komponenten, die durch taktile Operationen an den peripheren Steuerungsgeräten manipulierbar sind und aufgrund ihrer Vernetzung einen flexiblen, selbst ansteuerbaren Inhalt haben. Virtuelle Realität bedeutet also weniger einen Verlust an Realität als vielmehr den Gewinn eines neuen Realitätsrahmens – eine Realität, in die man im Zuge der Computervernetzung durch viele Fenster hineinschauen kann.

In den »Spezialkulturen« jugendlicher Computerfans finden sich eine Reihe Beispiele für die Auseinandersetzung mit digitalen Medien, die sich durch einen hohen Grad an Professionalität und Kompetenz auszeichnen. Zu unterscheiden sind hier vor allem Hacker, Cracker, Programmierer und Video-Spieler sowie Benutzer von Mailboxen und Computernetzen.[8] Diese Aneignungsformen bringen eigene Bedeutungsmuster und Sinnwelten hervor, die als autonome und eigenverantwortliche Mediennutzung zu interpretieren sind. Angesichts der Arbeitsmarktsituation und des qualitativen Wandels vieler Berufsbilder gewinnen für Jugendliche Fähigkeiten, die sie während ihres Freizeitverhaltens erwerben, immer häufiger den Charakter einer Qualifikationsressource jenseits der Schul- und Berufsausbildung. [*Vgl. dazu auch den Beitrag von Christoph Bieber in disem Band, S. 263 bis S. 272*] Diese »Medienspezialkulturen« repräsentieren im allgemeinen Trend der Separierung altershomogener Gruppen einerseits so etwas wie *Identitätsmärkte*, in denen Jugendliche Selbstdarstellungsstrategien erproben können, andererseits stellen sie auch *Kompetenzmärkte* dar, die die kollektive Einübung eines adäquaten Mediengebrauchs ermöglichen. »An die Stelle des sozialmilieubestimmten Habitus treten marktabhängige, modisch-eklektische Stiltypen«[9], die in den gesamtgesellschaftlichen Transformationsprozeß der Individualisierung und Pluralisierung von Lebensstilen eingebettet sind.

Die kulturbildende Funktion des Spiels hat schon immer zu neuen kulturellen Praktiken geführt, die die Basis für eine gesellschaftliche Wandlungs- und Entwicklungsfähigkeit darstellen. Volker Grassmuck betont beispielsweise nicht nur die positiven sozialen Funktionen von Video- und Computerspielen wie die Identifikation durch Handeln, die theatralische Inszenierung in Rollenspielen und die Ausbildung eines sozialen Kontextes unter den Spielern (auch wenn sie bisweilen allein vor der Konsole sitzen sollten), sondern prophezeit: »Die Vision vom heimischen Cockpit für die Informationsgesellschaft wird realisiert als Spielzeug.«[10]

Demgegenüber stehen quantitative Analysen, die im Medienverhalten von 14–24jährigen keinen signifikanten Unterschied zur Gesamtbevölkerung feststellen und ihnen demnach auch keine Vorreiterrolle in der Auseinandersetzung mit neuen Medien zugestehen. »Sie lesen etwas weniger Zeitungen und Zeitschriften und hören dafür häufiger CDs, sehen häufiger Videos und beschäftigen sich häufiger mit Computern. Wenn allerdings von 100 Jugendlichen nur 18 in der Woche vor der Befragung einen Computer benutzt haben, während 36 ein Buch gelesen und 82 ferngesehen haben, kann man wohl kaum von einer Generation der Computer-Kids sprechen.«[11] Auch wenn solche Zahlen eher dazu geeignet sind, den momentanen Verbreitungsgrad verschiedener Medien zu illustrieren, als die Qualität und Intensität der Nutzung zu analysieren, bleibt festzuhalten, daß die ökonomischen Erwartungen, die sich auf die Etablierung einer Informationsgesellschaft richten, nur durch User erfüllt werden können, die den technischen Präsentationsformen gewachsen sind und von den Interaktionsangeboten nicht unterfordert werden. Ansonsten droht die Option der Multimedialität in einer Medienpolarität zu enden, in der konservative Formen der Mediennutzung wie digitales Fernsehen einen breiten Raum einnehmen und aktive Formen wie die Informationssuche und Kommunikation in Computernetzen weiterhin einer privilegierten Informationselite vorbehalten bleibt.

Typen der Informationsverwertung und Typus der Information

Der Begriff der Informationsgesellschaft ist trotz seines inflationären Gebrauchs nur bedingt für eine präzise Beschreibung und Definition der gegenwärtigen gesellschaftlichen Situation geeignet. Dies liegt vor allem an der mangelnden materiellen und ideellen Eingrenzbarkeit von Information, beispielsweise als konkrete Informationstechniken, Informationsberufe oder Informationsstrategien: Was für den einen eine wertvolle Information ist, ist für einen anderen überflüssiger Ballast. Information hat keinen eindeutigen Typus, sie ist weder nur Gegenstand noch nur Funktion. John Perry Barlow typisiert Information als eine Aktivität, eine Lebensform und eine Beziehung zugleich.[12] Informationen müssen sich bewegen, sie müssen erzeugt, übertragen und empfangen werden. Sie vermehren sich, verändern sich und verderben im Laufe der Zeit. Erst wenn sie in einem kreativen Prozeß selektiert, decodiert und in einen anderen Zustand transformiert werden, können Daten zu Bedeutungen und Information zu Wissen werden.

Für die Entwicklungsperspektiven einer Informationsgesellschaft sind modifizierte Aneignungsstrategien und Selektionsmechanismen zur Verarbeitung der steigenden Informationsflut von zentraler Bedeutung. Repräsentativbefragungen haben ergeben, daß viele Bundesbürger – und besonders die ältere Generation ab 50 Jahren – das Medien- und Informationsangebot als Bedrohung empfinden.[13] In einer Informationsgesellschaft werden sich nur diejenigen zurechtfinden, die hinreichend dafür ausgebildet sind und über die notwendigen Kulturtechniken verfügen. Das Problem der Überfülle an Informationen *(information overflow)* kann nur durch Wahrnehmungsweisen kompensiert werden, die steigender Komplexität mit selektiver Aufmerksamkeit begegnen. Beispiele dafür finden sich in der Mediennutzung von Jugendlichen, die in ihren Spezialkulturen beim Computerspielen, Hacken, Programmieren, Netzsurfen oder Zappen mit der Fernbedienung momentan die kulturellen Grundtechniken der Informationsgesellschaft gleichsam beiläufig einüben.

Die dabei gewonnene Informationskompetenz setzt sich aus der Fähigkeit der Aneignung und der Selektion zusammen. Für die Frage, ob sich um die technische Innovation digitaler Medien eine jugendkulturelle Praxis gruppiert, die in der Lage ist, die Sozialisationserfahrungen einer gesamten Alterskohorte zu repräsentieren und einen übergreifenden Generationsstil zu prägen, der als Indikator für die Entstehung einer distinkten Generationsgestalt gelten kann, ist entscheidend, daß bei der Aneignung neue soziale Typen und kulturelle Modelle sichtbar werden. Aus diesem Grund werden in der Folge einige Idealtypen jugendlicher Informationsverwerter entwickelt und vorgestellt.

Zapper und Surfer

Mit der Erfindung der Fernbedienung ist, durch die Option des permanenten Wechsels der TV-Kanäle, eine neue Epoche des Fernsehzeitalters angebrochen. Wurde das Zappen zunächst als Unsitte abgetan, so wird es mittlerweile auch als eine dem Medium angemessene Rezeptionsweise angesehen, die einer eigenen »Ästhetik des Umschaltens« folgt.[14] Als Technik der Zerstreuung, die in Zufallsmontagen neue Zusammenhänge, Erzähltechniken und Lesarten generiert oder als träumerische Rezeption, die verborgene Sinnebenen zugänglich macht, ist das Zappen eine aktive Rezeptionsform, die einer passiven Berieselung gegenübersteht.[15] Durch die Einführung des World Wide Web (WWW), das Dokumente auf Rechnern in aller Welt über Querverweise (Links) miteinander verbindet und es erlaubt, diese per Mausklick auf einer graphischen Benutzeroberfläche anzusteuern, wird die Technik des Zappens auch in die Computernetze übertragbar. Das WWW ermöglicht dabei nicht nur einer großen Zahl von Usern ein bequemes Navigieren im Datenstrom, sondern ist zugleich ein Instrument, mit dem verschiedene Dokumente zu einem eigenen fortlaufenden Text (Hypertext) kombiniert werden können. Der Netzsurfer beherrscht und nutzt diese grundlegenden Navigationstechniken zur Kommunikation, zur Information, aber vor allem zu seiner Unterhaltung. Mittels *electronic mail* und in den unzähligen *chat lines* tauscht er sich aus, er wandelt durch digitale Spielwelten und Städte oder sucht sich online einen Partner für ein Computergame. Browser und Suchmaschinen stellen ihm einen möglichst bunten Strauß aus dem Web-Angebot zusammen. Der Vorwurf, daß er sich nur sehr oberflächlich an der Spitze der Welle bewegt und nicht alles durchdringt, läßt ihn zurecht kalt, denn nur dort wird ihm ein Maximum an Spaß garantiert.

Der Informationsfetischist

Einen weiteren Hinweis auf ein neues kulturelles Modell im Umgang mit Informationen unter den Bedingungen digitaler interaktiver Medien hat Volker Grassmuck mit seiner Beschreibung der japanischen *Otaku-Generation* gegeben.[16] Die *Otaku* gehören der ersten Generation an, die in einem mit Medien gesättigten Milieu aufgewachsen ist, das sie als natürliches Habitat zur Befriedigung ihrer Bedürfnisse verwenden. Sie sind Informationsfetischisten, die sich mit einem Teilsegment der Populär- und Medienkultur beschäftigen, welches sie mit radikaler Ausschließlichkeit verfolgen. Indem sie jegliche Information zu einem technischen oder kulturellen Gegenstandsbereich wie *Mangas*, Computer-Spiele, Videos, Modellbausätze oder den »synthetischen« Idolen der japanischen Musikindustrie sammeln, versuchen sie, trotz des Überangebots, die absolute Kontrolle über einen kleinen Teil ihrer Lebenswelt zu erlangen. [*Vgl. dazu auch das Gespräch von Hans-Ulrich Obrist mit Eye Yamataka in diesem Band, besonders S. 253*] Information ist Fetisch, sie »bedeutet« nichts mehr und wird allein zum Prahlen genutzt. Sie ist gleichgültig, weil sie jederzeit durch das immer Neue ersetzt werden kann und durch die universale Informationsmaschine Computer ständig technisch verfügbar ist. *Otaku* ist jedoch mehr als eine Haltung gegenüber digitalen Medien und bestimmten Themen: Es ist eine »Seinsweise in der Information« (Grassmuck).

Datendandy und Salondigitalist

Der Datendandy bedient sich einer dem *Otaku* verwandten Form der Informationsverwertung.[17] Er benutzt die Computernetze als einen Raum, in dem man sich zur Schau stellen kann. Was er an einem Ort abstaubt, präsentiert er anderswo als latent wichtiges, einmaliges Wissen. Die Quellcodes fremder Homepages sind ebenso sein Zuhause wie die extrovertiertesten Newsgroups. Er braucht die Offenheit der Netze, um sich und seine vergänglichen Daten auf virtuellen Plätzen zu präsentieren, ähnlich wie es sein historischer Vorgänger auf den Straßen und in den Salons getan hat. Da Information zwar allgegenwärtig, aber nicht ohne weiteres verfügbar und in Wissen verwandelbar ist, versucht der Datendandy weder, sich einen möglichst großen Überblick zu verschaffen, noch, wie der *Otaku*, ein Teilsegment des Informationsmarkts komplett zu erschließen: Er wählt vielmehr Daten und Informationen anhand ästhetischer Kriterien aus, die sie als besonders schmückend, elegant und exklusiv ausweisen. Er ist die avancierte Variante des Netsurfers, quasi ein *Knowboarder*,[18] der nicht auf ausgetretenen Datenpfaden wandelt und seinen Wissensvorsprung zweckorientiert einsetzt. Dabei ist nicht die Information, sondern allein die Kenntnis ihres Standortes entscheidend.

Hacker und Informationsverstecker

Die Mythologisierung der Figur des Hackers beruht auf jungen Technikfreaks, die in den 80er Jahren plötzlich in der Lage waren, mit relativ einfachen Mitteln (PC und Modem) von ihren Kinderzimmern aus in die Zentren der Macht einer sich zunehmend computerisierenden Gesellschaft vorzudringen. Der Einstieg in die Computersysteme von Banken, Telefongesellschaften oder des Pentagon ist bereits zur Legende geworden. Dabei steht nicht die Nutzung sensibler Daten im Mittelpunkt, sondern das unbemerkte Springen zwischen den Systemen und das Überwinden von Zugangssperren.[19] Das Bild vom jugendlichen Hacker, der der Faszination des Verbotenen erliegt und seine technische Überlegenheit am Rande der Legalität oder sogar als Datenterrorist ausspielt, hat sich mittlerweile gewandelt. [*Vgl dazu auch den Beitrag von Andrew Ross in diesem Band, S. 292 bis S. 304*] Mit seiner Ethik, keine Daten zu zerstören, sondern alle Informationen frei zugänglich zu machen, ist er zu einer Kontrollinstanz für eine ausufernde Digitalisierung geworden. Sie finden die Sicherheitslücken im System und eröffnen den Zugriff auf Informationen, die eigentlich einer breiten Öffentlichkeit vorenthalten bleiben sollten.

Die andere Seite der digitalen Medaille ist der Schutz der privaten Kommunikation in den Computernetzwerken. Wer nicht will, daß seine Daten auf dem Weg über diverse Rechner von Dritten eingesehen werden, greift selbst zur Verschlüsselung (Kryptographie), versteckt seine Texte in Bilddateien (Steganographie) oder anonymisiert seine E-mail-Adresse auf eigens dafür eingerichteten Servern. Man muß sich eben auskennen, wenn man seine Persönlichkeitsrechte im digitalen Raum und ein Mitspracherecht über dessen Gestaltung wahren will, vor allem solange kein gesellschaftlicher Konsens über die Regulierung oder Deregulierung dieser Sphäre vorhanden ist.

My Home is my Homepage

Das Erstellen einer Homepage entwickelt sich zur wichtigsten Präsenzform im Internet, mit der sich Individuen, Firmen oder Institutionen im virtuellen Raum präsentieren. Es müssen lediglich Dateien auf einem Server installiert werden, um eine graphische Oberfläche zu konfigurieren, die über das WWW ansteuerbar ist. Als Begrüßungsseite von Informationsdiensten oder Zeitschriften dient eine Homepage dazu, den Inhalt vorzustellen und auf weitere Angebote zu verweisen. Private Nutzer machen auf ihnen in der Regel Informationen zur eigenen Person, Profession oder besonderen Interessengebieten allgemein zugänglich. Eine wichtige Funktion besteht jedoch auch in den Querverweisen (Links) zu anderen Homepages, die sich mit denselben Themenbereichen wie beispielsweise einer bestimmten Sportart, Musikrichtung, Science-Fiction-Serie – beschäftigen oder auch auf das Studienfach, die politische Einstellung oder die religiöse Orientierung des Erstellers verweisen. Viele Jugendliche und junge Erwachsene basteln sich ein solches elektronisches Zuhause, in dem sie sich als Individuen durch ein Arrangement von Informationen und deren Zugang charakterisieren. Wer ein wenig HTML und Java beherrscht, kann momentan überall einen Job bekommen, indem er digitalen Obdachlosen ein Heim gibt. Die Richtung des Wissenstransfers hat sich damit geändert: Kompetenz wird von den jüngeren auf die älteren Generationen übertragen.

»Wenn ich einem Erwachsenen begegne, der mir von den Vorteilen der CD-ROM erzählt, ist die Wahrscheinlichkeit hoch, daß er ein Kind im Alter zwischen fünf und zehn Jahren hat. Treffe ich dagegen eine Frau, die etwas von America Online versteht, kann ich davon ausgehen, daß in ihrem Haushalt ein Teenager lebt. Das eine ist ein elektronisches Buch, das andere ein Datennetz und beides wird heute von Kindern als so selbstverständlich vorausgesetzt, wie wir die Luft zum Atmen betrachten (bis sie uns einmal fehlt).«[20]

Anmerkungen

1 Turkle, S. : **Die Wunschmaschine. Vom Entstehen der Computerkultur,** Hamburg 1984

2 Mannheim, K.: **Das Problem der Generationen,** in: K. H. Wolff (Hg.): **Karl Mannheim: Wissenssoziologie,** Neuwied/Berlin, 1964 S. 509–565

3 Vgl. Sackmann, R. / Weymann, A.: **Die Technisierung des Alltags. Generationen und technische Innovationen,** Frankfurt am Main/New York 1994, S. 41 ff.

4 Barlow, J. P.: In der Einleitung zu: Rushkoff, D.: **Cyberia. Von Hackern, Technoschamanen und Cyberpunks.** München 1995, S. 11

5 Vgl. Glaser, P. / Tangens, R.: **Die Zuvielisation. Information wird die Menschheit nicht retten,** in: Spiegel special 3/1996, S. 110–114

6 Vgl. Critical Art Ensemble: **Utopische Versprechen. Realität der digitalen Netze,** in: Die Beute, Frühjahr 1996, S. 66–73

7 Vgl. Interview mit Derrick de Kerckhove in: Kultur!News 3/1995, S.12–15

8 Grundlegend für eine Differenzierung in Computer-Spezialkulturen sind die Studien von Roland Eckert et al.: **Auf digitalen Pfaden. Die Kultur von Hackern, Programmierern, Crackern und Spielern,** Opladen 1991, sowie von T. A. Wetzstein et al.: **Datenreisende. Die Kultur der Computernetze,** Opladen 1995

9 Vgl. Vogelgesang, W.: **Medien als Kristallisationspunkte jugendlicher Fankulturen** in: Ästhetik & Kommunikation Heft 88, 24. Jg., Februar 1995, S. 55–60, S. 57

10 Grassmuck, V.: **Der elektronische Salon. Die Geburt des Tele-Sozialen aus dem Geist des Computer-Games** in: Rötzer, F.(Hg): **Schöne neue Welten?. Auf dem Weg zu einer neuen Spielkultur,** München 1995, S. 42–56, S. 47

11 Kubicek, H.: **Deutschlands Dritter Anlauf in die Informationsgesellschaft** in: Buhlmahn, E. et al.: **Informationsgesellschaft – Medien – Demokratie. Kritik – Positionen – Visionen,** Marburg 1996. S. 241–268., S. 262 f.

12 Vgl. Barlow, J. P.: **Wein ohne Flaschen. Globale Computernetze, Ideen-Ökonomie und Urheberrecht** in: Lettre International, S. 57–63, S. 59

13 Vgl. Opaschowski, H. W.: **Medienkonsum. Studie des B.A.T.-Freizeit-Forschungsinsituts,** Hamburg 1995

14 Vgl. Wulff, H. J.: **Rezeption im Wahrenhaus. Anmerkungen zur Rezeptions-ästhetik des Umschaltens** in: Ästhetik & Kommunikation Heft 88, 24. Jg., Februar 1995, S. 61–66

15 Vgl. Winkler, H.: **Switching, zapping. Ein Text zum Thema und ein parallel-laufendes Unterhaltungsprogramm,** Darmstadt 1991

16 Grassmuck, V.: **»Allein aber nicht einsam« – die otaku-Generation** in: Bolz, N./ Kittler, F./ Tholen, C. (Hg.): **Computer als Medium,** München. 1994 S. 267–296

17 Vgl. Agentur Bilwet: **Der Daten Dandy,** Mannheim 1994, S. 75–80

18 Vgl. SPoKK: **Generation X. Jugendforschung für eine immer schneller werdende Kultur** in: Z - Zeitschrift für Kultur- und Geisteswissenschaften Nr. 12, 4. Jg. Sommer 1996, S. 3–15

19 Aus der reichaltigen Literatur über das Hackertum hier nur zwei weitere Beispiele, die für verschiedene Genres stehen, (A) die Szenerepotage: Hafner, K./Markoff, J.: **Cyberpunk. Outlaws and Hackers on the Computer Frontier**, London 1991 sowie (B) der Tatsachenroman über die gegenseitige Hetzjagd zweier Hacker: Goodell, Jeff: **Cyberdieb und Samurai**, Berlin 1996

20 Negroponte, Nicholas: **Total Digital. Die Welt zwischen 0 und 1 oder Die Zukunft der Kommunikation**, München 1997, S. 11 f.

X-SCHOOL

»Eine Gesellschaft, die, von links wie von rechts, ihre Jugend verleugnet, denunziert, kulturell entzeichnet, möchte offenbar vor allem eines verhindern: sich zu verändern.«
$\qquad$ Georg Seeßlen

»Ob es euch nun gefällt oder nicht, wir sind das, was euch ersetzen wird.«
$\qquad$ Douglas Rushkoff

Douglas Rushkoff

Wir über uns

Introducing Generation X

- -

Douglas Rushkoff, Autor und Software-Entwickler aus New York, verfolgte als Chronist der Cyberkultur in seinen Arbeiten *Cyberia* und *Media Virus* einen medienanthropologischen Ansatz. Als Herausgeber von *The GenX Reader*, gleichsam eine Unabhängigkeitserklärung der amerikanischen Twentysomethings, wurde Rushkoff zu einem der Wortführer dieser Gemeration.

Generation X, darunter verstehen unterschiedliche Leute ganz unterschiedliche Sachen. Wir sind eine Kultur, ein demographisches Phänomen, eine Lebenseinstellung, ein Stil, eine Ökonomie, eine Szene, eine politische Ideologie, eine Ästhetik, ein Zeitalter, ein Jahrzehnt und eine Literatur.

Für einige heißt GenX zu sein, Aussteiger zu sein. Für uns ist es eine Unabhängigkeitserklärung.

Dem allgemeinen Verständnis nach bezieht sich heutzutage Generation X auf das, was man das »verlorene« Segment der amerikanischen Jugend nennen könnte – zu jung, um den Anschlag auf Präsident Kennedy mitbekommen zu haben, und zu alt, um nicht das Ende von Disco erlebt zu haben. Nachdem wir der Generation vor uns zusahen, wie sie sich von Hippies zu Yuppies, zu New Age-Anhängern und Grundbesitzern verwandelte, haben wir nun das Gefühl, daß wir im Kielwasser der Baby-Boomer schwimmen und die wirtschaftliche und kulturelle Bürde einer Gesellschaft tragen, die von finanziellen Krediten und sozialen Schulden lebt. Der massiven Baby-Boomer-Population nachfolgend, jenem schwer verdaulichen Brocken im Gedärm der Schlange, die man amerikanische Geschichte nennt, haben wir Baby-Buster gelernt, jenes verdauungstechnische Vakuum unser Zuhause zu nennen.

Wir haben nicht darum gebeten, mit diesem Erbe belastet zu werden, aber wir haben uns dafür entschieden, das beste daraus zu machen. Obwohl Soziologen uns in die Form der niedergeschlagenen dreizehnten Generation gegossen haben, werden wir – die hoffnungslosen, mutierten Kinder einer vorübergehend aus dem Gleichgewicht geratenen Gesellschaft – das, was vom kulturellen Spielplatz noch übrig ist, genießen, bevor unsere Arbeitslosenunterstützung, elterliche Zuwendungen oder McJobs zu Ende gehen. Doch hat gerade unsere Bereitschaft, das Erbe zu akzeptieren – und in dem Ödland, das uns vermacht wurde, Spaß zu haben – dazu geführt, daß Mitglieder der Generation X von denen kritisch geprüft werden, die uns zu dem gemacht haben, was wir heute sind und uns jetzt ironischerweise ablehnen.

Die meisten außerhalb der Generation X beschreiben die Twentysomethings als ungebildete und unmotivierte Couch-Potatos, die apathisch vor dem Fernseher hängen: Wir scheinen keine Karrierepläne zu haben, keinen kulturellen Stolz, keine politische Ideologie, keinen Wert auf Familie zu legen und überhaupt keine erkennbaren Ziele zu haben. Sogar die großen Erzieher dieser Nation gaben bei der Generation X auf und warteten statt dessen darauf, bis unsere Altersgruppe die Schule durchlaufen hatte, um sich darauf zu konzentrieren, den Geist jüngerer, eher traditionell orientierter Jugendlicher ausbilden zu können. In der Zwischenzeit fürchten die Boomer, die mittlerweile auf ihre Pensionierung zugehen, daß ihre Sozialleistungen von Leuten wie uns abhängen werden: Den Wohlstandskindern, die sich und ihr Leben am Angebot der Einkaufspassagen, von McDonalds oder MTV orientieren.

Bisher haben sich nur die Leute dazu berufen gefühlt, der Öffentlichkeit das Phänomen Generation X zu erklären, die uns am meisten fürchten und verabscheuen. Unfähig, durch die Verkleidung aus Apathie und Wut, die die Twentysomethings tragen, hindurchzusehen und – selbst wenn sie es könnten – unfähig zu verstehen, was sich darunter verbirgt, haben uns die meisten Chronisten der Generation X im besten Fall zu einem Marktsegment reduziert und im schlechtesten Fall als den Niedergang der westlichen Welt beschrieben. Sie haben uns alle Bezeichnungen von »Jammerlappen« (*Newsweek*, Nov. 1993) bis zu »eine verdorbene Generation« (*Atlantic*, Dez. 1992) gegeben. Doch wir Mitglieder der Generation X lehnen diese Kategorisierung ab.

Konfrontiert mit einer Medienkultur, in der Persönlichkeiten, Vorstellungen und Ideologien alleine deshalb ins Leben gerufen werden, um Produkte, Politiker und Lebensstile zu verkaufen, lernten die Kids, die in den 70ern aufwuchsen, diese Landschaft aus populären Ikonen als postmodernen Spielplatz zu schätzen. Die Kulturikonen, auf die wir anspringen, sind nicht Haferflocken wie Quaker Oats, das Lincoln Memorial oder Spencer Tracy, sondern Pop Tarts, Lincoln Logs und Pee Wee Herman. Biodynamisch gesprochen, sind die Leute der Generation X so smart – oder noch smarter – wie jede Generation, die vor ihnen war. Es ist nur unser Set an Assoziationen und, wichtiger noch, der Grad, bis zu dem diese Assoziationen in Ironie eingebettet sind, der unseren Haufen so anders macht. Denkt daran, daß die meisten von Andy Warhols Suppendosen gemalt wurden, bevor wir auf die Welt kamen. Für uns ist das Zeug Klassik!

Generation X ist der Alptraum eines postindustriellen und postmodernen Zeitalters. Wir sind ein aus der Kontrolle geratenes Marketingexperiment. Wie alle Jugendlichen haben auch wir die Sprache, die man uns beigebracht hat, als Kinder gelernt. Das war nun einmal die Sprache der Werbung.

Konsum und PR-Strategien ausgesetzt, seit wir die Augen öffnen konnten, durchschauen wir die dümmlichen Versuche, unsere Meinung und das, was wir tun, zu manipulieren, so rückläufig beides auch sein mag. Wenn wir Werbespots anschauen, ignorieren wir die Produkte und dekonstruieren damit die dahinterliegenden Marketingstrategien. Das ist es, was wir am Fernsehen lieben. Wir haben gelernt, daß der »Inhalt« lügt und die Brillanz im Kontext liegt.

Das kommt daher, weil wir in eine Welt hineingeboren wurden, in der Symbole mehr als Realität bedeuteten und in der der Lebensstil einer vom Fernsehen abhängigen Familie als anstrebenswertes Ziel präsentiert wurde. Diese Welt der Bilder stand im Widerspruch zum sozialen Abstieg, der in den 70ern und 80ern mit der Flucht in die Scheidung einherging. Wir hatten eine Wahl: Entweder ein Set an unrealistischen, essentiell unmöglichen Zielen zu übernehmen und kläglich zu scheitern oder aus der Konsumkultur auszusteigen. Wie uns The Who auf den abgelegten Venylscheiben unserer älteren Geschwister schon rieten, schworen wir, daß wir uns nicht mehr zum Narren halten lassen werden – »Won't get fooled again«. Unsere offensichtliche und oft verurteilte Apathie ist tatsächlich eine sehr vorsichtige Distanzierung weg von den Hinweisen und Signalen der Konsumkultur der Boomer, ähnlich dem Seitenblick eines abschätzenden Beobachters auf die Bemühungen der Älteren, Besitz von dem zu ergreifen, was noch von unseren Herzen, unserem Verstand und unseren Geldbeuteln übrig geblieben ist.

Xer leben in einer Welt, von der wir glauben, daß sie auf Leute ausgerichtet ist, die zehn bis dreißig Jahre älter sind als wir. Wir haben zugeschaut, als die Baby-Boomer aufs College gegangen sind, großartige Jobs bekamen, die Wirtschaft zum Abstürzen brachten und für ihre weit überqualifizierten kleinen Brüder und Schwestern nichts als McJobs übrigließen – unterbezahlte Arbeit auf unterem Niveau oder Zeit-

arbeit. Wir haben zugeschaut, wie Rock'n'Roll die Nation über-
schwemmte und dann – bevor wir noch aufs College gingen – austrock-
nete wie Mick Jagger. Wir haben zugesehen, wie eine Generation Acid
einwarf und sich anturnte, nur um eine Atmosphäre des »Just say no«
und obligatorische Gefängnisstrafen zu erreichen, bis zu der Zeit als wir
alt genug waren, von Zeit zu Zeit uns selbst einen Kick zu geben. Wir
schauten zu, wie die sexuelle Revolution sich zu aufgezwungener Ent-
haltsamkeit wandelte, als die vielen Exzesse der 70er und 80er Jahre zu
den sexuell übertragbaren Krankheiten unserer 90er verfaulten.

Im Gegensatz zur öffentlichen Meinung lehnt es die GenX ab zu trauern. Wir beschweren uns nicht, kapiert? Statt dessen feiern wir die re-
cycleten Bilder unserer Medien und sind stolz darauf, daß wir die Sitz-
falten von den Bügelfalten unserer zerknitterten Populärkultur messer-
scharf unterscheiden können. Arbeitslosigkeit – oder Unterbeschäfti-
gung – als *a way of life* annehmend, gewöhnen sich GenX-College-
Absolventen an Gelegenheitsarbeit, um die Miete zusammenzubekom-
men, oder ziehen wieder bei Mama und Papa ein. Unsere eigentliche
Zeit verbringen wir dann damit, Sendungen für kommunale Kabel-
fernsehstationen und kontrakulturelle Zines zu machen oder einfach
nur im Comic-Laden herumzuhängen und darüber zu reden. Besser
noch, wir lesen Artikel von Sozialtheoretikern und Marketinganalyti-
kern, die versuchen, unser unangreifbares, doch faszinierendes Segment der Gesellschaft zu verstehen. Und wir lachen darüber.

Weil GenX vor allem eine Lebensphilosophie ist, die entworfen wurde,
damit wir besser mit der zunehmenden finanziellen wie kulturellen
Deflation unserer Gesellschaft zurechtkommen. Sie basiert auf der
Verpflichtung, traditionelle Werte und lineares Denken der dominanten Kultur abzulehnen und statt dessen den postmodernen Wirbel
einer *Wayne's World* vorzuziehen – sowohl *dazed*, benommen, als auch
confused, durcheinander. Es ist eine bewußte Entscheidung, nicht an
allem teilzunehmen, was den Abstieg in den ständigen Konkurrenzkampf oder die Angst des Konsumenten fördert. Gleich einem Neo-
Buddhismus, in dem Bindungen jeglicher Art zugunsten einer anderen
Bewußtheit zerspringen, die für das Surfen auf der Konsumkultur
grundlegend ist. Es ist eine Fähigkeit, Sinn aus der wahllosen Gegen-
überstellung von Werbespots, Bonbonpapieren, Kindheitserinnerun-
gen und Frühstücksleckerbissen ableiten zu können. Es ist eine
Bereitschaft, das Kulturgerümpel eines TOYS'R'US-Ödlands ausein-
anderzunehmen und Spaß daran zu haben, während man sich die
sinnlose Ablenkungsmanöver der Zwei-Parteien-Politik ebenso vom

Leib hält, wie fallende Zinssätze und Phantom-Karrieremöglichkeiten. Wir sind weder undankbar für die Welt, in die wir geboren wurden, noch undankbar für die hart erkämpften Siege unserer Vorfahren. Für die meisten von uns sind Konzepte wie Rassengleichheit, Frauenrechte, sexuelle Freiheit und die Achtung der Menschenrechte Selbstverständlichkeiten. Wir erkennen, daß wir die erste Generation sind, die eine Gesellschaft betritt, in der zumindest auf dem Papier und in den Klassenzimmern jene Ideen, die die Boomer verfochten haben, als unumstößliche Fakten anerkannt werden. Ohne die Bürgerrechts-, Umwelt- und Frauenbewegung gäbe es keine Generation X.

Denken wir einmal nur für einen Augenblick darüber nach, wie es wohl gewesen ist, so aufzuwachsen: Wir sind die erste Generation für die Rock'n'Roll keine Rebellion ist. Wir mußten weder in Vietnam noch gegen religiöse Institutionen, Kleiderordnungen oder das sogenannte Patriarchat kämpfen. Die Boomer stellten sich ein Leben vor, das von den Beschränkungen traditioneller Moral unbehindert war. Daß wir dies als selbstverständlich hinnehmen können, zeigt ihren Erfolg. Danke, o.k.? Doch für uns ist es unmöglich und sinnlos, in müßiger Anerkennung dieser politischen wie kulturellen Errungenschaften zu verharren. Stattdessen zielen wir darauf ab, irgendwann selbst die Schallgrenze des gesellschaftlichen Wandels zu durchbrechen. Das heißt vor allem, einen anderen Weg zu gehen.

Hierin besteht vielleicht der größte, doch am schwersten faßbare Unterschied zwischen Bustern und Boomern. Uns erscheint es so, als ob Boomer immer noch aus einem Gefühl der Schuld und Verpflichtung handelten. Unfähig, auf ihre innere Stimme zu vertrauen, scheinen Boomer Trost in Gedankensystemen zu suchen – in »-ismen«, die von Freudianismus bis zu Marxismus, von Relativismus bis zum New Age-ismus reichen. Jede Handlung oder jeder Gedanke muß gegen eine absolutistische Schablone getestet werden. Boomer müssen fühlen, daß sie hart arbeiten, um ein positives System propagieren oder ein negatives enttarnen zu können. Darum bewerten sie permanent das, woran sie glauben, an den Autoritäten, die sie bewundern oder verabscheuen. Sie legen entweder eine Trotzhaltung gegenüber ihren Feinden – die sie als kontrolliert wahrnehmen – an den Tag, oder sie fühlen sich denen gegenüber schuldig und verpflichtet, die sie als weniger vom Schicksal verwöhnt, weniger einflußreich ansehen und darum mehr wertschätzen als sich selbst. Filme wie *Der große Leichtsinn*, *Grand Canyon*, *Nachrichtenfieber* und Fernsehshows wie *thirtysomething* zeigen jene peinlich genaue, sich selbst hinterfragende gedankliche Beschäftigung der Boomer mit der moralischen Korrektheit jeder Arbeitsmöglichkeit, jedes menschlichen Kontaktes, jedes gesprochenen Statements und jedes Produktes.

Busters verstehen und schätzen diesen Hang zu einer lähmenden moralischen Selbst-Prüfung, doch wir halten uns da raus. In eine Gesellschaft hineingeboren, in der sich traditionelle Schablonen bestenfalls als originell und schlechtestenfalls als massenmordend herausgestellt haben, fühlen sich Busters von den Einschränkungen ethischer Systeme befreit, doch auch irgendwie in die Rolle des rastlos Umhertreibenden gedrängt. Es muß schön sein, etwas außer sich selbst zu haben, an das man glauben kann. Etwas, das sich nicht bewegt. Etwas absolutes. Nachdem wir keine solche Ikone haben (keinen Gott, kein Land, keinen Superheld), haben wir uns stattdessen – mehr aus Versehen eigentlich – dafür entschieden, das Leben als Spiel zu erfahren und darauf zu vertrauen, daß wir, je näher wir an unsere eigenen, wahren Absichten gelangen, näher an unsere *besten* Absichten kommen. Wir gehen soziale Ungerechtigkeiten geradewegs an – versteht das nicht falsch –, aber die Schlachten, die wir hier schlagen, sehen anders aus, weil wir nicht länger für »einen Zweck« kämpfen. Wir brauchen keinen »Zweck«, um uns für etwas stark zu machen. Die wirklichen Dinge, die von einer politischen »Agenda« nur verschleiert werden, liegen für uns bereits klar auf der Hand. Die meisten Busters würden dies noch nicht einmal als bewußte moralische Strategie sehen; die ganze Vorstellung der Moral wird im wahrsten Sinne des Wortes als selbstverständlich angesehen. Oder, um es in Buster-Terminologie zu sagen: was auch immer.

Die Leichtfertigkeit, mit der wir das Rückgrat der Boomer-Bewegung betrachten, hat – leider – Außenseiter dazu veranlaßt, uns anzugreifen oder uns gegenüber doch zumindest vorsichtig zu sein. Unsere generelle Apathie, gepaart mit einer gelegentlichen »Wir gegen die«-Trotzhaltung gegenüber den Älteren (wir sind nicht *perfekt*), plaziert unsere Welt der recycelten, selbstreferentiellen Bilder und des post-moralischen Verstehens außer Reichweite von jedem Außenstehenden – außer von Kindern.

Viele Beispiele der Literatur zur GenX zeichnen sich durch mehr aus als nur das Merkmal der Altersgruppe, von der sie kommen (und das, versichern wir euch, zu Sonderangebotspreisen). Sie geben uns einen ungeheuer weiten Einblick in die Ursachen und Wurzeln unserer gegenwärtigen Situation. Sie zeigen, daß die GenX dazu bereit ist, die unumgänglichen Aspekte der Realität ohne die verschönernden Platitüden und die politische Korrektheit unserer Boomer-Vorgänger zu akzeptieren.

Ob es euch nun gefällt oder nicht, wir sind das, was euch ersetzen wird.

Kai Damkowski

Akte X – Notizen eines Slackers

Kai Damkowski, Herausgeber des Lovepunk-Magazins *Klausner* und Aktivist der Alkohol-Krach-Kapelle *Hrubesch Youth*, öffnet seine geheime Akte X. Heraus kommt ein ebenso seltenes wie authentisches Dokument norddeutscher Slackerkultur.

Manchmal bin ich einfach zu langsam. Man muß mir die Tatsachen schon direkt vor den Latz knallen, damit ich begreife, es fehlt mir hin und wieder das Gefühl für die gewissen Schwingungen. Wahrscheinlich wird die Revolution ohne mich stattfinden, wenn sie denn nochmal vorkommen sollte, ich würde mir zuhause irgendein Europapokalspiel im Fernsehen anschauen und noch vor Beendigung der Verlängerung würde Reinhold Beckmann aus seiner Sprecherkabine gezerrt und an die Wand gestellt werden. Erst durch die angenehme Ruhe, die der im Flutlicht grün leuchtende Rasen nun ausstrahlen würde, merkte ich schließlich, daß da was am Laufen ist. Ich besitze einfach nicht diesen sechsten Sinn und so passierte es, daß ich ein Slacker wurde, ohne daß ich es gemerkt, ja, ohne daß ich überhaupt das Wort gekannt hätte.

Inzwischen weiß vermutlich eh schon wieder niemand mehr, was das ist: ein Slacker. Ein paar Cineasten vielleicht, die diesen Film von Richard Linklater nochmal in irgendeinem kleinen, muffigen Programmkino in der Spätvorstellung im Original sehen und sich grübelnd fragen, ob sie eine derartige Coolness, wie sie die Generation X damals ausstrahlte, jemals werden erreichen können. Da kann ich eine klare Antwort drauf geben: Nein. Sicher, man soll im Rückblick nichts verklären, nicht glorifizieren, aber das war schon eine gute Zeit damals und wir Slacker waren noch echte Kerle oder vielmehr das Gegenteil von echten Kerlen, wie man sie sich gemeinhin vorstellt, nämlich muskelbepackt unter dem halb geöffneten Holzfällerhemd, sich den Schnurrbart zwirbelnd und einen Dodge Pirate Pickup fahrend. Oder so ähnlich. Wir Slacker fuhren Fahrrad. Schon der Umwelt wegen. Aber man bekommt auch keinen Parkplatz, und es scheint keinen großen Sinn zu machen, in alkoholisiertem Zustand die fünfzig Meter von der einen Bar zum nächsten Club motorisiert zurückzulegen, da bekommt man nur Ärger und das kostet sowieso viel zu viel. Ein ewiges Hauptproblem unter den Slackern: das Leiden an chronischem Geldmangel. Die Bevölkerung schimpfte uns faules Pack und sie hatte recht. Aber was kümmerte uns das, wir konnten ausschlafen und taten das auch ausgiebig. Erinnert sich noch jemand an Werner Enke in *Zur Sache, Schätzchen?* So waren wir, so richtige Rumhänger. Bloß kam bei uns noch der Weltschmerz dazu. Das ist natürlich ein häßliches Wort, aber der war schon da. (Ich muß bei Weltschmerz immer an meine eine Anne Clark-Platte denken, aber unser Weltschmerz war irgendwie anders als ihrer, wärmer vielleicht.) Bei Kurt Cobain war dieser Schmerz immerhin so groß, das er sich Heroin in die Venen gedrückt und schließlich unsere Slackerbewegung ziemlich rücksichtslos beendet hat, indem er sich mit einem Riesenknall verabschiedete, eine Schrotladung direkt in die Fresse, das hat mich damals schon verblüfft, und da hatte ich dann auch endlich mal die Schwingungen gespürt. Die waren nicht gut.

Aber nun habe ich wieder das Ende an den Anfang gestellt, weil der Anfang nämlich so schwer zu beschreiben ist, weil ich da, wie gesagt, so reingerutscht bin. Reingewachsen wäre der bessere Ausdruck, bloß ging das mit einem Mal ganz fix, und hätte ich etwas Gewitztheit besessen, hätte ich damals meine Bewerbung als Leadsänger bei Tocotronic rechtzeitig abgeschickt und ich wäre jetzt fein raus. Ich habe die Jungs damals kennengelernt, wie Dirk aus Freiburg hier runter kam, Arne und Jan kannte ich schon vorher von den Hafenstraßenkonzerten, hätte ich mich bei denen eingeschmeichelt, wer weiß, was passiert wäre! Gerade erst habe ich auf VH-1 gesehen, wie Rod Stewart mit seinem Mikroständer so rumschleuderte, da dachte ich, irgendwie ist der Mann ein alternder, rockistischer Proll, aber peinlich ist er trotzdem nicht, was doch selten ist bei so alten Rockern. So wäre ich auch gerne in die Jahre gekommen, wenn ich Songs wie *Jugendbewegung* oder *Die Idee ist gut...* geröhrt hätte. Daraus ist dann nichts geworden, Dirk singt selbst. Zu Beginn hat mir an Tocotronic eindeutig die Kleidung am besten gefallen. Die kauften sich nämlich noch billigere Sachen als ich, die gingen echt auf den Flohmarkt und besorgten sich da T-Shirts für fünfzig Pfennig das Stück mit so dämlichen Aufdrucken wie *Trimm Dich Fit* oder *HSV – Deutscher Meister 1979* vorne drauf. Die konnten sich das auch leisten, rein körperlich, meine ich, weil die nämlich so ausgehungert sind und nicht so wahnsinnig groß, da können die auch Klamotten tragen, die ursprünglich für Zwölfjährige bestimmt waren. Das funktioniert für mich nicht. Ich ging damals immer zu dem N & H-Kleidermarkt in der Neuen Großen Bergstraße in Altona, wenn ich mal wieder was zum Anziehen brauchte. Es war bei mir eh immer so, daß ich selten mal mehr als eine oder zwei tragbare Hosen besaß, und wenn die dann auch noch aus den Nähten gingen, bestand dringender Handlungsbedarf. (Meist im Winter, weil man im Sommer keine Probleme hat, mit riesigen Löchern in den Jeans rumzulaufen.) Das war auch der Grund, weshalb ich immer streng darauf geachtet habe, gut erhaltene Sachen zu erwischen und nicht solche, bei denen man schon durchs Gewebe durchschauen konnte, wenn man eine Kerze dahinter aufstellte. In der Großen Bergstraße verkaufte N & H nämlich alles, was sie in ihrer Filiale an der Max-Brauer-Allee nicht los wurden. All die unmodischen, kaputten und hoffnungslos verschmutzten Sachen, dafür war's in der Bergstraße aber billiger, die Jeans kosteten immer 19 Mark, außer im Schlußverkauf, da halbierten sich die Preise für alle Artikel einfach. Die Max-Brauer-Allee war die Boutique und die Neue Große Bergstraße der Woolworth in der N & H-Hierarchie, auch schon rein einrichtungsmäßig, im grellen Neonlicht in der Bergstraße wirkten die Gesichter der Sozialhilfeempfänger noch eine Spur verbitterter und die Farben der Jeanslabels einen Hauch ausgeblichener. Aber man fand dann doch immer was, was noch halbwegs in Ordnung war, Hauptsache eben, es waren noch alle Knöpfe vorhanden und es bahnten sich keine Löcher an, die kamen früher oder später ganz von selbst, der Verschleißprozeß geht bei so einer Jeans rasant vonstatten, wenn man sie nur jeden Tag trägt. Die Löcher waren bei den Slackern nämlich gar kein wirkliches Stilmittel, man konnte sie einfach nicht verhindern, irgendwann bildete sich eben ein winziger Riß am Knie (fast immer am Knie), und dann nahm das Schicksal seinen Lauf, kann man nichts machen, ein Leichnam vermodert, eine Jeans zerfällt. Darauf konnte ich gut verzichten, ich hatte immer noch dieses Kindheitstrauma in mir, ich war acht Jahre alt gewesen, ein Schulfreund hatte mich zu seiner Faschingsparty eingeladen, und ich hatte mich als Vampir verkleidet. Ich tanzte in einem schwarzen Umhang und mit einer viel zu engen schwarzen Leinenhose an, die Plastikbeisser hatte ich natürlich auch im Maul, jedenfalls sah das schon mächtig furchterregend aus, doch plötzlich, inmitten meines großen Auftritts als Fürst der Finsternis, platzte diese verdammte Hose im Schritt auf, nicht so ein kleines bißchen, sondern voll vom Hosenschlitz bis hoch zum Arsch. Da stand Graf Dracula von Transsylvanien ganz schön bescheiden da, und der Abend war für mich gelaufen. So was soll mir nicht nochmal passieren, und deshalb untersuche ich jede Hose, die ich kaufe, aufs genaueste. *Einmal* habe ich doch eine Ausnahme von dieser goldenen Regel gemacht, das war 1990, da gab es neben N & H noch Humana, noch so ein Kleidermarkt, der angeblich einen Teil seiner Einnahmen in Projekte in der Dritten Welt investierte, das hatte ich mir nie vorstellen können, weil die ohnehin schon so billig waren, daß da nicht viele Einnahmen zusammengekommen sein dürften. Fand ich trotzdem gut, weil ich gerne mit gutem Gewissen einkaufe. (Wer greift nicht mit einem Lächeln zu dem Achterpack Budnikowsky-Recyclingklopapier und blättert dafür ganz lässig 2 Mark 38 hin?) Was Humana anbot, kam natürlich direkt aus der Altkleidersammlung, aber das ist kein Problem, wenn man ans Slacken gewöhnt ist. Toll war bei denen der Schlußverkauf, sie hatten dieses Prinzip, eine Woche lang jeden Artikel jeden Tag um eine Mark herunterzusetzen, und dabei fingen sie mit sieben Mark für jedes Teil (egal ob Ledermantel oder Schlafanzugjacke) an, und am letzten Tag kostete dann alles nur noch zwei Mark. Für zwei Mark kann man auch schon mal was riskieren, dachte ich, und kaufte mir also leichten Herzens so eine rote, hautenganliegende Kunstlederjeans, bei der ich zwar den Hosenknopf nicht zubekam, die ansonsten aber irgendwie *cool* aussah. Der erste Fauxpas mit dieser Hose war dann der, daß ich mich mit ihr auf einen aus Wäscheleine geflochtenen Stuhl setzte und als ich aufstand, blieb die halbe Kunstlederbeschichtung der Arschpartie daran kleben, was so ein komisches, schmatzendes Geräusch nach sich zog. Etwas später nahm ich dann samt der Hose an einer Hafenstraßendemo teil, und irgendwann platzte mir dabei der Reißverschluß weg, und den Knopf bekam ich wirklich ums Verrecken nicht zu, so daß ich die Demonstration mit Händen in den Hosentaschen verlassen mußte, noch bevor sie richtig begonnen hatte. Das war ziemlich unlässig. Nie wieder Hosen mit solchen Macken!

Ich bin ein wenig vom Pfad abgekommen, klar, eigentlich gehört alles zusammen, aber trotzdem jetzt nochmal zurück zur Generation X und den Slackern. Da ging natürlich viel über die Kleidung, logisch, es geht immer viel über die Kleidung. Der andere Punkt war die Musik, das war in diesem Falle der Grunge, so richtiger Losgehrock mit viel Rumgehüpfe auf der Bühne und auch einigen melancholischen (Weltschmerz-) Elementen. Es ging immer nach dem Schema: ruhiges Gitarrenintro – Losgehrockphase – ruhige Phase – längere Losgehrockphase mit Rückkopplungen und Gitarren zertrümmern. Das war einfach und gut, ich mochte diese Bands, Mudhoney waren mir die liebsten, die hatten wirklich einen guten Humor, und live waren die immer sehr ausgelassen, sprangen mit ihren Instrumenten ins Publikum oder ahmten das Posing von solchen Schweinerockbands wie Guns 'n' Roses nach. Wenn man seine Instrumente nicht sonderlich beherrscht, muß man sich eben auf die Energie, die man aufbringen kann, beschränken, und das hat funktioniert. Oder um mit Udo Lindenberg zu sprechen: »Und sie spielten so schmutzig, wie der Dreck, der unter ihren Fingernägeln war.« (Was jetzt nicht nur so daher gesagt ist, denn Grunge heißt ja wirklich Der-Schmutz-unter-den-Fingernägeln-der-Kinder-von-Seattle, ich glaube, es gibt dafür kein kürzeres deutsches Wort, aber eben ein amerikanisches, nämlich Grunge). Nirvana, also das Projekt des Herrn Cobain (der mit dem Heroin und dem Schrot), waren die bekannteste Band aus dem Hause Grunge (das eigentlich Sub Pop hieß, weil dieses Label so gut wie alle Seattle-Grunger veröffentlichte, bis die Schweineindustrie alles aufkaufte und die Szenen an MTV und *Bravo* verramschte (wobei man natürlich ehrlicherweise zugeben muß, daß das Kaufen und das Verkaufen immer so ein beidseitiger Prozeß ist und es haben sich eben doch eine ganze Menge zum Verkaufen hinreißen lassen, selbst irgendwelche pissige Garagenbands, die nur noch sehr entfernt nach *Teen Spirit* rochen – die Majors haben halt den ganzen Lostopf erstanden und mit den Hauptgewinnen bewußt auch die Nieten gezogen), und ich weiß noch, wie ich damals zu deren erstem Deutschlandkonzert '88 oder '89 in die Fabrik gehen wollte, das war so ein Doppelpack mit dem dicken Tad, einem Labelkollegen, und zu einer Zeit, zu der zu solchen Konzerten jedesmal nur die üblichen hundert Leute kamen. Jedenfalls wohnte ich noch bei meinen Eltern in Rissen und ging noch zur Schule, und ich war schon zur Haustür raus, aber es war scheißkalt, und es war eine verdammt weite Strecke bis zur Fabrik, und Geld hatte ich wie immer sowieso keins (komisch eigentlich, diese allgegenwärtige Geldknappheit in meinem Leben, obwohl ich doch der gehobenen Mittelschicht entstamme), und ich wußte, ich würde dort niemanden kennen, der mir einen Eintrittsstempel abdrücken würde, mit dem ich die Türsteher täuschen könnte, es war einfach alles nicht so richtig ideal und dazu diese bepißte Kälte und der Gedanke, daß die soo toll nun auch wieder nicht sind, diese Grunger, denn im Grunde stand ich immer mehr auf diesen Steve-Albini-Kram, der seine Gitarre auf der Bühne extrem kontrolliert und aggressiv malträtierte, bis die Klänge wie Diamantfunken ins Publikum prasselten und die Lautsprecherboxen zersägten. Und so sagte ich mir also, geh zurück ins Warme und schau fern. Im Nachhinein bereut man sowas natürlich schon, soll übrigens ein gutes Konzert gewesen sein, wie Bernd meint, der dagewesen ist, aber den kannte ich damals noch nicht. Als ich Bernd kennenlernte, das muß so drei Jahre später gewesen sein, ging's mit Nirvana gerade so richtig los, und ich hatte es nicht mitbekommen. Ich weiß nicht, ob Coupland zu dem Zeitpunkt schon sein Buch geschrieben hatte, ob es die Generation X also schon gab und ich bereits ein Slacker war, ich bin mir nicht sicher. Bernd machte, genau wie ich, ein Fanzine, das *Das Heft* hieß, und zusammen machten wir dann auch eine Band mit weiteren Fanzine-Machern, unter anderem Bernds Bruder Franco, der zu unseren Auftritten immer eine Jacke trug, die ihm in unserer damaligen Stammkneipe Caspar's Ballroom mal an einer Kerze halb abgefackelt war und auf deren Rücken er geschrieben hatte: »Grunge's not dead«. Wir nannten die Band Hrubesch Youth und wir probten nie, sondern traten ausschließlich live auf, und es ist nicht gelogen, wenn ich behaupte, daß Tocotronic (*die* Tocotronic) ihren vierten Auftritt überhaupt als unsere Vorgruppe im alten Pudels-Club des Tausendsassas R. Schamoni bestritten. Wir wurden trotzdem nicht berühmt. Egal, ich war also nicht bei diesem Nirvana-Konzert '88/'89, es waren eh wenige Leute da und so war es noch nicht richtig underground und independent, und das Witzige war, daß ich später einen Nachbericht des Konzertes in der *Szene/Hamburg* las, daß das ein recht beschissener Abend gewesen sein soll und das Publikum überhaupt keine Reaktion auf das Treiben auf der Bühne gezeigt hätte und daß solche Auftritte amerikanischer Gitarrenuntergrundbands von nun an ja wohl sowas von *out* seien. Da hatte wohl noch einer ein schlechtes Gespür für Schwingungen. Na, ich war zumindest richtig erleichtert, da hätte ich mir nur umsonst den Arsch abgefroren gehabt – nichts verpaßt! Von wegen! Hinterher ist man ja immer schlauer, obwohl ich gestehen muß, daß das einzige, was mich an dieser Sache wirklich ärgert, die Tatsache ist, daß ich sonst eine echte Geschichte aufzutischen gehabt hätte: *Nirvana? Ach, die hab ich doch schon vor zig Jahren in der Fabrik gesehen!* (Der aufmerksame Leser wird gemerkt haben, daß ich nichtsdestotrotz mit dieser Nicht-Geschichte eine ganze Menge Zeilen geschunden habe.) Als ich dann Bernd kennengelernt hatte, ging plötzlich alles rasend schnell, kam mir wenigstens so vor, die erzählten sich bereits Grunge-Witze, während ich dachte, Nirvana spielen immer noch vor maximal zweihundert Leuten in irgendwelchen kleinen Clubs. Ein paar Monate später waren sie aber ausverkauft in der Markthalle, und so ging alles seinen Gang. Da kam dann auch die *Bravo* nicht dran vorbei, die haben irgendwann den Text von *Smells Like Teen Spirit* Wort für Wort *(Es riecht wie Teenager-Stimmung)* ins Deutsche übertragen, ein völig sinnloser Haufen Buchstaben, das fand ich so drollig, daß ich diesen Text ein paar mal auf meinen Lesungen vorgetragen habe.

Für mich war das sowieso alles sehr kurios, ich meine, plötzlich versuchten irgendwelche Modezaren, für viel Kohle die Klamotten herzustellen und zu verscherbeln, die wir uns doch gerade aus Geldmangel zugelegt hatten, und wenn man dann in der *Bravo Girl* Schminktips fand (Wie werde ich ein richtiger Grunger?), dann hatte das ebenfalls etwas seltsam Irreales. Ähnlich seltsam und irreal, wie wenn ein Mann wie Reinhold Beckmann eine CD mit dem Titel *Ich steh auf Rock* herausgeben würde. Ich weiß, der hat das gemacht, aber es fällt mir ohnehin immer schwerer, diese Welt zu begreifen. Plötzlich fühlt sich das Leben so fremd an. Das dachte Kurt dann wohl auch, aber der steckte ja auch bis zur Halskrause in der Scheiße drin.

Tocotronic kenne ich immer noch, die spielen inzwischen auch regelmäßig vor tausend Leuten und die Kids singen die Textzeilen mit. Das hat irgendwie was Rührendes. Schade, daß ich nicht da oben stehen darf, aber meine Klamotten sind irgendwie auch nicht lässig genug. Neulich war ich mal wieder bei N & H in der Bergstraße, und ich war wirklich deprimiert. Ich war immer deprimiert, wenn ich diesen Laden betreten mußte, weil er schlicht deprimierend wirkt, aber diesmal war's noch schlimmer, ich durchstöberte sämtliche Kleiderständer, und ich fand keine einzige Jeans, die mir paßte oder auch nur annähernd nicht nach Volltrotteloutfit aussah, viele waren wirklich schmutzig und es fehlten die Knöpfe, sie hatten Löcher (und inzwischen trage ich tatsächlich keine zerrissenen Hosen mehr, um nicht mit sechsundzwanzig Jahren wie eins von diesen Irokesen-Punk-Fossilien zu wirken, die man immer am Spritzenplatz trifft) oder so ungemein häßliche Aufdrucke und Nieten und die Hälfte besaß Bundfalten, die bei Jeans einfach scheiße aussehen. Nein, so war das früher nicht. Ich suchte mir mehr schlecht als recht einen Packen nicht völlig kaputter oder peinlich aussehender Hosen zusammen, und natürlich bekam ich die Knöpfe nicht zu oder sie waren zu kurz oder meine Füße paßten nicht durch die Hosenbeinlöcher, und ich mußte an die Tocotronic-Jungs denken, die einfach die besseren Figuren für Slacker haben, obwohl, vielleicht lassen die sich ihre Klamotten ja inzwischen auch von einem *geilen Szenetypen* wie Jean-Paul Gaultier zurechtschneidern, und deshalb sitzt bei denen immer alles wie angegossen. Und so stehe ich in dieser engen, grell erleuchteten Umkleidekabine, und mit diesen Hosenbeinen, die gerade mal bis zum Knöchel reichen, und dem Bund, den ich nicht über die Hüfte bekomme, sehe ich aus wie ein asozialer Clown. Ein Trauerspiel. Ich packe den ganzen stinkenden Stapel wieder weg und werde nachdenklich. Hat sich der Laden wirklich so sehr verändert? Oder bin ich aus alledem nur herausgewachsen? Statt einer Antwort auf diese Fragen habe ich dann doch wenigstens noch einen Pullover für fünf Mark am Ramschständer gefunden. Es wird schließlich wieder Winter.

Douglas Coupland und Richard Linklater
Ein x-beliebiges Gespräch

Seit Linklaters Film *Slacker* und Couplands Roman *Generation X* gelten beide als Sprachrohr ihrer Generation und haben auch ähnliche Karrierezyklen durchlaufen. Richs *Dazed and Confused* und Dougs *Shampoo Planet* sowie *Life After God* haben weniger Aufmerksamkeit erregt als ihre Vorgänger. Zuletzt sind von ihnen der Roman *Microserfs* (dt: *Microsklaven*) und der Film *Before Sunrise* erschienen. Coupland und Linklater verbindet zudem ein gelassenes Ritual der Verweigerung: Anstatt – trotz unzähliger Angebote – in Armanian-zügen durch New York und Hollywood zu spazieren, blieben beide ihrem Lebenswandel treu: Doug lebt in Vancouver, Rich hält Austin die Stange. Dort trafen sie sich zum Gespräch mit John Battelle, Chefredakteur von *Wired*, um über Prominenz, neue Technologien und freigewählte Einsamkeit zu reden.

Der Schauplatz der Handlung: Richs zweistöckiges Headquarter – in einem früheren Leben wahrscheinlich eine Zahnarztpraxis. Rich und Doug, beide ohne Schuhe, haben sich auf zwei Kunstpelzsofas drapiert, gegenüber der Fernsehapparat, auf dem Rich häufig Videos sieht. Gerahmte Filmplakate bedecken alle Wände in Richs Büro. Viele davon sind polnische Plakate auf dünnem Papier, die einen Ort und eine Zeit widerspiegeln, als Kunst noch keine Ware war. Hinter den Sofas liegt ein offener Raum mit einer Tischtennisplatte.

Rich Spielt jemand von euch Tischtennis? Die Leute denken immer, solche Dinge verschwinden, gehen zur Hölle und kommen dann nicht mehr wieder – aber nicht Pingpongbälle. Erinnert ihr euch als Kinder? Krawum! Der Ball war in Sekunden hin. Aber heutzutage ist das unmöglich, einen Pingpongball kleinzukriegen. Ich habe neun gekauft, in der Annahme, daß wir sie alle kleinkriegen. Bisher haben wir nicht einen einzigen angeschlagen. Und wir spielen ernstzunehmendes Tischtennis.

Doug Mich kotzen Leute an, die sagen, daß die Dinge schlimmer geworden sind. Es gab noch nie ein besseres Jahr als dieses.

Rich Genau.

Doug Alles ist besser. Nichts ist schlechter. Was ist überhaupt schlechter? Alles funktioniert doch besser.

Doug räkelt sich auf seiner Couch und wirft die Beine über die Rückenlehne.
Kommentare werden ausgetauscht: Der Service bei Fluggesellschaften, Michael
Jackson, Richs 1968 mitternachtsschwarzer GTO, »Heat« und MTV.

Und wie steht es mit Fernsehen?

Doug Besser denn je. In Portland, Oregon, habe ich eine Ausgabe des
TV-Guide von 1967 bekommen und daraus laut bei Lesungen vorgetra-
gen, nur um die Leute daran zu erinnern, wie langweilig und schlecht
und idiotisch das Fernsehen damals war. Aber heutzutage gibt es in
jeder x-beliebigen Woche wahrscheinlich acht wirklich gute Shows im
Fernsehen.
Rich Ich muß zugeben, daß ich kein Fernsehen mehr geschaut habe,
seit ich Teenager war. Ich sehe ungefähr alle zwei Jahre 10 Stunden
fern.
Doug Du siehst dir genauso im Fernsehen Sachen an, wie ich das tue.
Leute nehmen nämlich Sachen für dich auf.
Rich Richtig. Ich kann eben meinen Tag nicht um das Fernsehprogramm herum organisieren. Ich hoffe, daß es über Videos gefiltert
wird, wie zum Beispiel, wenn Eric Bogosian bei Larry Sanders ist. Oder
daß es in Geschäften zu haben ist, wie *Tanner 88*, die Show, die Robert
Altman und Garry Trudeau während des Wahlkampfes 1988 machten.
Das war das beste Fernsehen, das es jemals gegeben hat. Damals habe
ich die Sendung natürlich verpaßt, doch sie kam dann auf Video raus.
Doug Ich gebe zu, daß ich in Hotelzimmern fernsehe.

Aber ihr Jungs habt euch über das Fernsehen kennengelernt?

Doug Wir haben uns in *Sonya Live* auf CNN getroffen.
Rich Wir haben uns via Satellit getroffen. Ich war in New York und du
warst in LA. Mir gefällt das, zwei Städte, in denen keiner von uns lebt.
Doug Das war im Sommer '91.
Rich *Generation X* war gerade ein paar Monate draußen und fing gerade
an, gut zu laufen.
Doug Und ich war einfach so dankbar dafür, daß jemand dem über-
haupt Aufmerksamkeit schenken wollte. Es war kein Erfolg über
Nacht.
Rich *Slacker* kam in der gleichen Woche in die Kinos. Das Ganze funk-
tionierte etwa so, daß mein Vertrieb und dein Verleger zusammengekommen sind. Sie schickten mir dein Buch. Ich weiß nicht, ob sie dir

Slacker auf Video geschickt haben oder sowas?

Doug Ja. Ich war damals gerade in Montreal und habe es mir bei Freunden angesehen und fand es abgefahren »cooooool!«

Rich Jemand hat gesagt, »Das gibt hier einen Trend oder so was ähnliches«. Und es war so ähnlich, O.K., sagte ich, ich les' es. Ich war so erleichtert, daß es mir so gut gefiel. Ich habe Doug nie zuvor getroffen. Ich wußte nicht, wer er war. Und wußte auch sonst nichts über ihn.

Coupland und Linklater live auf CNN: »...der Belag eines Sandwiches zwischen Katzen, die in die Toilette pinkeln.«

Doug Generation X ist jetzt ein Klischee, aber damals war die ganze Vorstellung einfach ketzerisch, daß es da eine andere Gruppe gab, eine andere Art und Weise, die Welt wahrzunehmen, die sich von Michael Douglas' oder Jane Fondas Baby-Boomern unterschied.

Wie alt wart Ihr beide '91?

Rich 29.

Doug Und die *Baby-Boomer* haben sich seit 35 Jahren im Licht ihrer Publicity gesonnt.

Doug setzt sich auf und verkündet, daß er sich einen Kaffe holen geht. Er tapst runter auf den Parkplatz, wo Richards Freunde einen unwahrscheinlichen Cappuccino-Wagen aufgestellt haben: »Es läuft tatsächlich ziemlich gut«, sagt Rich. »Es braucht nicht viel, um Kultur in Austin zu machen.« Doug kommt zurück mit Kaffee und Ginger-Ale.

Warum habt ihr Jungs euch von allen Orten in der Welt ausgerechnet in *Sonya Live* klennengelernt?

Doug Ich hatte die Show davor noch nie gesehen – und seither auch nie wieder.

Rich Und nachdem dein Teil fertig war, kündigten sie an: »Vielen Dank Jungs. Als Nächstes sehen Sie, wie Sie Ihrer Katze beibringen, ihr Badezimmer zu benutzen.« Und sie zeigten eine Katze, wie sie um einen Toilettensitz schlich. Wir waren also wie der Belag eines Sandwiches zwischen Katzen, die in die Toilette pinkeln. Aber es waren unsere 15 Minuten.

Ist danach noch etwas passiert?

Doug Nein, nicht wirklich. Die Leute denken, daß beispielsweise Keanu Reeves oder Winona Ryder auf deiner Türschwelle erscheinen, in einer Limo und mit einer Flasche Veuve Cliquot und sagen, »Komm zu uns in die Limo!« Doch es ist nun einmal nicht so.

Ist das dein Seitenhieb auf die Kommerzialisierung dessen, was ihr gemacht habt? Es scheint da einen deutlichen Unterschied zwischen denen zu geben, die eure Sachen tatsächlich gelesen oder gesehen haben und denen, die darüber Bescheid wissen.

Rich Und das sind diejenigen, die mit der meisten Autorität darüber erzählen. Sie stürzen sich auf ein Sound-Bite und fügen dem ihre eigenen Generalisierungen und Simplifizierungen hinzu.
Doug Die Slacker-Kultur zeigt sich sogar in der Fernseheserie *Die Simpsons*. Die Kommerzialisierung der Jugend ist nun schon seit 40 Jahren im Gange. Das ist nun wirklich kein großartiges Phänomen mehr.
Rich Warum legen wir kein Schweigegelübde für alle Zeit ab? Ein Moratorium auf den Gen-X-Talk.
Doug Das mache ich doch schon mehr oder weniger.
Rich Das Traurige an der Sache ist, daß niemand Teil einer Bewegung sein wollte, die unausweichlich in die Lächerlichkeit gezogen werden würde. Der ultimative kontrakulturelle Akt gegen dieses ganze gestückelte Medien-Chicken-Mc-Nugget-Leben ist, nichts davon zu beachten.
Doug Reflexion und Einsamkeit als radikaler Akt – sich von der Mediendichte zurückzuziehen, wird zum ultimativen radikalen Akt.
Rich Man muß schon sehr viel stärker sein, um heutzutage dieser Typ von Mensch zu sein. In früheren kontrakulturellen Bewegungen – wie zum Beispiel dem Dharma Bum der 50er – war der Kick Erleuchtung zu finden – schau nach Asien in deinem Denken. Das war eine okayene Sache, der nachzugehen sich gelohnt hat, und die Leute haben sich nicht über dich lustig gemacht. Jetzt können dich deine Freunde festnageln. Kultur beantwortet nicht viele deiner Bedürfnisse. Sie spricht nicht an, was tief in uns ist, das, was sich nicht mit den Generationen verändert.

Doug Die Informationskultur, in der man in dem alles bestimmenden Zeitraum von 0 bis 10 Jahren lebt, prägt die Art und Weise, wie man für den Rest seines Lebens mit Informationen umgeht. Das, denke ich, ist es, woher Generationen kommen.

Meine Eltern wuchsen mit Radio und Zeitungen auf. Das hat die Art und Weise geprägt, wie sie ihre Informationen aufnehmen. Ich wuchs in Vancouver auf und Rich in Texas, doch wir beide wuchsen mit dem schlechten Fernsehen der 70er Jahre auf; es gab keine Fernbedienung, du mußtest schon aufstehen, um auf einen anderen Kanal zu schalten. Daher hatte man eine Aufmerksamkeitsspanne von etwa einer halben Stunde.

Wer die Energie dazu hat, von der Couch aufzustehen und das Programm zu wechseln, darf sehen, was immer er will.

Doug Richtig. Und Computer waren diese riesigen Geräte Flintstonscher Prägung mit Lochkarten. Das Jahr 1961: Führen Sie eine schwarze, fötale Diskette ein. »Initialize?« – »Ja.« Dann zzzzzzzt – sie sind formatiert, Buster, und mit Ihnen ein ganzer Schwung von Leuten, die um dieselbe Zeit wie Sie geboren wurden.

Die Unterhaltung wendet sich immer aktuellen Themen zu: Kinder, Das Omen, Texas als die Welthauptstadt der Serienmorde, Elektronische Testamente, die genealogische Datenbank der Mormonen.

Abgesehen von PCs, was war eine der größten technischen Revolutionierungen der 80er?

Rich Videos. Für mich ist das absolut erstaunlich. Wenn man in den frühen 80ern *Im Zeichen des Bösen* sehen wollte und am Arsch der Welt in South Dakota wohnte … vergiß es, du hättest den Film nie sehen können.

Jetzt lehnt sich Rich nach vorne. Er erzählt von Filmen, seinem Lieblingsthema.

Rich Man hat augenblicklich Zugriff auf jeden Klassiker. Jeder nimmt das jetzt als selbstverständlich hin, doch ich denke immer noch, daß das erstaunlich ist. Da war diese Erregung, diese Aufregung irgendwann in den 80ern, als man merkte, was da vor sich ging und was das bedeutete, diese Fähigkeit, Kunst und Information auszutauschen.

Ich erinnere mich, daß ich damals dachte, daß da etwas Großes passierte.

Doug Wir haben ein solches Glück, daß es die Massenkultur gibt. Rich und ich sind an zwei geographisch völlig unterschiedlichen Orten aufgewachsen. Und wir haben mehr gemeinsam, als uns unterscheidet. Wie sollte das alles zusammengehalten werden, wenn es das nicht mehr gäbe? Ideologie? Die gibt es nicht mehr. Religion? Jeder hat seine eigene Religion.

Rich (trocken) Das ist verdammt optimistisch Doug.

Doug Tja, ich bin eben optimistisch. Vor kurzem erst haben wir als Gesellschaft damit aufgehört, Fortschritt und Technik miteinander gleichzusetzen. Jetzt haben wir wieder damit angefangen, das zu tun. Auf dem Gaspedal der Technologie liegt ein Backstein und wir werden immer schneller und schneller, ohne zu stoppen. Ich denke, daß Technologie einmal wieder etwas Gutes sein wird. In den 70ern und 80ern, in den zwei Jahrzehnten, in denen Technologie an sich schlecht war, habe ich das vermißt.

Aber dieser Optimismus hat eure ersten Arbeiten wirklich nicht durchdrungen, korrekt?

Doug Ich denke tatsächlich, daß darin optimistische Konzepte enthalten sind.

Rich Ja, beide Arbeiten sind dunkel, doch optimistisch im Abstrakten. Ich fühle mich großartig, wenn ich eine Arbeit sehe, die so schwarz ist, daß man darüber lachen muß. Wenn man seine dunkelsten Impulse artikulieren kann, egal wie sehr es jemand anderen auch stören mag – für mich ist das optimistisch. Kunst sollte nicht alleine aufgrund der vordergründigen Message beurteilt werden.

Gab es irgend etwas, das ihr in den Medien über euch oder eure Arbeit gesehen habt, das völlig falsch war und euch trotzdem gefallen hat?

Doug Es ist nie so, wie es sein soll. Auch Interviews sind faktisch und frei von Emotionen – ich mag das nicht. Das ist der Grund, warum ich so selten Interviews gebe. Schau dir dieses Interview an – faktisch bis zu welchem Level auch immer, doch keine Emotion. Es ist eine Mißinterpretation meines Universums, und das ist unvermeidlich im Prozeß des Interviews.

Doug and Rich geben einige Pressealpträume zum besten. Rich erzählt von einem Fototermin für ein US-Magazin, bei dem er im wahrsten Sinne des Wortes in Celluloid gepackt wurde und sich ziemlich blödsinnig vorkam.

Rich In meiner Position hinter der Kamera habe ich mich nie unbeholfen gefühlt. Doch ich war nicht wirklich dazu bereit, eine »Persönlichkeit« zu sein. Wie kann man das ganze Gen-X-Ding zusammenfassen? Was ist es, 40 Millionen Leute, und keiner will, daß ein anderer für ihn sprechen soll. Alles ist Klischee, selbst hervorzutreten und zu sagen, daß diese Generation keine Sprecher will. Aber das ist genau das, was wir hier machen, das liegt doch auf der Hand. Das ist wie eine Schlange, die sich in den eigenen Schwanz beißt.

Doug Ich bin Linkshänder. Wenn ich ein Buch darüber schreiben würde, wie es ist, Linkshänder zu sein, wäre ich dann der offizielle Sprecher der Linkshänder? Nein. Am Ende gibt es eigentlich nichts, was man tun kann, das nicht irgend jemanden ankotzen würde, darum kann man auch nicht darüber nachdenken. Ich glaube, die größte Gefahr der modernen Zeit ist, dekontextualisiert zu werden. Jemand muß aus seinem Kontext genommen werden, um mint-frisch und medien-freundlich zu sein.

Aber hängt Erfolg in dieser Kultur nicht davon ab, daß ihr wißt, wie man mit dieser Realität umgeht?

Doug Du tust, was du tun mußt und versuchst, das Ergebnis vorherzusehen. Die Medien sind nicht manipulierbar. Das ist einer der großen Mythen des 20. Jahrhunderts.

Das reizt nun Rich.

Rich Jetzt laß uns selbst nichts vormachen, die Medien können total manipuliert sein. Denkst du etwa nicht, daß unsere Regierung die Medien für ihre Zwecke nutzt?

Doug Einen Augenblick, das ist so etwas wie chromskyistische Paranoia, an die ich ganz einfach nicht glaube.

Rich Doch es geht tiefer.

Doug O.k. Wenn man nukleare Waffen als Beispiel nimmt, dann glaube ich, daß der ganze Medienhype um sie gemacht wurde, weil die Regierung rechtfertigen mußte, weswegen sie soviel für die Verteidigung ausgibt. Wenn die Bürger nicht aus Angst vor der nuklearen

Bedrohung starr gewesen wären, hätte die Regierung nicht Milliarden Dollar in die Wüste von Nevada schicken können. Und als die Mauer gefallen war, mußten sie schnell eine Art Zwischen-Bösewicht finden... Drogen! Die Regierung manipuliert die Medien in ihrem eigenen Sinn. Also nehme ich mein Statement von eben zurück.

Rich Und wenn es rauskommt, können es die Medien dazu ausschlachten, um einen Präsidenten zu stürzen – oder eben nicht. Nach dem Motto: »Wollen wir wirklich das Contra-Iran-Ding verfolgen oder nicht?« Ich glaube weniger, daß es fünf Typen sind, die ein geheimes Treffen haben, sondern daß es eher das generelle politische Denken derjenigen reflektiert, die den Zugang zu den Medien kontrollieren.

Doug Ich denke mir, das gehört eigentlich in die 80er. Leute schenken der ständigen Lyncherei in den Medien keine Aufmerksamkeit mehr. Ich meine, die *New York Times* deckt ein Mäntelchen des Schweigens über *Whitewater,* und keinen scheint das zu kümmern.

Rich Clinton hat Marihuana geraucht, hat Probleme in seiner Ehe gehabt, und – hey! – von Zeit zu Zeit will er einen geblasen kriegen. Wer will das nicht? Das macht ihn zum ersten menschlichen Präsidenten Amerikas, was eine gute Sache ist. Ich glaube, das war Nixons Problem in all den Jahren. Ich meine, da ist ein Typ, der nie flachgelegt wurde.

Zufrieden lehnen sich Doug und Rich nun wieder in die Sofas zurück. Doug, der sich voll und ganz auf die Couch gelümmelt hat, sagt, daß er vielleicht hinausgehen könnte, um nochmal Kaffee zu holen und vielleicht etwas zum Essen. Doug braucht mindestens drei Kaffee- und Kohlehydrateauftankstopps, um den Nachmittag zu überstehen. Rich, der coole, relaxte Typ, der kein Kaffee trinkt, starrt nachdenklich in Richtung Wand und nickt leicht mit dem Kopf.

Hat jemand von euch beiden Angst davor, von den Medien vereinnahmt zu werden?

Doug Ich schreibe nur. Das ist etwas, was vergessen wird. Ich schreibe persönliches Zeug, ein Destillat aus meinem eigenen Leben. *Er macht eine Pause.* Hey Rich! – folgendes Experiment. Hol ein Stück Papier und schreibe eine Charakterisierung auf von jemanden, der nicht du ist. Beschreibe den Anti-Rich, das absolute Gegenteil von dir. Dann legst du die Beschreibung in eine Schachtel und kommst in sechs Wochen wieder. Die Chancen stehen gut, daß du die Schachtel öffnest und eine Beschreibung von dir selbst finden wirst. Tatsache ist, daß es dir unmöglich ist, etwas zu schreiben, was nicht deine eigene Kreation ist, was nicht du selbst bist.

Rich Genau.

Doug Das kommt auch in Filmen, Gemälden oder Büchern oder was auch immer durch. Und das verliert sich. Ich meine, man kann nicht für jemand anderen sprechen. Selbst, wenn du es wolltest, ist es mathematisch, technisch, systematisch unmöglich.

Fast alle suchen nach Leuten, deren Ideen sie cool finden und die sie aufgreifen können. Es ist ein Teil der menschlichen Kultur zu sagen, »Das sind die Ideen, die ich unterschreiben kann! Danke fürs Ausdenken.« Im Prinzip habt ihr die Rollen derer, die die Ideen kreieren.

Doug Das ist schon eine Jobbeschreibung.

Welche Orte interessieren euch?

Rich Ich will nirgendwohin.

Doug Die einzigen Orte, die mich zu einem Besuch reizen würden, sind Orte, an denen neue Ideen und Kulturen kreiert werden oder an denen intellektueller, geistiger Besitz generiert wird. Hauptsächlich die West Coast, Microsoft, Silicon Valley, Los Angeles …

Glaubt ihr, wir sind post-Microsoft? Nicht ein einziges Unternehmen erschafft die Zukunft und präsentiert sie uns auf einem silbernen Tablett. Denkt ihr nicht auch, daß die Zukunft von unten nach oben gebaut wird, wie das schon immer der Fall war?

Rich Alles Neue und Andersartige ist schon immer von den Rändern der Kultur gekommen.

Doch obwohl wir beide an diesen Rändern surfen, lehnen wir gesellschaftliche Prominenz nicht ab, korrekt? Ich meine, man schlägt das nicht einfach aus.

Bemüht, sein alltägliches Leben aus dem Scheinwerferlicht der Medien fernzuhalten, legt sich Doug auf die Seite und sinkt tiefer in die Couch hinein.

Doug Das ist das Zeug, über das ich nichts sagen werde.

Rich Oh, jetzt stell dich nicht so an. Erzähl von der Hollywoodparty, auf die wir damals gegangen sind.

Doug *dreht sich um und setzt sich auf*: O.k., nur eine Episode. Rich und ich sind auf diese Party gegangen. Mit wem war das doch gleich? Da waren Jane und Michelle und Julia. Vorher wurde es uns als »kleines Grillen im Freien« beschrieben.

Rich Essen kostenlos.

Doug Zieh dir abgerissene Klamotten an – sei leger. Wir haben also angehabt, was wir jetzt auch anhaben, T-Shirts und die letzten Hosen. Ich meine, wir sahen so aus wie die Manson-Family durch Bel Air fahrend, und da waren etwa 15 Kammerdiener zum Parken der Autos abgestellt mit Kopfhörern, wie sie Madonna auf der Bühne trägt. Und wir sind die vordere Auffahrt hochgefahren, und noch bevor wir unseren Fehler erkennen konnten, waren die vier Türen unseres Wagens offen und unser Auto weg.

Rich Ja, wir saßen fest. Es war eine dieser 80 000-Dollar- Parties. *Er macht ein Gesicht wie ein Fernsehsprecher:* »Ihre Filmdollars bei der Arbeit.«

Doug Alle diese Gäste waren für die Academy Awards angezogen, und wir waren die Freaks.

Rich Ja, egal wie leger LA sich gibt, es ist es wirklich nicht. Es war ein Samstagabend zum Ausgehen, und alle waren herausgeputzt.

Doug Viele *first-namer* waren da: Quentin, Uma, Winona. Der Abend war etwa wie: Eines Abends sind wir den Sunset Boulevard entlanggefahren und in ein Alice-im-Wunderland-Loch gefallen – und waren für den Hausputz angezogen. Später sind wir dann in einem Eckcafé gelandet, das die ganze Nacht über offen hatte, und haben Götterspeise gegessen.

Rich Ich glaube nicht, daß ich Götterspeise hatte. Doch etwa zur Halbzeit der Party kam dieser Produzentenfreund von mir auf mich zu und sagte: »Ich bin enttäuscht von dir. Was machst du hier?« Als ob ich der Außenseiter wäre, weißt du, darum kann ich nicht dahin gehen, wohin mich der Wind von Hollywood tragen würde.

Hier schweifen Rich and Doug in eine Diskussion über die Party ab, die Rich am selben Abend für eine Gruppe Freunde gibt. Bier, Non-stop-Videos und stundenlang Pingpong. Doug wollte eigentlich wieder nach Vancouver zurück, doch er entschließt sich, zu bleiben und mit Rich einen draufzumachen. Sie haben sich schon eine ganze Zeit nicht mehr gesehen. Sie vergleichen ihre Party mit der Hollywoodversion und stimmen darin überein, daß, hätten sie die Wahl, sie lieber in Austin wären. Doch sie hätten lieber gar keine Wahl. Die Unterhaltung wird ziellos. Scooby Doo, Vladivostock, Bruce Sterling, Fernsehserien.

Aber euch bleibt die Hollywoodkultur suspekt, richtig? Die Generation, deren Sprecher ihr seid, ist so durch und durch medienvermittelt, ihr ist alles suspekt.

Rich Wir haben eine persönliche Beziehung zu unseren eingenen Networks. Ich bin froh, daß dieser Generation alles suspekt ist. Sie sind clever und medienerfahren. Die Leute sagen, das ist apathisch und zynisch, doch ich stimme dem nicht zu. Wir sind nicht zynisch, wir kaufen nur den ganzen Bockmist niemandem ab. Wenn kein hirnloser Konsument zu sein heißt, daß man apathisch und zynisch ist, dann gut.

Doug Wenn du dir die Glockenform des Diagramms der Bevölkerungsdichte ansiehst, dann siehst du, daß sich die Form enorm weit nach rechts verlagert hat. Menschen leben 30 Jahre länger, als sie das noch vor 100 Jahren getan haben. Auf Prozente übertragen, dehnt sich damit die Adoleszenzphase, die früher auf eine sehr kurze Zeitspanne begrenzt war, zunehmend aus. Die Zeitspanne, in der man seine Identität als Individuum in einem kulturellen Kontext festlegt, ist ebenfalls ausgedehnt. Wir erwarten Weisheit von alten Leuten; tatsächlich aber ist alles, was sie wissen, Winebagos zu fahren.

Rich Aber ich bin der Meinung, heute gibt es viel mehr Toleranz gegenüber anderen Lebensstilen in jeder Altersgruppe. Das ist das Gute daran, richtig? Vielleicht war das das beste an dem Medienhype, wie etwa bei *Sonya* 1991. Alle diese auf Sofas dahinlebenden Leute sagten mir in einer sehr aufrichtigen Art: »Danke, daß Sie *Slacker* gemacht haben. Sie haben damit irgendwie diesem Lebensstil einen Wert zugeschrieben, und das hat eine Gruppe von uns zusammengebracht, die das schon gelebt haben.« Auf einer Veranstaltung habe ich sogar meinen Dad mit einem anderen Typen über das reden hören, was sein Sohn macht. Der Sohn hatte seinen Job an den Nagel gehängt und sich mehr oder weniger treiben lassen, und sein Vater war besorgt. Und mein Vater sagte: »Hey, vielleicht macht er sich gerade einen schönen Lenz und steuert dabei langsam in eine bessere Richtung.« Mein Vater hätte das nie gesagt, wenn er nicht *Slacker* gesehen hätte.

Doug Yeah. Wir sind wieder am Anfang: Es gab nie ein besseres Jahr als das gegenwärtige. Außer das nächste. Oh Gott, ich klinge schon wie aus einem »Ein-Besseres-Leben-durch-Chemie-Film«, oder was?

Jon Savage

Der Trans-Europa-Amerika-Express
Grunge und Techno – der Soundtrack der Generation X

Für Jon Savage, Autor von *Englands's Dreaming* und (gemeinsam mit Hanif Kureishi) *The Faber Book of Pop*, haben Grunge und Techno dem Mainstream viel mehr entgegensetzt als der Großteil des Pop in den 80ern. So unterschiedlich beide Musikrichtungen auch sein mögen, spiegeln sie doch aufs beste, so Savage, das Lebensgefühl der Generation X wider.

Ich gehe in Popkonzerte. Hier findet man am besten heraus, was in den Herzen und den Köpfen der jungen und nicht mehr ganz so jungen Leute vorgeht, die auf der Suche nach etwas Neuem sind. Wie die Rapper zu sagen pflegen: Musik ist eine großartige Form der Kommunikation, und in ihr finden sich Botschaften, die man woanders vergeblich sucht.

Das ist eine Zeit nie dagewesener Stilvielfalt, verwirrend für all jene, die immer noch auf die nächste große Popexplosion warten, so wie es 1967 Psychedelia war und 1976 Punk. Verglichen mit 1976 bildet heute jedes Subgenre einen komplexen eigenen Markt.

Das deutet darauf hin, daß Pop nicht länger kritisch sein kann. Aber selbst die merkwürdigsten Auswüchse von Ambient Techno (einer Musikrichtung ohne Text, oft ohne Beat, die in einer simulierten Realität umherdriftet) sind eine kreative politische Reaktion auf heutige gesellschaftliche Ereignisse. Weil Techno sich nicht der Sprache des politischen Engagements bedient, wird er von den Medien gern als »eskapistisch« abgestempelt. Genau das ist der Punkt: Techno entzieht sich der Sprache der Medien.

Die neuen Popproduzenten und -konsumenten gehören zu der Generation, die unter der Marktforschung gelitten hat. In Großbritannien und Amerika war Pop der Vorreiter des Teenagertums – jener Idee, daß Jugendliche eine geschlossene neue Konsumentengruppe darstellen. Einflußreiche Publikationen wie *The Teenage Consumer* (1959) von Mark Abrams definierten diese Zielgruppe als die 15- bis 24jährigen, die Kosmetika und Lebensmittel, Magazine und Musik kauften.

Im Laufe der 80er hat sich der Schwerpunkt des Teenagertums von den 15- bis 24jährigen auf die über 25jährigen verlagert: die Baby-Boomer.

[*Vgl. dazu auch den Beitrag von Douglas Kellner in diesem Band, S.70 bis S. 78*] Sich mit den echten Teenagern zu befassen, gilt als Fehlinvestition. Das Resultat war der Siegeszug der CD – die anfangs vor allem dazu benutzt wurde, älteren Konsumenten 20 Jahre alte Rockplatten zu überhöhten Preisen zu verkaufen. Gleichzeitig wurde Pop dem geschlossenen System der Medien einverleibt: Die Plattenfirmen, häufig Unterabteilungen multinationaler Verlags-, Film- oder Radio-, TV- oder Satellitengesellschaften, konnten durch die Plazierung alter Hits in der Werbung oder in Filmen genausoviel Geld verdienen wie mit der eigentlichen Produktion von Musik.

So ist Pop zum wichtigen Marketing-Instrument geworden, als nostalgischer Anreiz in der Badeschaumwerbung etwa oder als Trailer für einen Filmhit (wie beispielsweise Whitney Houstons *I Will Always Love You* für *The Bodyguard*). Es gibt kein Entrinnen. Selbst Madonna, der innovativste und interessanteste Superstar der 80er, sitzt in der Falle der Massenmedien, die sie zu manipulieren versucht.

Für die echten Teenager war in dieser Hochglanzwelt des Medienkriegs nicht viel Platz. Donna Gaines schreibt in *Teenage Wasteland* (1987), einer Studie über die amerikanische Kleinstadtjugend: »In den Achtzigern sah es nicht gut aus für die Jugend. Die Bedeutung, die sie einst in der Gesellschaft besaß, schwand, und damit verschwanden auch ihre Rechte.« In Amerika hat sich die Selbstmordrate von Teenagern innerhalb einer Generation verdreifacht.

Nicht nur, daß das Leben den Teenagern der 80er viel weniger zu bieten hatte – Gaines schreibt: »[Sie] fühlen sich betrogen – sie glauben, daß unsere Eltern uns mehr liebten, daß die Schulen besser waren und das Leben leichter« –, sie hatten außerdem noch allen Grund, auch weniger zu erwarten von der Popkultur, deren Zielgruppe vor 20 Jahren noch ausschließlich sie gewesen waren. In den letzten 10 Jahren wurde Pop meistens als eine Form der Unterhaltung präsentiert, bei der Teenager nicht mitmachen konnten. Pop wurde von MTV in die Fernseher gebeamt und mußte dort verbraucht werden.

Der Popdiskurs – zwischen Produzenten, Konsumenten und Kritikern – schien jene Offensive der neuen Rechten zu verinnerlichen, die Anfang der 80er in den USA unter Reagan, in Großbritannien unter Thatcher und in Deutschland unter Kohl gestartet wurde. Diese neuen Rechten haben sich schon immer mit Vorliebe auf »die Sechziger« eingeschossen, auf das Jahrzehnt, das am ehesten mit Jugend, Pop und den gesellschaftlichen Errungenschaften assoziiert wird, die das Leben in unseren puritanischen Staaten leichter machten: Mit der Lockerung der Gesetze zu Homosexualität, Scheidung, Abtreibung sowie Förderung der Gleichberechtigung.

Die historische Funktion des Pop war, um es mit Dave Marsh zu sagen, »den Vergessenen und Entrechteten als Stimme und Gesicht« zu dienen.

Jacques Attali schrieb 1977 in seinem Buch *Bruits*: »Musik ist eine Prophezeiung. Ihre Stile und ihre ökonomische Organisation sind dem Rest der Gesellschaft voraus. Sie macht die neue Welt hörbar, bevor diese Stück für Stück sichtbar wird; sie bildet nicht nur Dinge ab, sondern transzendiert den Alltag und verkündet die Zukunft. Aus diesem Grund sind Musiker, selbst wenn sie offiziell anerkannt sind, gefährlich, lästig und subversiv.«

Jetzt ist eine neue Sprache entstanden, in der man über Popmusik reden kann. Teilweise zitiert sie die griechische Mythologie und die Psychologie der Archetypen, teilweise diskutiert sie Pop wie die Tätigkeit eines Schamanen – von Rogan Taylor in seiner bahnbrechenden Studie *The Death Resurrection Show* gut definiert als Entführung des Publikums »auf einen kleinen Abstieg in die Hölle und eine gleichzeitige Anregung zur Selbstheilung. Die Krankheit des Schamanen ist in Wirklichkeit jedermanns Krankheit.«

Während solche Ideen an Einfluß gewannen, hat eine neue Generation weißer Künstler eine Musikrichtung hervorgebracht, die dem Mainstream viel mehr entgegensetzt als der Großteil des Pop in den 80ern. Diese Musiker sind nicht dezidiert politisch, aber ihre Musik reflektiert ganz selbstverständlich ihr Denken und ihr Leben – und in diesen Erfahrungen finden sich Tausende, ja Millionen von Hörern wieder.

Ich möchte mich auf zwei weiße Genres der Gegenwart konzentrieren, auf Grunge und Techno, die beide in Deutschland, den USA und in Großbritannien sehr populär sind. Beide Genres existieren viele Jahre im Untergrund. Die besten Bands, Nirvana und Alice in Chains, Orbital und Aphex Twin, machen Musik, die das Heute widerspiegelt. Welche Krankheiten bringen sie ans Licht, und wie sieht die Heilung aus?

Es ist im Januar des Jahres 1993. Alice in Chains besteigen die kleine Bühne eines winzigen Londoner Clubs. Die Zuschauer sind fast alle im Stil jener Zeit gekleidet, in der sie geboren wurden, der frühen Siebziger: lange Haare, die, weit über die Schultern herabhängend, hinter die Ohren gesteckt sind, oder in Momenten höchster Erregung als gigantische Mähne durch die Luft schleudern. Das ist keine Imitation: Für sie ist das Rock, und so fühlen sie sich wohl.

Der Sänger Layne Staley steht mit bemerkenswerter Präzision stocksteif da. Obwohl er mit tiefer Stimme singt – einer Stimme, ähnlich der Jim Morrisons von den Doors, die eine Reise in den inneren Kosmos signalisiert – wirkt er jungenhaft, fast androgyn.

Als einziger in der Band hat er kurze Haare, einen herausgewachsenen Pagenschnitt und einen Bart im Stil der alten Griechen. Die Augen hält er die meiste Zeit geschlossen; wenn er sie öffnet, spricht aus ihnen eine unerwartete Sensibilität. Staley unterläuft den Macho-Rock der Band mit Texten über Nutzlosigkeit und Vergänglichkeit. »Das nächste Stück handelt von jemandem, der echt am Arsch ist«, kündigt er an. »Es heißt *Junkhead*.« Eine Demonstration männlicher Resignation, eines Geschlechts, das seine Rolle verloren hat.

Alice in Chains gehören einer Welle an, deren Ausläufer den weißen Rock immer noch durchdringen. Durch den überraschenden Erfolg von Nirvana, Ende 1991, war Grunge zum Allgemeingut geworden. Ihre zweite LP, *Nevermind*, wurde auf einem großen Label veröffentlicht, ohne daß jemand mit dem folgenden Kultstatus rechnete. Anfang 1992 rang *Nevermind* mit Michael Jacksons Album *Dangerous* um den ersten Platz in den Charts. Von beiden genannten Platten wurden jeweils rund vier Millionen Stück verkauft, aber was das Medieninteresse anging, schlug Nirvana Jackson um Längen: Die Band aus dem Nichts wurde zur Sensation der amerikanischen Musikindustrie.

Der Erfolg öffnete Tür und Tor für andere Rockbands aus Seattle – und das Phänomen mit dem lautmalerischen Namen Grunge brachte für Pearl Jam, Soundgarden und Alice in Chains Millionenverkäufe. Der in Seattle spielende Film *Singles*, eine romantische Komödie, hängte sich flink an den Erfolg an. Im Herbst 1992 kündigte der New Yorker Designer Marc Jacobs fur das Haus Perry Ellis die »Anti-Mode-Mode« an. Grunge war bis auf den Laufsteg vorgedrungen und wurde zum Medienereignis.

Was da plötzlich zu explodieren schien, war in Wirklichkeit das Ergebnis eines langwierigen Prozesses: der Verarbeitung britischen Punks in den USA. War es nur ein Zufall, daß Nirvanas *Nevermind* an *Never Mind The Bollocks* von den Sex Pistols erinnert? Punk war in seiner Anfangszeit für viele Amerikaner zu britisch. Ihnen leuchtete nicht ein, daß es eine Band wie die Sex Pistols mit ihren abgefressenen Haaren, ihrem Sandpapier-Sound und ihren bösartigen Texten in die Top-Ten schaffen konnte. Das Maskuline im Punk – hoffnungslos, aber feindselig – war ihnen fremd; die Punk-Romantik des Scheiterns vertrug sich nicht mit den Machtphantasien des amerikanischen Mainstream-Rock. Die

Amerikatournee der Sex Pistols 1978 war ein Desaster, und für die dortige Musikindustrie war die Sache damit abgeholzt.

Anfang der 80er lag Punk tief in der amerikanischen Großstadt-Boheme begraben, wo er sich in etwas Neues verwandelte – in Hardcore, eine Kreuzung aus Punk und Heavy Metal, dem Soundtrack der amerikanischen Jugend in den 70ern. *Damage* von Henry Rollins' Black Flag aus dem Jahr 1981, eines der ersten Hardcore-Dokumente, kombinierte das Lebensgefühl des Punk mit den dräuenden Akkorden und der metallischen Langsamkeit von Black Sabbath.

Währenddessen verkauften die Sex Pistols immer noch Platten – langsam, aber kontinuierlich. 1986, knapp zehn Jahre nach Erscheinen von *Never Mind The Bollocks*, gründeten zwei junge Männer aus Seattle, Bruce Pavitt und Jonathan Poneman, ein Independent-Label namens *Sub Pop*, auf dem sie lokale Bands wie Mudhoney, Tad und Nirvana herausbrachten. Die spielten einen lärmigen, verzerrten Rock, der typisch für diese Region war: Punk und Metal, schlampig und melodisch zugleich. 1988 hatte sich dafür die Bezeichnung Grunge etabliert. Schon 1986 hatte Beat Happening, eine Band aus der College-Stadt Olympia an der nordwestlichen Pazifikküste, in einem Song namens *Bad Seeds* ihr Glaubensbekenntnis gesungen. Inspiriert von den englischen »Teen-Revolutionen« wie Mods und Rockern, schrieben sie: »The new generation / form the teenage nation / This time, let's do it right.« 1986 war nicht das richtige Jahr für *Bad Seeds*. Die einfache Sprache der 60er paßte nicht zum Zynismus der Achtziger. Heute klingen diese Worte wie eine Prophezeiung. 1991 entlarvte ein sprachlicher Zufall den Bruch zwischen zwei Generationen. Obwohl die letzten beiden Wörter von Nirvanas Hit *Smells Like Teen Spirit* sich auf ein Deodorant für junge Frauen bezogen, war doch das Medien-Zauberwort »Teen« darunter. Zwischen den 25- bis 45jährigen Baby-Boomern und den 15- bis 24jährigen Pillenknick-Kindern offenbarte sich ein Generationskonflikt – und Nirvana waren die Auslöser.

Im gleichen Jahr erschien Douglas Couplands Romanbestseller *Generation X*. Er definierte eine neue Generation von Mittelklasse-Aussteigern: die Slacker, die sich mit der gleichen Leichtigkeit von ihrer Karriere verabschieden, mit welcher die Yuppies der frühen Achtziger diese entdeckt und gefeiert hatten. Wie Narkoleptiker drifteten die Charaktere von **McJob** zu McJob durch eine Welt von Popkultur-Referenzen, deren Bedeutung ihnen verborgen blieb, weil sie keinen Zugang zu ihrer Entstehung hatten.

Denselben Stoff beschreibt Donna Gaines in *Teenage Wasteland* (ein Zitat aus *Baba O'Riley* von The Who aus dem Jahre 1971), ein Buch, das teils Dokumentation, teils soziologische Abhandlung war und angeregt wurde durch die ungeklärten Selbstmorde von vier »Rock'n'Roll-Kids« in Bergenfield, New Jersey, im Jahre 1987. Einige Kapitel enthielten detaillierte Beschreibungen der Teenager-Hölle: Langeweile, eingeschränkte Bewegungsfreiheit, unfähige Eltern und eine Gesellschaft, der es sowohl an Kultur fehlt als auch an jenen Ritualen, die aus einem Jugendlichen einen Erwachsenen machen.

Gaines' abschließende Analyse klang pessimistisch: Amerika weiß nicht, wie es mit seiner Jugend umgehen soll. Das Resultat sind Frustration und Wut, Drogen und Alkohol und Besinnungslosigkeit. Die Grunge-Bands paarten Resignation mit Kraft und traten das Erbe von Gruppen wie Black Sabbath, Led Zeppelin, Guns 'n' Roses, Metallica an. Aber mit einem entscheidenden Unterschied: Sie hatten eine andere Haltung zu den Geschlechterrollen.

»As a defence, I'm neutered and spayed«, sang Nirvanas Kurt Cobain in *On A Plain* auf *Nevermind*, und es war dasselbe Jahr, in dem der verstorbene River Phoenix in Gus Van Sants Film *My Private Idaho* einen an Narkolepsie leidenden Strichjungen spielte. Cobain, der später Selbstmord beging, behauptete sogar in mehreren Interviews, er sei auch Narkoleptiker. Und sie taten alles, um die erstarrten Geschlechterrollen aufzubrechen. Im Video zu *In Bloom* trugen sie Kleider, sie spielten auf Benefizveranstaltungen für Abtreibungsbefürworter und gaben dem amerikanischen Homosexuellenmagazin *The Advocate* ein Exklusivinterview. Nirvana attackierten den Chauvinismus des US-Rock: Bei der Verleihung der MTV Awards 1992 beschimpften sie Axl Rose, den sie wegen seiner Macho-Attitüde hassten. Da sie aus einer Subkultur stammten, in der man gerade als Versager geachtet wurde, waren sie auf ihren Erfolg nicht vorbereitet. Entsetzt über das Verhalten gewisser Fans schrieb Kurt Cobain Anfang 1993: »Wenn irgend jemand von euch in irgendeiner Weise Homosexuelle, Menschen anderer Hautfarbe oder Frauen haßt, tut uns bitte einen Gefallen – laßt uns verdammt noch mal in Frieden! Kommt nicht in unsere Konzerte und kauft nicht unsere Platten!«

Im Juli 1993 besuchte ich einen Nirvana-Auftritt in New York. Ihre Haltung war lupenreiner Punkrock: Zwischen dem Publikum, das die Katharsis des Rock erwartete, und der Band, die entschlossen war, ihm damit nicht zu dienen, klaffte ein unüberwindlicher Abgrund. An einigen Stellen wurde gebuht; an anderen, zum Beispiel als die Band bei ein paar akustischen Songs eine Cellistin in der Mitte der Bühne plazierte, unterhielten sich die Zuschauer lieber, anstatt zuzuhören. Dennoch zwang Kurt Cobain die Blicke auf sich. Er war die männliche Hoffnungslosigkeit in Person, eine Hoffnungslosigkeit, die nur zum Teil von der Energie seines Auftritts überstrahlt wurde.

Nirvana sangen von einer Generation, die mit dem Scheitern rechnet, die sich über ihren Platz in der Welt nicht im klaren ist. Sie meldeten sich aus dem Inneren des großen amerikanischen Tabus heraus zu Wort – des Tabus, das jetzt durch Teenager-Selbstmorde, Kindesmißbrauch und Gewalt unter Jugendlichen an die Oberfläche dringt: daß ein Land, das sich einst über seine Jugend definierte, jetzt nicht mehr mit der Jugend fertig wird. Amerika erlebt seine erste postimperialistische Rezession – und hat Angst vor der Zukunft.

Einen Monat früher ging ich zu einem Orbital-Auftritt in London. In solchen Nächten formiert sich die Subkultur des Techno-Stammes, die mittlerweile eine der größten Massenbewegungen Europas ist. Die Techno-Fans sind moderne Wandervögel: Nicht seßhaft, verweigern sie sich dem Materialismus der 80er und leben am Rande der Gesellschaft.

Obwohl die meisten anwesenden Tänzer lange nach dem Niedergang der San Francisco-Szene geboren wurden, sind sie auf der Jagd nach derselben ewigen Gegenwart. Es gibt psychedelische Anklänge in Hülle und Fülle: in der Lightshow, der Mode (von Beatnikstil über Kurzhaarschnitte bis zu den langen Haaren der späten 60er), den T-Shirts mit der Aufschrift »Feed Your Head« (aus Jefferson Airplanes *White Rabbit*) und der Vielfalt der konsumierten Drogen.

Orbital erzeugen an diesem Abend einen elektronischen Sog: Ein Sample einer angstvollen männlichen Stimme, die düster ständig wiederholt: »It's like a cry for survival!«, wird in einen Maschinenrhythmus gemixt. Wir vergessen, daß wir müde sind, daß uns die Person vor uns mit ihren rudernden Armen zu nahe kommt. Plötzlich sind wir drin: eingehüllt in eine Trance, eine höhere Energie. Es passiert einfach, genau wie es immer erzählt wird: Zusammen mit Tausenden von anderen heben wir ab in ein vollkommen elektronisches Environment, eine Art Trans-Europa-Amerika-Express.

In den Industrieländern wird deshalb soviel Techno produziert, weil diese Musik ein tiefes Bedürfnis nach Tempo und Raum widerspiegelt. Verbunden mit dem Drang nach einer Massengemeinschaft, wie man sie von den Raves kennt, stellt Techno eine kreative Reaktion auf eine sozialdarwinistische Gesellschaft dar, die, wie in Amerika, nicht weiß, was sie mit ihren Kindern anfangen soll und ihnen zu wenig Bewegungsfreiheit und Möglichkeiten bietet. In der Massentranszendenz eines Raves kann man diesen Zwängen entfliehen.

Dieser Hedonismus hat teilweise eskapistische und selbstzerstörerische Züge. Aber er bringt auch eine musikalische Befreiung mit sich. Die Musiker konzentrieren sich wie in der Hochzeit der 60er wieder auf den reinen Sound. Hinzu kommt eine gesellschaftliche Radikalisierung.

Zurück auf die Bühne: Orbital stehen hinter ihren Synthesizern, auf dem Kopf Helme mit zwei Strahlern ungefähr dort, wo die Augen sein müssen. In dem Trockeneisnebel und Stroboskopgeflacker sehen sie aus wie Trolle aus dem *Krieg der Sterne*, oder, was etwas irritierender sein mag, wie Bergleute. Und dann, während der Maschinenlärm um uns herum brodelt, geht mir plötzlich ein Licht auf. Die Industrie wird in die Disco verlagert! Jetzt, da Europa seine Schwerindustrie verliert, simulieren seine Kinder das Industrieleben zur Unterhaltung, Entspannung. Bedauern sie das Sterben der Industrie, oder sind sie schon darüber hinaus?

Georg Seeßlen

Wisch und Weg

Vom Verschwinden und Aufstehen der Jugend in der postmodernen Gesellschaft

Georg Seeßlen, Filmkritiker und Autor, widerspricht in seinem Beitrag der
gängigen These, die Generation X zeichne sich vor allem durch historische
Bedeutungslosigkeit aus. Eine Gesellschaft, die, – so Seeßlen – »von links wie
von rechts, ihre Jugend verleugnet, denunziert und kulturell entzeichnet,
möchte offenbar vor allem eines verhindern: sich zu verändern.«

I.

»Woodstock 2« war eine gespenstische Veranstaltung. Man redete
darum, es wurden Platten, Videos, Poster produziert; viel Werbung war
zu sehen. Aber nichts geschah. Auch in der Pop-Geschichte gibt es Wiederholungen nur in Form der Farce. Und diese Farce handelt davon,
daß in der Gesellschaft der 90er Jahre Jugend als Ereignis eine Erfindung ziemlich alter Herrschaften ist.

Als Lebensabschnitt, in dem ausprobiert und verworfen werden kann,
in dem nach einer oder mehreren Wahrheiten und einer Sprache gesucht werden kann, sieht sich die Jugend als gesellschaftlicher Zustand
seit den Krisen der 70er Jahre einem Erosionsprozeß ausgesetzt, der
fatalerweise von zwei einander ansonsten eher verfeindeten Lagern
forciert wird: von der Mainstreamkultur des deutschen Kleinbürger-
konsumenten und von der mehr oder minder politischen Kultur der
Alt-68er oder ihrer Nachfolger.

Immer früher trennen sich die Wege von Aufsteigern und Verlierern,
und die Jugendbewegungen mußten erfahren, daß ihre rebellische
Attitüde von der Gesellschaft dazu mißbraucht wurde, sie materiell und
kulturell auszugrenzen, weil die meisten Jugendlichen ökonomisch
und politisch ganz einfach nicht gebraucht werden. Jugendliche verlangen von der Gesellschaft »Freiräume« – für das politische Experiment oder einfach für laute Musik und Parties; und wenn sie dann
nicht eher jugendlich sind, wollen sie auch noch einen Arbeitsplatz,
eine Wohnung: Leben. Zu der gewöhnlichen gerontokratischen Ab-
wehrbewegung einer Gesellschaft, die mit ihrem Nachwuchs Probleme
hat, weil Macht und Reichtum durch ihn in Fluß geraten, kommt nun

ein heftiger, stummer, verbohrter ökonomischer Abwehrkampf, der den Zustand Jugend als selbstproduzierte Monströsität erscheinen läßt. Die größte Gefahr für die Position des »normalen Lebens« in der deutschen Mainstream-Kultur geht nicht vom »Ausländer« aus, sondern vom eigenen Jugendlichen. Er ist es, der den Arbeitsplatz wegnehmen kann, er ist ein sexueller Konkurrent, er verändert die Welt, in der man lebt. Noch auf Kultur und Sprache hat er mehr »zersetzenden« Einfluß als die offen oder heimlich gehaßten Ausländer. Die Faschisierung der Wahrnehmung im Deutschland der 90er Jahre mag also unter vielem anderen seinen Ursprung auch in einem Generationenkonflikt haben, der nicht ausgetragen, ja nicht einmal ausgesprochen werden darf.

»No Future« formulierten die Punks, und die soziale Macht schrie zurück: keine Chance der No Future-Generation. Die Jugendlichen der 90er Jahre glauben nicht mehr so recht an Love, Peace und Happiness und das Projekt der sozialdemokratischen oder stalinistischen Weltverbesserung; schon werden sie zur »Generation X« erklärt, zu einer verlorenen Generation, der vor allem von den wackeren 68ern gern und schnell historische Bedeutungslosigkeit attestiert wird. Am populärsten sind die Insassen der Generation X, wenn sie sich umbringen. Hatte in den 70er Jahren noch so etwas wie ein »Jugendlichkeitswahn« die Gesellschaft ergriffen – man wollte zugleich selber so jugendlich wie möglich erscheinen und semiologisch, politisch und womöglich sexuell an den jugendlich geprägten Subkulturen teilhaben –, trat in den 80er Jahren das genaue Gegenteil auf: die ästhetische und politische Rehabilitierung des Alters. Zunächst als humanisierender Fortschritt gesehen, kippte der Kult der Anti-Jugendlichkeit in Werbung und Politik, im Film und in der Arsch- und Tittenpresse um in eine fast obszöne Abwehr des Jugendlichen. Die Gesellschaft konsolidierte und entliberalisierte sich in diesen Jahren nicht nur politisch rechts von der Mitte, sondern in ihrem Machtgefüge auch jenseits der Lebensmitte. Die Midlife Crisis, von der nun so viel die Rede war, erschien als eine im Grunde erheblich verbesserte Version der Pubertät, während die Ausgrenzung des Pubertären in der Kunst, im Journalismus und im Leben moralisch kategorial wurde. Das möglichst rasche Überwinden alles Pubertären und das möglichst rasche Überwinden von Jugend war nicht nur in den aufstiegsorientierten Mittelklassen erste Regel, sondern auch in den neuen kleinbürgerlichen Bewegungen, wo man als Kind lernt, das Patriarchat und die Umweltzerstörung zu verabscheuen wie der Teufel das Weihwasser und in den Klöstern der Gutmenschlichkeit lernt, angesichts des drohenden Weltuntergangs durch Tierversuche und Autoabgase, immer mehr Dinge zu identifizieren, über die man nicht lacht. Die eigentliche innere Bedrohung der Gesellschaft, die weder genug Arbeit noch genug »Sinn« produzieren kann, geht also vom jugendlichen Körper aus. Nachdem die ursprüngliche Abwehr, ihn zu hedonisieren, zur Projektionsfläche für Lebensgenuß in der spätindustriellen Gesellschaft zu machen, ihn zu veröffentlichen und über den Markt zu kontrollieren, in den zyklischen Krisen und dem Abbau von Sozialstaat und Produktion obsolet wurde, bleibt letztlich nur seine Faschisierung als Abwehr. Der jugendliche Körper kann, wenn wir der Werbung glauben wollen, nur noch ertragen werden in der Form des schrillen Freaks oder in der Form des heroisch-triumpha-listischen Gestählten, der seine Energien so offenkundig aus Blut und Boden gewinnt, wie sein Blick in eine unbestimmte Ferne gerichtet ist. Der Skinhead ist nicht der politisch-kulturelle Unglücksfall einer neu-erlichen Modernisierungskrise, sondern letzter barbarischer Ausdruck dieses nicht ausgetragenen Generationenkonflikts: Wie alle Jugendbe-wegungen zuvor mobilisiert er sein rebellisches Potential, um als Jugendlicher in der Gesellschaft zur Kenntnis genommen zu werden, aber anders als alle Jugend-Tribes zuvor will er nicht nur der »Böse« sein, sondern auch der durch und durch »Gute«, der tut, wovon die Alten nur sprechen: Das Gespenst der Jugendlichkeit ist zugleich das Gespenst der Biertische und Kaffeerunden.

II.

Das Recht auf den »pubertären« Zwischenschritt der Biografie, die Jugend, mußte ab den 80er Jahren von den Jugendlichen heftig erkämpft werden, weil sie von der tendentiellen Abschaffung dieses »unruhigen« Zustandes zwischen der Kindheit und dem Erwachsen-sein bedroht waren. Ein Zustand, der nicht nur durch den nun früher einsetzenden Karrieredruck und die unbarmherzige Konkurrenz in der Ausbildung erzeugt wurde, sondern auch durch die Veränderung der Marktstrukturen. Der Markt für eindeutig »Kindlichkeit« signalisie-rende Waren boomte im selben Maß, wie der Markt für Jugendliche in vagen Modeangeboten und tribalistischem Schnickschnack stagnierte. Nicht einmal die Popmusik vermochte in der Öffentlichkeit der Gesell-schaft noch einen verläßlichen Mythos der Jugendlichkeit herzustel-len. Die »Dinosaurier« der Rockszene beherrschen ökonomisch und stilistisch den Markt und verkaufen als geheime Botschaft die Begleit-musik zur Gerontokratie der postdemokratischen, medienpopulisti-schen Gesellschaft. Das ewige Kind und der rüstige Rentner sind die wahren Sterne im Pop-Himmel der 90er Jahre. Was dazwischen liegt, ist komisch, tragisch und vor allem ungemein häßlich.

In der Schere, die sich zwischen der Identifikation der wehleidig labernden und suizidalen Generation X und den Skinheads als letztem militanten Jugend-Tribe einerseits, dem gerontokratischen Ideal andererseits auftut, haben die sich semiologisch differenzierenden, »sophisticated« Jugendkulturen kaum noch eine Chance auf öffentliche Beachtung. Jugendliche Menschen des Jahres 1994 machen mindestens genauso interessante Musik, haben mindestens genauso interessante Gedanken und können auf mindestens genauso anregende Weise spinnen wie Jugendliche des Jahres 1968. Nur scheinen die Insassen der Nachfolger-Generation, in der Regel heute gestandene Mitglieder des arrivierten neuen Mittelstandes mit grünlinksalternativem Touch, als letztes Machtmittel ein monopolistisches Recht auf Definition des Zustandes Jugend zu haben. Die vielleicht bedeutendste Jugendbewegung dieses Jahrhunderts hat Menschen hervorgebracht, die argwöhnisch darüber wachen, daß keine »andere« Jugendlichkeit neben der von ihr definierten stehen mag. Ihre Denunziationen der Generation X treffen sich superb mit der Ablehnung von Jugend als Zustand von Schmutzigkeit und Auflehnung durch den Mainstream. So gelingt am Ende nicht so sehr die Abschaffung der Jugend und der dissidenten Jugendkulturen, sondern in einer sonderbaren Allianz die Abschaffung ihrer medialen Präsenz.

Neben der Popmusik wird auf einem anderen Gebiet der Zustand Jugend gleichsam mythologisch bekämpft, der der medialen Manipulation vollständig offensteht: auf dem des Sports. Die Sportstars der 90er Jahre sind entweder Kinder oder reife Erwachsene; »jugendlich« dürfen sie schon deswegen nicht sein, weil zuviel ökonomische Macht an ihnen hängt. Der Sportstar wird sozusagen über Nacht vom Kind zum Mann oder zur Frau erklärt. Sportler, die sich definitiv »jugendlicher« Verfehlungen schuldig gemacht haben (und sei's ein Stinkefinger), werden gerontokratisch abgekanzelt und von der empörten Öffentlichkeit zum Opfer freigegeben.

III.

Die Endlosigkeit der gerontokratischen Herrschaft in der postdemokratischen Gesellschaft macht die Selbst-Identifikation und die Medien-Identifikation des Zustandes Jugend ebenso absurd wie jenes von allen Seiten geschürte Gefühl, die großen Aufbrüche der Jugend seien alle schon geschehen. Gina Arnold schrieb in ihrem Buch *Route 666 – The*

Road to Nirvana von dem Gefühl, »daß alles schon passiert ist. Die Beatles, die Beach Boys, Beethoven, Bread. Daß Elvis in Amerika den McCarthyismus zerquetscht hat, daß die Beatles John F. Kennedy gewählt haben und die Rolling Stones für Aufstieg und Fall von Robert Kennedy verantwortlich waren. Und kurz danach beendeten die Doors im Handstreich den Vietnamkrieg«. [*Vgl. dazu auch den Beitrag von Douglas Rushkoff in diesem Band, S. 348 bis S. 354*] Noch mehr als in Amerika wurde dieses Gefühl des Zuspätgeborenseins in den europäischen Gesellschaften auch politisch unter den Jugendlichen verbreitet. Es gab für sie links wenig zu holen, keine »Identität«, keine Wärme, keinen Aufbruch, keinen Sex, kein *Excitement*, keine Helden, nur die gebetsmühlenhaften Wiederholungen derselben Formeln und Erinnerungen, derselben alten Geschichten und Selbststilisierungen oder flotte Volten zur Anpassung und Verlogenheit: Eine Kultur der Entschuldigung und Selbstmythisierung, die in sich Angst vor dem Zustand Jugend produzieren mußte, welcher die eigene »Einrichtung« in Frage stellen konnte. Daß Vertreter dieser alten Kultur von Aufklärung und Widerstand, von Einrichtung und Mythisierung in den letzten Jahren dazu neigen, öffentlich Contenance zu verlieren, nach dem moralisch gerechtfertigten Krieg in der unübersichtlichen Welt rufen, zum Beispiel, mag aus diesem Widerspruch einer Kultur stammen, die zugleich von ihrem Mythos der Jugendlichkeit lebt und sich vor lebender Jugend, die »abweichend« auch zu ihr sein muß, geradezu panisch fürchtet.

So ist der Naziskin die ideale Projektionsfläche für die Jugend-Angst der Gesellschaft links wie rechts. Er ist der nutzlose und gefährliche, proletarische Körper des Jugendlichen, der von der Mainstream-Kultur nur dort gutgeheißen werden kann, wo er nach dem Selbstopfer verlangt, zum Beispiel in einem Krieg. Der Naziskin will um jeden Preis Ausdruck der Mainstream-Kultur sein; seine Gewalt ist gegen alles gerichtet, was ihr widerspricht. Er rettet seine Jugend, indem er sich, zumindest symbolhaft, mit der Mainstream-Kultur gegen alles verbündet, was von dieser gehaßt wird, gegen das, was metaphorisch an die Stelle des Zustands »Jugend« getreten ist. Gerontokratische Herrschaftsformen zeichnen sich unter anderem dadurch aus, daß sie sich zwanglos von ihrer Jugend befreien, indem sie sie in einen Krieg hetzten. Auch daran wird ja zur Zeit, und bemerkenswerterweise wieder in eher seltsamen Allianzen, gearbeitet. In der postmodernen Mediokratie geht es indes auch um einen virtuellen Krieg der Zeichen; der Zustand Jugend wird nicht nur ökonomisch und kulturell bekämpft, sondern auch sozusagen semiologisch verheizt: Die großen Sinnmaschinen entwerten die Zeichen und Stile der Jugendbewegungen schneller, als sie in den Szenen gebildet werden können. Deshalb gibt es für die neuen Jugendkulturen nur zwei scheinbar vollkommen widersprüchliche Strategien: rasende Beschleunigung oder bewußte Verlangsamung. In einer letzten absurden Volte wird für die gerontokratische Gesellschaft jener Jugendliche die größte Provokation, an dem nichts besonderes ist. Der unberechenbarste, medial nicht darstellbare Stamm ist schließlich der der »Normalos«. Ein normaler Jugendlicher, weder besonders angepaßt noch besonders ausgeklinkt, ist ein Skandal. Wir wissen nicht, was an ihm Zufall und was Zeichen ist, wir wissen nicht, ob er sich beschleunigt oder verlangsamt.

Demokratie und Jugend gehören insofern zusammen, als sie beide gesellschaftliche Systeme für den Wechsel sind; eine Gesellschaft, die, von links wie von rechts, ihre Jugend verleugnet, denunziert, kulturell entzeichnet, möchte offenbar vor allem eines verhindern: sich zu verändern.

Erik Meyer

XY ungelöst

Zum Phantombild einer Generation ohne Gestalt

Erik Meyer gehört zum Herausgeberteam SPoKK und promoviert derzeit zum Thema »Celebration Generation – Neue Entwicklungen in der Jugendkultur am Beispiel Techno«. In XY ungelöst plädiert er dafür, das Konzept der Generation trotz der verwirrenden Vielfalt jugendkultureller Stile und Szenen nicht aufzugeben.

Jugend und Jugendkultur sind per definitionem transitorische Phänomene, das heißt, sie markieren die Phase des Übergangs von der Kindheit ins Erwachsenenleben. Obgleich sich die Dauer dieser Lebensphase nicht nur durch das Alter der Akteure, also biologisch bestimmen läßt, sondern an soziokulturelle Kriterien wie berufliche Ausbildung oder ökonomische Abhängigkeit von den Eltern geknüpft ist, liegt es auf der Hand, daß – trotz anderslautender Behauptungen – niemand *forever young* bleiben kann. Aus der Perspektive der Soziologie sind die Gleichaltrigen-Gruppen sogar eine funktionale Notwendigkeit, denn sie machen nicht *fit for fun*, sondern fungieren als Sozialisationsagenturen, die spielerisch auf den Ernst des Lebens vorbereiten, indem sie Kompetenzen vermitteln, die weder Eltern noch Schule adäquat anbieten können. Auch wenn einerseits der Einstieg in eine gesicherte Existenz als Erwachsener zunehmend schwieriger wird, und anderseits moderne Gesellschaften das Attribut der Jugendlichkeit zu einem Mythos überhöht haben, bleibt die Zugehörigkeit zu einer Jugendkultur eine temporäre Angelegenheit.

Anders verhält es sich mit dem Konzept der Generation. Generationen zeichnen sich gerade dadurch aus, daß bestimmte, in Kindheit und Jugend erworbene Einstellungsmuster und Verhaltensdispositionen ein Leben lang prägend bleiben. Es handelt sich also nicht um eine konkrete soziale Gruppe, sondern um eine imaginierte Gemeinschaft. Zu einer Generation wird eine Altersgruppe nicht durch die aktive Partizpation an einer spezifischen kulturellen Praxis, vielmehr basieren die generativen Gemeinsamkeiten auf der kollektiv erlebten Zeit. Besondere Prägekraft entfalten in diesem Zusammenhang biographisch bedeutsame Ereignisse und Erfahrungen, die den Fokus für das kollektive Gedächtnis einer Generation bilden. Dabei ist nicht notwendig, daß alle Mitglieder einer Alterskohorte die Situation in gleicher Weise wahrnehmen und auf sie reagieren, sondern es besteht durchaus die Möglichkeit zu kontroversen Konstellationen, in denen unterschiedliche Szenen und Subkulturen sich um zentrale Geschehnisse sogar gegensätzlich gruppieren können.

Aus dieser Begriffsbestimmung, die sich an den bereits in den zwanziger Jahren formulierten Thesen des Soziologen Karl Mannheim orientiert[1], folgt, daß sich gelungene Generationsbildungen nur ex post bestimmen lassen. Erst im Vergleich mit der vorhergehenden Generation werden die spezifischen Differenzen erkennbar und eine dauerhafte Distinktion möglich. In dieser Perspektive ist die Genese von Generationen untrennbar mit der Dynamik des gesellschaftlichen Wandels verbunden. Da die Wissensbestände der älteren Generation zur Bewältigung veränderter Lebensumstände nur bedingt brauchbar sind, eignen sich die Jugendlichen selbständig kulturelle Kompensationskompetenzen an. Einerseits tragen tiefgreifende Transformationsprozesse so zur Entstehung einer Kluft zwischen den Generationen bei und andererseits forciert ein Generationswechsel diese Diskontinuitäten. Deshalb ist die Anerkennung einer Altersgruppe als Generation auch Gegenstand gesellschaftlicher Auseinandersetzungen, denn sie impliziert langfristig eine Ablösung der gerade dominierenden Akteure mitsamt ihrer Wahrnehmungsmuster und Weltanschauungen.

Diese Diskussion läßt sich beispielsweise an der Debatte um die Existenz der Generation X beziehungsweise der **89er** verfolgen, in deren Mittelpunkt weniger die Möglichkeit der Entstehung einer neuen Generation stand, als die Interpretation des Konzeptes selbst.

»Die **89er** werden zerredet, bevor sie richtig als politische Generation zur Welt gekommen sind – und bei alledem wurden unter '89 noch meist die Falschen rubriziert. 89er sind nicht die 35- bis 40jährigen, die jetzt auf die übliche Postenjagd gehen und altersgemäß vom Junior- zum Seniorchef avancieren wollen. Es sind vielmehr die späten Teenager und jungen »Twentysomethings«, die zum Zeitpunkt des Zentralereignisses – dem Fall der Mauer und der europäischen Wiedervereinigung – zur Schule oder in die Lehre gingen. Allein diese Kinder von '89 können ein Generationsetikett von ähnlicher Prägnanz für sich reklamieren, wie es die regierenden Flakhelfer und die tonangebenden 68er tragen. Die 89er werden die ersten Leitfiguren der Berliner Republik – oder als Generationsepisode in den Zeitläuften vergessen.«

Claus Leggewie, Autor von »Die 89er«

So haben die 68er einen Generationsbegriff geprägt, der zum Gütesiegel für gelebte Gegenkultur geworden ist. Gemessen an diesem Maßstab konnten die Kritiker natürlich keine aktuelle Artikulation generationsspezischer Erfahrungen erkennen oder beschränkten sich darauf, dem Nachwuchs negative Eigenschaften zuzuschreiben[2]. Diese Form der Kommunikation ist jedoch typisch für den Kampf um kulturelles Kapital, der mit dem Generationenkonflikt einhergeht. Während die einen noch politisches Engagement in Parteien und sozialen Bewegungen für die wichtigste Währung halten, investieren die anderen in private Projekte und pragmatische Positionen.

Here we are now, entertain us. (Nirvana: *Smells like Teen Spirit*)

Gemeinsam ist der Generation X nach der deskriptiven Definition des gleichnamigen Romans von Douglas Coupland[3] die Erfahrung, als erste Nachkriegsgeneration den Lebensstandard der Eltern nicht mehr steigern zu können. Statt gegen dieses Schicksal aufzubegehren, werden die Protagonisten durch ein eigentümliches Einverständnis mit ihrer Situation charakterisiert, in der sie sich durch schlechtbezahlte Teilzeitjobs ihren Lebensunterhalt verdienen. Einen ähnlichen Typus entwirft Richard Linklater in seinem Film *Slacker*. Überqualifiziert und unterbeschäftigt vertreiben sich seine Darsteller die Zeit mit Dialogen, die mit Ironie und Zynismus ihre Exklusion vom amerikanischen Traum reflektierten. Den Soundtrack zu dieser »verlorenen« Generation liefert vor allem die Rock-Band Nirvana, die mit einer Reihe weiterer Bands aus Seattle auch einen jugendkulturellen Stil prägt: Grunge. Abgeleitet von »grungy« (schmutzig, ungewaschen, stinkend) repräsentiert die rauhe und bisweilen melancholische Musik sowie die dazugehörige (Anti-)Mode eine Abkehr von zentralen gesellschaftlichen Werten.

Natürlich machen drei popkulturelle Phänomene noch keine ganze Generation aus, aber die gleichzeitige Entstehung der unabhängig voneinander auftretenden Erscheinungen Anfang der 90er Jahre in Nordamerika und deren kommerzieller Erfolg markieren eine signifikante Übereinstimmung junger Menschen in der Wahrnehmung der gemeinsamen Situation. Während für die Generation X die Erfahrung ökonomisch bedingter Marginalisierung charakteristisch ist, postuliert die insbesondere von Claus Leggewie pointiert formulierte These von den »89ern« die historische Zäsur des Falls der Berliner Mauer als zentralen Fixpunkt einer potentiellen Generationsbildung.[4] Dabei geht es jedoch weniger um eine emphatische Bezugnahme auf dieses Ereignis, als um die politischen Konsequenzen für die Konstituion einer Generation, die ihre Identität nicht mehr in den ideologischen Kategorien des bis dato geläufigen Koordinatensystems definieren kann.

So hat die Auflösung der Frontstellung des Kalten Krieges offensichtlich den Trend zu einem neuen Typus politischer Subjektivität verstärkt, der sich jenseits der Sphäre des Staates in verschiedenen Varianten lebensweltlicher »Subpolitik« (Ulrich Beck) manifestiert. Diese Entwicklung unterläuft konventionelle Formen politischer Aggregation und Artikulation ebenso wie die Herauslösung aus traditionellen Lebenszusammenhängen, die qua Individualisierung kollektive Interessenlagen transformiert. Unter den veränderten sozialstrukturellen Bedingungen gewinnen andere Motive der Vergemeinschaftung an Bedeutung. In dieser Perspektive zentriert sich die politische Praxis zunehmend um die Idee kollektiver Identitäten wie Ethnizität und Geschlecht, deren jeweils spezifische Differenz zum Fokus sozialer Kämpfe um Anerkennung wird. Die Tendenz, daß die Betonung einer Besonderheit, die kulturell konstituiert und biologisch begründet wird, zur Grundlage gesellschaftlicher Konflikte wird, macht auch die politische Aufwertung der Kategorie »Alter« plausibel. So könnte ein kommender Genrationskonflikt seine Relevanz nicht nur durch den Kampf um kulturelles Kapital beziehen, sondern auch aus der Konkurrenz um knapper werdende ökonomische Ressourcen, deren Verteilung zwischen Alten und Jungen umstritten ist.

Angesichts einer prekären Arbeitsmarktlage und der Bemühung um Wahrung erworbener Besitzstände wird deutlich, daß klassische Karrieremuster, die den »Marsch durch die Institutionen« erst möglich machten, derzeit nicht die Grundlage eines Generationswechsels bilden können. In einer Situation, in der sich die »Korridore des Übergangs« (Gerhard Schulze) zunehmend verengen, entsteht deshalb aus den altershomogenen Beziehungen der Jugendphase eine längerfristige Existenzform mit jugendlichem Habitus, aber erwachsenem Geltungsanspruch[5]. Diese Entwicklung deutet schließlich daraufhin, daß sich »von Generation zu Generation« (Shmuel N. Eisenstadt) auch die Kriterien ihrer Konstitution verändern. In diesem Sinne signalisiert das »X« als eine unbekannte Variable relativ raffiniert, daß sich diese Generation auf eine andere Art generiert, als es erwartet wird. Ob dieses Etikett eine Fremdzuschreibung bleibt, oder ob es gelingen wird, daraus eine dauerhafte Struktur der Selbstdefinition zu entwickeln, wird abzuwarten sein. Die verwirrende Vielfalt der Stile und Szenen sollte jedenfalls nicht dazu verführen, eine Generation vor lauter Gestalten nicht (an-) zu erkennen.

Anmerkungen

1 Mannheim, K.: **Das Problem der Generationen**, in: Wolff , K. H. (Hg.): **Karl Mannheim: Wissensoziologie**, Neuwied/Berlin 1964, S. 509–565

2 Vgl. vor allem die von Ulrich Greiner initiierte Diskussion in: Die Zeit, 16.9.1994 ff.

3 Coupland, D.: **Generation X. Geschichten für eine immer schneller werdende Kultur**, Berlin 1994

4 Leggewie, C.: **Die 89er. Portrait einer Generation**, Hamburg 1995 und ders. **»Ihr kommt nicht mit bei unseren Änderungen!« Die 89er – Generation ohne Eigenschaften?**, in: Transit Nr. 11/1996, S. 3–17

5 Vgl. Schulze, G.: **Die Erlebnisgesellschaft. Kultursoziologie der Gegenwart**, Frankfurt a.M./New York 1993, S. 366 ff.

Nikola Duric und Thomas Lemke

Die Übernahme des Theaters findet statt

Nicola Duric gehört zum Herausgeberteam SPoKK, ist Mitglied der Perfor-mance-Gruppe *Batterie: Kongress,* Initiator der Clubabend-Reihe *Stereo Soft Bar* sowie Autor für *Die Beute* und *testcard.* Thomas Lemke ist Drehbuch- und Theaterautor sowie bekennender Pamela Anderson-Fan. Beide gemeinsam liefern zum Schluß eine kleine Anleitung zum großen Generationsangriff.

Amtliche Kulturpessimisten und viele Produzenten bedauern die »postmoderne Unübersichtlichkeit«. Aber gerade die zeitgenössische Zerfaserung sollte als Chance gesehen werden, sich aus einem un-erschöpflichen Pool an kulturellen Gütern, Werbematerial, gespeich-erten Ereignissen, geldgierigen Utopien und allem anderen übrig-gebliebenen und übersehenen Mist einen Stil zu formen, der von Theaterintendanten als verabscheuungswürdig und oberflächlich emp-funden wird.

Dieser kombinatorische Stil ist in seiner Anbindung an die Gegenwart, auch in nachlässiger Produktionsweise, immer noch brisanter als all die Stücke des Stadttheaterrepertoires, die sich, wie bei zu häufig benutz-ten Samples, selbst ins Abseits befördern.

Das Theater für die nächsten zwanzig Jahre wird nicht länger, wie in der europäischen Tradition, auf großen Spannungsbögen basieren, sondern aus einer Fülle kleiner und Intensitäten schaffender Span-nungselemente hergestellt sein, die aufgebaut und wieder abgebaut werden.

Hier ist ein locker zusammengestellter Leitfaden für kleine Regisseure, die jetzt schon den Mumm haben, etablierten Machern eins auf die Nuß zu geben. In diesem Sinne kann er auch als Baukasten für den Generationswechsel in anderen Bereichen dienen: Das Beispiel Theater läßt sich durch andere Orte von Λ wie Akademie bis Z wie Zeitung ersetzen. Shake Your Moneymaker.

Call it performance
Call it art
I call it disaster
If the tapes don't start
Pet Shop Boys, Electricity

Mitteilungen über das Theater in zwanzig Jahren

1. Sei Dir im klaren darüber, daß das staatliche Theater korruptes Beamtentheater ist: Es ist Dein Gegner.

2. Beschwere Dich nicht darüber, daß Du kein Geld hast, laß Dir etwas einfallen.

3. Wenn Du Geld hast, versuche so wenig wie möglich davon auszugeben. Benutze das, was sowieso da ist: Deine eigene Wohnung und die Gegenstände darin. Die Wohnung Deiner Freunde und deren Gegenstände...

4. Studiere niemals Theaterwissenschaft. Alle erfolgreichen Bühnenregisseure sind Genrewechsler: Robert Wilson, Jan Fabre und Jan Lauwers kommen aus der Bildenden Kunst. Sei auch Du Quereinsteiger. Übe Dich in Motorsport und Politologie.

5. Hüte Dich vor der freien Szene. Öko-Theater und Pseudoperformance sind noch kompromißbereiter und schleimiger als alle staatlichen Stellen.

6. Erfinde Geschichten über die Wohnung, in der Du auftrittst, erfinde Geschichten über die Gegenstände, die Du benutzt. Mach den Ort, an dem Du bist, zu einem besonderen Ort, mach die Gegenstände, die Du benutzt, zu besonderen Gegenständen.

7. Wenn Du bei Deiner Aufführung eine Gabel benutzt, darf niemand im Publikum beim zukünftigen Benutzen einer Gabel denken, was er vorher schon gedacht hat.

8. Ziehe Dich niemals auf der Bühne aus und brülle nicht. Das schockt doch nicht mal Abonnement-Omas.

9. Benutze immer die neueste Technik. Wenn Du sie nicht bedienen kannst, frage Freunde. Die größten Firmen verleihen am unkompliziertesten ihr Material. Fragen kostet nichts. Das gilt auch für Aufführungsräume.

10. Wenn Du trotzdem nicht genau weißt, wie Deine Aufführung aussehen soll, spiele einfach das Fernsehprogramm nach. Je mehr das Theater versucht, so zu sein wie das Fernsehen, desto deutlicher werden die Unterschiede. Das Fernsehen ist Dein Freund.

11. Such Dir einen Sponsor und unterbrich Deine Aufführungen zunächst nach Stoppuhr, um die Werbespots Deines Sponsors nachzuspielen. Wenn Du gut bist, wird es Dir gelingen, Deine Performance so um die Werbung zu ordnen, daß die Dramaturgie des Abends an Spannung gewinnt.

12. Habe keine Angst, unterhaltsam zu sein.

13. Es gibt auch noch andere Musik als Phillip Glass und Tom Waits für Theater.

14. Wenn Du das Gefühl hast, daß das Publikum sich langweilt, hast Du es vielleicht mit einem ignoranten Publikum zu tun, also mach weiter, solange Du Dich nicht selbst langweilst.

15. Wenn Du Dich selbst langweilst, schiebe einen Werbeblock ein, zappe in ein anderes Programm oder höre auf.

16. Tue das, was Du tust, nicht, um dem Publikum zu gefallen, tue es einfach.

17. Versuche so zu sein, daß alle Frauen im Publikum auf der Stelle mit Dir schlafen wollen. (Wenn Du eine Frau bist, vice versa.)

18. Theorie im Theater ist unsexy. Wähle Dir andere Helden, wie zum Beispiel die beiden B.B.s, Berthold Brecht und Brigitte Bardot, und lies trotzdem alle Bücher.

19. Beschwere Dich häufig über schlechte Stücke, dumme Regisseure und langweilige Aufführungen.

20. In der Version von *Don't eat the yellow snow,* wie sie *auf You can't do this on stage anymore Vol 1* zu hören ist, lädt Frank Zappa Personen aus dem Publikum ein, eigene Gedichte vorzutragen. Fordere das Publikum niemals zum Mitmachen auf (Du wirst das niemals so gut machen wie Frank Zappa), aber bemühe Dich, eine Atmosphäre herzustellen, in der das Publikum nichts lieber täte als das.

21. Genauso wie es Songs für und über Ereignisse gibt (*We are the Champions,* Queen oder *Happy Birthday,* Stevie Wonder für M.L. King), sollte es Theater für und über Ereignisse geben (Bad Kleinen / Fußball-EM).

22. Klaue das Meiste, zitiere das Übrige und sample den Rest.

23. Wenn Du spielst, mache klar, daß Du spielst. Das Publikum ist meistens schlauer, als Du denkst, also versuche nicht, die Leute zu verarschen.

24. Versuche so gut zu sein wie ein großer Boxkampf oder ein großes Fußballspiel. Suche Dir einen würdigen Gegner, der nicht Teil des Publikums ist.

25. Versuche auf der Bühne ein Popstar zu sein. Das Publikum muß dankbar sein, von Dir bemerkt zu werden.

26. Versuche nicht, vom Publikum geliebt zu werden, aber versuche so zu sein, daß Dir irgendein Gefühl entgegengebracht wird.

27. Sei nicht dilettantisch. Mache das, was Du tust, mit dem ernsthaften Wunsch, gut zu sein.

28. Wenn Deine Aufführung beendet ist, soll jeder mit dem Wunsch nach Hause gehen, selbst Theater zu machen. »Das könnte ich auch!« ist die gewünschte Reaktion.

29. Hab keine Angst, daß etwas schiefgehen könnte. Schlechte Stücke sind schnell vergessen. Sie bleiben nicht wie überflüssiges Material liegen und blockieren das Recyclingnetz, wie es blöde Bücher und billige Live-CDs auf den Ramschtischen tun. Gute Stücke produzieren bessere Antwortprojekte und ziehen noch bessere Folgearbeiten nach sich. Aber Achtung: Wechsle das Sujet, den Stil, das Referenzsystem, wenn alle Dich nachmachen.

30. Wenn Leute ab 40 Deine Stücke nicht verstehen, bist Du auf dem richtigen Weg.

31. Fordere die Einführung einer Theater Top-Ten (Feuilleton-Control und Viewers-Watch). Zadek hat zum Beispiel in der letzten Zeit so viele schlechte Stücke gemacht, daß er in keiner Rangliste mehr vorkommen sollte. Er müßte sich jetzt mit aufregenderen und billigeren Stücken langsam wieder in die oberen Plazierungen und die größeren Häuser reinspielen.

32. Theater braucht keinen Strom. Besetze leere Hallen und umgebaute Plätze. Bis Ordnungskräfte kommen, hast Du schon den halben Shakespeare gespielt.

33. Flippe manchmal aus und fordere die Stellen der Festivalleitungen. Auf diesen Posten sitzen meist Mitläufer der 68er Bewegung, die wissen, daß sie nichts taugen. Während die kulturellen und politischen Aktivisten der damaligen Zeit langsam ausbrannten, bemächtigten sich diese Parasiten der freigewordenen Stellen. Jetzt haben sie ein schlechtes Gewissen und werden, mit Aussicht auf frühe Rente und mit ein wenig Druck, ihre Positionen gerne für Dich räumen.

34. Wenn Ihr zahlreich genug seid, besetzt die Staatstheater und vertreibt die Staatstheaterzombies in die Altersheime. Sollen sie dort weiter darüber nachdenken, was Tschechow uns heute noch sagen kann.

35. Wenn Ihr die Staatstheater habt, versucht, nicht Staatstheater zu werden.

36. Verschwörungstheorien schärfen den Verstand. Lotto Toto für Geld. Die Sendung mit der Maus, Die Bunte. Früher Fake. Heute die Beute. ZAP und andere Musikmagazine. Abenteuer Wissenschaft, Serien, Soaps, Videoclips und Werbetricks. Sport mit kleinen Geräten (Schläger, Skateboard). Sport mit Bällen. Tanzen und ELLE und Cosmopolitan und X-Files und Picket Fences und Twin Peaks und The Kingdom und Die Simpsons, überhaupt: Comics. Auch Graf Zahl mit Gilles Deleuze. Situationismus mit T.A.Z. Kottan ja, Chopin nein. Bring the Noise.

It's the final night
And they still can't get it right
The movement on the stage was so slow
The're calling it
The stop and go show
High Llamas, Theatreland

Anschluß- und Umsteigemöglichkeiten
(zusammengestellt von Jörg Schlicker)

ELEMENTARY SCHOOL

Baacke, Dieter (1993): **Jugend und Jugendkulturen. Darstellung und Deutung.** Weinheim/München.

Diederichsen, Diedrich (1993): **Freiheit macht arm. Das Leben nach Rock'n'Roll. 1990–1993.** Köln.

Ferchhoff, Wilfried/Sander, Uwe/Vollbrecht, Ralf (Hg.) (1995): **Jugendkulturen – Faszination und Ambivalenz. Einblicke in jugendliche Lebenswelten.** München.

Frith, Simon/Goodwin, Andrew (Hg.) (1990): **On Record – Rock, Pop and the Written Word.** London.

Hall, Stuart/Jefferson,Tony (Hg.) (1977): **Resistance through Rituals.** London.

Hebdige, Dick (1979): **Subculture: The Meaning of Style.** London.

Holert, Tom/Terkessidis, Mark (Hg.) (1996): **Mainstream der Minderheiten. Pop in der Kontrollgesellschaft.** Berlin/Amsterdam.

Janke, Klaus/Niehues, Stefan (1995): **Echt abgedreht. Die Jugend der 90er Jahre.** München.

McRobbie, Angela (1994): **Postmodernism and Popular Culture.** London.

Redhead, Steve (1990): **The-end-of-the-century-party: Youth and pop towards 2000.** Manchester/New York.

Ross, Andrew/Rose, Tricia (Hg.) (1994): **Microphone Fiends. Youth Music and Youth Culture.** New York/London.

Schulze, Gerhard (1993): **Die Erlebnisgesellschaft. Kultursoziologie der Gegenwart.** Frankfurt/M.

Vogelgesang, Waldemar (1994): **Jugend- und Medienkulturen. Ein Beitrag zur Ethnographie medienvermittelter Jugendwelten.** In: Kölner Zeitschrift für Soziolgie und Sozialpsychologie, Heft 3/94, S. 464–491.

Willis, Paul (1991): **Jugend-Stile. Zur Ästhetik der gemeinsamen Kultur.** Hamburg.

OLD SCHOOL

Annas, Max/Christoph Ralph (Hg.) (1993): **Neue Soundtracks für den Volksempfänger. Nazirock, Jugendkultur und rechter Mainstream.** Berlin/Amsterdam.

Farin, Klaus/Seidel-Pielen, Eberhard (1993): **Skinheads.** München.

Lau, Thomas (1992): **Die heiligen Narren**. Berlin.

Soeffner, Hans-Georg (1986): **Stil und Stilisierung. Punk oder die Überhöhung des Alltags.** In: Gumbrecht, H.U./Pfeiffer, K.L. (Hg.): **Stil. Geschichte und Funktionen eines kulturwissenschaftlichen Diskurselements.** Frankfurt, S. 317–341.

Vogelgesang, Waldemar (1991): **Jugendliche Video-Cliquen. Action- und Horrorvideos als Kristallisationspunkte einer neuen Fankultur.** Opladen.

Weinstein, Deena (1991): **Heavy Metal. A Cultural Sociology.** New York.

URBAN SCHOOL

Bette, Karl-Heinz (1989): **Körperspuren. Zur Semantik und Paradoxie moderner Körperlichkeit.** Berlin.

George, Nelson (1993): **Elevating the Game. The History and the Aesthetics of Black Men in Basketball.** New York.

Jacob, Günther (1993): **Agit-Pop. Schwarze Musik und weiße Hörer. Texte zu Rassismus und Nationalismus, HipHop und Raggamuffin.** Berlin.

Larkin, Colin (1994): **The Guinness who's who of rap, dance and techno.** London.

Rose, Tricia (1994): **Black Noise. Rap Music and Black Culture in Contemporary America.** Hanover/London.

Schwier, Jürgen (1996): **Skating und Streetball im freien Bewegungsleben von Kindern und Jugendlichen.** In: Schmidt, W. (Hg): **Kindheit und Sport – Gestern und Heute.** Hamburg. S. 73–86.

Toop, David (1992): **Rap Attack. African Jive bis Global HipHop.** St. Andrä-Wördern.

NEW SCHOOL

Anz, Philipp/Walder, Patrick (1995): **Techno.** Zürich.

Henkel, Oliva/Wolff, Karsten (1996): **Berlin Underground. Techno und HipHop zwischen Mythos und Ausverkauf.** Berlin.

Lau, Thomas (1995): **Raving Society. Anmerkungen zur Technoszene.** In: Forschungsjournal NSB, Jg. 8, Heft 2/1995. S. 67–75.

o.V. (1995): **Localizer 1.0 - The Techno House Book.** Berlin.

Medien & Erziehung: Themenheft **Techno oder The Raving Society.** Jg. 39, Heft 4/1995.

Poschardt, Ulf (1995): **DJ-Culture.** Hamburg.

Redhead, Steve (Hg.) (1993): **Rave Off. Politics and deviance in contemporary youth culture.** Aldershot et al ...

Richard, Birgit (1995): **Love, peace and unity. Techno-Jugendkultur oder Marketing-Konzept?** In: deutsche jugend, Jg. 43, Heft 7–8/1995, S. 316–324.

Rose, Cynthia (1991): **Design after Dark. The story of dancefloor style.** London.

Thornton, Sarah (1996): **Club Cultures. Music, Media and Subcultural Capital.** Hanover/London.

GIRL SCHOOL

Lewis, Lisa (1990): **Gender Politics and MTV: Voicing the Differnce.** Philadelphia.

McRobbie, Angela (1991): **Feminism and Youth Culture. From Jackie to Just Seventeen.** London.

Nava, Mica (1992): **Changing Cultures: Feminism, Youth and Consumerism.** London.

Schwichtenberg, Cathy (Hg.) (1993): **The Madonna Connection. Representional Politics, Subcultural Identities and Cultural Theory.** Boulder/ San Francisco/Oxford.

NEXT SCHOOL

Dery, Mark (Hg.) (1994): **Flame Wars. The Discourse of Cyberculture.** Durham/London.

Eckert, Roland et al. (1991): **Auf digitalen Pfaden. Die Kultur von Hackern, Programmierern, Crackern und Spielern.** Opladen.

Grassmuck, Volker (1994): **»Allein aber nicht einsam« - die otaku-Generation.** In: Bolz, Norbert/Kittler, Friedrich/Tholen, Christoph (Hg.): **Computer als Medium.** München, S.267–296.

Medien & Erziehung Themenheft: **Simulierte Welten - Computerspiele.** Jg. 39, Heft 5/1995.

Rötzer, Florian(Hg.) (1995): **Schöne neue Welten? Auf dem Weg zu einer neuen Spielkultur.** München.

Rushkoff, Douglas (1995): **Cyberia. Hacker, Techno-Schamanen und Cyberpunks.** München.

Schell, Fred/Schorb, Bernd/Palme, Hans J. (Hg.) (1995): **Jugend auf der Datenautobahn. Sozial-, gesellschafts- und bildungspolitische Aspekte von Multimedia.** Bonn.

Wetzstein, Thomas A. et al. (1995): **Datenreisende. Die Kultur der Computernetze.** Opladen.

Agentur Bilwet (1995): **Der Datendandy.** Mannheim

X-SCHOOL

Cohen, Jason/Krugman, Michael (1994): **Generation ECCH! The blacklash starts here.** New York.

Coupland, Douglas (1994): **Generation X – Geschichten für eine immer schneller werdende Kultur.** Berlin.

Gaines, Donna (1991): **Teenage Wasteland. Suburbia's dead end kids.** New York.

Holtz, Geoffrey T. (1995): **Welcome to the Jungle: The Why Behind »Generation X«.** New York.

Howe, Neil/Strauss, Bill (1993): **13th Gen. Abort, retry, ignore, fail?** New York.

Leggewie, Claus (1995): **Die 89er. Portrait einer Generation.** Hamburg.

Rushkoff, Douglas (Hg.) (1994): **The GenX Reader.** New York.

SPoKK (1996): **Generation X. Jugendforschung für eine immer schneller werdende Kultur.** In: Z – Zeitschrift für Kultur- und Geisteswissenschaften, Jg. 4, Nr. 12, S. 3–15.

Textnachweise

Gespräch mit Dick Hebdige, **Ein kleiner Planet der Gleichzeitigkeit**: Zuerst erschienen unter dem Titel **Un piccolo pianeta di contemporaneità** in: Stefano Pistolini, **Gli sprecati – I turbamenti della nuova gioventù**, Milano 1995: Giangiacomo Feltrinelli Editore. Aus dem Italienischen von Barbara Neeb.

Ralf Vollbrecht, **Von Subkulturen zu Lebensstilen**: Originalbeitrag.

Christof Meuler, **Pop und Bricolage**: Originalbeitrag.

Rainer Winter, **Medien und Fans**: Originalbeitrag.

John Fiske, **Die kulturelle Ökonomie des Fantums**: Zuerst erschienen unter dem Titel **The Cultural Economy of Fandom** in: Lisa E. Lewis, **Adoring Audience – Fan Culture and Popular Media**, New York 1992: Routledge. Aus dem Amerikanischen von Conny Lösch.

Douglas Kellner, **Jugend im Abenteuer Postmoderne**: Erstveröffentlichung. (Der Text gehört zu dem mit Steve Best gemeinsam verfaßten Band **The Postmodern Adventure**, der 1997 bei Guilford Press, New York erscheint.) Aus dem Amerikanischen von Conny Lösch.

Martin Büsser, **Die verwaltete Jugend**: Originalbeitrag.

Eike Hebecker, **Vom Skinhead im Zeitalter seiner Unkenntlichkeit**: Originalbeitrag.

Lee Hollis, **Serious Problems**: Zuerst erschienen in: Lee Hollis, **Driving in a dead man's car**, Mainz 1996: Dreieck Verlag.

Richard Utz und Michael Benke, **Hools, Kutten, Novizen und Veteranen**: Zuerst erschienen in: *Kriminologisches Journal, 2/89* (hier leicht gekürzte und veränderte Fassung).

Nanni Balestrini, **Die Wütenden**: Aus: Nanni Balestrini, **I Furiosi – Die Wütenden**, Berlin 1995: Edition ID-Archiv.

Werner Helsper, **Das »Echte, das »Extreme« und Symbolik des Bösen**: Originalbeitrag.

Birgit Richard, **Schwarze Netze**: Originalbeitrag.

Tricia Rose, **Ein Stil, mit dem keiner klar kommt**: Zuerst erschienen unter dem Titel **A Style Nobody Can Deal With** in: Tricia Rose/Andrew Ross, **Microphone Fiends – Youth Music and Youth Culture**, New York 1994: Routledge. Aus dem Amerikanischen von Conny Lösch.

Hermann Tertilt, **Rauhe Rituale**: Aus: Hermann Tertilt, **Turkish Power Boys – Ethnographie einer Jugendbande**, Frankfurt am Main 1996: Suhrkamp Verlag.

Fredy Gsteiger, **Wir sind die Sprache!**: Zuerst erschienen in: *Die Zeit* vom 29.3.1996.

Pascal Aguillou und Nasser Saiki, **Verlan**: Aus: Pascal Aguillou und Nasser Saiki, **La Téci à Panam' – Parler le langage des banlieues**, Paris 1996, Michel Lafon. Aus dem Französischen von Christoph Bieber.

Feridun Zaimoglu, **KümmelContra**: Originalbeitrag

Steffen Wenzel, **Urban und utilitär**: Originalbeitrag.

Angela McRobbie, **Shut up and dance**: Zuerst erschienen in: Angela McRobbie, **Youth Cultures and Changing Models of Femininity**, New York 1994: Routledge. Aus dem Amerikanischen von Conny Lösch.

Kerstin Grether, **Talk about the passion**: Zuerst erschienen unter dem Titel »**Frauen interessieren sich halt nicht für Rockmusik**« in: Eva Grubinger (Hg.), **Hype!Hit!Hack! Hegemony! Vier Gesellschaftsspiele zu Kunst, Pop, Internet und Theorie**, Stuttgart 1996: Künstlerhaus (hier von der Autorin überarbeitete und aktualisierte Fassung).

Thomas Lau, **Tank-Girl in Taka-Tuka-Land**: Originalbeitrag.

Laurel Gilbert und Crystal Kile, **SurferGrrrls**, Aus: Laurel Gilbert und Crystal Kile, **SurferGrrrls – Look Ethel, an Internet Guide for us!**, Seattle 1996: Seal Press. Aus dem Amerikanischen von Christoph Bieber.

Thomas Lau, »**… und wir machen euch fertig!**«: Originalbeitrag.

Monja Messner, »**Sie sind sooo süüüß…**«: Originalbeitrag.

Christof Meuler, **Auf Montage im Techno-Land**: Originalbeitrag.

Hans-Ulrich Obrist, **Von Autofahrern, Priestern und eleganter Musik**: Originalbeitrag.

Jürgen Laarmann, **Fuck the depression**: Zuerst erschienen in: *Frontpage* 3/96.

Christoph Bieber, **Vom Protest zur Profession**: Originalbeitrag.

André Lützen, **Kings of outside**: Originalbeitrag.

Masuyama, **Soziologie des Videospiels**: Zuerst erschienen in: Florian Rötzer (Hrsg.), **Schöne neue Welten**, München 1995: Boer Verlag. Aus dem Englischen von Florian Rötzer.

Jorn Möller, **Stimmen der 64er-Generation**: Zuerst erschienen unter dem Titel **Die 64er-Generation – ein Gespräch** in: *jetzt* vom 27. 1. 1995. (Hier gekürzte Fassung.)

Andrew Ross, **Die Politik des Hackens**: Zuerst erschienen in: Constance Penley/Andrew Ross, **Technoculture**, Minneapolis 1991: University of Minnesota Press. Aus dem Amerikanischen von Conny Lösch.

Douglas Coupland, **Bug Tester**: Aus: Douglas Coupland, **Mikrosklaven**, Hamburg 1996: Verlag Hoffmann und Campe.

Douglas Kellner, **Die erste Cybergeneration**: Erstveröffentlichung. (Der Text gehört zu dem mit Steve Best gemeinsam verfaßten Band **The Postmodern Adventure**, der 1997 bei Guilford Press (New York) erscheint.) Aus dem Amerikanischen von Conny Lösch.

Jon Katz, **Die Rechte der Kids im digitalen Zeitalter**: Zuerst erschienen unter dem Titel **Kids Cyber Rights** in: *Wired* 7/1996. Aus dem Amerikanischen von Ines Karin Böhner und Christoph Bieber.

Eike Hebecker, **Generation @**: Originalbeitrag.

Douglas Rushkoff, **Wir über uns**: Zuerst erschienen unter dem Titel **Us by Us** in: Douglas Rushkoff, **The GenX-Reader**, New York 1994: Ballantine Books. Aus dem Amerikanischen von Ines Karin Böhner und Christoph Bieber.

Kai Damkowski, **Akte X**: »Dieser Text basiert auf dem bereits veröffentlichten Text **Zur Kasse, Schätzchen** (Neumeister, A./Hartges, M., **Poetry!Slam!**, Rowohlt Verlag), den die Herausgeber gern an dieser Stelle gesehen hätten, und er sollte nicht als Kopie, sondern als Recycling-Produkt betrachtet werden. Es lebe der Grüne Punk(t)!« Kai Damkowski

Douglas Coupland und Richard Linklater, **Ein x-beliebiges Gespräch**: Zuerst erschienen unter dem Titel **A couple of hyped guys sitting around talking** in: *Wired* 12/1994. Aus dem Amerikanischen von Ines Karin Böhner und Christoph Bieber.

Jon Savage, **Der Trans-Europa-Amerika-Express**: Zuerst erschienen in: *Spiegel Special* 2/1994.

Georg Seeßlen, **Wisch und weg**: Zuerst erschienen in: *Kultur!News!* 11/94.

Erik Meyer, **XY ungelöst**: Originalbeitrag.

Nicola Duric und Thomas Lemke, **Die Übernahme des Theaters findet statt**: Originalbeitrag.

Bildnachweise

Umschlag oben – Wired
Umschlag mitte – spoon – the photo and graphic company
Umschlag unten – André Lützen (Visum Archiv)
83 – ZAP
94, 265, 286 – Private Leihgabe Eike Hebecker
108 – Der Übersteiger
119 – Private Leihgabe Erik Eichorn
137 – http://www.darklight.ida.com.au/
147, 185, 211 – spoon – the photo and graphic company
171 – Tartan Video
201, 320 – Wired
216 – Penguin Books
218 – Forlaget »Holger Danske«
225 – http://www.cybergrrl.com/
230 – Private Leihgabe Thomas Lau
238 – Private Leihgabe Monja Messner
246 – http://www.hyperreal.com/
258, 259 – Frontpage
268 – David Carson (Beach Culture)
274, 277, 278 – André Lützen (Visum Archiv)
294, 295 – http://www.odci.gov/cia/
298 – http://www.is.co.za/mikev/cia--hack
336 – http:/7www.wildpark.com/jetzt/
365 – CNN

Besonderer Dank an: spoon – the photo and graphic company.
Contact spoon: Fon (06403) 7 77 90, Fax (06403) 7 77 91

Feridun Zaimoglu

Kanak Sprak

24 Mißtöne vom Rande der Gesellschaft

144 Seiten, DM/sFr 29,80/öS 218,–
ISBN 3-88022-478-1

Abschaum

Die wahre Geschichte von Ertan Ongun

192 Seiten, DM/sFr 24,80/öS 181,–
ISBN 3-88022-521-4

Die »Kanak Sprak« ist prall, fleischig, sie
swingt, sie wackelt mit dem Hintern. Könnte
man Worte essen, diese würden dick machen.
Sie ist rüde, wirft sich in Pose, wie Rap-Musik:
Stolz und Härte.
(Lübecker Nachrichten)

Das Muß-Buch für die revoltierende
Generation.
(Hürriyet zu Kanak Sprak)

ROTBUCH Verlag

Parkallee 2
20144 Hamburg
Tel. 040/450194-0
Fax 040/450194-55